Josef Thaller

DIE NORDRHEIN-WESTFÄLISCHE MEISTERKÜCHE

467 Rezepte von 67 der besten Köche Nordrhein-Westfalens

46 Farbaufnahmen von Edith Gerlach

HUGO MATTHAES DRUCKEREI UND VERLAG
GMBH & CO. KG

ISBN 3-87516-630-2

Umschlagbild: 4 D Visual Communications; Konzeption Josef Thaller
Fotos: Fotostudio Gerlach, Frankfurt am Main

© 1992 by Hugo Matthaes Druckerei und Verlag GmbH & Co. KG, Stuttgart
Printed in Germany
Gesamtherstellung: Hugo Matthaes Druckerei und Verlag GmbH & Co. KG, Stuttgart

INHALTSVERZEICHNIS

Alle Rezepte sind, soweit nicht anders angegeben, für vier Personen berechnet.

Dieses gemeinsame Werk
von über 60 der besten Köche
Nordrhein-Westfalens
ist dem Andenken
von
Henriette Davidis
und
Armin Scherrer
gewidmet.

———————

Allen beteiligten Köchen
sei an dieser Stelle
sehr herzlich für ihre kreativen Beiträge
gedankt.

Ein besonderer Dank geht an den
Verband Rheinisch-Westfälischer Brauereien
und
Walter Mergarten
für den Beitrag
„Das nordrhein-westfälische Bier"
sowie
an das Hotel „Henriette Davidis"
in Wetter-Wengern,
dem Geburtsort der Kochbuchautorin,
in dem die Aufnahmen für
dieses Buch
entstanden sind.

Autor und Verlag
im Oktober 1992

„Das fängt ja gut an! Sie will nach Kochbuch kochen!" Dieser Schreckensruf galt
Lore Lorentz, der weit über Düsseldorf hinaus berühmten Kabarettistin, die mit
ersten Versuchen aus der Küche südöstlich von Donau und Elbe aufwarten wollte.
Ihre Mutter muß eine Hausfrau par excellence gewesen sein, die gewiß das Kochen
und die Haushaltsführung als eine intuitive Fähigkeit betrachtete.
Nicht so Henriette Davidis! Sie kannte die Nöte der werdenden Hausfrauen,
die sie zeitweilig in der Mädchenarbeitsschule in Sprockhövel unterrichtete.
Ihr „Praktisches Kochbuch", das sie Mitte des vorigen Jahrhunderts geschrieben hat,
sollte ein „vollkommenes Hülfsbuch und ein gediegener Rathgeber
für die deutsche Hausfrau" sein.
Nordrhein-Westfalen, um es genauer zu sagen: Wengern ist die Heimat dieser
bemerkenswerten Dame. Sie hat sich auf ihrem Fachgebiet einen großen Namen
erworben. Nach ihren Aufzeichnungen kann noch heute so manche Köstlichkeit
hergestellt werden; ihre Tips für den perfekten Haushalt sind mehr als lesenswert.
Ich hoffe, daß eine solch hohe Anerkennung nachfolgender Generationen auch
den Aufzeichnungen der Meisterköche aus Nordrhein-Westfalen beschieden
sein wird. Sie geben wohlgehütete Kochgeheimnisse und gleichzeitig Eigenheiten
unserer regionalen Küche weiter. In althergebrachten Rezepten unseres Landes
gibt es schmackhafte Gerichte wie: Pfefferpotthast, Rheinischer Sauerbraten,
Puspas mit Mu'erejubbel, Bergische Waffeln und, und, und ... Es ist meist
bodenständige und deftige Kost, die von Menschen zusammengestellt wurde,
die die ausgezeichneten Produkte ihrer Heimat zu schätzen wußten und die
Beilagen nach der Jahreszeit wählten.
Die Zeiten haben sich geändert. Wir sind nicht mehr auf den heimischen Markt
angewiesen. Fast alle denkbaren Obst- und Gemüsesorten sind zu jeder Jahreszeit
zu haben, Fisch und Fleisch werden stets in hoher Qualität angeboten,
Schalen- und Krustentiere sind auch im „Inland" selbstverständlich. Das üppige
Angebot bringt Vielfalt in den Speisenplan. Freilich: Gut zu kochen, das ist immer
noch eine Kunst. Eine Kunst, die – wie ich mir wünsche – durch die neuen
Rezepte nordrhein-westfälischer Meisterköche bereichert wird. Und vielleicht entsteht
durch das Nachkochen der Wunsch, das eine oder andere Gericht an Ort und Stelle
zu probieren. Das wäre schön!
Guten Appetit also – wo auch immer ein nordrhein-westfälisches Essen
auf den Tisch kommt!

Johannes Rau
Ministerpräsident von Nordrhein-Westfalen

VORWORT

… daß man, ehe man ein Gericht zu machen anfängt, die nöthigen Erfordernisse dazu heranholt und mit ruhiger Überlegung vorarbeitet, damit sich später die Arbeit nicht häuft und man Zeit gewinnt, auch auf das Anrichten der Speisen die nöthige Sorgfalt zu verwenden, …

Henriette Davidis

Dieser Satz aus dem Vorwort zu dem 1845 erschienenen Kochbuch der wohl bekanntesten und erfolgreichsten deutschen Kochbuchautorin des letzten Jahrhunderts hätte auch von dem Gastrosophen Friedrich von Rumohr oder von Eugen von Vaerst stammen können, und obwohl er für „Anfängerinnen und Hausfrauen" geschrieben war, könnte er ein Leitsatz der Neuen Küche sein.

Wobei die Neue Küche sich mit der Küche Nordrhein-Westfalens etwas schwertut. Die Küche an Rhein und Ruhr ist eine, wenn auch opulent zu nennende, so doch einfache Küche. Die Küche des Ruhrgebiets, die vielen Einflüssen unterworfen war, hat keine eigenständige Geschichte, Ostdeutsche und Polen haben sie mit geprägt; die Küche Westfalens und des Niederrheins ist alten bäuerlichen Traditionen verhaftet. Und das ist gut so. „Himmel und Äd" lassen sich nun einmal nicht verbessern und gute Bratkartoffeln auch nicht. Man kann traditionelle bäuerliche Gerichte zwar durch edle Produktbeigaben erhöhen, schon Escoffier hat dies getan, aber die Qualität eines solchen Gerichts wird immer von seinen einfachen, traditionellen Komponenten abhängig sein.

Trotzdem, dieses fruchtbare und fleischgesegnete Land Nordrhein-Westfalen fordert wie kein anderes die neue Köchegeneration heraus, in einer Symbiose von traditioneller und neuer Küche ihr Können und ihre Kreativität unter Beweis zu stellen.

Schon Grimmelshausen ließ bekanntlich seinen Simplicius Simplicissimus in den grimmigen Zeiten des Dreißigjährigen Krieges in einem Kloster bei Soest Zuflucht suchen. „Paradies" hieß dieses Frauenkloster, das es schon lange nicht mehr gibt.

„Das Paradies", so erzählt Simplicissimus, „fanden wir, wie wir's begehrten und noch darüber, anstatt der Engel schöne Jungfrauen darin, welche uns mit Speis und Trank also traktierten, daß ich in Kürze wieder einen glatten Balg bekam; denn da setzte es das fetteste Bier, die besten westfälischen Schinken und Knackwürste und sehr delikates Rindfleisch, das man aus dem Salzwasser kochte und kalt zu essen pflegte; da lernte ich das schwarze Brot fingerdick mit gesalzener Butter schmieren und mit Käse belegen, damit es desto besser rutschte, und wenn ich so über einen Hammelkolben kam, der mit Knoblauch gespickt war, so erquickte ich Leib und Seele und vergaß all mein ausgestandenes Leid."

Und auch am Rhein ging es und geht es nicht gerade mager zu. Der englische Schriftsteller und Deutschlandkenner Harold Nicolson hat den Menschen am Rhein sogar „eine gewisse lateinische Leichtigkeit" nachgesagt. Diese Leichtigkeit, so meint er, würde die soliden „Taciteischen Tugenden" der germanischen Stämme beleben. Wer einmal den Kölner Karneval erlebt hat, weiß, daß dies stimmt. Daß mit dieser Leichtigkeit nicht selten auch eine kulinarische Opulenz einhergeht, ist am Beispiel einer Speisekarte des Kölner Hotels Metropol an den drei Karnevalstagen des Jahres 1905 zu sehen.

An jedem dieser drei Tage gab es ein 12gängiges Menü. Jedes dieser Menüs begann mit englischen Austern (Natives). Gänseleberparfaits, getrüffelte Poularden, Ostender Hummer, Seezungen und Rheinsalme folgten. Der Hauptgang am Sonntag war ein ganzer Ochsenrücken, am Spieß gebraten. Der Preis für das Menü betrug am Karnevalssonntag und -dienstag 6 Mark, am Rosenmontag 10 Mark. Am Rosenmontag wurden zwischen halb sechs und halb acht Uhr abends allein 705 Couverts dieses Menüs verkauft. Dazu kamen noch À-la-carte-Bestellungen während der drei Tage für allein 6000 Austern, 50 Pfund Malossoll-Kaviar und 40 Gänsestopflebern.

Man sieht, es wurde an Rhein und Ruhr immer schon Wert auf gutes Essen und Trinken gelegt. Weshalb die Schinken auf dem Umschlag dieses Buches bei dem kulinarischen Höhenflug der nordrheinwestfälischen Köche auch nicht Ballast sind, sondern Wegzehr.

Nebenstehendes Bild: „Der Koch", Farbradierung von Simon Dittrich

VORSPEISEN

Der Schöpfer, der den Menschen nötigt zu essen, um zu leben,
lädt ihn durch den Appetit dazu ein
und belohnt ihn durch den Genuß
Brillat-Savarin, Physiologie des Geschmacks

Die Schwachstelle jeder Landesküche sind die Vorspeisen. In den meisten Landesküchen wird die Suppe als Vorspeise angesehen, und selbst in Frankreich und Italien, den Geburtsländern der Vorspeisen, sind sie zwar wie eh und je in den Restaurants, aber höchst selten auf dem bürgerlichen Mittags- oder Abendtisch zu finden, und dies nur, wenn kein allzugroßer Arbeitsaufwand damit verbunden ist. So ist es meist ein kleiner Salat oder etwas Schinken, manchmal auch eine selbstgemachte – oder auch gekaufte – Pâté, die, wenn überhaupt, den Auftakt zum bürgerlichen Mahl, auch in Frankreich, bildet. An besonders hohen Festtagen, wie zu Weihnachten, mögen es wohl auch Austern sein.

In den alten deutschen Kochbüchern finden sich deshalb auch kaum Vorspeisen. Erst Anfang dieses Jahrhunderts tauchen sie hie und da, vorwiegend mit ihren französischen Bezeichnungen, wie vol-au-vent, pâté, croustade, mousse, sephir und ähnlichem, auf.

Nach Brillat-Savarins „Physiologie des Geschmacks" sollte ein Gast in einem guten Restaurant allein 24 Vorspeisen auf der Karte finden. Neben mindestens 12 Suppen, 15 bis 20 Speisen vom Rindfleisch, 20 Gerichten vom Lamm oder Hammel, 16 bis 20 vom Kalb und 30 vom Geflügel und Wildbret. Dazu 24 Fischgerichte, 15 Braten, 12 Pasteten, 50 Zwischengerichte und 50 Desserts.

Eine für unsere Zeit – besonders auch im Hinblick auf den herrschenden Personalmangel – geradezu astronomische Vielzahl von Gerichten, die sich heutzutage selbst in den großen Hotel-Restaurants wohl kaum realisieren ließe.

In den einfacheren Speiselokalen und Bistros unserer französischen Nachbarn gibt es zwar immer noch eine Vielzahl von kleinen Vorspeisenschälchen, die sogenannten Raviers, aber meist sind es doch sehr einfache Dinge, die sich darin finden. Marinierte Gemüse oder Muscheln, Salami, Ochsenmaulsalat, Kalbskopf und ähnliches mehr. Zumeist kalte Vorspeisen, die eigentlich nach den auch heute noch geltenden Regeln nur mittags gegessen werden sollten.

In der Neuen deutschen Küche haben sich die Grenzen zwischen Vorspeisen und Zwischengerichten stärker verschoben als anderswo. Stärker als anderswo sind auch regionale Elemente in das Vorspeisenregister aufgenommen worden.

Zu solch Klassikern wie „Parfait vom Stör mit Kaviar" gesellen sich – wie auf den nachfolgenden Seiten zu lesen ist – Vertreter der neuen Ländlichkeit, wie „Feine Wurst von der Bauernente auf Speckwirsing", neben dem Mosaik von Steinbutt und Lachs findet sich ein Blutwurstparfait auf Sellerie-Trüffel-Püree mit Schnippelbohnen und in der Nachbarschaft von Geflügelleberpralinen mit Apfel-Walnuß-Salat eine Sülze vom Ochsenschwanz mit Rievkooke.

Die neuen deutschen Vorspeisen sind nicht nur variabler und farbiger, sie sind vor allem bodenständiger geworden. Das zeugt von einem neuen Selbstbewußtsein und von einem neuen Selbstverständnis im Umgang mit festgefahrenen, tradierten Gewohnheiten. Es zeugt aber auch von einem neuen Bewußtsein der engeren Heimat, ihrer Produkte und Traditionen. Die durch diese Sensibilisierung entstandene Verbindung zwischen neuer und regionaler Küche ist das Beste, das der deutschen Küche seit langem passiert ist.

Natürlich ist eine Wurst von der Bauernente herzhafter als ein Parfait vom Stör mit Kaviar und könnte ebensogut als Zwischengericht gereicht werden. Wichtig ist bei beiden jedoch nur eine Prämisse, die sie als Vorspeise legitimiert: höchste Intensität an Geschmack und Aroma.

Horsd'œuvre heißt ja bekanntlich „vor dem Werke". Das eigentliche „œuvre" des Künstlers, in diesem Falle des Kochs, folgt zumeist mit entsprechend angemessenem Abstand.

Vorspeisen sollten deshalb nicht das, was nachfolgt, dominieren, sondern sich ihm unterordnen. Wenngleich schon hie und da eine hervorragende Vorspeise einen schwachen Hauptgang gerettet hat.

In einem Restaurant nur eine Vorspeise zu bestellen ist deshalb so, als würde man eine Opernaufführung nach der Ouvertüre verlassen.

Rezept Seite 25: Parfait vom Stör mit Beluga-Kaviar, Dieter L. Kaufmann, Zur Traube, Grevenbroich

Terrine vom Rheinischen Sauerbraten mit geräucherten Forellenfilets und Traubenvinaigrette

Detlev Hufschmidt
Hartwig Kalbers
Restaurant Kurlbaum
Moers

600 g Rindfleisch (Hüfte), 2 EL Tomatenmark, 400 ml Rindfleischbrühe, etwas Bratfett.

Marinade:
300 ml Wasser, 200 ml Weinessig, 100 ml trockener Weißwein, je 80 g Zwiebeln und Karotten sowie 50 g Sellerie, 1 kleine Stange Porree, 10 Pfefferkörner, 1 Nelke, 2 Lorbeerblätter, 1 Koblauchzehe, 5 Wacholderbeeren, 1 TL Senfsaat, 1 Thymianzweig, 8 g Salz.

Zum Klären:
100 g Rindfleisch, 80 g Wurzelgemüse, 2 Eiweiß, 5 Blatt Gelatine, 50 ml Balsamico-Essig, Salz, Pfeffer und Zucker.

Einlage:
1 geräucherte Forelle, 80 g Karotten, 40 g Bohnen, 40 g Kohlrabi, 1 Bund Schnittlauch.

Traubenvinaigrette:
50 ml Champagner-Essig und 50 ml weißer Traubensaft, 2 cl Traubenlikör, 100 ml Traubenkernöl, Saft von ½ Zitrone, Salz, Pfeffer, Zucker, frische Kräuter, 250 g weiße Trauben.

Die Zutaten für die Marinade, das Gemüse sollte grob gewürfelt sein, kurz aufkochen und wieder erkalten lassen. Das Rindfleisch darin mindestens 2 Tage marinieren. Das Fleisch herausnehmen und im Bräter anbraten. Die marinierten Gemüse hinzugeben und anschwitzen, ebenso das Tomatenmark. Unter Zugabe der halben Menge Marinade langsam schmoren und mit der Rindfleischbühe aufgießen. Das gare Fleisch herausnehmen und abkühlen lassen. Die Marinade durch ein Tuch passieren, gegebenenfalls bis auf 50 ml einkochen und erkalten lassen.

Zum Klären das Fleisch mit dem Wurzelgemüse durch die grobe Scheibe des Fleischwolfs drehen und das Eiweiß untermischen. Die Masse unter die Marinade rühren und unter gelegentlichem Umrühren erhitzen, bis die Masse an die Oberfläche steigt und die Marinade klar ist. Nun nicht mehr rühren. Durch ein Tuch passieren und die eingeweichte Gelatine dazugeben. Mit Balsamico-Essig, Salz, Pfeffer und Zucker würzen.

Für die Einlage die Forelle filieren und entgräten. Das Gemüse sehr fein würfeln und garen. Den Boden einer Terrinenform etwa 3 mm mit Marinade bedecken, feingeschnittenen Schnittlauch darin verteilen und zum Gelieren in den Kühlschrank stellen. Das Fleisch mit der Aufschnittmaschine in etwa 2 mm dünne Scheiben schneiden und abwechselnd mit Gemüsewürfeln und Schnittlauch in die Form schichten. Beide Forellenfilets in die Mitte der Form legen. Zwischendurch mit Marinade angießen und so fortfahren, bis Form gefüllt ist. Im Kühlschrank erkalten lassen.

Für die Traubenvinaigrette den Essig mit Traubensaft und -likör verrühren. Das Traubenkernöl und den Zitronensaft mit dem Mixstab vermischen. Frische gehackte Kräuter dazugeben und mit Salz, Pfeffer und Zucker würzen. Die Haut der Trauben abziehen. Die Trauben halbieren, entkernen und in die Vinaigrette geben.

Die Terrinenform stürzen. Die Terrine mit einem Elektromesser in 4 Scheiben schneiden und diese mit Blattsalaten oder marinierten Gemüsen und der Traubenvinaigrette auf Tellern anrichten.

Terrine von westfälischem Pfefferpotthast

Oliver Heß
D'r Fiester-Hannes
Burbach-Holzhausen

500 g Rinderquerrippe, 450 g Zwiebeln, 1 l Rinderbrühe, 1 Stück Sellerie, 1 Möhre, 4 EL geriebenes Weißbrot, 1 EL Petersilie, 1 EL Schnittlauchröllchen, 10 Pfefferkörner im Gewürzbeutel, 8 Blatt Gelatine, 1 1-l-Terrinenform.

Das kleingewürfelte Rindfleisch und die Zwiebelstreifen jeweils getrennt in der Rinderbrühe blanchieren. Danach alles zusammen nochmals aufkochen lassen und das Gemüse mit dem Gewürzbeutel dazugeben. Langsam weiterkochen lassen, bis das Fleisch weich und die Brühe um die Hälfte reduziert ist. Jetzt mit Salz und Pfeffer abwürzen, das geriebene Weißbrot, Petersilie und Schnittlauch beifügen.

Inzwischen die Gelatine im kalten Wasser auflösen und langsam unter die Masse rühren.

Den Pfefferpotthast nun in eine 1-l-Terrinenform geben und bei 8 °C 3 Std. kühl stellen. Anschließend stürzen und in Scheiben schneiden.

Anrichten:
In die Mitte der Teller eine Scheibe Pfefferpotthast legen, mit einer leichten Vinaigrette nappieren und mit Feldsalat dekorieren.

Winterberger Sauerkrautterrine mit geräucherter Makrele

Udo Lucas
Waldhaus
Winterberg

425 g Sauerkraut, 1/8 l Annanassaft, 1/8 l Weißwein, 1 kleingeschnittene Zwiebel, Salz, Pfeffer, 175 g Fischfond, 25 g Sülzenpulver, 250 g Räuchermakrele.

Das mit Ananassaft, Weißwein, Salz, Pfeffer und Zwiebeln 6 Min. gekochte Sauerkraut mit dem aus den Gräten und der Haut der geräucherten Makrele hergestellten Fischfond und dem eingeweichten Sülzenpulver sehr warm mixen und anschließend kalt stellen. Vor dem Stocken eine Terrinenform angießen.
Die entgrätete und enthäutete, zu einer Rolle geformte und gefrorene Räuchermakrele einlegen und den Rest der Flüssigkeit zugeben. Kalt stellen und nach 4 Std. aufschneiden. Als Sauce eignet sich eine leichte Vinaigrette.

Terrine von Wildschweinrücken an Feigensauce

Rosemarie Hestermann
Hotel Schloß Petershagen
Petershagen

1 kg ausgelöster Wildschweinrücken, 1 kleine gehackte Zwiebel, 2 TL Pastetengewürz, 2 TL Salz, 1 TL Thymian, 1 Lorbeerblatt, 5 Wacholderbeeren, 50 g Weißbrot ohne Rinde, 1/8 l Rotwein, 1 cl Portwein, 400 g frischer Speck, 1 Ei, 50 g feingewürfelter Kochschinken, 50 g in Würfel geschnittene Morcheln, 400 g frischer Speck in dünnen Scheiben, Lorbeerblatt und Thymian zum Garnieren, 1,8-l-Terrine.

Das sorgfältig parierte Fleisch in Streifen schneiden und mit der Zwiebel, dem Salz, den Gewürzen und Brot in eine Schüssel geben und mit dem Rot- und Portwein übergießen. Mindestens 24 Stunden im Kühlschrank marinieren. Den Speck in Streifen schneiden und mit dem marinierten Fleisch einschließlich Gewürzen und Brot (Rot- und Portwein vorher ablaufen lassen) zweimal durch die feinste Scheibe des Fleischwolfes drehen. Nachdem die Farce gekühlt wurde, mit dem Ei kräftig durcharbeiten, dann die Schinken- und Morchelwürfel unterarbeiten. Die Terrine mit den Speckscheiben auslegen, diese über den Rand hängen lassen, die Farce einfüllen und mit den überhängenden Speckteilen abdecken. Mit den Kräutern garnieren und die Terrine verschließen. Im Wasserbad in etwa 60 Minuten bei 160 °C garen.

Feigensauce:
250 g frische Feigen mit 1/8 l Portwein und 1/8 l Wildschweinjus marinieren. Die marinierten Feigen durch ein feines Sieb streichen. Mit gemahlenem Pfeffer, Salz, Dijoner Senf und evl. etwas Portwein und Wildschweinjus abschmecken.

Westfälische Bauernterrine mit Blut- und Leberwurst

Bernhard Stromberg
Richard Abrolat
Gourmet-Restaurant
Goldschmieding
Castrop-Rauxel

Für eine 1-l-Terrine:
100 g grüner Speck, 10 g Butter, 100 g feingeschnittene Schalottenwürfel, 0,25 l Rinderkraftbrühe, 200 g Schweinefleisch, 200 g grobe Leberwurst, 250 g Blutwurst, 2 Vollei, 1 EL Mehl, 20 g feingehackte Petersilie.

Kartoffelvinaigrette:
70 g gekochte Kartoffeln, 2 cl Schalotten-Essig (5% Säure), 1 Msp. Senf, 4 cl Brühe, 1 cl Distelöl, 1 cl Kürbiskernöl, 2 cl Traubenkernöl, Salz, Pfeffer sowie 10 g feingeschnittener Schnittlauch.

Terrine:
Den grünen Speck mit der Aufschnittmaschine in etwa 1,5 mm starke Scheiben schneiden, die Terrinenform damit auslegen. Den Speck zum Abdecken der Terrine etwas überstehen lassen. Die Schalotten mit der Butter glasig dünsten, mit der Brühe auffüllen und köcheln lassen, bis die Schalotten fast trocken sind, kalt stellen.
Das Schweinefleisch durch die grobe Scheibe des Fleischwolfes drehen, mit Leberwurst, Ei, Mehl, Schalotten, Petersilie und 1 cm großen Blutwurstwürfeln vermengen. Die Masse in die Terrinenform füllen und mit dem überstehenden grünen Speck abdecken.
Im vorgeheizten Backofen bei etwa 150 °C im Wasserbad 80 bis 90 Min. pochieren, kalt stellen.

Kartoffelvinaigrette:
Die gekochten Kartoffeln durch ein feines Sieb streichen, zusammen mit den übrigen Zutaten eine Essig-Öl-Sauce herstellen und mit Salz und Pfeffer abschmecken.

Anrichten:
Vor dem Servieren die Terrinenform kurz in heißes Wasser tauchen, dann den Inhalt auf eine Platte stürzen und nochmals kalt stellen.
Die Bauernterrine in 1 cm dicke Scheiben schneiden, auf kalten

Tellern in der Mitte anrichten und die Vinaigrette angießen. Dazu gibt man Feldsalat, den man mit der Vinaigrette anmacht und als Reigen legt.

Gebeizte Scheiben vom Tafelspitz in gelierter Lauchvelouté

Bild Seite 19

Heinz Bach
Hotel Résidence
Essen-Kettwig

400 g gepökelter Tafelspitz, 1 Möhre, ¼ Sellerie und ½ Stange Lauch, 1 Lorbeerblatt, 4 Pfefferkörner.

Lauchvelouté:
400 g Lauch, 200 g saure Sahne, 50 g Butter, 3 Blatt Gelatine, Salz, Pfeffer, 1 cl Weißwein, 1 TL Balsamico-Essig, 1 TL Trüffelöl.

Den gepökelten Tafelspitz zusammen mit dem Gemüse und den Gewürzen in kochendes Wasser geben, die Temperatur verringern und das Fleisch vorsichtig gar ziehen lassen.
Den Tafelspitz im Fond auskühlen lassen. In dünne, etwa 4 cm breite Streifen schneiden.
Den Lauch putzen und waschen, in Stücke schneiden und in der Butter anschwitzen. Mit Weißwein ablöschen, etwas Fond dazugeben und garen. Im Mixer pürieren, durch ein Sieb streichen, die saure Sahne dazugeben und mit Salz, Pfeffer, Balsamico-Essig und Trüffelöl abschmecken.
Die Gelatine einweichen, in etwas warmer Velouté auflösen und zu der restlichen Masse geben.
Eine Terrinenform kalt ausspülen und mit Klarsichtfolie auslegen.
Nun schichtweise Tafelspitzstreifen und Lauchvelouté einfüllen,

dabei mit der Velouté beginnen und die Masse immer leicht anziehen lassen.
Im Kühlschrank 1 Tag erkalten lassen.
Auf ein Brett stürzen und am besten mit einem Elektromesser in Scheiben schneiden.
Als Salat paßt dazu marinierter Rettich oder Rapunzel.

Hummersavarin mit Hummersauce

(für 8 bis 10 Portionen als Vorspeise, für 3 bis 4 Portionen als Hauptgericht)

Wilhelm Biermann
Biermann's Restaurant
Soest

Salz, 1 Hummer (etwa 600 g), 100 g Steinbuttfilet, 2 Eier, ¼ l gut gekühlte Schlagsahne, Pfeffer aus der Mühle, Butter für die Formen.

Hummersauce:
je 50 g Möhren, Sellerie, Zwiebeln, 250 ccm Weißwein, 4 EL Schlagsahne, 2 bis 3 EL weißer Portwein, 50 g Butter.

Zuckerschoten:
500 g Zuckerschoten, Butter.

In einem großen Topf viel Salzwasser erhitzen. Wenn es sprudelnd kocht, den lebenden Hummer mit dem Kopf voran hineingeben und dadurch töten. Nach rund 1 Min. den Hummer wieder herausnehmen und etwas abkühlen lassen.
Zuerst die Scheren ausbrechen, dann den Hummerkörper der Länge nach teilen. Das Hummerfleisch auslösen und beiseite stellen, die Schalen für die Sauce aufbewahren. Die Scheren zurück ins

kochende Salzwasser geben, einmal aufkochen lassen, dann bei milder Hitze in etwa 10 Min. gar ziehen lassen. Herausnehmen, etwas abkühlen lassen, mit einem Nußknacker oder Hammer aufbrechen, das Scherenfleisch vorsichtig auslösen und für die Garnitur aufbewahren.
Das Hummerfleisch aus dem Körper zusammen mit dem grob zerteilten Steinbuttfilet, den Eiern und der eiskalten Sahne im Mixer (oder portionsweise mit dem Schneidstab des Handrührers) sehr fein pürieren, mit Salz und Pfeffer abschmecken, durch ein Sieb streichen, kurz ins Gefrierfach stellen. Die Savarinformen (die Formen sollen insgesamt ein Fassungsvermögen von 1 l haben) gut ausbuttern. Die Savarinmasse in einen Spritzbeutel ohne Tülle füllen und in die Form (oder fürs Hauptgericht in eine große Form) spritzen (bis zu höchstens ⅔ füllen). Die Formen mit gebutterter Alufolie abdecken und für den Dampfabzug Löcher hineinschneiden. Die Savarins im Wasserbad im vorgeheizten Backofen bei 150 °C (Gas: Stufe 1) etwa 20 Min. pochieren. Die Savarins auf Teller stürzen, mit dem Scherenfleisch, eventuell auch mit knapp gegarten Zuckerschoten und Kerbelblättchen füllen. Die Hummersauce darübergießen.

Hummersauce:
Die Hummerschalen grob zerteilen, Möhren, Sellerie und Zwiebel kleinwürfeln. Schalen und Gemüse in etwas Butter sehr gut anrösten, mit dem Weißwein ablöschen und einkochen lassen. Durch ein Sieb gießen, die Schlagsahne dazugeben, wieder etwas einkochen lassen, Mit dem weißen Portwein und Salz abschmecken, zum Schluß die eiskalte Butter in Flöckchen mit dem Schneebesen unterrühren.

Rezept Seite 22: Blutwurstparfait auf Sellerie-Trüffel-Püree mit Schnippelbohnensalat, Richard Lattrich, Parkhotel Burggraf, Tecklenburg

Zuckerschoten:
Die Zuckerschoten waschen und in Salzwasser in 5 Min. knapp garen. Kalt abbrausen, gut abtropfen lassen und in etwas Butter schwenken.

Milchferkelsülze im Linsenmantel

Bernhard Stromberg
Richard Abrolat
Gourmet-Restaurant
Goldschmieding
Castrop-Rauxel

1 Milchferkelkeule (beim Metzger vorbestellen).

Pökelsalzlake für 1 Keule:
100 g Pökelsalz, 2 l Wasser.

Sud:
4 Wacholderbeeren, 2 Lorbeerblätter und 6 weiße Pfefferkörner, 3 Nelken, 1 Karotte sowie 50 g Sellerie, 2 Zwiebeln.

Linsenmantel:
Zutaten für 1 Kronenform (1-l-Pastetenform):
10 g feine Speckwürfel, 20 g feine Schalottenwürfel und 100 g Linsen, 0,5 l Rinderbrühe, 2 EL Weißwein-Essig (5% Säure), Salz, Pfeffer aus der Mühle, 5 g feingehackte Petersilie, 2½ Blatt Gelatine.

Milchferkelsülze:
Zutaten für 1 Kronenform (1-l-Pastetenform)
Je 20 g feingewürfelte Karotte, Steckrüben, Schalotten sowie 60 g Essiggurken, 300 ml Milchferkelsud, 3 Blatt Gelatine, Pfeffer aus der Mühle, Salz, Essiggurkenfond, 5 g feingehackte Petersilie.

Remouladensauce:
1 EL Petersilie, 4 Kapern, 1 Sardellenfilet (jeweils feingehackt), 20 g feingewürfelte Essiggurken, 4 EL

Mayonnaise, 1 EL Crème fraîche, Salz, Pfeffer aus der Mühle, Essiggurkenfond.

Milchferkelkeule:
Milchferkelkeule hohl auslösen und 7 Tage in die Lake einlegen. Danach 1 Tag in Wasser legen, damit sich das Pökelsalz gleichmäßig im Fleisch verteilt (Salzausgleich).
Den Sud zum Kochen bringen, Keule in diesem Sud weich kochen, dann erkalten lassen.

Linsenmantel:
Linsen 3 Std. in kaltem Wasser einweichen. Speck mit etwas heißem Öl gut anschwitzen, die Schalotten hinzufügen und glasig dünsten. Linsen zugeben umd mit der Brühe auffüllen. Salz, Pfeffer und Essig zugeben, etwa 15 Min. köcheln lassen, evtl. nochmals abschmecken.
Die in kaltem Wasser eingeweichte Gelatine ausdrücken, in der warmen Brühe mit den Linsen auflösen. Petersilie beifügen und kühl stellen. Eine gekühlte 1-l-Kronenform mit den vorbereiteten gelierten Linsen dünn ausstreichen (etwa 3 mm), restliche Linsen für den Linsendeckel zurückbehalten. Form kalt stellen.

Milchferkelsülze:
Die Keule in 0,5 cm große Würfel schneiden. Karotten- und Steckrübenwürfel in Salzwasser weich kochen, mit Eiswasser abschrecken. Schalotten mit etwas Öl glasig dünsten. Die in kaltem Wasser eingeweichte Gelatine ausdrücken und im warmen Michferkelsud auflösen. Gemüse, Schalotten, Essiggurken, Petersilie und die Milchferkelwürfel in den Sud geben und mit Salz und Pfeffer würzen. Gurkenfond abschmecken. Die Sülze kurz vor dem Gelieren in die vorbereitete Form mit dem Linsenmantel geben, 10 Min. kalt stellen. Die restlichen gelierten

Linsen über die Sülze streichen und 1 Tag kalt stellen.

Remouladensauce:
Mayonnaise und Crème fraîche glattrühren, Petersilie, Kapern, Sardellen und Essiggurken zugeben, mit Salz, Pfeffer und Essiggurkenfond abschmecken.

Anrichten:
Vor dem Servieren die Kronenform kurz in heißes Wasser tauchen, dann die Sülze auf eine Platte stürzen, nochmals kalt stellen und mit einem Elektromesser in etwa 1 cm dicke Scheiben schneiden. Danach auf kalte Teller in die Mitte setzen sowie mit Remouladensauce und kleinen Bratkartoffeln servieren.

Schwarzbrotpastete mit Matjesfilets auf grüner Sauce von Wildkräutern

Udo Lucas
Waldhaus
Winterberg

500 g Vollkornbrot, gebröckelt, 500 g Matjesfilets ohne Haut und Gräten, 4 Blatt Gelatine (weiß), ¼ l gute Brühe (warm), Salz, Pfeffer, gehackte Petersilie, feingeschnittene Schnittlauchröllchen, Terrinenform für 1 kg, ¼ l Crème fraîche, 1 Handvoll frische Wildkräuter, wie Löwenzahn, Sauerampfer, Bärlauch, Beifuß, Tripmadam.

Aus dem Vollkornbrot, der Brühe und der in der Brühe aufgelösten Gelatine eine Masse machen und in die Form einspachteln. In die Mitte der Brotmasse die Matjesfilets, die vorher mit Schnittlauch und Petersilie sowie mit Pfeffer mariniert wurden, legen, mit dem Rest der Brotmasse zustreichen und 4 Std. im Kühlschrank kalt stellen. Aus den Wildkräutern und der Crème fraîche, Salz und Pfeffer eine grüne Sauce herstellen.

Sauce in die Mitte des Tellers geben und Schwarzbrotpastete mittig anrichten.

Sülze vom Ochsenschwanz mit Rievkooke

Thomas Möllecken
Altes Zollhaus
Mülheim/Ruhr

Reibekuchen:
500 g Kartoffeln, 1 Vollei, 1 kleine Zwiebel, 1 EL Mehl, Salz, Pfeffer, Fett zum Braten.

Sülze:
1 Ochsenschwanz, etwas Fett zum Anbraten, 300 g gewürfeltes Wurzelgemüse (Möhren, Sellerie, Zwiebeln), 1,2 l kräftige Rinderbrühe, 50 g Karottenwürfel, 6 cl Sherry-Essig, 6 Blatt Gelatine, 1 TL Senfkörner, einige Wacholderbeeren, 1 Lorbeerblatt, Salz, Pfeffer.

Für die Sülze den Ochsenschwanz kleinschneiden, Fett entfernen, anbraten und mit der Brühe auffüllen. Das Fleisch braucht etwa 2½ Std. Garzeit. Währenddessen muß der Ansatz mehrmals abgeschäumt werden. Etwa 30 Min. vor Ende der Garzeit Wurzelgemüse, Lorbeerblatt, Senfkörner und Wacholderbeeren hinzugeben. Den Fond durch ein Tuch passieren, mit Salz und Pfeffer kräftig abschmecken, dann Sherry-Essig und die eingeweichte Gelatine zugeben. Das in kleine Würfel geschnittene Fleisch mit den Karottenwürfeln vermengen und in Timbaleförmchen oder

Mokkatassen füllen. Diese dann mit dem Fond bedecken und kalt stellen.

Reibekuchen:
Kartoffeln waschen, schälen, reiben. Die Kartoffelmasse etwas stehen lassen, die entstandene Flüssigkeit abtropfen lassen. Alle Zutaten mit der geriebenen Zwiebel vermengen. Das Fett in einer Pfanne erhitzen, den Teig löffelweise einfüllen, von beiden Seiten zu goldbraunen, knusprigen Puffern backen.

Steinpilzsülze zu Löwenzahn in Kartoffeldressing mit gebackenem Ochsenschwanz und Petersilienbrot

Richard Lattrich
Parkhotel Burggraf
Tecklenburg

Steinpilzsülze:
200 g Steinpilze, ½ l Consommé, 1 Bund Schnittlauch und 8 Blatt Gelatine.

Kleine, feste Steinpilze putzen, abwischen – nicht waschen. 4 schöne Steinpilzkappen zurücklassen. Mit den Putzabfällen und der Consommé einen Steinpilzfond kochen, ganz klar lassen. In diesem Fond die geschnittenen festen Steinpilze einmal aufkochen, die eingeweichte Gelatine dazugeben und ziehen lassen, evtl. nachschmecken. Wenn die Sülze fast erkaltet ist, den feingeschnittenen Schnittlauch dazugeben und in eine Timbale füllen. Im Kühlschrank über Nacht fest werden lassen.

Löwenzahn:
100 g Löwenzahn, 2 cl Olivenöl, 1 TL Estragon-Essig, 1 TL Balsami-

co-Essig, Salz, Pfeffer sowie 1 Bund Kerbel.

Löwenzahn putzen, dabei nur die kleinen Knospen mit kurzen Stielen aus der Mitte verwenden. Die Blätter, falls erforderlich, kleiner schneiden. Gut waschen und trockenschleudern. Aus den angegebenen Zutaten eine Marinade schlagen und kurz vor dem Anrichten darin wenden.

Kartoffeldressing:
200 g Kartoffeln, 30 g geräucherter Speck, 2 TL Estragon-Essig, 1 TL Balsamico-Essig, ½ TL Dijoner Senf, 2 Schalotten, 2 TL Olivenöl.

Geräucherten Speck in 1-cm-Streifen schneiden. Kartoffeln in Salzwasser kochen, schälen und in Würfel schneiden. Marinade für die Kartoffeln schlagen und diese warm hineingeben. Die feingeschnittenen Schalotten hinzugeben und einige Minuten ziehen lassen. Den Speck anbraten.

Gebackener Ochsenschwanz:
6 Ringe Ochsenschwanz, 1 Ei und 6 Scheiben Toastbrot, ½ l Rotwein, Butterschmalz.

Vom Metzger 6 Ringe vom Ochsenschwanz abschlagen und das Fett entfernen lassen. Diese Ochsenschwanzringe in Rotwein gar schmoren (etwa 2½ bis 3 Stunden) und in der Sauce erkalten lassen. Dann das Fleisch von den Knochen ablösen und in 2 cm große Stücke schneiden. Diese Stücke mit Ei und zerriebenem Weißbrot panieren, anschließend in Butterschmalz ausbacken.

Petersilienbrot:
4 Scheiben dickeres Baguette, 40 g Butter, 120 g gezupfte Petersilie.

Die lauwarmen Baguettescheiben bis zur Hälfte aushöhlen und dann mit Butter bestreichen. Die Petersilie im Fettbad ausbacken, auf einem Tuch abtropfen lassen und in die ausgehöhlten Baguettescheiben geben.

Anrichten:
In die Mitte der Teller die Steinpilzsülze geben, welche mit einem kleinen Rosmarinzweig garniert wird. Mit Löwenzahn umlegen, über den die Kartoffelwürfel gestreut werden, darauf die krossen Speckstreifen, die gebackenen Ochsenschwanzwürfel und den Kerbel verteilen. Das Petersilienbrot extra servieren.

Moorschnuckensülze im Lauchmantel an Paprikavinaigrette

Theodor Lammers
Restaurant Heidehof
Gronau-Epe

450 g Moorschnuckenschulter schier, 4 Moorschnuckenfilets zu je 90 g, 1 Lorbeerblatt, 1 Knoblauchzehe, 1 Zweig Rosmarin, 1 Zweig Thymian, Salz, 6 Pfefferkörner, 100 g Sellerie, 100 g Karotten, 200 g Champignons, 100 g Brokkoliröschen, 100 g gehäutete Tomatenviertel, 1 Stange Lauch, 1 l Rinderbrühe, 1/4 l Weißwein, 40 g Butter, 8 Blatt Gelatine, Salz, Pfeffer.

Vinaigrette:
25 g Schnittlauch, Kerbel, Petersilie (gehackt), 25 g Paprika (rot, grün, gelb), kleingewürfelt, Balsamico-Essig, Distelöl, Pfeffer aus der Mühle, etwas Rinderkraftbrühe.

Moorschnuckenfilets salzen und pfeffern, in Butter rosa anbraten und kalt stellen. Die Moorschnuckenschulter mit Lorbeerblatt, Knoblauchzehe, Rosmarin, Thymian, Salz und Pfefferkörnern weich kochen, kalt stellen und in kleine Würfel schneiden. 1 l Rin-

derkraftbrühe langsam auf 1/2 l einkochen, die in kaltem Wasser eingeweichte Gelatine ausdrücken und in die Brühe geben. Karotten und Sellerie in kleine Würfel schneiden und in Salzwasser weich kochen. Brokkoliröschen in Salzwasser kochen und in Eiswasser abkühlen. Champignons ebenfalls in Würfel schneiden und abkochen.
Terrinenform mit abgekochten Lauchblättern auslegen. In einer Schüssel Rinderbrühe, Gelatine, Weißwein, Gemüse und das gewürfelte Schulterfleisch vermengen, mit etwas Himbeer-Essig abschmecken. In der Terrinenform die Moorschnuckenfilets in die Mitte legen und mit der Rinderbrühe, den Tomatenvierteln und gewürfelten Champignons bedecken. Im Kühlschrank etwa 3 bis 4 Std. kühlen, anschließend stürzen und mit dem Elektromesser in Scheiben schneiden.

Vinaigrette:
Aus den feingehackten Kräutern und den kleingewürfelten Paprikaschoten sowie aus Balsamico-Essig, Distelöl und Rinderkraftbrühe eine Vinaigrette bereiten und mit Pfeffer abschmecken.

Feine Wurst von der Bauernente auf Speckwirsing
Bild Seite 27

Erich Steuber
Siebelnhof, Hilchenbach

1 frische Bauernente (1 bis 1,5 kg), Kräuter wie z. B. frischer Salbei oder frischer Majoran, 1/2 l angefrorene Sahne, 1 Ei, Salz, Pfeffer aus der Mühle, Balsamico-Essig.

Die beiden Keulen der Ente entbeinen, in kleine Würfel schneiden und durch die sehr feine Scheibe des Fleischwolfes drehen.

Die Entenbrüste auslösen, fein würfeln und kurz kroß anbraten, mit etwas Portwein und Balsamico-Essig ablöschen. Die Entenbrustwürfel mit Folie abdecken und 1 Std. kalt stellen.
Die Entenfarce wie folgt weiterverarbeiten: Das haschierte Entenfleisch in einen kleinen Tischkutter geben, gefrorene Sahne, 1 Ei und 2 bis 3 Eiswürfel zufügen und alles gut emulgieren, mit Gefühl die Gewürze zugeben, 1 Msp. kleingeschnittenen Salbei, eine starke Prise Majoran, Salz, Pfeffer aus der Mühle und zum Schluß die fertige Farce mit etwas Balsamico-Essig abschmecken.
Die gewürfelten Entenbrüste mit dem Fond, der sich abgesetzt hat, mittels Eßlöffel vorsichtig unterheben.
Die Farce nun mit einem Füllhörnchen blasenfrei in einen feinen Lammsaitling pressen.
Den Lammsaitling zu kleinen Würstchen abdrehen (etwa 80 g) und kurz brühen, danach in einer Pfanne von allen Seiten goldbraun braten.

Sauce:
Die Entenknochen kleinhacken und in Butterschmalz goldbraun anbraten, mit etwas Rotwein ablöschen und reduzieren lassen, mit etwas Brühe auffüllen, etwa 1 Std. durchziehen lassen und dann passieren, nochmals reduzieren lassen und abschmecken, mit Salzbutter montieren.

Anrichten:
Zum Schluß die goldbraun gebratenen Entenwürste auf feingeschnittenem, blanchiertem Wirsing, mit etwas Speckwürfeln und Sahne angemacht, anrichten.

Anmerkung:
Man kann die Wurst auch, wie auf unserem Bild ersichtlich, in einem Wurstsaitling von 6 cm Durchmesser bereiten und sie pochieren, anstatt zu braten.

Rezept Seite 14: Gebeizte Scheiben vom Tafelspitz in gelierter Lauchvelouté
Heinz Bach, Hotel Résidence, Essen-Kettwig

Tellergelee vom Kaninchen an Kürbiskernschmant

Bild Seite 23

Gerd Reber
Landhaus Leick, Sprockhövel

1 kg Freilandtomaten und 1 Kaninchenrücken, 20 g Butterschmalz, 2 geschälte Tomaten ohne Kerne, 4 blanchierte Brokkoliröschen, Dill, Salz, Pfeffer, 2 Blatt Gelatine.

Sauce:
8 EL Schmant, 2 EL Kürbiskernöl, Salz, Schalotten-Essig.

Die reifen Tomaten waschen, Stielansatz entfernen, kleinhacken und in einem Mulltuch über Nacht abhängen lassen (ergibt etwa 3 dl Tomatensaft). Einen Teil des Saftes erhitzen, die in kaltem Wasser eingeweichte, gut ausgedrückte Gelatine darin auflösen, abschmecken, mit restlichem Saft vermischen. Durch ein feines Sieb gießen und abkühlen lassen.
Den Kaninchenrücken parieren, auslösen, mit Salz und Pfeffermühle würzen und in dem Butterschmalz saftig braten.
Nach dem Erkalten in 20 Medaillons schneiden, die Tomatenfilets ebenfalls in 20 Streifen schneiden.

Anrichten:
Kaninchenmedaillons und Tomatenstreifen sternförmig in tiefe Teller einsetzen. In die Mitte Brokkoliröschen setzen und mit Dillzweigen garnieren. Das Tomatengelee auf die 4 Teller verteilen und für etwa 1 Std. im Kühlschrank anziehen lassen.
Für den Kürbiskernschmant, der separat gereicht wird, Schmant mit Kürbiskernöl, Salz und etwas Schalotten-Essig glattrühren.

Anmerkung:
Tellergelee ¼ Std. vor dem Servieren aus dem Kühlschrank nehmen, damit sich der Geschmack entwickelt.
Diese Vorspeise kann auch als Zwischengericht, mit gebratenen Kartoffelwürfeln, serviert werden.

Kaninchensülze auf Linsensalat

Hans-Dietrich Marzi
Hotel Schloß Hugenpoet
4300 Essen-Kettwig

2 Kaninchenkeulen, 1 Lorbeerblatt, 2 Nelken, 1 Bund Suppengrün, Salz, 50 g feine grüne Bohnen, 50 g Möhren, 50 g Sellerie, ½ Stange Lauch, 50 g Pfifferlinge, 2 Blatt Gelatine, 100 g grüne Linsen, Distelöl, Weinessig, Kreuzkümmel, bunte Salate.

Die Kaninchenkeulen in 1 l leicht gesalzenem Wasser mit Lorbeerblatt, Nelken und Suppengemüse weich kochen und in kleine Würfel schneiden (½ cm). Die Bohnen und Pfifferlinge ebenfalls würfeln, kurz blanchieren und mit den Würfeln von der Kaninchenkeule in eine Timbale geben.
¼ l Fond mit etwas Essig und Salz abschmecken. Unter den warmen Fond 2 Blatt Gelatine geben, passieren und auf die Würfel von Kaninchen, Bohnen und Pfifferlingen füllen. Die Sülze kalt stellen und nach dem Erkalten stürzen.
Den restlichen Fond passieren und darin die Linsen kochen. Wenn die Linsen fast gar sind, linsengroße Würfel von Sellerie, Karotten und Lauch dazugeben. Die Linsen und das Gemüse erkalten lassen und mit 2 EL Distelöl, 1 EL Essig und gestoßenem Kreuzkümmel abschmecken.

Anrichten:
Bunte Salate auf dem Teller anrichten, die Linsen mit Fond darüber verteilen. In die Mitte die Sülze geben. Mit Kräuterstrauß und Tomatenwürfeln garnieren.

Bunte Sülze vom Walbecker Spargel mit zwei Saucen

Herbert Weber
Restaurant Zum Pulverturm
Wachtendonk

4 Stangen weißer Spargel, 4 Stangen grüner Spargel, 1 EL Tomatenwürfel, 1 El Avocadowürfel, 1 EL Erdbeerwürfel, 1 EL Melonenwürfel, 1 EL Radieschenwürfel, 1 gek. Ei, 20 g Trüffel, ¼ l Spargelfond, 1 cl Sherry-Essig, 2 cl Sherry medium dry, 20 g Aspikpulver (2 TL), 2 EL Kräuter (Dill, Estragon, Kerbel, Petersilie, Schnittlauch, Borretsch).

Grüne Sauce:
2 EL Crème fraîche, 2 EL Kräuter, gehackt, 1 Prise Salz, Pfeffer, Zukker, Zitrone.

Rote Sauce:
2 EL Crème fraîche, 1 EL Rote-Bete-Mus, 1 EL Rote-Bete-Saft, 1 TL Balsamico-Essig.

Den Spargel abkochen, in Eiswasser abkühlen und abtropfen lassen. Die Köpfe (etwa 6 bis 7 cm) abschneiden und zum Garnieren zurücklegen. Den Rest in etwa 1 cm große Stücke schneiden. Den Aspik mit etwas Spargelfond einweichen, den Restfond erhitzen und mit dem Aspik vermischen. Sherry und Sherry-Essig beigeben. Terrinenform oder Schüssel mit etwas Aspik ausgießen und 1 EL gehackte Kräuter gleichmäßig in den noch flüssigen Aspik verteilen. Form kalt stellen. Dann den Rest der Zutaten (außer Ei und 4 dünne Scheiben Trüffel) in der Form verteilen und mit Aspik auffüllen. Das Ei nun darauf verteilen. Nach dem Stocken der Sülze diese aus der Form stürzen und in Scheiben schneiden.
Die Zutaten für die grüne und rote Sauce jeweils gut verrühren. Auf die Teller gießen, Sülze anle-

gen und mit Spargelköpfen und Trüffelscheiben garnieren. Je nach Wunsch kann man auch 1 Scheibe Räucherlachs oder Hummerkrabbe dazu servieren.

Tarte von Hummer und Steinbutt mit Kaviargelee

(für 10 Personen)

Peter Nöthel
Peter Liesenfeld
Hummerstübchen
im Hotel Fischerhaus
Düsseldorf-Lörick

Steinbuttfarce:
350 g Steinbuttfilet sowie 2 Eier, 350 g Sahne, Salz, Pfeffer, Noilly Prat.

Hummermousse:
2 Hummer (etwa 500 g pro Stück), Hummerkarkassen, 2 EL Olivenöl, 1 EL Butter, je 30 g Schalotten, Lauch, Karotten, ½ Knoblauchzehe, 2 Nadeln Rosmarin, etwas Fenchelkraut, 1 EL Tomatenmark, 1 cl Cognac, 2 dl Weißwein, 1 dl Noilly Prat, ⅛ l Fischfond, ⅛ l Crème double, 3 Blatt Gelatine, Salz, Pfeffer, 2 dl geschlagene Sahne.

Kaviargelee:
400 g Tomaten, 8 g Salz, 6 Eiweiß, 1 dl Noilly Prat, einige Hummerschalen, 8 dl Fischfond, 100 g Beluga-Kaviar, etwa 10 Blatt Gelatine (pro dl Flüssigkeit 1 Blatt).

Tarte:
200 g Blätterteig, etwas Butter für die Form.

Belag:
10 Hummermedaillons, 100 g Beluga-Kaviar, Dillspitzen, Kerbelblätter, Schnittlauchhalme, kleine Basilikum-Blätter und Kapuzinerblüten,

4 gelbe Kirschtomaten, 20 Gemüse-Hummer, aus Zucchini ausgestochen.

Vinaigrette für die Tarte:
1 EL Sherry-Essig, 2 EL Balsamico-Essig, 1 EL Walnußöl, 2 EL Olivenöl, Salz, 1 Prise Zucker, Pfeffer aus der Mühle.
Alles zusammenrühren und abschmecken.

Sauce für die Tarte:
4 EL Crème fraîche, 2 EL flüssige Sahne, einige Tropfen Zitronensaft, Salz, Pfeffer aus der Mühle.
Alle Zutaten verrühren und abschmecken.

Steinbuttfarce:
Das Steinbuttfilet kleinschneiden und mit den Eiern vermengen, für 20 Min. ins Eisfach des Kühlschranks stellen. Danach in den Küchenkutter geben.
Die ebenfalls gekühlte Sahne nach und nach dazugeben und alles zu einer geschmeidigen Farce pürieren. Mit Salz, Pfeffer aus der Mühle und Noilly Prat abschmecken. Durch ein Sieb streichen und kühl stellen.

Hummermousse:
Die Hummer in sprudelnd kochendes Salzwasser geben, 4 Min. köcheln lassen.
Ausbrechen und 10 schöne Medaillons aus dem Hummerfleisch schneiden und als Garnitur beiseite stellen.
Für die Hummermousse die Hummerkarkassen säubern und waschen. In Öl und Butter kurz anziehen lassen, das Gemüse, Kräuter und Tomatenmark zugeben und leicht andünsten.
Mit Cognac flambieren, mit Weißwein und Noilly Prat ablöschen.
Mit dem Fischfond auffüllen, um die Hälfte reduzieren und die Crème double zugeben. Nochmals reduzieren und durch ein Haarsieb passieren.

In die noch warme Flüssigkeit die kalte eingeweichte Gelatine rühren, abschmecken und in ein kaltes Wasserbad stellen. Wenn die Hummermousse fest zu werden beginnt, die geschlagene Sahne vorsichtig unterheben.

Kaviargelee:
Die Tomaten waschen. Strunk herausschneiden, vierteln, salzen und zusammen mit Eiweiß, Hummerschalen und Fischfond zum Kochen bringen, ziehen lassen, passieren. Den Noilly Prat dazugeben. Pro dl Flüssigkeit 1 Blatt eingeweichte Gelatine zufügen. Abkühlen lassen.

Tarte:
Den Blätterteig dünn ausrollen und eine gebutterte Tarteform (24 cm ⌀) damit auslegen. Die Tarte mit Alufolie bedecken und bei 220 °C im Ofen blind backen. Die Alufolie entfernen, die Steinbuttfarce gleichmäßig auf den Blätterteig streichen und bei 200 °C im Ofen etwa 10 bis 15 Min. backen.
Herausnehmen und abkühlen lassen.
Nach dem Abkühlen der Tarte nun die leicht anziehende Hummermousse darübergeben, gleichmäßig verteilen und dann im Kühlschrank vollständig anziehen lassen.
Nach dem Anziehen der Mousse eine dünne Schicht Gelee darüber verteilen und wieder im Kühlschrank anziehen lassen.

Belag:
Die Medaillons kreisförmig auf das Gelee setzen. Dillspitzen, Kerbelblätter, Gemüse-Hummer und Tomatenstreifen dekorativ auf die Tarte plazieren. Auf die Medaillons etwas Kaviar setzen und den Rest in die Mitte verteilen. Alles nochmals dünn mit Gelee überziehen und kalt stellen.

Anrichten:

Die Tarte aus der Form nehmen, in 10 gleiche Stücke schneiden und auf große Teller setzen.
Mit Kräutern und Kapuzinerblüten garnieren und diese leicht mit Vinaigrette marinieren. Mit der Sauce kleinen Spiegel gießen.

Mosaik von Steinbutt, Lachs und Hummer mit Frühlingsgemüsen in Wasabigelee

Holger Tamm
Graugans, Hyatt Regency
Köln

0,4 l geklärter Fischfond (vorzugsweise vom Steinbutt), 7 Blatt Gelatine, 10 g Wasabipulver (Asienladen), je etwa 100 g Steinbutt und Lachsfilet, Hummerschwanz, Gemüse nach Saison (Kaiserschoten, Karotten, grüner und weißer Spargel usw.).

Das Gemüse putzen und blanchieren. Die Fischfilets in 1 cm breite Streifen schneiden, würzen und dämpfen und auf Küchenkrepp abtropfen lassen. Den gekochten Hummerschwanz in Scheiben schneiden.
Das Wasabipulver in ein Passiertuch geben und mit dem erwärmten Fischfond abgießen. Dem passierten Fond die eingeweichte und gelöste Gelatine hinzufügen und abschmecken. Den Fisch und das Gemüse in eine 0,5-l-Terrinenform nach Belieben mosaikartig einsetzen.
Zwischenzeitlich mit etwas Fischfond umgießen. Über Nacht gut kühlen. Die Terrine mit einem scharfen Messer in Scheiben schneiden und mit frischen Salaten anrichten.

Blutwurstparfait auf Sellerie-Trüffel-Püree mit Schnippelbohnensalat

Bild Seite 15

Richard Lattrich
Parkhotel Burggraf
Tecklenburg

Blutwurstparfait:
300 g Blutwurst, 2 Schalotten, 1 Apfel, ¼ l Rinderbrühe, 1 Prise Majoran, ⅛ l frisches Schweineblut.

Die Blutwurst in kleine Stücke, den Apfel sowie die Schalotten in feine Würfel schneiden und etwas anschwitzen. Die Rinderbouillon angießen, etwa 10 Min. kochen lassen, anschließend durch ein Sieb streichen und mit Majoran abschmecken.
Die Masse unter Dampf auf etwa 70 °C erhitzen und mit ⅛ l frischem Schweineblut binden. In 4 Mokkatassen füllen und 8 Std. kalt stellen.

Trüffel-Sellerie-Püree:
¼ l helle Trüffelsauce, 1 mittlere Staude Sellerie, ½ l Sahne, 40 g schwarze Trüffel, ⅛ l weißer Portwein, 1 Prise Zucker, Salz, ⅛ l Madeira.

Den Sellerie schälen, in kleine Stücke schneiden und mit der Sahne weich kochen. Die Sahne muß fast verkocht sein. Dann die Masse durch ein Sieb streichen.
Die Trüffel säubern und in feine Würfel schneiden. Dann die Würfel in Portwein und Madeira kochen, so daß der Saft fast ganz reduziert ist. Jetzt die Trüffelsauce mit den Trüffelwürfeln und dem Selleriepüree vermischen und eventuell mit Salz und etwas Zucker nachschmecken. Das Püree soll eine leicht fließende Konsistenz haben. Möglicherweise etwas nachdicken.

Schnippelbohnensalat:
400 g Schnippelbohnen, 3 EL Balsamico-Essig, 6 EL Olivenöl, 1 EL gezupftes Bohnenkraut, Salz, Pfeffer.

Die Schnippelbohnen abfädeln und in schmale schräge Streifen schneiden, gar kochen, abschrecken und abtropfen lassen. Mit Essig, Öl, Salz und Pfeffer und dem gezupften Bohnenkraut anmachen, 10 Min. ziehen lassen und auf einem Sieb abtropfen lassen.

Anrichten:
In die Mitte der Teller das Sellerie-Trüffel-Püree plazieren, darauf das Blutwurstparfait anrichten und außen herum den Bohnensalat verteilen.

Mousse von westfälischem Schinken mit Spargelspitzen

Günter Scherrer
Victorian
Düsseldorf

0,5 l geschlagene Sahne, 0,3 l Schinken-Spargel-Fond, 10 Blatt Gelatine (im Winter 8 Blatt), 1,5 kg Spargel, 100 g gekochter Schinken, 50 g Knochenschinken, Essig, Öl, Salz und Pfeffer.

Den geschälten Spargel wie gewohnt abkochen. Den Spargel herausnehmen, die Spitzen abschneiden und die Abschnitte wieder in den Fond zurückgeben.
Den Knochenschinken und den gekochten Schinken in den Spargelfond geben und auskochen lassen. Den Fond durch ein Tuch passieren, den Schinken und den Spargel durch ein Sieb streichen.
Die Gelatine in Wasser einweichen. Kurz vor dem Erkalten des Fonds die Gelatine in 0,3 l Fond auflösen und die geschlagene Sahne und den passierten Schinken unter den Fond mischen. In

---

Rezept Seite 20: Tellergelee vom Kaninchen an Kürbiskernschmant, Gerd Reber, Landhaus Leick, Sprockhövel

Schüsselchen füllen und im Kühlschrank erkalten lassen. Nach dem Erkalten 2 Eßlöffel in heißes Wasser tauchen und die Schinkenmousse eiförmig abstechen.

Die Spargelspitzen mit Essig und Öl bestreichen, sternförmig an die Teller legen und mit Kresseblättern garnieren.

Man kann auch Streifen von westfälischem Knochenschinken über die angerichtete Mousse streuen.

Mousse von weißen Spargeln mit westfälischem Knochenschinken

Olaf Königsmann
Bakenhof
Münster

500 g weichgekochter, in Stücke geschnittener Spargel, 1/4 l geschlagene Sahne, 300 ml Spargelfond, 6 Blatt Gelatine, 50 g Butter, 40 g Mehl, je 1 Prise Salz und Zucker, 12 Scheiben dünngeschnittener Knochenschinken.

Garnitur:
1 kleiner Kopf Lollo rosso, Gartenkresse, 8 Cocktailtomaten.

Sauce vinaigrette:
50 g feingewürfelte Schalotten, 100 g frische, gehackte Kräuter (Kerbel, Petersilie, Estragon), 3 dl Walnußöl, 1,5 dl Essig, je 1 Prise Salz und Pfeffer.

Die Spargelstücke in Butter kurz andünsten, mit Mehl bestäuben und mit dem Spargelfond aufgießen. Anschließend mit Salz und Zucker abschmecken und aufkochen lassen. Vom Feuer nehmen und die eingeweichte, ausgedrückte Gelatine hinfügen. Die Masse im Mixer fein pürieren, in eine Schüssel geben und auskühlen lassen. Danach die geschlagene Sah-

ne vorsichtig unterheben und für 3 bis 4 Std. kalt stellen.

Sauce vinaigrette:
Die Schalotten, Kräuter, Salz und Pfeffer sowie Essig in eine Schüssel geben, verrühren und mit Öl auffüllen.

Anmerkung:
Sauce vor dem Schöpfen immer aufrühren.

Anrichten:
Mit einem Eßlöffel 2 kleine Kugeln vom Spargelmousse abstechen und mit dem Knochenschinken sowie den Garnituren gefällig anrichten. Dabei die Garnitur mit der Sauce vinaigrette marinieren.

Schaumbrot vom Räucheraal an Kürbisblütenvinaigrette

Mario Kalweit
Haus Hiesfeld
Hiesfeld

300 g Räucheraal, 150 ml Sahne, 3 Blatt Gelatine, 200 ml Fischfond, 2 Kürbisblüten, 1 Limone und 5 EL Traubenkernöl, 1 Tomate, etwas gelber Friséesalat, Salz, Pfeffer.

200 g Aal, gut gekühlt, mit etwas Fischfond in einem Kutter zu einer glatten Masse zerkleinern, durch ein Sieb streichen und mit der aufgelösten Gelatine verrühren. 100 g Aal in Würfel schneiden und mit der geschlagenen Sahne unter die gelatinierte Aalmasse geben, mit Salz, Pfeffer und etwas Limonensaft abschmecken. Die Masse in eine Form füllen und 2 Std. kühl stellen. Aus Limonensaft, Fischfond und Öl eine Vinaigrette herstellen, mit Salz abschmecken und kurz vor dem Anrichten die in Würfel geschnittenen Kürbisblüten dazugeben.

Anrichten:
Das Aalschaumbrot in die Mitte der Teller legen, die Vinaigrette leicht um das Schaumbrot fließen lassen und nach Belieben mit Friséesalatblatt und Tomatenwürfeln ausgarnieren.

Kalbshirnauflauf auf Spitzkohl mit Petersiliensauce

Uwe Lemke
Restaurant Haus Pötters
Kamp-Lintfort

Kalbshirnauflauf:
400 g Kalbshirn, 3 Schalotten, 30 g Butter, 0,2 l Sahne, 0,2 l Vollei, Salz, Pfeffer, Muskat.

Kalbshirn wässern, putzen, Häute abziehen, Blutgerinsel entfernen. Im kochenden Wasser absteifen, dann abschrecken. Das Hirn in kleinere Stücke zupfen.

Schalotten würfeln, in Butter glasig werden lassen und über das vorbereitete Hirn geben. Die Eier anschlagen, mit der Sahne vermengen und würzen. Eiermasse und Hirn vermengen und in gebutterte Timbaleförmchen füllen. Die Förmchen in ein Wasserbad stellen und im Ofen bei 80 °C Wassertemperatur garen.

Spitzkohl:
1 Spitzkohl, 2 Schalotten, 50 g Butter, 50 g gehackte Blattpetersilie.

Den Spitzkohl halbieren, Strunk entfernen, in kleine Blättchen schneiden. Die Schalotten würfeln und in der Butter anschwenken. Spitzkohl dazugeben, sautieren, bis er knackig ist, würzen und die Petersilie zufügen.

Petersiliensauce:
0,15 l Kalbsbrühe, 50 g Blattpetersilie, 0,2 l Sahne, 50 g Butter.

Kalbsbrühe und Sahne etwas einkochen, würzen und mit der Butter aufmontieren, Petersilie dazugeben und dann alles im Mixer pürieren.

Den gestürzten Auflauf auf den Spitzkohl setzen und mit der Sauce nappieren.

Parfait vom Stör mit Beluga-Kaviar

Bild Seite 10

Dieter L. Kaufmann
Zur Traube
Grevenbroich

1 Stck. geräucherter Stör von etwa 200 g, ⅛ l Fischfond, ⅛ l Riesling, Sekt oder Champagner, ¼ l Sahne, etwas Weizenstärke, 4 Blatt weiße Gelatine, Salz, Beluga-Kaviar nach Wunsch, ab 20 g pro Person.

Den Fischfond mit dem Sekt zum Kochen bringen und mit der in Wasser aufgelösten Weizenstärke zu einem festen Brei binden und kalt stellen.

Danach Haut und die äußeren dunklen Seiten des Störs abschneiden und wegwerfen. Den Rest – es sollten noch mindestens 150 g sein – durch die feinste Scheibe des Fleischwolfes drehen und mit dem erkalteten Brei im Mixer zu einer homogenen Masse verarbeiten. Anschließend noch etwa ½ Std. im Kühlraum durchkühlen lassen.

In der Zwischenzeit die Sahne halbfest schlagen, Gelatine einweichen, danach im Wasserbad auflösen und gut warm halten. Nun die geschlagene Sahne vorsichtig unter das Störmus heben, eventuell etwas nachsalzen, zum Schluß dann die flüssige Gelatine

einrühren und in eine mit Wasser ausgespülte Form oder Terrine füllen.

Nun das Ganze noch etwa 2 bis 3 Std. durchkühlen lassen. Mit einem scharfen Messer vorsichtig am Rand der Terrine vorbeifahren, um das Parfait von der Form zu lösen. Anschließend stürzen.

Anrichten:
Das Ganze in gewünschte Scheiben schneiden, auf Tellern anrichten und mit Kaviar garnieren.
Zur farblichen Belebung kann noch ein frischer Dillzweig beigelegt werden.

Savarin vom rohen Lachs auf Champagnergelee und Kräuter-Mascarpone

Wolfgang Schmalzried
Herrenhaus Buchholz
Alfter

280 g Lachsfilet, ganz pariert, Saft von ½ Limone, Salz, Pfeffer, Schnittlauch.

Champagnergelee:
1 l Fischfond, 4 Eiweiß, 200 g Fischkarkassen zum Klären, (wenn möglich Steinbutt und Seezunge), 20 g weißer Lauch, 40 g Staudensellerie, 20 g Schalotten, Salz, 2 Pfefferkörner, 10 g Dill, Kerbel und Basilikum, 3 EL Champagner-Essig, 0,2 l Champagner, 8 Blatt Gelatine.

Kräuter-Mascarpone:
120 g Mascarpone und 40 g Crème fraîche, 20 g Dill, Kerbel, Schnittlauch und glatte Petersilie.

Garnitur:
1 Limone, Kerbel, Pimpinelle, Dill und Basilikum.

Den Fischfond mit den Fischkarkassen, Eiweißen sowie Gemüsen,

Kräutern, Gewürzen und dem Essig klären. (Achtung: Fischfond brennt leicht an!) Nach dem Abkühlen mit dem Champagner verfeinern.

Etwas von dem geklärten Fischfond erwärmen, die vorgeweichte Gelatine darin auflösen, in den Champagnerfischfond vorsichtig einrühren und anschließend 4 Teller damit ausgießen. Das noch nicht erstarrte Gelee mit Limonenfilets und den Kräutern garnieren. Die Mitte der Teller muß für das Savarin frei bleiben.
Das Lachsfilet fein hacken, mit Limonensaft, Schnittlauchröllchen, Salz und Pfeffer würzen und in Savarinformen drücken. Kalt stellen und dann in die Mitte der Teller stürzen.
Die Kräuter für die Mascarponemousse mit Crème fraîche fein pürieren, unter den Mascarpone heben und mit Eßlöffeln Nokkerln formen.
Die Öffnung der Lachssavarins damit füllen und gut gekühlt servieren.

Geflügelleber-pralinen mit Apfel-Walnuß-Salat

Franz Hütter
Restaurant Zur Tant
Köln 90

Geflügellebermasse:
250 g helle Geflügelleber, 30 ml Cognac, 30 ml Madeira, 250 g Butter, 1 Ei, Salz, Pfeffer, Pastetengewürz, 6 Scheiben frischer, fetter Speck.

Portweingelee:
0,2 l weißer Portwein, 0,1 l Wasser, 1 TL Zucker, 2 Tropfen Tabasco, 1 Prise Salz, 4 Blatt Gelatine.

Zur Fertigstellung der Pralinen:
50 g Pumpernickel, 50 g Pistazien, 4 Scheiben schwarze Trüffel.

Apfelsalat:
1 Apfel, 50 g Walnüsse, 20 g Rosinen, 1 TL Honig, Zitrone, 1 EL Crème fraîche.

Geflügellebermasse:
Geflügelleber mit Cognac, Madeira, Pastetengewürz, Salz und Pfeffer etwa 2 Std. marinieren. In der Küchenmaschine pürieren und durch ein Sieb streichen. Die Butter klären und noch gut warm mit dem Pürierstab langsam unter die Lebermasse mixen. Das Ei dazugeben und abschmecken. Eine Form mit den Speckscheiben auslegen, die Masse einfüllen, mit Speckscheiben bedecken. Im Dämpfer bei 80 °C 40 Min. lang garen. 12 Std. in den Kühlschrank stellen.

Portweingelee:
Gelatineblätter in kaltem Wasser einweichen, die anderen Zutaten miteinander mischen, einen Teil davon leicht erwärmen und darin die ausgedrückten Gelatineblätter auflösen, zur restlichen Mischung geben und verrühren.

Fertigstellung:
Eine kleine Form etwa 2 mm dick mit Portweingelee ausgießen und erstarren lassen. Von der Geflügelleberterrine 1,5 cm dicke Scheiben schneiden, daraus 4 Quadrate von etwa 3 cm schneiden und auf das Gelee setzen. Jeweils mit einer Scheibe Trüffel belegen und mit Portweingelee angießen, bis die Geflügelleberpralinen mit 2 mm Gelee bedeckt sind.
8 weitere gleich große Stücke von der Terrine schneiden und zu Kugeln rollen, die anderen in feingehacktem Pumpernickel. Alle Pralinen kühl stellen.

Apfelsalat:
Apfel schälen und in kleine Würfel schneiden, mit etwas Zitronen-

saft beträufeln. Eingeweichte Rosinen und grobgehackte Walnüsse beigeben, mit Honig und Crème fraîche anmachen.

Anrichten:
Die in Portweingelee eingegossene Pralinen schneiden. Etwas Gelee hacken, darauf die Kugeln anrichten, zwischen den Kugeln die eckige Praline setzen und mit Apfelsalat servieren.

Gezupfter Ochsenschwanz in Kräutersalaten mit gebackenem Meerrettich

(für 6 Personen)

Günter Scherrer
Victorian
Düsseldorf

1,2 kg Ochsenschwanz (nur große Stücke), 1/4 l Rotwein, 400 g Röstgemüse (Sellerie, Karotten, Zwiebel), 2 Tomaten, 30 g Tomatenmark, diverse Salate und Gartenkräuter, 6 EL kaltgepreßtes Olivenöl, 2 EL Estragon-Essig, 120 g frischer Meerrettich.

Ochsenschwanz wie gewöhnlich ansetzen, d. h. die gesalzenen und gepfefferten Ochsenschwanzstücke im Ofen in Öl kräftig anbraten, das Röstgemüse in groben Würfeln zugeben und mit anrösten, Fett abschütten, mit dem Tomatenmark tomatisieren, mit etwas Rotwein mehrmals glacieren, mit Wasser auffüllen und etwa 2 Std. lang weich kochen.
Das Fleisch vom Knorpel abzupfen. Verschiedene Salate mit Blattpetersilie, Basilikum, Dill, Sauerampfer, Roquette (Senfkohl) usw. vermischen, mit Olivenöl und Estragon-Essig, Salz und Pfeffer aus der Mühle anmachen.

Frischen Meerrettich in Julienne schneiden und in nicht zu heißem Fett goldgelb backen.
Zum Anrichten den Salat kranzförmig auf die Teller geben, in die Mitte den gezupften Ochsenschwanz garnieren und mit etwas Sauce nappieren. Darauf den gebackenen Meerrettich setzen.

Gebeizter Lammrücken in Altbierdressing

Josef Schwinning
Restaurant Stammhaus Fiege
Bochum

360 g Lammrücken (ausgelöst), 2 Lorbeerblätter, 1 Thymianzweig, 10 Wacholderbeeren (zerdrückt), 10 Pfefferkörner (zerdrückt), 10 Rosmarinnadeln, 2 Petersilienstiele, Salz und Pfeffer, 1 Bund Brunnenkresse, 8 Radieschen.

Die beiden Lammrückenstücke (etwa je 180 g), es sollte der Lammsattel oder das Lammroastbeef sein, von Haut und Sehnen befreien.
In einem flachen Steingutgefäß die mit Salz und Pfeffer gewürzten Fleischstücke einlegen. Die restlichen Gewürze und Kräuter auf das Lammfleisch geben und mit folgendem Dressing übergießen:

Altbierdressing:
3 EL Altbier, 5 EL Traubenkernöl, 1 EL Sherry-Essig, 1 EL Weinbrand, 1 EL feingehackte Schalotten, 1 EL feingeschnittener Schnittlauch, 1 feingehackte Knoblauchzehe, 1/2 TL Zucker, 1 TL China-Soya (Manis), Salz und Pfeffer.

Altbier, Traubenkernöl, Sherry-Essig und Weinbrand gut verrühren. Die restlichen Zutaten dann dazugeben und abschmecken.

Rezept Seite 18: Feine Wurst von der Bauernente auf Speckwirsing, Erich Steuber, Siebelnhof, Hilchenbach

Den Lammrücken im Altbierdressing mit Folie abdecken und für etwa 24 Std. in den Kühlschrank stellen und einige Male das Altbierdressing über das Fleisch gießen. Nach der angegebenen Zeit den Lammrücken entnehmen, auf einem Pergamentpapier in dünne, schräge Scheiben schneiden.

Auf 4 kalten Tellern richtet man das geschnittene Fleisch großzügig in Kreisform an und beträufelt es noch mit etwas Altbierdressing. In die Mitte eines jeden Tellers gibt man ein Brunnenkressebukett und bestreut dieses mit feinen Streifen von Radieschen.

Salat vom Kalbskopf mit gebratener Blut- und Leberwurst

Richard Sutorius
Gasthaus Sutorius
Königswinter-Stieldorf

500 g Kalbskopffleisch, 4 Lorbeerblätter, 3 Nelken, 1 Zwiebel, 1 Möhre, ¼ Sellerieknolle und ½ Stange Lauch, 2 Eier, je 50 g grüne und schwarze entkernte Oliven, ⅛ l Kalbskopfbrühe, 3 EL Weinessig, 3 EL Salatöl, 50 g Zwiebelwürfelchen, je 1 Bund Petersilie, Schnittlauch, Kerbel, fein geschnitten, 1 Prise Salz, 1 Prise Pfeffer, ½ Blutwurstring, ½ Leberwurstring, Butter zum Braten.

Kalbskopf in wenig gesalzenem Wasser mit Lorbeer, Nelke, Zwiebel, Möhren, Sellerie und Lauch kochen. Alles in Würfel schneiden und erkalten lassen. Eier hart kochen, würfeln, mit Oliven vermischen und zum Kalbskopf geben.

Kalbskopfbrühe, Weinessig, Salatöl, Zwiebel, Petersilie, Schnittlauch, Kerbel, Salz, Pfeffer verrühren, mit dem Kalbskopfsalat vermischen. Blut- und Leberwurst in Scheiben schneiden und in Butter braten. Auf vorgewärmten Tellern neben dem Kalbskopfsalat anrichten.

Karotten-Basilikum-Salat mit Scheibchen vom Mastochsen

Wolfgang Markloff
Markloffs
Bielefeld

240 g geraspelte Karotten, 8 große Basilikumblätter, 2 Äpfel in Streifen, 8 EL Obst- oder Apfelessig, 4 EL Walnußöl, 240 g Ochsenbrust, Saft von ½ Zitrone, Salz, Zucker, Pfeffer, frische Petersilie und Brunnenkresse.

Aus Essig, Öl und Zitronensaft eine Marinade herstellen und den Salat damit anmachen. Abschmecken mit Zucker, Salz und Pfeffer.
Die Ochsenbrust blättrig schneiden. Auf dem Salat anrichten und mit Brunnenkresse und Petersilie garnieren.

Steckrübensalat mit Milchferkelbäckchen

Klaus-Peter Axer
Weinstuben Bitzerhof
Köln

400 g Steckrüben, 250 g Zwiebeln und ½ Lorbeerblatt, 1 Nelke, 750 g Schweinebacke mit Schwarte vom Milchferkel, 6 EL Weißweinessig, 3 TL Senf sowie ⅛ l Pflanzenöl, 1 Sträußchen Petersilie, Salz, Pfeffer aus der Mühle.

Zwiebel schälen und mit Lorbeerblatt und Nelke spicken. 1,5 l Salzwasser zum Kochen bringen und darin die Schweinebacke mit der gespickten Zwiebel garen (bei mittlerer Hitze etwa 1½ bis 2 Std.). In der Zwischenzeit die Steckrüben dick schälen und in Julienne schneiden.

Die gegarte Schweinebacke aus der Brühe nehmen und darin die Steckrübenjulienne kurz blanchieren. Von der abgekühlten Schweinebacke die Schwarte abtrennen, das Fett entfernen, in feine Würfel schneiden und in der zugedeckten Pfanne kroß ausbraten. Zum Abtropfen auf Küchenkrepp legen. Mit Weißweinessig, Senf, Salz, Pfeffer, Öl und gezupfter Petersilie eine Salatsauce herstellen und darin die Steckrübenstifte gut durchziehen lassen. Das schiere Schweinebackenfleisch in feine Streifen schneiden.

Die Steckrübenjulienne aus der Marinade nehmen und in der Mitte der Teller anrichten.

Darauf die am besten noch lauwarmen Schweinebackenstreifen verteilen. Die gerösteten Schwartenwürfel darüberstreuen.

Feiner Salat mit Schweinsöhrchen und Rösti

Bild Seite 30

Wilhelm Biermann
Biermann's Restaurant
Soest

8 Ferkelöhrchen, 200 g Rauke, 100 g Löwenzahn, 1 gespickte Zwiebel, 1 Karotte, ¼ l Kalbsglace, ¼ l Rotwein-Zwiebel-Reduktion (¾ l Rotwein mit einer kleinen gehackten roten Zwiebel auf ⅓ l Menge eingekocht), 2 EL Balsamico-Essig, 1 rote Zwiebel, 1 dl Kalbsfond, 1 TL Dijoner Senf, 2 EL Estragon-Essig, 8 EL Traubenkernöl, 4 kleine Kartoffeln, 100 g Pfifferlinge, 20 g Butter.

Die Ferkelöhrchen säubern und mit der gespickten Zwiebel und der Karotte weich kochen. Anschließend herausnehmen und kalt stellen.

Die Salatmarinade mit einer halben geriebenen roten Zwiebel, Kalbsfond, Dijoner Senf, Estragon-Essig, Traubenkernöl, Salz und Pfeffer bereiten.

Die Pfifferlinge putzen und mit den Würfeln der halben roten Zwiebel in Butter anbraten und mit Pfeffer und Salz würzen.

Die Kartoffeln schälen und reiben, mit Salz würzen und zu kleinen Rösti formen. In der Öl-Butter-Pfanne goldgelb braten und anschließend auf dem Küchenkrepp abtropfen lassen.

Nun die Kalbsglace mit der Rotweinreduktion aufkochen lassen, den Balsamico-Essig zugeben und die Schweinsöhrchen, in Julienne geschnitten, dazugeben und warm auf den Tellern anrichten.

Dazu legt man nun 1 Rösti, mariniert den geputzten Rauke-und-Löwenzahn-Salat und richtet ihn ebenfalls neben den Schweinsöhrchen an.

Die gebratenen Pfifferlingen runden dieses Gericht ab.

Feldsalat mit Hähnchenbrustfilet und Sellerievinaigrette

Erich Steuber
Siebelnhof
Hilchenbach

75 g Knollensellerie, Salz, 3 EL Apfelessig, Pfeffer aus der Mühle, 2 EL Sonnenblumenöl, 250 g Feldsalat, 1 Hähnchenbrustfilet (etwa 250 g), 2 Scheiben Toastbrot, 30 g Butter oder Margarine, 2 EL Olivenöl.

Sellerie schälen, waschen, in sehr feine Würfel schneiden und in kochendem Salzwasser 1 Min. blanchieren. Abgießen, abschrecken und beiseite stellen. Essig mit Salz, Pfeffer und Öl verrühren.

Feldsalat putzen und verlesen, gründlich waschen und trockenschleudern, Hähnchenbrustfilet mit einem scharfen Messer in hauchdünne Scheiben schneiden. Brot entrinden und in Würfel schneiden.

Brot in der Butter oder Margarine rundherum knusprig braten, beiseite stellen. Selleriewürfel in die Vinaigrette geben, mit dem Feldsalat mischen und auf 4 Tellern anrichten.

Hähnchenbrustscheiben in dem Olivenöl von jeder Seite ganz kurz und sehr kräftig anbraten, auf die Salatteller verteilen, mit Brotwürfeln bestreuen und dann servieren.

Geräucherte Entenbrust auf Kürbis-Linsen-Salat

Gerhard Völlm
Parkhotel Gütersloh
Gütersloh

4 Entenbrüste, 200 g vollreifer Kürbis, 200 g Linsenkeimlinge, je 1 Kopf Friséesalat und Radicchio, 150 g Feldsalat, 4 Scheiben Toastbrot, 100 g Butter, 1 Knoblauchzehe, Balsamico-Essig, Kürbiskernöl, Kerbel zum Garnieren.

Entenbrüste würzen, von beiden Seiten anbraten und 15 Min. im Räucherofen räuchern.

Kürbis in feine Blättchen schneiden, in kochendem Wasser kurz abwallen und sofort in Eiswasser abschrecken, damit die Kürbisblättchen die schöne gelbe Farbe halten.

Die Toastbrotscheiben entrinden und in Würfel schneiden. Butter schmelzen, Koblauchzehe sowie Brotwürfel zugeben und goldgelb rösten.

Linsenkeimlinge und Kürbisblättchen in Balsamico-Essig, Salz und Pfeffer marinieren.

Radicchio, Feldsalat und Friséesalat putzen und waschen. Salatblätter auf Tellern anrichten.

Die Entenbrüste in Scheiben schneiden. Marinierte Linsenkeimlinge und Kürbisblättchen mit Kürbisöl vervollständigen und auf dem Salat anrichten.

Entenbrustscheiben anlegen, die Röstbrotwürfel darüberstreuen, mit frischem Kerbel garnieren.

Salat von Kartoffeln und Rüben mit Hirschfilet

Hans Bertels
Le Crocodile
Krefeld

500 g Hirschfilet (gebraten und in dünne Scheiben geschnitten), 400 g Kartoffeln sowie je 100 g Möhren, Navetten und Steckrüben, Distelöl, Weißweinessig, etwas Brühe und Schnittlauch, Salz, Pfeffer, 100 g magerer Speck.

Kartoffeln und Rüben in leicht gesalzenem Wasser gar kochen und in Scheiben schneiden. Aus Essig, Öl und etwas Brühe mit den Gewürzen eine Salatsauce rühren und zu dem lauwarmen Gemüse geben. Den Speck in feine Streifen schneiden und kroß anbraten.

Den Salat auf großen Tellern in der Mitte anrichten, mit den gebratenen Hirschfiletscheiben umlegen und mit Speckstreifen und Schnittlauchröllchen garnieren.

Salat von dicken Bohnen, Äpfeln und Rosinen mit Blutwurst

Carsten Kindermann
Silence-Waldhotel Horn
Iserlohn

Blutwurst:
28 Scheiben Bauernblutwurst (etwa 4 cm Durchmesser und 2 mm dick).

Salat:
2 Boskop- oder Cox-Orange-Äpfel, 300 g dicke grüne Bohnenkerne, 50 g Rosinen, 8 cl Honig-Essig, 8 cl Nußöl, 8 cl Traubenkernöl, Salz, Pfeffer, Zucker, 2 Zweige Kerbel.

Die Blutwurst fächerartig am Tellerrand anrichten.
Die geschälten Äpfel in feine Würfel schneiden (die Schale kann evtl. als Dekorationsrose verwendet werden). Essig und Öl verrühren, Rosinen, gegarte Bohnenkerne sowie Äpfel unterheben und abschmecken.
Den Salat in der Mitte der Teller anrichten und mit dem gezupften Kerbel garnieren. Mit dem Rest der Marinade die Blutwurstscheiben leicht abpinseln.

Salat von Zander und Blutwurst

Wolfgang Markloff
Markloffs
Bielefeld

2 Scheiben Toastbrot, 80 g geräucherter Schweinebauch, 320 g Zanderfilet, 1 Kopf gelber Friséesalat, Traubenkernöl und Schalottenessig, 50 g gehackte Schalotten, 50 g gehackte Petersilie, 1 gehackte Knoblauchzehe, Salz, Pfeffer, 80 g Blutwurst, 100 g halbierte, entkernte Trauben.

Toastbrot würfeln und in der Pfanne rösten. Das Zanderfilet und den Schweinebauch in dünne Streifen schneiden. Den Schweinebauch kroß anbraten, herausnehmen. Im selben Fett die Fischstreifen ebenso kroß braten und würzen.
Den Salat waschen, abtropfen lassen und grob zerpflücken.
Aus Öl, Essig, Schalotten, Petersilie, Knoblauch, Salz und Pfeffer eine Marinade herstellen und den Salat damit vermengen.
Den Salat auf 4 Tellern anrichten. Die Blutwurst in dünne Scheiben schneiden, vierteln und über den Salat geben, dann die Trauben, den Speck, die Brotwürfel und zum Schluß die Zanderstreifen darüberstreuen.

Feldsalat im bergischen Kartoffeldressing mit Stremellachs

Walter Stemberg
Restaurant Haus Stemberg
Velbert

1/4 l Salatöl, 1½ EL Weinessig (10 %ig), 1 TL mittelscharfer Senf, 1 Bund Petersilie, Salz, Pfeffer aus der Mühle, 1 Zwiebel, 400 g feiner Feldsalat (Rapunzel), 50 g Kartoffeln, 4 Scheiben zu je 80 g Stremellachs.

Zuerst den Feldsalat putzen und gut waschen, anschließend im Küchensieb gut abtropfen lassen. Die Kartoffeln kochen. Die Zwiebel in feine Würfel schneiden, Petersilie fein hacken. Nun aus Öl und Essig mit Senf und Salz sowie Pfeffer aus der Mühle das Salatdressing zubereiten. Zwiebeln und Petersilie zugeben. Die gekochten warmen Kartoffeln zerdrücken und ebenfalls zum Dressing geben.

Anrichten:
Das Kartoffeldressing auf flache Teller geben und den Feldsalat darauf anrichten. Den Stremellachs (evtl. im Backofen leicht angewärmt) dazulegen.

Forellensalat mit Gurken-Dill-Schmant

Hermann Kettner
Alte Rentei
Schleiden

2 Forellen zu je 300 g, 2 l Courtbouillon (Fischsud aus ½ l Weißwein und ½ l Wasser und Wurzelwerk), 140 g Crème fraîche, 1 Bund Dill, ½ Salatgurke, Saft von 1 Zitrone, 100 g Feldsalat, 1 kleiner Friséesalat, 1 kleiner Radicchiosalat, 4 gekochte Wachteleier, 50 g schwarzer Forellenkaviar sowie 8 Kirschtomaten.

Küchenfertige Forelle in Courtbouillon etwa 10 Min. pochieren, Crème fraîche mit dem feingehackten Dill und der feingewürfelten, entkernten und geschälten Gurke verrühren und mit Pfeffer, Salz und Zitronensaft abschmekken. Fertiggegarte Forellen filetieren und in mundgerechte Stücke zupfen.

Anrichten:
Auf großen weißen Platztellern mit dem geputzten Feld-, Frisée- und Radicchiosalat ein Nest auslegen und die noch warmen Forellenstücke hineinlegen. Mit dem Schmant nappieren.
Mit je 1 gekochten, halbierten Wachtelei, 1 Löffel Forellenkaviar sowie 2 halbierten Kirschtomaten und einem Dillzweig garnieren.

Rezept Seite 28: Feiner Salat mit Schweinsöhrchen und Rösti, Wilhelm Biermann, Biermann's Restaurant, Soest

Spargelsalat mit Lachswürfeln

Klaus-Theo Friedrichs
La Provence
Duisburg

8 Stangen weißer Spargel, 8 Stangen grüner Spargel, 1 Stange Porree, 1 Möhre, 80 g Sellerie, 125 ml Champagner-Essig, 125 ml Traubenkernöl, 10 Radieschen, 400 g Lachsfilet, 1 Limone, Pfeffer aus der Mühle, Salz, Zucker, 1 EL Olivenöl, 1 EL Crème fraîche, 125 ml Sahne, 80 g Kaviar, Schnittlauch.

Den weißen Spargel schälen, die Spitzen vom weißem und grünen Spargel etwa 10 cm lang abschneiden. Die unteren Spargelteile in dünne Scheibchen schneiden. Porree, Sellerie und Möhre putzen und in sehr feine Würfel schneiden. In kochendem, leicht gesalzenem Wasser zuerst die weißen, dann die grünen Spargelspitzen bißfest kochen und in Eiswasser abschrecken, danach im gleichen Fond die Gemüsewürfel blanchieren. Den Fond auf ¼ l einkochen und abkühlen lassen. Aus Fond, Champagner-Essig, Traubenkernöl, weißem Pfeffer, Zucker und Salz eine kräftige Vinaigrette aufschlagen und die Spargelspitzen und -scheiben darin 15 Min. marinieren. Radieschen in feine Streifen und den Schnittlauch in feine Röllchen schneiden.
Aus Crème fraîche, Sahne und etwas Limonensaft eine Sauce herstellen und den Kaviar zufügen.
Den Lachs in 16 Würfel schneiden, salzen und säuern und in der heißen Pfanne in Olivenöl sehr kurz und kroß (halbgar) braten.

Anrichten:
Je 2 weiße und 2 grüne Spargelspitzen als Stern auf die Teller legen, darüber die Spargelscheibchen und darauf die Lachswürfel geben. Dann mit Radieschen und Schnittlauch rundherum bestreuen und die Kaviarcreme über die Lachswürfel geben.

Kartoffelsalat mit Seezungenfilet

Heinrich Poppenborg
Restaurant Poppenborg
Harsewinkel

Etwa 350 g Pellkartoffeln, Gurkenwasser, Weißweinessig, einige Schalotten, 1 TL Senf, 4 Eigelb, Traubenkernöl, 4 Seezungenfilets, Butter, etwas Petersilie.

Etwa 350 g in dünne Scheiben geschnittene Pellkartoffeln in einer Marinade aus Gurkenwasser, Weißweinessig und Schalotten etwa 12 Std. einlegen.
Aus der Marinade und 1 TL Senf, 4 Eigelben und Traubenkernöl im Wasserbad eine halbflüssige, lauwarme Mayonnaise rühren.
Die in der Mayonnaise erwärmten Kartoffelscheiben kreisförmig auf den Tellern plazieren und mit der Mayonnaise überziehen. Darauf pro Person ein in Butter gebratenes Seezungenfilet legen und mit kleingehackter Petersilie bestreut lauwarm servieren.

Kartoffelsalat mit Krebsen

*Bild nebenstehend
(Rezept für 10 Personen)*

Wolfgang Stein
Parkhotel Schloß Hohenfeld
Münster-Roxel

1600 g Krebse, 1200 g Kartoffeln, 400 g Möhren, 2 Friséesalate, 1 kleines Bund Kerbel, 2 cl Weißweinessig, 0,2 l Sonnenblumenöl, 1 Eigelb, 100 g Lauch, 50 g Staudensellerie, 100 g Tomaten, 0,1 l weißer Port-

wein, 5 cl Sahne, Salz, Cayennepfeffer, Kümmel, weißer Pfeffer, Lorbeerblatt.

Die Krebse in einem Fond aus Wasser, Lauch, Staudensellerie, Möhren, Kerbelstielen, weißem Pfeffer, Salz und Kümmel blanchieren und ausbrechen. Die Karkassen (10 Nasen für die Garnitur aufbewahren), etwas Matignon (feine Streifen von Wurzelgemüse) und wenig Tomate in Öl ohne Farbe anschwitzen, mit etwas Portwein ablöschen, reduzieren und mit kaltem Wasser auffüllen. Nach dem Aufkochen abschäumen, mit einem Lorbeerblatt, weißem Pfeffer und wenig Salz abschmecken. Diesen Fond 20 Minuten ziehen lassen und durch ein Sieb passieren. ¾ des Fonds zu Glace einkochen und mit dem Eigelb, Öl, Salz und Cayennepfeffer zu einer Mayonnaise aufschlagen und mit etwas Sahne verfeinern.
Die Kartoffeln und Möhren mit einem Nußausstecher ausstechen und im restlichen Fond garen. Die Kartoffeln in der Mayonnaise wälzen.
Den Friséesalat sowie die Krebsschwänze mit Weißweinessig, Sonnenblumenöl, Salz und Pfeffer marinieren, auf großen Tellern zusammen mit den Kartoffel- und Möhrenkugeln anrichten, mit Krebsnase und gezupften Kerbelblättern garnieren.

Matjesfilets in Bierschmant

Josef Schwinning
Restaurant Stammhaus Fiege
Bochum

8 Matjesfilets, 200 g Crème fraîche, 4 EL flüssige Sahne, 1 dl Bier, ½ Zitrone, 100 g frische Salatgurke, 50 g Zwiebeln, 1 Bündchen Dill,

4 Kirschtomaten und 4 kleine Salatblättchen sowie 4 kleine Kerbelzweige.

Die Matjesfilets putzen und die kleinen verbliebenen Gräten auch noch entfernen.
Aus Crème fraîche, Sahne, Bier und Zitronensaft eine cremige Sauce bereiten und abschmecken. Die Salatgurke schälen, entkernen und in kleine Würfel schneiden. Die Zwiebel ebenfalls schälen und fein würfeln. Den Dill von groben Stielen befreien und fein schneiden. Gurken, Zwiebeln und Dill mischen und beiseite stellen.
Auf 4 kalte Teller je 2 Matjesfilets legen. Die Filets mit dem Bierschmant überziehen und mit dem Eßlöffel einen Streifen vom Gurken-Zwiebel-Gemisch darübergeben. Die Teller mit je 1 Kirschtomate, Salatblättchen und 1 Kerbelzweig garnieren.
Dazu passen Toast und Butter.

Frische und geräucherte Sauerländer Lachsforelle nach Carpaccio-Art

Manfred Salzmann
Petersilie
Lüdenscheid

1 Lachsforelle von etwa 600 g, 1 geräucherte Lachsforelle von etwa 300 g, 100 ml Sahne, 2 EL gehackte Kräuter (Dill, Kerbel, Petersilie, Schnittlauch), Saft von ½ Zitrone, Olivenöl, Limette.

Frische Lachsforelle filieren, von allen Gräten befreien und sauber parieren, so daß nur das schiere Fleisch Verwendung findet.
Mit der geräucherten Forelle genauso verfahren und das Fleisch in eine Schüssel geben. Mit einer Gabel die Sahne und die Kräuter unter das geräucherte Fleisch arbeiten, bis eine homogene, teigähnliche Konsistenz entsteht. Mit Zitronensaft, Salz und Pfeffer abschmecken. Aus der Masse eine etwa 2-Mark-Stück-dicke Rolle von der Länge der frischen Filets formen. Diese Rolle auf eines der Filets legen, das 2. Filet darübergeben. Vorsichtig fest andrücken und stramm in Folie wickeln. In der Tiefkühltruhe durchfrieren lassen. Auf der Aufschnittmaschine in sehr dünne Scheiben schneiden und anrichten. Die Limette auspressen. Mit 2 EL Olivenöl verrühren, damit die Carpaccio-Scheiben vorsichtig einpinseln, salzen, pfeffern. Dazu Salat nach Belieben.

Knochenschinkenstreifen mit Bauernschmant auf Reibekuchen

Ernst Heiner Hüser
Historisches Gasthaus
Buschkamp
Bielefeld

1 kg Kartoffeln, 2 Zwiebeln, 3 bis 4 Eier, 3 EL Mehl oder Haferflocken, Öl oder Schmalz, 150 g Schmant oder Crème fraîche, 300 g Schnippelschinken (Streifen vom Knochenschinken).

Die Kartoffeln und Zwiebeln schälen und fein reiben. Mit Salz, Eiern und dem Mehl oder den Haferflocken verrühren. In einer Pfanne das Fett erhitzen und den Teig eßlöffelweise hineingeben und verteilen, auf beiden Seiten braun und knusprig backen. Die Reibepfannkuchen sollten einen Durchmesser von 10 cm haben.
Auf jeden Reibepfannkuchen einen Klecks Schmant geben und den Schnippelschinken darüber verteilen.

Kalbsbriesmaultaschen auf Hummersauce

Franz Hütter
Restaurant Zur Tant
Köln 90

Nudelteig:
250 g Mehl, 2 Eier, 2 Eigelb, Salz, etwas Wasser, 1 EL Öl.

Füllung:
500 g Kalbsbries, 100 g Kalbfleisch, 0,1 l Sahne, Salz, Pfeffer, 10 g schwarze Trüffel, 8 blanchierte Spinatblätter.

Sauce:
1 Hummer, 30 g Butter, 2 cl Cognac, 4 cl trockener Weißwein, 1 Tomate, 0,1 l Crème double, 30 g Lauchstreifen, 2 EL geschlagene Sahne, 1 Kerbelsträußchen.

Alle Zutaten für den Nudelteig vermengen und glattkneten. 1 bis 2 Std. ruhen lassen.
Für die Füllung das gut gewässerte Bries blanchieren und im Sud auskühlen lassen. Das magere und von Sehnen befreite Kalbfleisch in der Küchenmaschine zerkleinern, Salz und Pfeffer und die Sahne langsam daruntermixen, die gehackten Trüffeln beigeben und kalt stellen. Vom Bries Haut und Sehnen entfernen und in kleine Röschen zupfen, unter die Kalbfleischfarce mengen. Den Nudelteig dünn ausrollen und in Quadrate von 10 cm schneiden, diese mit je einem Spinatblatt belegen und einen gehäuften Eßlöffel Kalbsbriesfarce daraufsetzen. Zu einem Dreieck falten und gut ver-

schließen. Im kochenden Salzwasser 5 Min. lang garen.

Sauce:
Den Hummer in Salzwasser etwa 5 Min. kochen, ausbrechen, die Schalen zerkleinern und in Butter anschwitzen. Mit Cognac ablöschen, Weißwein, Tomate und Crème double beigeben. Langsam zur sämigen Konsistenz einkochen lassen. Durch ein feines Haarsieb gießen, die blanchierten Lauchstreifen dazugeben und abschmecken. Kurz vor dem Servieren den in Stücke geschnittenen Hummer darin warm schwenken und zum Schluß die geschlagene Sahne darunterheben. Auf die Teller verteilen und die heißen Maultaschen daraufgeben. Mit Kerbel garnieren.

Kartoffel-Bries-Maultasche mit Pfifferlingen

Heinz Bach
Hotel Résidence
Essen-Kettwig

200 g Kalbsbries, 1 Möhre, 50 g Sellerie, 50 g Lauch, 250 g Pfifferlinge, 500 g gekochte Kartoffeln, 150 g Mehl, 2 Eigelb, 35 g Butter, Salz, Muskat, 1 Eigelb zum Bestreichen, 50 g Schalotten, 1 Lorbeerblatt.

Das Bries in kaltem Wasser zusammen mit dem Gemüse zum Kochen bringen und im Wasser abkühlen lassen. Die Pfifferlinge putzen, waschen und gut abtrocknen. Das Bries in seine natürlichen Abschnitte zerteilen und in Butter anbraten, mit Salz und Pfeffer würzen.
Die noch warmen Kartoffeln durch eine Presse drücken. Das gesiebte Mehl, die Eigelbe und die Butter dazugeben, leicht salzen, mit Muskat würzen, zu einem

glatten Teig verarbeiten. Auf gemehlter Arbeitsfläche etwa ½ cm dick ausrollen. Den Teig in Quadrate schneiden, das sautierte Bries darauflegen, den Rand mit Eigelb bestreichen und diagonal zusammenklappen. Die Maultasche in Butter goldgelb braten.
Die Pfifferlinge mit den Schalottenwürfeln sautieren, mit Salz und Pfeffer würzen und mit der gehackten Petersilie bestreuen.
Die Pfifferlinge auf heiße Teller geben, die Maultaschen darauflegen, mit etwas Jus umgießen und mit Petersilie garnieren.

Spargelragout mit Gurken und gebratenem Kalbsbries

Wolfgang Stein
Parkhotel Hohenfeld
Münster-Hiltrup

1 kg Spargel, 200 g Gurkenstreifen von der Salatgurke, 100 g Crème fraîche, Salz und Pfeffer, frische Pimpernelle, 500 g Kalbsbries, 1 Spickzwiebel, Bratbutter.

Stangenspargel in Stücke schneiden, mit Crème fraîche, Salz, Pfeffer und einem Schuß Weißwein auf den Punkt garen. Spargel aus dem Topf nehmen und die Sauce reduzieren.
In der Zwischenzeit das Kalbsbries in gesalzenem Wasser mit der gespickten Zwiebel garen, in Scheiben schneiden und in der Pfanne braten.
Den Spargel, die Gurkenstreifen und die Pimpernelle in die Sauce geben, alles aufkochen und abschmecken.
Spargelragout in eine Schüssel füllen, die gebratenen Kalbsbriesscheiben darüberlegen und servieren. Beilage: neue Kartoffeln.

Gratin von Eifeler Steinpilzen mit Kalbsbriesravioli

(als Vorspeise oder Zwischengericht)

Günter Scherrer
Victorian, Düsseldorf

500 g geputzte Steinpilze, 75 g westfälischer Knochenschinken (mild gesalzen), 75 g Schalotten, 50 g Butter, ¼ l Sahne, 1 Bund glatte Petersilie, etwas Kerbel, Pfeffer aus der Mühle, Butter für die Form, 2 Eigelb.

Kalbsbriesravioli:
120 g Mehl, 2 Eier, 1 Eigelb, ½ EL Öl, Salz, 250 g Kalbsbries (blanchiert und in Röschen gezupft), 2 EL gehackte Petersilie, Schalotten.

Für die Ravioli alle Teigzutaten gut durchkneten, zu einer Kugel formen und zugedeckt 2 Std. ruhen lassen. Anschließend dünn ausrollen, mit einem 7-cm-Ausstecher rund ausstechen, eine Hälfte mit Eigelb bestreichen, die mit der angeschwitzten Schalotte und der kleingehackten Petersilie vermengten Kalbsbriesröschen in die Mitte geben, den Teig umklappen und mit einer Eßgabel andrücken. Anschließend in Salzwasser abkochen, in Butter anschwitzen und warm halten.
Steinpilze putzen, kurz unter kaltem Wasser abbrausen, je nach Größe vierteln oder halbieren.
Den Schinken zuerst in dünne Streifen, dann in ganz kleine Würfel schneiden. Schalotten pellen und ebenfalls ganz klein würfeln. Den Schinken in Butter glasig werden lassen, die Schalottenwürfel dazugeben und glasig dünsten, schließlich die Pilze beifügen, nur kurz anschmoren, 200 ccm von der Sahne angießen und einmal aufkochen lassen. Die Pilze mit Hilfe der Schaumkelle aus der Sauce heben und die Sauce einkochen lassen.

Inzwischen Petersilie und Kerbel waschen, gut trocknen und hakken. Die Pilze und die Kräuter in die Sauce zurücklegen und alles miteinander vermengen sowie leicht pfeffern.

Eine Gratinform (flache ofenfeste Form) gut ausbuttern, die Pilze einfüllen und die Kalbsbriesravioli hineinstecken. Die restliche Sahne steif schlagen und mit den beiden Eigelben leicht verrühren, dann mit einer Gabel unter die Pilze ziehen.

Das Gratin im Ofen unter dem Grill in 8 bis 10 Min. goldbraun überbacken.

Blutwurststrudel auf Selleriesauce, warmes Apfelkompott

Klaus-Peter Axer
Weinstuben Bitzerhof
Köln

Für den Blutwurststrudel:
4 Strudelteigblätter zu je 50 g (TK-Ware oder aus 250 g Mehl, 2 EL Öl, 8 EL lauwarmem Wasser und 1 Prise Salz wie üblich zubereitet), 400 g Blutwurst, je 30 g Möhren und Sellerie, Lauch, 30 g frischer Majoran, 20 g Butter, 2 Eier.
Die Gemüse fein hacken. Blutwurst pellen und in Scheiben schneiden. Majoran putzen und hacken.
Die Gemüse in einer Pfanne mit Butter andünsten. Blutwurst dazugeben und mit dem Majoran würzen. Mit einem Holzspachtel zu einer Masse verrühren. Die Eier unterziehen.
Die angetauten Strudelblätter mit zerlassener Butter bestreichen und auf einem Tuch (als Unterlage) ausbreiten.
Blutwurstfarce gleichmäßig auf dem Strudelteig glattstreichen.
Strudelteig durch Anheben der beiden Tuchenden einrollen und

anschließend die Oberfläche mit Butter bestreichen.
Im Backofen bei 120 °C in etwa 25 Minuten herausbacken.

Selleriesauce:
200 g Sellerie, 0,5 l Gemüsebrühe (aus dem Reformhaus), 200 g Crème fraîche, 1 EL Kräutersalz.
Sellerie putzen, in Würfel schneiden und anschließend in der Gemüsebrühe aufsetzen. Sobald die Selleriewürfel gar sind, mit dem Pürierstab zerkleinern. Crème fraîche und Kräutersalz unterziehen, bis eine sämige Sauce entsteht.

Apfelkompott:
400 g mehlige Äpfel, 50 g Zucker, 0,2 l Weißwein, 1 Stange Zimt.
Äpfel schälen, in Würfel schneiden und anschließend mit Weißwein, Zucker und Zimtstange aufkochen. Danach die Zimtstange entfernen. Die Äpfel sollten nicht ganz zerkochen. Stücke sollen sichtbar bleiben.

Anrichten:
Strudel aus dem Backofen nehmen. In etwa 6 cm dicke Scheiben schneiden. Selleriesauce auf vorgewärmten Tellern als Saucenspiegel anrichten. Das lauwarme Apfelkompott auf der einen Seite, die Strudelscheibe auf der anderen Seite der Teller anrichten. Mit Kerbelblättern ausgarnieren.

Pumpernickelsoufflé

Joachim Lülf
Waldhaus Ohlenbach
Schwallenberg

1 EL Schalottenwürfel, 1 EL Räucherspeckwürfel, 25 g Butter, 1/8 l Sahne, 1 Eigelb, 250 g Pumpernickel, 1 EL Rübenkraut, Salz, Pfeffer, 2 Eiklar.

Räucherspeck- und Schalottenwürfel in Butter anschwitzen und

mit kochender Sahne ablöschen, vermischen mit feingewürfeltem Pumpernickel, Rübenkraut, Salz, Pfeffer, Eigelb (Vorsicht!). 30 Min. stehen lassen, damit der Pumpernickel gut durchweicht, geschlagenes Eiklar unterheben und in eine ausgebutterte Souffléform einfüllen. Ins Wasserbad stellen und bei 200 °C im Ofen garen.

Warmes Entenlebertörtchen mit Rosinen-Ingwer-Sauce

Carsten Kindermann
Silence-Waldhotel Horn
Iserlohn

Entenlebertörtchen:
1 kleine Schalotte, 20 g Butter, Thymian, 250 g Sahne, 200 g geputzte und entsehnte Entenleber, 3 Eier, Salz, Cayennepfeffer, Pfeffer.

Rosinen-Ingwer-Sauce:
5 cl Madeira, 0,2 l dunkle Geflügelsauce, 60 g Rosinen, 20 g kalte Butter, 10 g frischer geriebener Ingwer, Salz und Pfeffer.

Die Schalotte in Würfel schneiden und in 10 g Butter anschwitzen, Thymian hinzugeben, erkalten lassen. Mit Sahne, Leber und Eiern im Mixer pürieren, mit Salz, Cayennepfeffer und Pfeffer abschmecken und durch ein Haarsieb streichen. In gebutterte Formen abfüllen und im vorgeheizten Ofen im Wasserbad bei 180 °C etwa 20 Min. abgedeckt garen.
Madeira und Geflügelsauce aufkochen, Rosinen und geriebenen Ingwer hinzugeben und kalte Butter einrühren. Mit Salz und Pfeffer abschmecken. Die Lebertörtchen auf dem Saucenspiegel anrichten, evtl. mit Brokkoliröschen garnieren.

Rezept Seite 38: Mille-feuille von der Münsterländer Wildtaubenbrust auf lauwarmem Shiitakepilzsalat, Holger Tamm, Graugans, Hyatt Regency, Köln

Mille-feuille von der Münsterländer Wildtaubenbrust auf lauwarmem Shiitakepilzsalat

Bild Seite 37

Holger Tamm
Graugans, Hyatt Regency
Köln

4 Münsterländer Taubenbrüste, 12 rund ausgestochene Strudelteigblätter, etwa 6 cm Durchmesser, 10 g weißer Sesam, 1 Eigelb, 200 g geputzte Shiitakepilze, Sesamöl, 10 g Butter, 5 cl Balsamico-Dressing, Salate der Saison, Salz und Pfeffer aus der Mühle.

Strudelteigblätter mit Eigelb bestreichen, mit Sesam bestreuen und im Ofen bei 180 °C goldgelb backen.

Die geputzten Shiitakepilze in Scheiben schneiden und in etwas Sesamöl und Butter andünsten, würzen und mit Balsamico-Dressing abschmecken.

Die Taubenbrüste würzen und medium braten. Die Haut abziehen und die Brust der Länge nach halbieren.

Anrichten:
Abwechselnd Sesamblättchen, lauwarme Shiitakepilze und Taubenbrust zusammensetzen. Die Mille-feuille mit den Saisonsalaten dekorieren.

Geröstete Gänseleber auf Chicorée-Linsen-Salat

Klaus-Theo Friederichs
La Provence
Duisburg

8 Scheiben Gänsestopfleber (je 30 g), 80 g Linsenkeime, 80 g grüne fran-

zösische Linsen, 40 g rote türkische Linsen, 2 Stauden Chicorée, 3 EL Balsamico-Essig, 3 EL Walnußöl, 125 ml brauner, reduzierter Geflügelfond, Salz, Pfeffer, Zucker, Kerbel, 1 Schalotte.

Grüne und rote Linsen waschen und getrennt in leicht gesäuertem Wasser bißfest kochen. Die abgetropften Linsen und die Linsenkeime in der Pfanne mit den Schalottenwürfeln und 1 EL Walnußöl anschwenken, mit 2 EL Balsamico-Essig und 1 EL von dem reduzierten Fond ablöschen und etwas einkochen lassen; mit Salz, Pfeffer aus der Mühle und Zucker süßsauer abschmecken und warm stellen.
Aus 1 EL Balsamico-Essig, 2 EL Walnußöl, Salz, Pfeffer und Zucker eine Vinaigrette rühren.
20 gute Chicorée-Spitzen aus den 2 Stauden aussuchen, mit der Vinaigrette marinieren und je 5 sternförmig auf den Tellern auslegen. Die warmen Linsen in der Mitte darauf anrichten.
Die Gänseleberscheiben in der heißen Pfanne ganz kurz braten, würzen, auf Papier kurz abfetten und auf die Linsen legen.
Zuletzt mit Kerbelblättchen dekorieren.

Sauerländer Rehleber auf Steinpilzen

Hans Georg von Korff
Hotel von Korff
Meschede

240 g Rehleber, 320 g frische Steinpilze (mittlere Größe), 20 g magerer Speck, 1 Zwiebel, Salz, Pfeffer, etwas Bratfett, 1/4 l Crème fraîche, 1 Schale frische Waldbeeren.

Rehleber sauber parieren und in kleine Scheiben schneiden (2 pro Person). Steinpilze säubern und

ebenfalls in Scheiben schneiden. Speck und Zwiebel in feinste Würfel schneiden.
Speckwürfel leicht anbraten, die Steinpilze zugeben, leicht mit Salz und Pfeffer würzen, dabei öfter schwenken. Zwiebelwürfel später zugeben und angehen lassen. Rehleberscheiben bei mittlerer Hitze kurz von beiden Seiten zart anbraten; jetzt die Steinpilze mit Crème fraîche ablöschen.

Anrichten:
Rehleberscheiben neben den Steinpilzscheiben anrichten und mit den leicht erwärmten frischen Waldbeeren garnieren. Ein Kräuterblatt dazulegen.

Gebackene Langostinos auf geschmolzenen Basilikumtomaten

Holger Tamm
Graugans, Hyatt Regency
Köln

5 ausgelöste Langostinos zu je 30 g, 4 Fleischtomaten, 1 Schalotte sowie 1/2 Knoblauchzehe, 10 g frische Basilikumblätter, 80 g Tempuramehl (Asienladen), Saft von 1 Zitrone, 1 cl Weißwein, Olivenöl, Salz und Pfeffer.

Die Fleischtomaten abziehen, entkernen und in Würfel schneiden. Schalotte würfeln und in Knoblauch andünsten, die gewürfelten Tomaten hinzugeben, mit Salz, Pfeffer und dem feingeschnittenen Basilikum abschmecken.
Das Tempuramehl mit einer Prise Salz, Zitronensaft und Weißwein zu einem glatten Teig verrühren. Langostinos würzen, im Teig wenden und im heißen Fett goldgelb fritieren. Auf Küchenkrepp abtropfen lassen.

Anrichten:
Die geschmolzenen Tomaten in der Mitte des Tellers anrichten und die gebackenen Langostinos sternförmig anlegen.

Himmel und Erde von der Gänseleber

Jean-Claude Bourgueil
Restaurant Im Schiffchen
Düsseldorf

500 g geschälte Kartoffeln, 4 Äpfel (Golden Delicious), 0,25 l Milch, 50 g Butter, Olivenöl, Zucker, 200 g Gänsestopfleber, Salz, Pfeffer, Muskat, Calvados, Sojasauce.

Kartoffeln in Salzwasser weich kochen und in der Zwischenzeit die Äpfel schälen und das Kerngehäuse herausnehmen. Die Äpfel sehr dünn, am besten mit einer Aufschnittmaschine, schneiden und fächerartig in eine gut gebutterte Pfanne legen. Die weichgekochten Kartoffeln durch ein Sieb passieren und die warme Milch mit einem Holzlöffel unterarbeiten, kalte Butterflocken dazugeben und mit etwas Salz und Muskat abschmecken. Zum Schluß wird das Kartoffelpüree mit Olivenöl aufmontiert.

Die Äpfel unter dem Salamander goldbraun garen lassen, mit etwas Zucker bestreuen, erneut unter den Salamander stellen, bis sie leicht karamelisiert sind. Vor dem Anrichten die Äpfel mit etwas Calvados ablöschen. Die Gänseleber in Butter in der Pfanne kurz anbraten, leicht würzen und den entstandenen Bratfond mit etwas Sojasauce ablöschen.

Anrichten:
Etwa 2 bis 3 EL Kartoffelpüree in die Tellermitte geben, zu einem Kreis glattstreichen. Die Gänseleberscheiben darauf plazieren, mit etwas Sojajus beträufeln. Den Apfelfächer darauflegen, servieren.

Schneckenragout auf Reibekuchen

Olaf Königsmann
Bakenhof, Münster

24 Schnecken, ¼ l Sahne, 100 g Champignons, 2 EL Tomatenwürfel, 2 Schalotten, 3 Knoblauchzehen, je 1 TL gehackte Petersilie, Kerbel und Schnittlauch, 2 dicke Kartoffeln, 1 Zwiebel, 1 EL Mehl, 1 Ei, Salz und Pfeffer.

Reibekuchen:
Die geschälten Kartoffeln auf einer Küchenreibe reiben und ausdrücken. Die Zwiebel reiben und in die Kartoffelmasse geben. Anschließend noch das Mehl und das Ei hinzufügen und mit Salz und Pfeffer abschmecken.

Schneckenragout:
Die Schalotten in feine Streifen schneiden, die Knoblauchzehen zerdrücken und beides in Butter glasig werden lassen. Die geschnittenen Champignons, Schnecken, Kräuter und die Sahne hinzugeben und einkochen lassen, bis eine leichte Bindung entsteht.
4 kleine Reibekuchen ausbacken und auf Küchenkrepp abtropfen lassen. Die Tomatenwürfel in das Schneckenragout geben.
Die Reibekuchen auf flache Teller legen, das Ragout darauf verteilen und mit Kräutern garnieren.

Flußkrebspfännchen mit Pfifferlingen

Franz Hütter
Restaurant Zur Tant
Köln 90

1 kg Flußkrebse, Bouquet garni (Kräutersträußchen), etwas Kümmel, 1 Knoblauchzehe, Salz, Pfefferkörner, 50 g Butter (für die Krebse), 1 EL Tomatenmark, 2 cl Cognac, 150 g Pfifferlinge, 20 g Butter (für die Pfifferlinge), 1 Schalotte, 4 cl trockener Weißwein, 0,25 l Crème double, 1 Bund Blattpetersilie, 50 g geschlagene Sahne, 2 Eigelb.

3 l Wasser mit Bouquet garni, Kümmel, Knoblauch, Salz und Pfefferkörnern zum Kochen bringen, die Krebse hinzugeben, nach etwa 3 Min. herausnehmen und mit kaltem Wasser abschrecken. 1 l vom Kochfond zurückhalten. Die Krebse ausbrechen, Darm entfernen. Krebsschalen im Mörser zerstoßen, in Butter anschwitzen, mit Cognac ablöschen, Tomatenmark beigeben und mit dem zurückgehaltenen Kochfond auffüllen. Alles etwa 1 Std. kochen lassen und abseihen.
150 g geputzte Pfifferlinge in Butter anschwitzen, feingehackte Schalotte hinzugeben, mit Weißwein ablöschen, mit ⅛ l des vorbereiteten Krebsfonds und der Crème double anfüllen. Reduzieren lassen, bis die Sauce eine cremige Konsistenz bekommt, das Krebsfleisch und die gehackte Petersilie hineingeben, warm schwenken, abschmecken.
Die Eigelbe mit der geschlagenen Sahne vermengen und darunterheben, in Portionspfännchen füllen, leicht überbacken und sofort servieren.

SUPPEN

*Die Suppen sind weder von der Tafel des Feinschmeckers
noch vom offiziellen Festessen wegzudenken;
viel weniger aber noch von der Küche des einfachen Haushaltes,
wo sie manchmal einen Hauptbestandteil der Mahlzeit bilden.*

Alfred Walterspiel
Meine Kunst in Küche und Restaurant

Der berühmte französische Koch und Gastrosoph Marcel C. Boulestin war der Ansicht, daß es in Deutschland und England keine nationale Suppe gäbe. Italien habe seine Minestrone, Rußland seinen Borschtsch, Spanien seinen Puchero oder Olla Podrida, und Frankreich habe sogar zwei nationale Suppen, nämlich den Pot-au-feu und die Garbure. Altüberlieferte einfache Suppen, welche die Landbevölkerung oft sogar zweimal am Tage äße. Nur Deutschland und England hätten nichts dergleichen. Boulestin mag über die Suppen der Engländer gesagt haben, was er will, dort mag seine Behauptung sogar zutreffen, von Deutschlands Suppen hatte er keine Ahnung.

Er hatte offensichtlich nie etwas von einer Lüneburger Quappensuppe, einer Berliner Erbsensuppe mit Schweinsohren oder Hamburger Aalsuppe gehört. Nichts von einem Büchelsteiner „Pichelsteiner", Stuttgarter Gaisburger Marsch oder einer Frankfurter Linsensuppe. Auch nichts von westfälischen Bohnensuppen, badischen Schneckensuppen, bayerischen Brotsuppen oder Spreewälder Gurkensuppen. Nichts von ostpreußischen Schmantsuppen oder niederbayerischen Herbstsuppen. Nichts von den Schlacht- und Metzelsuppen, die vom Süden bis zum Norden Deutschlands die Herzen und Mägen der Esser erfreuen. Und schon gar nichts von solch kraftspendenden rheinisch-westfälischen Eintopfsuppen wie der Kuhlendahler Perlgraupensuppe oder der allenthalb zu findenden Bohnen-Sauerkraut-Suppe. Und mit Sicherheit hat er nichts von „Schneiders Courage" gehört, einem Eintopf aus Schinkenknochen, Bohnen, Möhren und Kartoffeln, von dem einer der an diesem Buch beteiligten Köche sagt, sie sei der Schrecken seiner Kindheit gewesen.

Zugegeben, eine gute Minestrone ist nicht zu verachten, und viele Italiener meinen, daß die Suppe schon allein deshalb eine italienische Erfindung sein müsse, weil das Wort dem italienischen „zuppa" entsprungen ist und die Italiener von einer Suppe noch mehr als die Deutschen erwarteten; nämlich daß sie

den Hunger stillt, den Magen füllt, die Zähne reinigt, die Verdauung beschleunigt, den Schlaf erleichtert und die Schönheit fördert. Auch die Olla Podrida der Spanier, von der diese sagen, sie käme gleich nach Gott, und die sie nicht nur mit Ochsenbrust, Hammelfleisch, rohem Schinken, Feld- und Haushühnern, sondern auch noch mit Schweinsohren und -füßen zubereiten, sofern sie all dies haben, ist ein beachtlicher kulinarischer Beitrag zum Wohl der Menschheit. Ebenso wie der Pot-au-feu, den kein Geringerer als Goethe schon in seiner „Campagne in Frankreich" rühmte.

Aber nirgendwo ist die Suppenlandschaft vielfältiger als in Deutschland. Die deutschen Köche haben sich dieser Eigenheit angenommen und die traditionellen bäuerlichen Suppen in verfeinerter Form, leichter und schlanker als je zuvor, auf ihre Karten gesetzt.

Das Rückgrat jeder Restaurantküche, und das sollte auch noch für die Haushaltküche gelten, sind jedoch nach wie vor die klaren Suppen. Ob von Rind, Wild, Geflügel oder Fisch, sie sind es, die immer noch der Prüfstein für das Können eines Kochs sind. Henriette Davidis rechnete übrigens bei einer guten Fleischsuppe pro Person – so die Gesellschaft klein war – mit ¾ Pfund Fleisch, das sie mit ¾ Maß Wasser aufsetzte. Bei vier Personen waren dies immerhin 1½ Kilogramm Rindfleisch auf 3 Liter Wasser. Womit sie sogar noch die Wiener Küche übertrifft, die bei der gleichen Menge Wasser nur 1 Kilogramm Rindfleisch vorschreibt. Allerdings kommen zur Wiener Rindssuppe noch etwas Leber und Milz.

Henriette Davidis' kraftvolle Rindssuppe wird jedoch zweifellos von der Kraftsuppe übertroffen, welcher der alte Kaiser Wilhelm sein hohes Alter zu verdanken hatte und die ihm zum täglichen Verzehr von seinem Leibarzt verschrieben wurde.

Dem Vernehmen nach bestand die „Kaiser-Wilhelm-Kraftsuppe für eine Person" aus dem Saft von 6 Kilogramm Rindfleisch, 4 Tauben und 2 Hühnern!

Münsterländer Gänsesuppe, Holger Wegmann, Westdeutsche Landesbank, Münster

Westfälische Hochzeitssuppe

Olaf Königsmann
Bakenhof
Münster

2 kg Rinderknochen, 500 g Rinderbrust, 1 Stange Lauch, 2 Möhren, 1 kleines Stück Sellerie, 1 Bund Petersilie, 100 g Blumenkohl, 1 TL Salz, 30 g gehackte Petersilie, 2 Zwiebeln.

Die Rinderknochen in heißem Wasser abwellen und abspülen. Die Knochen mit kaltem Wasser aufsetzen, Salz hinzufügen und auf den Siedepunkt bringen. Die Rinderbrust hinzugeben und 2 bis 3 Stunden sieden lassen. Von Zeit zu Zeit abschäumen und entfetten. In der letzten Stunde das geputzte Gemüse hinzugeben. Dieses dient später als Suppeneinlage. Den Blumenkohl separat garen. Um der Bouillon eine schöne Farbe zu geben, werden Zwiebeln mit der Schale geröstet und beigegeben. Rinderbrust und Gemüse aus der Brühe nehmen, erkalten lassen und in Würfel schneiden. Die Brühe durch ein Tuch passieren. Evtl. mit Salz und Muskat abschmecken.
Das Gemüse, Rinderbrust, Eierstich und die Petersilie in vorgewärmte Tassen verteilen und mit der Bouillon auffüllen.

Eierstich:
⅛ l Milch, ⅛ l Eier, 1 Prise Salz, 1 Msp. Muskat.

Eier in eine Schüssel geben und stark verschlagen, die heiße Milch hinzugeben und abschmecken. Durch ein Sieb in eine gebutterte Auflaufform füllen. Im Wasserbad im Ofen bei 150 °C gar ziehen.

Erkalten lassen und stürzen, anschließend in Rauten schneiden.

Kraftbrühe vom Weideochsen mit Gemüsen

Walter Stemberg
Restaurant Haus Stemberg
Velbert

1,5 l Rinderkraftbrühe

zum Klären:
1 kg gehacktes mageres Rindfleisch, 100 g Möhren, 100 g Porree, 50 g Sellerie (jeweils gewürfelt), 4 frische Eiweiß, 10 Eiswürfel.

Einlage:
je 80 g in Rauten geschnittene Möhren, Porree und Sellerie.

Das Klärfleisch mit den Gemüsen und dem Eiweiß sowie den Eiswürfeln im Topf gut vermengen und mit kalter Rinderkraftbrühe auffüllen. Auf dem Herd unter regelmäßigem Rühren aufkochen lassen. Für etwa 1 Std. langsam weiterköcheln lassen. Vom Herd nehmen und vorsichtig durch ein Passiertuch in einen anderen Topf passieren. Nun das Rautengemüse hinzugeben und die Kraftbrühe nochmals aufkochen lassen. (Das Rautengemüse sollte beim Servieren noch leicht bißfest sein.) Vor dem Servieren mit Salz und Pfeffer aus der Mühle und evtl. mit Muskat nachwürzen.

Consommé vom Ochsenschweif mit Kräutercrêpestreifen

Josef Selbach
Sülztaler Hof
Overath-Immekeppel

3 l Wasser und 1 kg Ochsenschweif, 1 kg Wurzelgemüse (Sellerie, Lauch und Möhren, Zwiebel, Petersilienwurzeln), Meersalz, Pfeffer, Muskat.

Crêpeteig:
150 g Mehl, 2 Eier, 0,2 l Milch, Prise Salz, gehackte Kräuter (Schnittlauch, Kerbel, Estragon, Petersilie).

Ochsenschweif und Wurzelgemüse in kaltem Wasser auf den Herd setzen und etwa 3 Std. köcheln lassen, Consommé abpassieren, aufkochen und mit Meersalz, Pfeffer und Muskat abschmecken.

Das bißfest gekochte Fleisch von den Knochen lösen, kalt stellen, in einer Schüssel pressen und später in kleine Würfel schneiden.

Die Zutaten für den Crêpeteig verquirlen, Kräuter zugeben, dünne Crêpes abbacken, abkühlen lassen und danach in dünne Streifen schneiden.

Fleischwürfel und Crêpestreifen in tiefe Teller portionieren, die heiße Consommé einfüllen und mit Kräutern garnieren.

Kalbskopfessenz mit Brieskļößchen und Wirsingroyale

Richard Lattrich
Parkhotel Burggraf
Tecklenburg

Kalbskopfessenz:
600 g Kalbskopfmaske (vom Metzger komplett pariert), 1 kg Kalbsknochen, je 200 g Sellerie, Lauch und Karotten, 100 g Petersilienwurzel, 2 Zwiebeln, 1 Lorbeerblatt.

Zum Klären:
3 Eiweiß, 250 g Rindfleisch, 250 g Kalbfleisch, je 80 g Sellerie, Karotten und Lauch.

Zum Abschmecken:
Salz und Sherry.

Brieskļößchen:
200 g gezupfte und gegarte Briesröschen, 10 g Zwiebelwürfel, Salz

und Pfeffer aus der Mühle, 1 Prise Muskat, 2 EL gehackte Petersilie, 6 abgerindete Brötchen, 1/8 l Milch, 4 Eigelb, 40 g frische Semmelbrösel, 150 g Butter, 2 geschlagene Eiweiß, 1 cl Weißwein.

Wirsingroyale:
1/4 Wirsingkopf, 2 Eier, 40 g Sahne, Salz und Pfeffer aus der Mühle.

Kalbskopfessenz:
Kalbskopf und die Kalbsknochen in heißes Wasser geben, einmal aufkochen lassen und abschütten. Mit neuem Wasser wieder aufsetzen, Gemüse und Gewürze hinzugeben und etwa 3 Std. kochen lassen, bis der Kalbskopf butterweich ist. Den Kalbskopf abkühlen lassen, dann das Fleisch in mittlere Würfel schneiden.
Die Kalbskopfsuppe mit den Eiweißen, dem durchgedrehten Rind- und Kalbfleisch klären, d. h. unter ständigem Rühren wieder zum Kochen bringen, 1/2 Std. ziehen lassen und anschließend durch ein Tuch oder feines Sieb passieren und abschmecken.

Wirsingroyale:
Den Wirsing kurz einmal in Salzwasser aufwallen lassen und kalt abschrecken. Nachdem er gut abgetropft ist, in der Küchenmaschine pürieren, so daß 40 g Wirsingpüree entstehen. Jetzt die Eier und die Sahne mit dem Wirsingpüree vermischen und abschmekken. In ein kleines Förmchen füllen, abdecken und im Wasserbad 40 Min. bei 85 °C garen. Anschließend die erkaltete Royale in feine Würfel oder Rauten schneiden.

Brieskößchen:
100 g Bries läßt man in 20 g Butter angehen, gibt die feingeschnittenen Zwiebeln dazu und würzt mit Salz, Pfeffer und Muskat. Anschließend Petersilie untermischen, mit Weißwein ablöschen, einkochen lassen und kalt stellen.

3 Brötchen in Milch einweichen und mit dem angeschwitzten Bries durch die feine Scheibe des Fleischwolfs drehen. Das restliche Bries in wenig Butter (10 g) kurz anrösten, würzen und kalt stellen. Den Rest der Butter schaumig rühren, nach und nach die Eidotter und die durchgedrehte Masse untermischen. Die übrigen Brötchen in kleine Würfel schneiden und mit dem angerösteten Bries unter die Masse rühren. Die Semmelbrösel und die geschlagene Eiweiße darunterziehen und abschmecken.
Im Kühlschrank 1 Std. ruhen lassen, Probe machen und evtl. noch etwas Semmelbrösel unterziehen. 4 Knödel formen und in kochendem Wasser ziehen lassen.

Anrichten:
Die Kalbskopfessenz in Suppentassen oder auf Teller füllen, je ein Brieskößchen in der Mitte plazieren und die Wirsingroyale einstreuen.

Klare Suppe vom Siegerländer Weidelamm mit seinem Filet

Oliver Heß
D'r Fiester-Hannes
Burbach-Holzhausen

2 kg Lammknochen (am besten Rücken), etwas Öl zum Anbraten, 2 Möhren, 1 Stange Lauch, 2 Zwiebeln, 100 g Zwiebelschalen, 1 EL Salz, Glutamat und Muskat, 3 Pfefferkörner, 2 Nelken, 3 Wacholderbeeren und 1 Lorbeerblatt im Gewürzbeutel, 4 Lammfilets, 1 EL Olivenöl, je 1 Zweig Thymian und Rosmarin, Salz, Pfeffer, Muskat.

Lammknochen im Ofen bei 200 °C abrösten. Haben die Knochen eine schöne dunkle Farbe,

das Gemüse beigeben. Danach Fett abschütten und die Knochen kalt werden lassen.
Jetzt die Zwiebelschalen hinzufügen. Mit kaltem Wasser auffüllen, den Gewürzbeutel zugeben und 5 Std. sieden lassen. Die Brühe abschmecken und durch ein Tuch passieren. Danach die Lammfilets würzen, mit Thymian und Rosmarin in Olivenöl anbraten und etwa 2 Min. auf beiden Seiten braten lassen, bis sie schön rosa sind.

Anrichten:
Die Lammconsommé in Suppenteller gießen und mit aufgeschnittenem Lammfilet garnieren.

Entenconsommé mit Gemüseravioli

Olaf Königsmann
Bakenhof
Münster

Entenconsommé:
2 Entenkeulen, 2 kg Entenkarkassen (Hals, Flügel, Gerippe), fein zerhackt, 2 Möhren, 1 kleine Sellerie, 2 Zwiebeln, 1 kleine Stange Lauch, 1 Lorbeerblatt, 1 TL Thymian, 1 TL Beifuß, 6 Pfefferkörner, 3 Eiweiß, Salz und Pfeffer, Bratfett.

Ravioliteig:
200 g Mehl (Type 405), 2 Eier, 1 Prise Salz, 1 TL Öl und 1 Ei zum Bestreichen.

Gemüsefüllung für die Ravioli:
1 kleiner Zucchino, 100 g Blattspinat, 100 g Champignons, 1 kleine rote Paprikaschote, 1 Schalotte, 1 TL Basilikum und Kerbel.

Entenconsommé:
Die Entenkeulen entfetten und auslösen, das Fleisch kühl stellen. Die Entenkarkassen anbraten, bis sie eine goldgelbe Farbe haben. Das grobgeschnittene Gemüse hinzugeben und mit anbraten.

Nach dem Röstvorgang die angerösteten Knochen und Gemüse in einen zweiten Topf geben, mit kaltem Wasser auffüllen und aufkochen. Das Fett aus dem Röstvorgang wird nicht verwendet. Bei geringer Hitze etwa 2 bis 3 Stunden sieden lassen, durch ein Tuch passieren, abkühlen lassen. Es wäre empfehlenswert, die Consommé einen Tag vorher zuzubereiten.

Klärmasse:
Das ausgelöste Entenkeulenfleisch kleinschneiden, 1 EL feingeschnittene Karotten, Sellerie und Lauch mit dem Eiweiß in eine Schüssel geben und gut vermischen. Einige Zeit an einen kühlen Ort stellen. Die Klärmasse und die kalte Entenconsommé in einen Topf geben und bei geringer Temperatur und ständigem Rühren auf den Siedepunkt bringen. Beim ersten Aufkochen den Herd ausschalten, die Consommé abschäumen und ziehen lassen. Durch ein Tuch passieren, nochmals aufkochen, mit weißem Portwein abschmecken.

Gemüsefüllung:
Den Blattspinat blanchieren und abschrecken, gut ausdrücken und fein hacken. Zucchino und Paprika in feine Würfel schneiden, blanchieren und abschrecken. Die Champignons fein hacken. Die Schalotte in feine Würfel schneiden und in Butter glasig werden lassen. Das Gemüse hinzugeben, mit Basilikum, Kerbel, Salz und Pfeffer abschmecken und auskühlen lassen.

Ravioli:
Die Eier, Salz und Öl in einer Schüssel glatt verrühren. Das gesiebte Mehl nach und nach einarbeiten. Den Teig mit dem Handballen 3 bis 4 Min. durchwalken, bis er glatt ist. In Klarsichtfolie wickeln und an einem warmen Ort 30 bis 50 Min. ruhen lassen.

Den Teig in 4 Stücke teilen. Auf bemehlter Fläche in dünne, längliche Bahnen ausrollen. Mit einem Lineal die Größe der Ravioli auf 2 Teigbahnen markieren. Das Ei verquirlen und die Teigbahnen damit bestreichen. Die Füllung mit einem Teelöffel auf die markierten Quadrate setzen. Die beiden übrigen Teigbahnen lose darauflegen. Mit dem Zeigefinger zwischen den Füllungen sehr vorsichtig andrücken.
Es darf keine Luft eingeschlossen werden, da es sonst die Ravioli beim Kochen zerreißen würde. Die Ravioli mit dem Teigrädchen auseinanderschneiden. Für 4 Portionen werden 12 Stücke in sprudelnd kochendem Salzwasser etwa 5 Min. gegart. Abgetropft in die Consommé geben. Die restlichen Ravioli kann man roh einfrieren.

Taubensuppe mit Pilzen

Hermann Frintrop
Restaurant Frintrop
Oberhausen

2 Tauben, Sellerie, Möhre, Lauch, Zwiebel (kleingewürfelt), 1 Lorbeerblatt, 1 Nelke, Öl oder Bratfett zum Ansetzen. Wacholderbeeren, Thymian, 1 Knoblauchzehe, 1,5 l Geflügelbrühe, 120 g Shiitakepilze, Salz, Pfeffer.

Von den Tauben und den Suppengemüsen eine klare Brühe ansetzen. Hierzu die Taubenkarkassen und Parüren mit den Innereien in Öl oder Bratfett anrösten, das kleingeschnittene Röstgemüse zugeben und ebenfalls anrösten. Die Aromaten zugeben und mit der Brühe auffüllen. Langsam zum Kochen bringen und unbedeckt etwa 3 Std. langsam köcheln lassen. Dabei sollte die Brühe auf die Hälfte einkochen.

Die Taubensuppe durch ein Tuch seihen, falls nötig mit Eiweiß und den durchgedrehten Taubenkeulen klären und abschmecken. Die Brüste auslösen, leicht salzen und pfeffern und kurz anbraten, warm stellen. Die Shiitakepilze vom Stiel befreien und in feine Scheiben schneiden. Die Pilze in der heißen Suppe kurz ziehen lassen. Die Tassen mit der Knoblauchzehe ausreiben und die heiße Suppe mit Pilzen und Scheiben von der Taubenbrust servieren.

Pot-au-feu von der Wildtaube

Olaf Königsmann
Bakenhof
Münster

6 Wildtauben, 200 g Röstgemüse (Möhren, Sellerie, Zwiebeln und Lauch, in grobe Würfel geschnitten), 1 Stange Lauch, 3 Möhren, 1 kleine Sellerie, 4 weiße Rübchen, 1 EL gehackte Petersilie und Kerbel, 1 kleiner Zweig Thymian und Majoran, 1 Lorbeerblatt, 4 Wacholderbeeren, 2 Nelken, 6 Pfefferkörner, Salz und Pfeffer.

Die Wildtaubenbrüste auslösen, das Gerippe zerhacken und in wenig Fett anrösten, dann das Röstgemüse zugeben und mit anrösten. Das Fett abgießen und in einen Topf umfüllen. Die Gewürze, Salz und 1½ l kaltes Wasser hinzugeben. Das Ganze auf den Siedepunkt bringen, abschäumen und auf kleiner Flamme etwa 2 bis 3 Std. sieden lassen. Von Zeit zu Zeit abschäumen und abfetten. Durch ein Tuch passieren, mit Salz und trockenem Sherry abschmecken.
Die Gemüseeinlage in gleichmäßige Stücke schneiden und garen. Die Wildtaubenbrüste in einer Pfanne rosa braten. Das Fleisch in

---

Rezept Seite 46: Fasanen-Consommé mit Sauerkraut und schwarzen Trüffeln, Dieter L. Kaufmann, Zur Traube, Grevenbroich

Scheiben schneiden, das Gemüse zugeben und mit der Wildtaubenbrühe auffüllen. Mit gehackter Petersilie und Kerbel bestreuen.

Wildkraftbrühe mit altem Sherry

Waldemar Kubis
Trüffel im Burbacher Hof
Hürth

500 g Wildknochen und 1 kg Wildfleisch, 1 Kräuterbund aus Thymian, Rosmarin, Majoran, zusammen 250 g Zwiebeln, Lauch, Karotten und Sellerie, Butterschmalz, 1 EL Wacholderbeeren, 5 Lorbeerblätter, 250 g Wiesenchampignons, 250 g Shiitakepilze, ½ l Rotwein, Salz, Pfeffer, Muskat, 10 cl alter Sherry, 2 Kerbelzweige.

Butterschmalz erhitzen und die Knochen sehr scharf anbraten, Fleisch und Gemüsewürfel dazugeben, kurz mitrösten. Mit Rotwein ablöschen und mit etwa 3 l Wasser auffüllen. 2 Std. köcheln lassen, Flamme ausschalten und Pilze, Kräuterbund, Lorbeerblätter und Wacholderbeeren dazugeben. 1½ Std. ziehen lassen.
Durch ein Tuch in ein anderes Gefäß sieben, erhitzen, würzen und mit dem Sherry abschmecken. Als Einlage 2 geschnittene Pilze und die Kerbelblättchen zur Suppe geben.

Fasanenessenz mit gefüllten Teigtaschen

Thomas Möllecken
Altes Zollhaus, Mülheim/Ruhr

2 kg Fasanenkarkassen, 1 kleine Speckschwarte, etwas Fett zum Anbraten, 300 g Röstgemüse (Karotten, Sellerie, Zwiebeln), 1 EL Tomatenmark, ¼ l Spätburgunder, 1 l

Geflügelbrühe, Wacholderbeeren, Lorbeerblatt, Salz, Pfeffer und 4 cl Cognac.

Zum Klären:
800 g Klärfleisch (z. B. ausgelöste Fasanenkeulen, Rehschulter), 100 g Eiweiß, etwas Wurzelgemüse.

Nudelteig:
2 Eier, 4 Eigelb, 350 g Mehl, Salz, Muskat, Öl.

Farce:
200 g Putenfleisch, 100 g Fasanenbrust, 50 g Gänsestopfleber, 1 Vollei, 2 cl Cognac, ⅛ l Sahne, Salz, Pfeffer, 100 g Pfifferlinge, etwas Schnittlauch.

Die Karkassen kleinhacken und mit der Speckschwarte anrösten, das Gemüse hinzugeben und mit dem Tomatenmark angehen lassen. Den Ansatz mit dem Wein und der Brühe auffüllen. Die Gewürze in den Fond geben und etwa 1 Std. köcheln lassen, dabei ständig die Suppe abschäumen. Danach passieren und kalt stellen. Fleisch und Gemüse durch den Fleischwolf drehen, mit dem Eiweiß vermengen und kalt stellen. Die gutgekühlte Suppe mit dem kalten Kläransatz aufstellen und unter ständigem Rühren zum Kochen bringen. Nach dem Aufkochen den Topf vom Herd nehmen, etwa 30 Min. ziehen lassen, durch ein Tuch passieren und abschmecken.
Alle Zutaten für den Nudelteig gut verkneten und 1 Std. im Kühlschrank ruhen lassen. Die Pilze putzen, waschen, kurz in Butter anschwenken, feingeschnittenen Schnittlauch hinzugeben und kalt stellen. Aus den anderen gutgekühlten Zutaten im Küchenkutter eine glatte Farce herstellen. Die Pfifferlinge unter die Farce heben, den Nudelteig in breite Streifen dünn ausrollen, mit der Farce belegen, umschlagen und kleine Ravioli formen.

Die Teigtaschen blanchieren und als Einlage mit einigen Gemüseperlen in die Suppe geben.

Fasanen-Consommé mit Sauerkraut und schwarzen Trüffeln

Bild Seite 45
(für 6 Personen)

Dieter L. Kaufmann
Zur Traube, Grevenbroich

1 junger küchenfertiger Fasan, 3 Scheiben geräucherter fetter Speck, 1 Kalbsfuß, 1 Bouquet garni, 200 g frisches Sauerkraut, 40 bis 50 eingemachte schwarze Trüffel (während der Trüffelsaison frische Trüffel), 2 l Wasser, 2 kleine Zwiebeln.

Kläransatz:
500 g Klärfleisch (Rinderhesse und Poulardenkeulen), 1 Möhre, 1 kleine Stange Lauch, 1 Stück Sellerie, 5 große Eiweiß, Lorbeer, Wacholderbeere, Piment und Nelke, ⅛ l Trüffelfond, Salz und Pfeffer.

Den Fasan mit Speck bardieren und in Öl auf beiden Seiten anbraten. 10 bis 12 Min. in den vorgeheizten Backofen (180 °C) geben. Danach in Alufolie warm halten. Nach einer Ruhezeit von etwa 10 Min. den Fasan tranchieren und beide Brüste beiseite legen. Die Karkasse und die Keulen in walnußgroße Stücke hacken und in Öl anrösten, mit Wasser auffüllen und den Kalbsfuß hinzufügen, aufkochen lassen und degraissieren. Nach 30 Min. das Bouquet garni in den Ansatz geben und für weitere 15 Min. leise köcheln lassen. Den Fasanenfond durch ein Spitzsieb passieren und mit Salz und Pfeffer leicht abschmecken. Den Fond nach dem Abkühlen für etwa. 6 Std. kalt stellen. Das Klärfleisch und Wurzelgemüse durch die grobe Scheibe des

Fleischwolfes drehen, mit Eiweißen und den Aromaten vermischen und in den kalten Fond geben, mit dem Schneebesen gleichmäßig verrühren und auf milder Hitze zum Kochen bringen. Danach die Consommé vom Feuer nehmen und für weitere 10 Min. ziehen lassen. Die Consommé durch ein Passiertuch geben, mit Salz, Pfeffer und etwas Trüffelfond abschmecken.

Die Zwiebeln in feine Scheiben schneiden und in etwas Öl glasig anschwitzen. Das Sauerkraut abwaschen, ausdrücken und zu den Zwiebeln geben, mit etwas Consommé angießen, Lorbeer und Wacholderbeeren zugeben und für 15 Min. unter gelegentlichem Rühren leise köcheln lassen.

Die gewürzten Fasanenbrüste von beiden Seiten rosa braten und in dünne Scheiben schneiden.

Anrichten:
Das Sauerkraut in die Mitte des Suppentellers geben und mit den Brustscheiben umlegen. Vorsichtig die heiße Consommé angießen und mit in Streifen geschnittenen Trüffeln ausgarnieren.

Kartoffelessenz mit Gemüse-Wan-tan

Holger Tamm
Graugans, Hyatt Regency, Köln

40 g Butter, 50 g Schalottenwürfel, 50 g Lauch, 50 g Sellerie, 400 g geschälte Kartoffeln, 100 g durchwachsener Speck, 1 l Rinderbrühe, 1 Zweig Majoran, 3 Eiweiß, je 30 g Karotten, Sellerie und Lauch auf 200 g Rinderhaxenfleisch.
Einlage:
4 Wan-tan-Blätter (Asienladen), 10 g Minimais, 10 g Shiitakepilze, 10 g Sojasprossen, 10 g Lauchzwiebeln, jeweils kleingeschnitten, 1 cl Sesamöl, Salz und Pfeffer.

Speck, Schalotten und Gemüse in Butter anschwitzen. Kartoffeln

und Majoran zugeben und mit Rinderbrühe auffüllen. Bis zum Garpunkt kochen. Danach passieren und den Fond mit dem Eiweiß, Rinderhaxenfleisch und Gemüse klären.
Für die Einlage das kleingeschnittene Gemüse in der Pfanne anschwitzen, würzen und in die Wan-tan-Blätter einrollen. Im heißen Fett ausbacken.

Klare Suppe von Schnippelbohnen mit Hummer

Bild Seite 48

F. Ellrich, J. Scheffran
Alt-Nürnberg, Bochum

100 g mageres Rindfleisch zum Klären, 80 g Schnippelbohnen, 2 Eiweiß, etwas Bohnenkraut, 1 l Rinderbrühe, Salz, Pfeffer aus der Mühle und Muskat, 2 Hummerschwänze, je 1/2 enthäutete gelbe Paprika, 1 mittelgroße Kartoffel sowie 50 g Schnippelbohnen.

Das Klärfleisch und die Schnippelbohnen durch die grobe Scheibe des Fleischwolfes drehen. Mit den Eiweißen und dem Bohnenkraut gut mischen. Die Mischung in die kalte Rinderbrühe geben, langsam aufkochen lassen und klären. Die geklärte Brühe bei kleiner Hitze noch etwa 30 Min. ziehen lassen. Die Paprikaschoten würfeln und nicht zu weich dünsten. Die Kartoffel fein würfeln und kochen. Bohnen in schräge Streifen schneiden und ebenfalls kochen. Die Brühe passieren, mit Salz, Pfeffer und Muskat abschmecken. Die Gemüsewürfel und Bohnen auf Teller verteilen und mit der Brühe auffüllen.
Die Hummerschwänze halbieren und grillen. Zur Suppe geben und mit ein paar Bohnenkrautblättern dekoriert servieren.

Westfälische Schnippelbohnensuppe mit Mettwurst

Udo Lucas
Waldhaus, Winterberg

400 g geputzte Stangenbohnen, 1/8 l Sahne, 1/2 l Mettwurstbrühe oder Räucherfond vom Kasseler, 1 mittlere Zwiebel in Würfeln, 80 g Butter, 25 g Mehl, Salz, Pfeffer, Muskat. 2 Mettwürste, in Scheiben.

200 g Bohnen schnippeln. Zwiebelwürfel in 20 g Butter im Topf anschwitzen, die restlichen unzerschnittenen Bohnen zugeben, die Sahne hinzufügen, einmal aufkochen und beiseite stellen. Die Schnippelbohnen im Mettwurstfond bißfest kochen. Die gekochte Sahne und die ganzen Bohnen kurz pürieren und 10 Min. bei kleiner Hitze weiterkochen. Die Bohnen abschütten, Fond zur Sahne geben, aufkochen und durchsieben, 25 g Mehl und 25 g kalte Butter verkneten, das Durchgesiebte mit der Mehlbutter nochmals aufkochen, würzen und mit der restlichen Butter mittels Handmixer aufschäumen. Die Schnippelbohnen und die Mettwurstscheiben beifügen.

Münsterländer Gänsesuppe

Bild Seite 40

Holger Wegmann
Westdeutsche Landesbank
Münster

etwa 1 kg Gänseklein (Flügel, Hals, Magen und Herz), 1 Gänsekeule, 150 g Perlgraupen, 1,5 l Geflügelfond, 1 Stange Lauch, 150 g Sellerie, 50 g Petersilienwurzel, 100 g Crème fraîche, etwa 1/2 l Sahne, Liebstöckel, Majoran, Kerbel und Petersilie, Pfeffer, Salz.

Keule und Gänseklein zusammen mit Lauch, Sellerie und Petersilienwurzel gar kochen, danach das Fleisch von den Knochen lösen und die Haut entfernen. Das Fleisch pressen und kalt stellen. Anschließend für die Suppeneinlage in kleine Würfel schneiden.

Die Perlgraupen im Geflügelfond gar kochen, pürieren und mit Crème fraîche, Sahne, frischem Liebstöckel und Majoran aufkochen. Mit Salz und Pfeffer abschmecken, die Fleischeinlage zugeben und die Suppe mit kleingehackter Petersilie und Kerbel bestreut servieren.

Rheinische grüne Bohnensuppe mit Reibekuchen

Wolfgang Schmalzried
Herrenhaus Buchholz, Alfter

250 g Stangenbohnen, 10 g Butter, 50 g Speckwürfel, 50 g Zwiebelwürfel, 0,5 l Sahne, 0,5 l Rinderbrühe, 2 EL Cidre-Essig, 50 g kleine Kartoffelwürfel, 50 g pürierte Kartoffeln, Salz, Pfeffer, ½ gepreßte kleine Knoblauchzehe und 1 kleiner Zweig Bohnenkraut.

Reibekuchen:
250 g geschälte rohe Kartoffeln, 20 g geriebene Zwiebeln, 1 Ei, Salz, Pfeffer, Muskat sowie 100 g Öl zum Ausbacken.

Speck und Zwiebeln in Butter anschwitzen. Die in kleine Stücke geschnittenen Stangenbohnen beifügen, kurz mitdünsten, mit Sahne und Rinderbrühe auffüllen und durchkochen lassen. Danach die Kartoffelwürfel und den Bohnenkrautstengel ohne Blättchen beigeben. Vorsichtig mit Salz, Pfeffer und Knoblauch würzen.
Die Bohnensuppe fertiggaren und mit den gekochten, pürierten Kartoffeln binden.

Mit Cidre-Essig und gehackten Bohnenkrautblättchen abschmekken.
Für die Reibekuchen Kartoffeln und Zwiebeln fein reiben und ausdrücken. Mit dem Ei und den Gewürzen die Kartoffelmasse herstellen. Dünne runde Plätzchen in reichlich Öl goldbraun ausbakken, auf einem Gitter abtropfen lassen und auf Papierspitzendeckchen anrichten.
Die Kartoffelmasse muß unbedingt sofort nach der Zubereitung abgebacken werden, da sonst die Masse grau wird.
Die Suppe wird nochmals erhitzt und in tiefen Tellern serviert.

Knudelsuppe mit Schinkentaschen

Carsten Kindermann
Silence-Waldhotel Horn
Iserlohn

Schinkentaschen:
120 g geschälte gekochte Kartoffeln, 120 g geschälte rohe Kartoffeln, 100 g Mehl, 60 g gekochte, feine Schinkenwürfel, 100 g Butter.

Knudelsuppe:
0,8 l kräftige Rinderbrühe, je 80 g geputzte Karotten, Porree, Sellerie und Petersilienwurzel, 1 kleines Bund Petersilie, Salz, Pfeffer und Muskat.

Die gekochten Kartoffeln durch ein feines Sieb streichen und mit den feingeriebenen rohen Kartoffeln und 30 g Mehl vermengen sowie mit etwas Salz, Pfeffer und Muskat würzen. Alles miteinander mischen und dünn auf einer bemehlten Arbeitsplatte zu einem Teig ausrollen. 12 kleine Küchlein von 5 bis 6 cm Ø ausstechen, die eine Hälfte mit Schinken belegen, zusammenklappen und dann andrücken.

Die Taschen in die kochende Brühe geben, etwa 4 Min. ziehen lassen, herausnehmen und abtropfen lassen.
Das Gemüse in etwa 1 × 1 cm große Stücke schneiden und in der Brühe, die durch die Schinkentaschen leicht sämig geworden ist, garen.
Zwischendurch die Teigtaschen in Butter goldbraun anbraten und auf einem Extrateller zur Suppe servieren. In die Suppe kurz vor dem Servieren frisch gehackte Petersilie geben.

Kuhlendahler Perlgraupensuppe

Walter Stemberg
Restaurant Haus Stemberg
Velbert

40 g Perlgraupen, 20 g geräucherter Magerspeck, 20 g Zwiebeln, 80 g Kartoffeln, je 50 g Porree, Möhren, Sellerie, 1 l Fleischbrühe, 1 EL Schweineschmalz oder Bratenfett, Salz, weißer Pfeffer aus der Mühle.

Speck und Zwiebeln in feine Würfel schneiden und mit Schmalz im Topf anschwitzen. Graupen kalt waschen und in den Topf geben. Mit Fleischbrühe auffüllen und zum Kochen bringen. Nun die Brühe abschäumen und weiterhin leicht köcheln lassen. Nach ½ Std. Kochzeit die Kartoffeln in kleinen Würfeln hinzufügen, 15 Min. später feine Gemüsewürfel von Porree, Sellerie und Möhren mit in den Topf geben und weiterköcheln lassen. Nach weiteren 10 Min. prüfen, ob die Graupen gar sind. Nun die Graupensuppe mit Salz und Pfeffer aus der Mühle nachwürzen.
Als regionale Vorsuppe und auch als Eintopf mit Mettwurst bestens geeignet.

Rezept Seite 47: Klare Suppe von Schnippelbohnen mit Hummer, F. Ellrich, J. Scheffran, Alt-Nürnberg, Bochum

Sauerländer Kartoffelsuppe mit gebratenen Steinpilzen

Georg Groß
Haus Waldsee
Brilon-Gudenhagen

500 g festkochende Kartoffelwürfel, 150 g Möhrenwürfel, 150 g Selleriewürfel, 150 g Lauchwürfel, 50 g Zwiebelwürfel, 50 g durchwachsene Speckwürfel, 1 l Rinderbrühe, Thymian, Majoran, Petersilie, Muskat, 200 g frische Steinpilze, 20 g Butter.

Zwiebel- und Speckwürfel in Butter anschwitzen, Kartoffelwürfel dazugeben und mit der Brühe auffüllen, Gemüsewürfel beifügen und alles zusammen langsam weich kochen. Zum Schluß mit den Kräutern und ein wenig Muskat abschmecken.
Unmittelbar vor dem Servieren die Steinpilze in Scheiben schneiden, in Butter kurz anbraten und in die angerichtete Suppe geben.

Westfälische Kartoffelsuppe mit Zwiebellauch und Hummer

Hans Georg von Korff
Hotel von Korff
Meschede

4 mittelgroße Kartoffeln, 2 Stangen Zwiebellauch, 1/2 l gute Fleischbrühe, 1/2 l Sahne, 1 Scheibe Weißbrot (für Röstwürfel), 1 Hummer (etwa 400 g), Salz, Pfeffer, Glutamat.

Die Kartoffeln separat garen, Zwiebellauch in etwa 3 cm lange Streifen schneiden und ebenfalls separat kurz garen, den weißen Teil sowie die Zwiebel der Lauch-stange in kleine Würfel schneiden (Suppenansatz).
Hummer separat garen, ausbrechen und in 4 Teile portionieren (je 1/4 Schere und 1/4 Schwanz).
Weißbrot ohne Rinde in sehr feine Würfel schneiden und in der Butterpfanne rösten.
Den Suppenansatz (Lauchzwiebelwürfel) glacieren und mit der Brühe auffüllen; Salz, Pfeffer und eine Prise Glutamat zugeben.
Die gekochten Kartoffeln durch eine Presse in diesen Ansatz geben, kurz köcheln und mit Sahne verfeinern. Kein Mehl oder sonstige Bindungsmittel zugeben.

Anrichten:
Die warmen Zwiebellauchstreifen in einem Suppenteller mittig als Bukett anrichten. Suppe vorsichtig einfüllen und mit den Röstwürfeln garnieren. Auf das Lauchbukett den portionierten warmen Hummer setzen.

Tip: Den Hummer erst kurz vor dem Gast einsetzen, damit durch evtl. längere Wege ein Abrutschen vermieden wird.

Kartoffelsuppe mit gebratenen Pfifferlingen

Hans-Dietrich Marzi
Hotel Schloß Hugenpoet
Essen-Kettwig

200 g geschälte Kartoffeln, 30 g Sellerie, 30 g Lauch, 30 g Möhren, 1 l kräftige Brühe, 1 kleines Bund Schnittlauch, 100 g Pfifferlinge, Salz, Pfeffer, Muskat, Thymian, 100 g magerer Speck oder 1 kleiner Schinkenknochen.

Die Kartoffeln und das Gemüse mit dem Speck in der Brühe weich kochen und fein mixen. Den Speck vorher herausnehmen.

Mit Salz, Pfeffer und Muskat abschmecken.
Den Schnittlauch in feine Röllchen schneiden.
Die Pfifferlinge (kleine ganz lassen, große in feine Scheiben schneiden) in etwas Butter kurz anbraten.
Die Suppe in Tassen füllen, die Pfifferlinge dazugeben und mit Schnittlauch garnieren.

Kartoffel-Lauch-Suppe mit Blutwurst-Apfel-Tasche

Herbert Weber
Restaurant Zum Pulverturm
Wachtendonk

200 g Kartoffeln, 1 Stange Lauch, 100 g Wurzelgemüse (Sellerie, Möhren, Petersilienwurzel), 1 l Rinderbouillon sowie 50 g magerer Speck und 1 Speckschwarte, geräuchert, 1 Zweig Liebstöckel, 1 Zehe Knoblauch, 2 EL Olivenöl.

Blutwurst-Apfel-Tasche
Füllung:
80 g Blutwurst, 80 g Äpfel, 1 TL frischer Majoran, 1 Schalotte, 1 TL Calvados.

Teig:
100 g Mehl, 25 g Hartweizengrieß, 2 Eier, 1 Eigelb, Salz, Muskat.

Kartoffeln, Wurzelgemüse und Lauch gut waschen. Schwarte, Speck, Kartoffeln und Wurzelgemüse mit Lauch in Würfel schneiden. Die Knoblauchzehe zerdrücken und in Olivenöl kurz anrösten, mit Bouillon auffüllen und Liebstöckel beigeben. Etwa 1 Std. leicht köcheln lassen, mit dem Mixstab pürieren und passieren. Nach Belieben nachwürzen.
Zutaten für den Teig gut durchkneten, zu einer Kugel formen und 1 1/2 Std. ruhen lassen.

Blutwurst und Apfel in kleine Würfel schneiden. Schalotte und Majoran fein hacken, Calvados beigeben und vermischen. Den Teig etwa 2 mm dünn ausrollen, mit rundem Ausstecher etwa 7 cm im Durchmesser ausstechen und eine Hälfte mit Eigelb bestreichen. Füllung in die Mitte geben, zusammenklappen und mit einer Gabel an den Rändern gut eindrücken. 5 Min. in Salzwasser abkochen und kurz in Butter anschwenken. Die Suppe in die Teller geben, die Blutwurst-Apfel-Taschen hineinlegen und mit fritierter Petersilie garnieren.

Bergische Kartoffelsuppe mit gebratener Blutwurst

Walter Stemberg
Restaurant Haus Stemberg
Velbert

1 l Rinderbrühe, 1 dicke Zwiebel, 8 Scheiben magerer Rauchspeck, etwas Schmalz zum Anbraten, 600 g mehlige Kartoffeln (Grata), 1 Stange Porree, 1 Karotte, 1 Bund Petersilie, 1 Eigelb und ⅛ l Sahne, Salz, weißer Pfeffer aus der Mühle, 8 Scheiben Kringelblutwurst (Blutwurst im Ring).

Rauchspeck und Zwiebel in feine Würfel schneiden, im Topf in Schmalz anbraten. Kartoffeln in grobe Würfel geschnitten zugeben, mit der Rinderbrühe auffüllen und aufkochen lassen. Nun etwa 1 Std. weiterköcheln lassen. Porree und Möhren, in feine Würfel geschnitten, zugeben und noch weitere 10 Min. kochen lassen. Flüssige Sahne mit Eigelb anrühren, Topf mit Suppe vom Herd nehmen und mit Ei-Sahne-Mischung abziehen. Mit Salz und Pfeffer abschmecken. Nicht mehr aufkochen!
Im vorgewärmten Teller oder in der Terrine anrichten, mit gehackter Petersilie bestreuen und gebratene Blutwurstscheiben auflegen.

Kartoffel-Apfel-Suppe mit Blutwurstscheiben

Carsten Kindermann
Silence-Waldhotel Horn
Iserlohn

400 g geschälte Kartoffeln, 2 Äpfel (Boskop, Cox Orange), 0,1 l Sahne, 20 g durchwachsene Speckwürfel, 0,6 l helle Brühe, 50 g Butter, Salz, Cayennepfeffer, Muskat, Pfeffer, 80 g dünne, kleine Blutwurstscheiben.

Speckwürfel in Butter glasig auslassen, die kleingeschnittenen Kartoffeln und 1 geschälten, kleingeschnittenen Apfel hinzugeben. Kurz anschwitzen, mit Brühe ablöschen und etwa 10 Min. kochen lassen, dann abschmecken. Mit dem Pürierstab mixen und durch ein Sieb passieren. Die Suppe erhitzen, mit Sahne abrunden und nochmals den Geschmack prüfen. Die Suppe in tiefen Tellern anrichten, mit feinen Apfelstreifen bestreuen und die Blutwurstscheiben darauflegen.

Rot-grüne Linsensuppe

Herbert Weber
Restaurant Zum Pulverturm
Wachtendonk

50 g grüne Linsen, 50 g rote Linsen, 100 g Suppengrün (Sellerie mit Grün, Möhren, Lauch, Petersilien-würfel), 1 mittelgroße Kartoffel (gewürfelt), 1 l Rinder- oder Geflügelbrühe, 4 EL Sauerrahm, 1 TL Himbeeressig, 20 g Streifen von geräucherter Entenbrust, 1 EL Olivenöl, 1 Zehe Knoblauch.

Linsen etwa 2 Std. getrennt in lauwarmem Wasser einweichen. Das kleingewürfelte Suppengrün, Kartoffel und Knoblauch in 2 Töpfe verteilen und mit Olivenöl kurz anrösten. Linsen abtropfen lassen, rote und grüne Linsen jeweils getrennt beigeben und mit Brühe zu gleichen Teilen auffüllen. Zum Kochen bringen, mit Mixstab pürieren und durch Haarsieb passieren. Rote und grüne Suppe vorsichtig nacheinander in die Teller verteilen. Sauerrahm mit Essig und etwas Zucker vermischen und auf die Suppe geben, am Schluß die Entenbruststreifen darüberstreuen.

Linsensuppe mit gebackenem Kalbshirn

Bild Seite 52

Roland Schöpgens
Restaurant Soufflé
Köln

100 g rote Linsen, 50 g gelbe Linsen, 50 g Möhren, 50 g Zwiebeln, 50 g Lauch, 30 g Schnittlauch, 1 l Rinderbrühe, 1 EL Crème fraîche, 150 g Kalbshirn, 1 Ei, Semmelbrösel, 50 g Butter, Zitrone, Salz, Pfeffer, Weißweinessig.

Feingehackte Zwiebeln mit Gemüse anschwitzen, eingeweichte Linsen zufügen und mit der Brühe aufgießen. Das Ganze etwa 1 Std. kochen. Anschließend alles pürieren und je nach Konsistenz mit der Brühe verdünnen. Mit Salz, Pfeffer, etwas Essig und Crème fraîche abschmecken.

Das Kalbshirn putzen, wässern und in Salzwasser kurz abkochen. In Scheiben schneiden, panieren, in Butter braten, abtropfen lassen und in die Suppe geben. Die Suppe mit Schnittlauch garnieren.

Passierte Sauerkrautsuppe mit Kaßler Klößchen

Thomas Möllecken
Altes Zollhaus
Mülheim/Ruhr

Suppe:
250 g Sauerkraut, 200 g Kartoffeln, 1 Speckschwarte, 1 l kräftige Brühe (Kaßler Fond), 100 g Zwiebelscheiben, Salz, Pfeffer, 0,25 l Sahne, 50 g Weißbrotwürfel, Kräutersäckchen (4 Wacholderbeeren, 2 Lorbeerblätter, 2 Nelken).

Klößchen:
100 g Kaßler, 150 g Putenfleisch, 1 Ei, 1/8 l Sahne, Salz, Pfeffer, Schnittlauch.

Für die Suppe die Zwiebelscheiben leicht anschwitzen, Kraut, Kartoffeln und Speckschwarte dazugeben. Dieses mit der Brühe auffüllen, das Kräutersäckchen hinzugeben und gar kochen. Schwarte und Säckchen entfernen, die Sahne hinzugeben, nochmals aufkochen, im Mixer pürieren und passieren.
Für die Klößchen alle Zutaten (außer Schnittlauch) im Kutter zu einer feinen Farce verarbeiten. Den Schnittlauch fein schneiden und untermengen. Mit einem Teelöffel kleine Klößchen formen und diese in Brühe oder Kaßler Fond gar ziehen lassen.
Angerichtet wird die Suppe mit einigen Klößchen, Brotcroûtons und einem Majoranzweig.

Sauerkrautsuppe mit gepökeltem Eisbein

Johannes Mayer
Restaurant Schiffchen
im Hotel Stadt Gütersloh
Gütersloh

160 g Sauerkraut, 2 kleine Zwiebeln, 20 g Fett, 40 g Räucherspeck, 3/4 l Geflügelfond, 1/4 l Sauerrahm, 1 EL Essig, Salz, Pfeffer, 40 g kalte Butter, gehackte Petersilie.

Reduktion:
1/4 l Wasser, 1 Lorbeerblatt, 2 Nelken, 1 Msp. Kümmel, 1 Msp. grobe Pfefferkörner, 1/2 Knoblauchzehe, 4 zerdrückte Wacholderbeeren, alles auf 1/3 einkochen.

Lake für Eisbein:
1/2 l Wasser, 5 g Pökelsalz, 30 g Meersalz, 1 Lorbeerblatt, 2 Nelken, je 10 zerdrückte schwarze Pfefferkörner, Wacholderbeeren, Koriander, 2 Zweige Thymian, 1 kleine Zwiebel, Lauch, Sellerie, Karotte.

Für die Lake sämtliche Zutaten aufkochen, auskühlen und das Eisbein 4 bis 5 Tage in die Lake legen. Das Eisbein normal gar kochen sowie von Fett und Schwarte befreien, in Würfel schneiden, je Person 30 bis 40 g. Den Rest als Brotaufschnitt benutzen.
Für die Suppe das Sauerkraut grob hacken, Zwiebeln und Räucherspeck in kleine Würfel schneiden, in Fett anschwitzen, Sauerkraut zugeben, mit Fond auffüllen und etwa 25 Min. leicht köcheln lassen. Essig, Salz, Pfeffer sowie die Reduktion zugeben. Auf ein Sieb schütten und etwas auspressen. Die aufgefangene Suppe mit Sauerrahm und Butter aufmixen.
Das Sauerkraut und das Eisbein zugeben, nochmals abschmecken und die gehackte Petersilie darüberstreuen.

Stielmussuppe mit gebratenem Waller oder geräucherten Zanderklößchen

Bild Seite 56

B. Stromberg, R. Abrolat
Goldschmieding, Castrop-Rauxel

Suppe:
2 Schalotten, 60 g Butter, 400 g küchenfertiges Stielmus, 110 g Kartoffeln, 1 cl Riesling, 0,5 l Rinderkraftbrühe, 300 ml Sahne, Salz, Pfeffer aus der Mühle.

Gebratener Waller:
200 g Wallerfilet, Salz, Pfeffer, etwas Zitronensaft, 80 g Butter.

Zanderklößchen:
100 g Zanderfleisch, 100 g Crème double, 1 Eiweiß, 0,5 cl Noilly Prat, 0,5 cl Pernod, Salz, Pfeffer, 60 ml geschlagene Sahne, 10 g Butter.

Suppe:
Vom Stielmus die Blätter entfernen, Stiele in 1 cm lange Stücke schneiden, waschen.
In einem Topf die Butter schmelzen, die feingewürfelten Schalotten hinzugeben und glasig dünsten. Stielmus und die in kleine Würfel geschnittenen Kartoffeln zugeben, kurz angehen lassen und mit der Brühe auffüllen. Stielmus und Kartoffeln weich kochen. Die Suppe in einem Mixer pürieren und durch ein feines Sieb streichen. Die Sahne dazugeben, nochmals aufkochen, mit Salz und Pfeffer abschmecken.

Gebratener Waller:
Das Filet portionieren, salzen, pfeffern, säuern und in der Pfanne in schäumender Butter von jeder Seite 1 Min. braten. Auf einem Tuch abtrocknen und kurz vor dem Servieren in die Suppe geben.

Zanderklößchen:
Das entgrätete und enthäutete Zanderfleisch kalt stellen. Durch

Rezept Seite 51: Linsensuppe mit gebackenem Kalbshirn, Roland Schöpgens, Restaurant Soufflé, Köln die feine Scheibe des Fleischwolfs drehen und etwa ½ Std. bei +1 °C kalt stellen. Im Mixer oder Kutter mit dem eiskalten Zanderfleisch, der Crème double, dem Eiweiß und den Gewürzen eine Farce bereiten. Kalt stellen, danach durch ein feines Sieb streichen und die geschlagene Sahne unterziehen, evtl. nochmals abschmecken.

Von der Zanderfarce mit einem Eßlöffel Nockerln abstechen und auf eine gebutterte Alufolie legen. Im Räucherofen etwa 5 Min. räuchern. Danach in die Suppe setzen.

Stielmussuppe mit Lammzunge

Heinrich Toennies-Fischer
Deelenkrug, Hagen-Garenfeld

400 g Stielmus, 150 g Kartoffeln, 0,5 l Fleischbrühe und 0,25 l Crème double, 160 g gekochte Lammzunge sowie Salz und Muskat, 50 g Butter.

Stielmus putzen, waschen und in etwa ½ cm lange Stücke schneiden. Kartoffeln schälen, in Scheiben schneiden sowie mit der Fleischbrühe auffüllen und knapp gar kochen. Das Stielmus dazugeben und alles gar kochen lassen. Im Mixer pürieren, passieren, die Crème double und auch die Butterflöckchen hinzugeben. Mit Salz und Muskat abschmecken. Die gekochte Lammzunge, in feine Scheiben geschnitten, in die bereits angerichtete Suppe legen.

Rübstielsuppe mit Basilikumklößchen

Richard Sutorius
Gasthaus Sutorius
Königswinter-Stieldorf

1 Zwiebel, ¼ Sellerieknolle, etwas Butter zum Anschwitzen, 300 g Rübstiel, ¼ l Fleischbrühe, ¼ l Crème fraîche, je 1 Prise Salz, Pfeffer, Majoran, Thymian, ⅛ l Sahne.

Basilikumklößchen:
200 g Speisequark, 1 Bund Basilikum, je 1 Prise Pfeffer, Salz, Currypulver, Paprikapulver, 50 g Butter, 50 g Mehl für die Mehlschwitze.

Zwiebel und Selleriestreifen anschwitzen, geschnittenen und gewaschenen Rübstiel zugeben, mit Fleischbrühe auffüllen, Crème fraîche zugeben, mit Salz, Pfeffer, Majoran, Thymian würzen. ¼ Std. köcheln lassen, anschließend pürieren. Vor dem Servieren geschlagene Sahne unterziehen. Quark mit gehacktem Basilikum, Salz, Pfeffer, Currypulver, Paprikapulver verrühren. Eine Butter-Mehl-Schwitze bereiten, unter schnellem Rühren Quark zugeben. Mit einem Teelöffel Klößchen ausstechen und im leicht siedenden Salzwasser pochieren. In Suppenteller geben und mit der Rübstielsuppe aufgießen.

Suppe von Blattspinat mit Brennnesselspitzen und gebratene Lammleber

Richard Lattrich
Parkhotel Burggraf
Tecklenburg

1 kg feingewürfelte Zwiebeln, 80 g Butter, 1 EL Mehl, 150 g geputzter Spinat, ½ l Rinderbrühe, ¼ l flüssige Schlagsahne, Salz, Muskat, je 1 Prise Knoblauch, Pfeffer und Zucker, 2 EL Schlagsahne, 2 Handvoll in Salzwasser blanchierte sowie abgeschreckte Brennesselspitzen, 1 Lammleber, in 8 Scheiben geschnitten, 100 g Kräuterbutter zum Braten der Leberscheiben.

Zwiebelwürfel in der leicht gebräunten Butter andünsten, mit dem Mehl bestäuben, anschwitzen, den Spinat dazugeben, mit der Brühe und der Sahne auffüllen und zum Kochen bringen. Alles im Mixer pürieren. Mit Salz, Muskat, Knoblauch, Pfeffer und Zucker abschmecken. Die geschlagene Sahne kurz vor dem Servieren unterheben.

Die Brennesselspitzen und je 2 in Kräuterbutter gebratene Leberscheiben in die Suppe geben und sofort servieren.

Brennesselsuppe mit gebackenen Kalbsleberwürfeln

Gerd Reber
Landhaus Leick
Sprockhövel

20 g Butter, 1 kleine Zwiebel, 150 g junge Brennesselspitzen, 2 Kartoffeln, Salz, Pfeffer, Muskat, 6 dl helle Kalbsbrühe, 1 dl flüssige Sahne, 100 g Kalbsleber, etwas Mehl, 1 Ei, 30 g Semmelbrösel, 30 g Öl oder Butterschmalz, etwas Schlagsahne.

Die Zwiebelwürfel in der Butter glasig dünsten, die gewaschenen Brennesseln und grobgewürfelten, geschälten Kartoffeln zufügen und kurz mit anschwitzen. Würzen und mit der hellen Kalbsbrühe auffüllen. 25 Min. langsam köcheln lassen, dann mit dem Stabmixer pürieren und passieren. Die flüssige Schlagsahne zufügen, abschmecken und abgedeckt warm halten.

Die Kalbsleber in gleichmäßige Würfel schneiden, salzen, pfeffern und mit etwas Mehl bestäuben. Die Leberwürfel zuerst durch das zerschlagene Ei ziehen und dann mit Bröseln panieren. Das Öl erhitzen und die Kalbsleber goldgelb backen, anschließend auf Küchenkrepp abtropfen lassen.

Anrichten:

Die Schlagsahne unter die heiße Suppe heben, diese auf 4 tiefe Teller verteilen. Die Leberwürfel im letzten Moment in die Suppe geben oder, noch besser, separat reichen, so daß sich jeder bei Tisch selbst bedienen kann.

Anmerkung:

Die Brennesseln nur an Orten pflücken, wo auf keinen Fall gedüngt wurde, am besten mit Handschuhen. Sobald sie abgerissen sind, brennen sie nicht mehr.

Sauerampfersuppe mit Mohn

Waldemar Kubis
Trüffel im Burbacher Hof
Hürth

4 Bund Sauerampfer, 1/4 l Kalbsfond, 250 g saure Sahne, 250 g Crème fraîche, 150 ml Sahne, 1/4 l geschlagene Sahne, 4 gehackte Schalotten, 100 g Butter, 1 TL Mehl, Salz, Pfeffer, Muskat, 100 g gerösteter Mohn als Garnitur.

Sauerampfer waschen, entstielen und in feine Streifen schneiden, etwa 2 EL zum Garnieren aufbewahren.
Schalotten in der Butter glasig werden lassen, mit Mehl bestäuben, durchrühren, mit dem Fond auffüllen und so lange gut rühren, bis eine leichte Bindung entsteht. Saure Sahne, Crème fraîche, flüssige Sahne und Sauerampfer dazugeben, mit Salz, Pfeffer sowie Muskat abschmecken und unter ständigem Rühren einmal kurz aufkochen lassen. Mit dem Pürierstab durchmixen, sieben und die geschlagene Sahne untergeben.
In Teller eingießen und Mohn und Sauerampferblättchen in die Mitte geben.

Sauerampfersuppe mit Lachs

Heinrich Poppenborg
Restaurant Poppenborg
Harsewinkel

1/4 l Crème fraîche, 1/4 l Milch, 1/8 l Geflügelfond, 2 Schalotten, etwa 200 g Sauerampferblätter, Salz und Pfeffer, 12 Würfel frischer Lachs.

Crème fraîche, Milch und Geflügelfond zusammen mit den gewürfelten Schalotten kurz erwärmen und mit den Sauerampferblättern lauwarm im Mixer pürieren. Durch ein Sieb in einen Topf streichen, mit Salz und Pfeffer würzen und bis kurz vor den Siedepunkt erhitzen – aber nicht kochen! Die Lachswürfel im Steamer kurz dämpfen. Die Suppe mit dem Stabmixer aufschäumen und in vorgewärmte Teller schöpfen; dazu je 3 Lachswürfel pro Person als Suppeneinlage geben.

Buttermilch-Bohnensuppe

Peter Axer
Bitzerhof
Köln

500 kg Schnippelbohnen, 0,5 l Gemüsebrühe (selbst hergestellt oder aus dem Reformhaus), 0,5 l Buttermilch, je 30 g Möhren, Sellerie und Lauch, 200 g Kartoffeln, 1 EL Kräutersalz, 1 EL Streuwürze.

Schnippelbohnen mit kochendem Wasser übergießen, damit die Buttermilch beim Kochen durch die überschüssige Milchsäure nicht ausflockt. Bohnen gut abtropfen lassen.
Lauch, Möhren sowie Sellerie putzen und würfeln. Kartoffeln ebenfalls würfeln.

Bohnen in Gemüsebrühe aufsetzen, kurz aufkochen lassen, Gemüse- und Kartoffelwürfel zugeben. Wenn die Kartoffeln gar sind, Buttermilch beifügen und würzen. Mit Kerbelblättern garnieren und servieren.

Suppe aus Steckrüben mit gebratenen Jakobsmuscheln

Klaus-Theo Friedrichs
La Provence
Duisburg

8 Jakobsmuscheln, 2 kg gelbe Steckrüben, 3/4 l Fond von weißen Meeresfischen, 2 Schalotten, 1 Lorbeerblatt, 1 dl Crème fraîche und 1 dl Crème double, 100 g kalte Butter, Salz, weißer Pfeffer, Limonensaft, Zitronenmelisse.

Die Jakobsmuscheln säubern, Muscheln und Corail trennen, auf Küchenpapier abtrocknen lassen. Muscheln in der Pfanne hellbraun anbraten, Corail kurz mitbraten, alles würzen und warm stellen.
Die Steckrüben schälen und in walnußgroße Würfel schneiden, mit Fischfond und Wasser aufgießen, bis das Gemüse gut bedeckt ist. Die geschälten Schalotten und das Lorbeerblatt zugeben. Zugedeckt weich kochen, im Küchenkutter pürieren und passieren.
Crème double, Crème fraîche und die Butter in die Suppe geben, auf dem Herd bei mittlerer Hitze bis kurz vor dem Kochen aufschlagen. Mit Salz, Pfeffer und Limonensaft leicht säuerlich abschmecken.
Die Suppe auf vorgewärmte Teller verteilen, die gebratenen Jakobsmuscheln hineinlegen, mit feingeschnittener Zitronenmelisse bestreuen und servieren.

Rote-Bete-Suppe mit Schinkenstreifen und Quarkklößchen

Wolfgang Stein
Parkhotel Schloß Hohenfeld
Münster-Hiltrup

300 g rote Bete, Essig und 2 bis 3 Scheiben Schwarzbrot, Wasser, Zucker, 250 g Rindfleisch, 500 g Rinderknochen, 3 Zwiebeln, 5 Pfefferkörner, 1 Lorbeerblatt, Kümmel, Pimentkörner, Salz, 4 EL Sauerrahm, 2 Eigelb, 50 g roher Schinken.

Quarkklößchen:
100 g Milch, 20 g Grieß, 35 g ausgedrücker Quark, 1 Eigelb, Salz, Pfeffer aus der Mühle.

Rote Bete schälen, grob raspeln, mit etwas Wasser, Zucker, Essig und Schwarzbrotscheiben in einem Gefäß an einen warmen Ort stellen, damit die Rüben gären können (dauert einige Tage). Die weiße Masse, die sich an der Oberfläche angesetzt hat, abschöpfen.

Den klaren sauren Rübensaft mit den roten Beten, dem Schwarzbrot, dem Fleisch und den blanchierten Knochen aufsetzen, aufkochen lassen und mit 1,5 l Fleischbrühe auffüllen. Das gegarte Fleisch herausnehmen und würfeln. Anschließend die passierte Suppe darübergießen und abschmecken.

Milch, Gewürze und Grieß zum Kochen bringen und die Masse abbrennen. Noch warm das Eigelb und den Quark unterkneten, abschmecken. Nockerln abstechen, in kochendes Wasser legen und 15 Minuten ziehen lassen.

Vor dem Anrichten mit den in Sauerrahm verrührten Eigelben legieren. Eventuell mit einem Rest des gegorenen Rote-Bete-Saftes verfeinern.

Schinken in Streifen schneiden und in die Tassen geben.

Selleriesuppe mit Trüffelöl

Hans Bertels
Le Crocodile
Krefeld

400 g Knollensellerie, 200 g Kartoffeln, 40 g Butter, 0,75 l Hühnerbrühe, 0,25 l Sahne, Salz, Pfeffer, Muskat, 1 TL Öl mit weißer Trüffel, Blattpetersilie zum Garnieren.

Sellerie und Kartoffeln in Würfel schneiden, in der Butter andünsten und mit der Hühnerbrühe zusammen gar kochen. Zum Schluß die Sahne zugeben und mit den Gewürzen abschmecken. Im Mixer pürieren und Trüffelöl darunterrühren.
In kleine Terrinen gießen und mit Petersilienblättern garnieren.

Weiße Zwiebelsuppe mit Streifen von der Schweineleber

Erich Steuber
Siebelnhof
Hilchenbach

4 mittelgroße Zwiebeln, ½ l Bouillon, 2 EL Crème fraîche, 100 g rohe Schweineleber, etwas Mehl, Butter zum Anschwitzen, Salz, Pfeffer aus der Mühle, etwas Zitronensaft, frische Gartenkräuter.

Die Zwiebeln halbieren, in Streifen schneiden und in Butter glasig dünsten, mit der Bouillon auffüllen und weich köcheln, im Mixer pürieren. Die Brühe in den Topf zurückgeben, Crème fraîche unterziehen und mit Salz, Pfeffer und etwas Zitronensaft abschmecken.
Die in Streifen geschnittene Leber mit Mehl bestäuben und in einer heißen Pfanne mit Butter anbra-

ten und mit Salz abschmecken; dann auf die in Tellern angerichtete Zwiebelsuppe setzen und mit den frischen Gartenkräutern bestreut servieren.

Zwiebel-Pflaumen-Suppe

Franz L. Lauter
Restaurant Schloß Schwansbell
Lünen

1 l Rinderkraftbrühe, 300 g Zwiebeln, 300 g entsteinte, getrocknete Pflaumen, ½ unbehandelte Zitrone, Salz, Pfeffer, etwas Pflaumenwein zum Ablöschen, 3 bis 4 Löffel Schlagsahne.

Die Pflaumen einen Tag vorher einweichen. Die Zwiebeln kleinschneiden, in etwas Butter glasig dünsten, mit dem Pflaumenwein ablöschen und mit der Brühe auffüllen.
Die Suppe 20 Min. kochen lassen. Die Pflaumen im Mixer pürieren, in die Suppe geben und diese mit Salz und Pfeffer abschmecken. Die halbe Zitrone dazugeben. So lange köcheln lassen, bis die Zwiebeln leicht binden. Durch ein Spitzsieb passieren, dabei darauf achten, daß die Zwiebeln gut ausgedrückt werden.
Die Suppe mit einem Tupfen Schlagsahne servieren.

Steckrübencreme mit Kräuterklößchen

Mario Kalweit
Haus Hiesfeld
Hiesfeld

1 Schalotte, 5 cl Weißwein, 300 g Steckrüben, 150 ml Brühe, 100 ml

*Rezept Seite 53: Stielmussuppe mit gebratenem Waller oder geräucherten Zanderklößchen,
B. Stromberg, R. Abrolat, Goldschmieding, Castrop-Rauxel*

Sahne, 3 EL Crème double, 1 Limone, Salz, Pfeffer, 60 g Kaninchenfleisch, 60 ml Sahne, etwas Schnittlauch, Kerbel und Petersilie.

Schalotte und Steckrüben in Würfel schneiden und in Butter glasig dünsten. Mit Weißwein ablöschen, Brühe auffüllen und langsam garen.
Die Suppe durch ein Sieb passieren, mit Sahne und Crème double auffüllen, mit dem Saft der Limone sowie mit Salz und Pfeffer abschmecken.
Das Kaninchenfleisch mit der Sahne und den Kräutern zügig in einem Kutter zu einer glatten Masse verarbeiten. Anschließend die Masse durch ein Sieb streichen und zum Schluß mit Salz und Pfeffer abschmecken.
Mit einem Eßlöffel kleine Nokken abstechen und in kochendem Wasser garen.

Anrichten:
Die Suppe mit den Klößchen in eine Suppentasse geben und mit gehackten Schnittlauch, Kerbel und Petersilie abschmecken.

Kürbissuppe mit westfälischem Schinken

Hans Bertels
Le Crocodile
Krefeld

400 g Muskatkürbis, 200 g Kartoffeln, 40 g Butter, 0,75 l Räucherbrühe (z.B. vom Kaßler), 0,25 l Sahne, Salz, Pfeffer, Muskat, 50 g westfälischer Schinken.

Kürbis und Kartoffeln in Würfel schneiden, in Butter dünsten und mit der Brühe zusammen gar kochen. Zum Schluß die Sahne zugeben, würzen und im Küchenmixer pürieren.

Suppe in kleine Terrinen geben, den Schinken in feine Streifen schneiden und auf die Suppe legen. Mit Kerbel oder Blattpetersilie garnieren.

Sauerkrautschaumsuppe mit Reisblutwurst

Detlev Hufschmied
Hartwig Kalbers
Restaurant Kurlbaum
Moers

Sauerkrautschaumsuppe:
20 g Mehl, 60 g Schalotten, 50 g Butter, 50 ml Weißwein, 800 ml Rindfleischbrühe und 300 g Sauerkraut, 1 Lorbeerblatt, 2 Wacholderbeeren, 4 Pimentkörner, 1 Nelke sowie ½ TL Majoran, 300 ml Sahne, Salz, Pfeffer, Zucker.

Reisblutwurst
(Zubereitung am Vortag):
Pro Portion je 20 g gekochte Kalbszunge, Lunge und Wamme vom Schwein, 20 g rohe Kalbsleber, 20 g grüner Speck, 40 g gekochter Reis, 40 g Apfel, 50 ml Rotwein, Majoran, Thymian, Rosmarin, Koriander, Muskat, Salz und Pfeffer, 200 ml frisches Schweineblut, 1 m Schweinedarm (beim Metzger vorbestellen).

Schalotten in Butter anschwitzen, Mehl hineinstäuben und mit Weißwein ablöschen. Rindfleischbrühe aufgießen, das kurzgeschnittene Sauerkraut und die Gewürze – im Gewürzsäckchen – dazugeben. Etwa 15 Min. kochen, bis das Sauerkraut weich ist. Das Gewürzsäckchen herausnehmen, die Suppe pürieren, durch ein Sieb passieren und mit der Sahne nochmals aufkochen. Mit Salz, Pfeffer und etwas Zucker abschmecken. Für die Reisblutwurst alle Fleischzutaten und den Apfel sehr fein

würfeln. Den Reis und den Rotwein untermengen. Mit den Gewürzen und Salz abschmecken.
Das Schweineblut in eine Schüssel geben und über Wasserdampf bis zu einer leichten Bindung rühren, wobei es nicht wärmer als 40 °C werden darf. Das Blut unter die anderen Zutaten mischen. Den Schweinedarm an einem Ende zubinden, die Masse hineingeben, wieder zubinden und kleine Würste abdrehen. Die Würste in Salzwasser auf kleiner Flamme etwa 10 bis 15 Min. pochieren, in kaltes Wasser geben und über Nacht in den Kühlschrank stellen, damit die Masse etwas fester wird. Die Würstchen nun entweder räuchern oder gleich erwärmen und in der Suppe – der man zuvor noch etwas geschlagene Sahne unterzieht – anrichten.

Anmerkung:
Die Herstellung der Wurst ist durch die kleinen Fleischmengen sicherlich nicht ganz wirtschaftlich. Man sollte daher besser eine größere Menge zubereiten und die Würste selbst räuchern oder von einem Metzger räuchern lassen. Das macht sie nicht nur haltbar, sondern sie schmecken dann auch vorzüglich.

Spitzkohlsuppe mit getrockneten Kirschen

Wolfgang Markloff
Markloffs, Bielefeld

1 Kopf Spitzkohl, 2 EL Distelöl, 1 Zwiebel, ¼ l Hühnerbrühe, ¼ l Milch, 1 EL Mehl, Muskat, Salz und Pfeffer, 1 cl Sahne, 80 g Trockenkirschen, ¼ l Kassebettenschnaps (aufgesetzter Johannisbeerlikör), 2 Scheiben Stuten (längliches Kuchenbrot), Zimtzucker.

Die Trockenkirschen etwa 1 Std. in dem aufgesetzten Kassebettenschnaps einweichen. Den Spitzkohl und die Zwiebel in Streifen schneiden, alles kurz andünsten und mit dem Mehl sehr vorsichtig stäuben. Mit der Brühe auffüllen und etwa 15 Min. köcheln lassen. Mit Milch und Rahm vollenden und abschmecken.

Die Stutenscheiben im Ofen oder mit Oberhitze rösten und in Zimtzucker wenden.

Die Spitzkohlsuppe in die Teller geben und als Garnitur die Kirschen und das Brot darauflegen.

Kerbelwurzelcremesuppe mit Schinkenklößchen

Gerd Reber
Landhaus Leick
Sprockhövel

150 g Kerbelwurzeln, 1 kleine Schalotte, 10 g Butter, Salz, Muskat, 1 Prise Zucker, 4 dl helle Geflügeloder Schinkenbrühe sowie 4 dl Sahne, 40 g Kalbsbrät (vom Metzger), 30 g gekochter Schinken, 1 bis 2 EL Schlagsahne, Kerbelblättchen.

Die Kerbelwurzeln bürsten, schälen und kleinschneiden. Schalottenwürfel in der Butter glasig dünsten, die Kerbelwurzeln zufügen und würzen. Gut anschwitzen und mit der Brühe und Sahne aufgießen. 10 Minuten kochen lassen, dann mit dem Stabmixer pürieren. Die Suppe durch ein Sieb passieren und abschmecken.

Das Kalbsbrät mit den feingeschnittenen Schinkenwürfeln mischen, die Schlagsahne unterheben und rühren, bis die Masse glänzt, evtl. nachwürzen. Mit einem Teelöffel kleine Nocken abstechen und dann in Salzwasser pochieren.

Anrichten:
Die heiße Suppe in 4 vorgewärmte Suppenteller geben, Schinkenklößchen als Einlage beifügen und mit gezupftem Kerbel garnieren.

Anmerkung:
Falls man einen Räucherofen besitzt, kann man die rohen Schinkenklößchen darin heiß räuchern. So bekommt die Suppe eine besondere Note – und der Gast ein besonderes Eßerlebnis.
Sollten keine Kerbelwurzeln zu bekommen sein, kann man auf Petersilienwurzel oder Knollensellerie zurückgreifen.

Schwarzwurzelcreme

Rolf Schmidt
La Terrazza, Düsseldorf

400 g Schwarzwurzeln, 1/2 Zitrone, 1/4 l Milch, 1/2 l Geflügelfond, 200 g Crème fraîche oder Sauerrahm, 200 g Sahne, 6 cl Weißwein, Salz, weißer Pfeffer aus der Mühle, 50 g kalte Butterwürfel, 1 EL geschlagene Sahne, 1 TL Schnittlauchröllchen.

Die Schwarzwurzeln schälen, mit Zitronensaft einreiben und in kleine Stücke schneiden. Sofort in Milch legen, damit sich die Wurzeln nicht verfärben. Den Geflügelfond mit der Crème fraîche und der Sahne aufkochen. Die Schwarzwurzeln sowie die Milch zufügen und bei mittlerer Hitze 15 Min. köcheln lassen. Alles im Mixer pürieren und durch ein Sieb passieren. Die Creme mit Weißwein, Salz und Pfeffer abschmecken. Bei mittlerer Hitze die kalten Butterwürfel einrühren. Die Schwarzwurzelcreme vor dem Anrichten mit einem Tupfen Schlagsahne und Schnittlauchröllchen garnieren. Als Einlage eignen sich Ravioli, mit Lachs gefüllt!

Lauchcremesuppe

Walter Stemberg
Restaurant Haus Stemberg
Velbert

2 Stangen Porree, 1/2 l Magermilch, 1/2 l leichte Fleischbrühe, 100 g Butter, 1/8 l Sahne, Mehl, Salz, weißer Pfeffer, Muskat.

Porree säubern, waschen und in feine Streifen schneiden. Mit Mehl und 60 g Butter eine Mehlschwitze zubereiten, mit kalter Milch und Fleischbrühe auffüllen, aufkochen und dann 20 Minuten köcheln lassen. Porreestreifen in 40 g Butter in einem neuen Topf leicht anschwitzen, Cremesuppe durch ein Sieb passieren und zu den Porreestreifen geben. Mit Salz, weißem Pfeffer und Muskat abschmecken.

Bergmannsaustern im Wurzelsud

Bild Seite 60

Heinz Bach
Hotel Résidence
Essen-Kettwig

1 kg Bouchot- oder Miesmuscheln, 1 Möhre, 1/4 Knolle Sellerie, 1/2 Stange Lauch, 1 Lorbeerblatt, Salz, Pfeffer, 1/4 l trockener Weißwein, Pfefferkörner, 1 EL Öl.

Sud:
Je 100 g Möhren, Knollensellerie und Lauch, 50 g Schalotten, 2 Tomaten, 50 g Butter, 1 Bund Dill, Safranfäden, etwas Weißwein, Muschelfond.

Die Muscheln putzen und waschen. Das Gemüse in kleine Würfel schneiden, in einem Topf in Öl anschwitzen, die Gewürze und die Muscheln dazugeben, mit dem Weißwein ablöschen, den Topf zudecken und die Muscheln so lange kochen lassen, bis sie sich

öffnen. Die Muscheln in ein Sieb schütten, den Sud auffangen und durch ein Tuch seihen. Das Muschelfleisch aus den Schalen lösen, Muscheln, die sich nicht öffnen, wegwerfen. 8 geöffnete Muscheln als Garnitur ganz lassen.

Die Möhren, den Lauch und den Sellerie putzen und in dünne Streifen schneiden. Die Schalotten fein würfeln. Die Tomaten kurz in kochendes Wasser halten, in Eiswasser abschrecken, enthäuten, die Kerne entfernen und in Rauten schneiden.

Die Butter in einem Topf schmelzen lassen, die Schalottenwürfel und die Gemüsestreifen dazugeben, mit etwas Weißwein ablöschen und den Muschelsud hinzufügen. Die Brühe so lange köcheln lassen, bis das Gemüse knackig ist. Das Muschelfleisch, die Tomatenrauten, den gehackten Dill und die Safranfäden dazugeben, etwas Butter einschwenken, würzen, in vorgewärmte tiefe Teller geben. Mit je 2 Muscheln und 1 Dillzweig garnieren.

Hummer und Jakobsmuscheln im klaren Ingwersud

Peter Nöthel
Peter Liesenfeld
Hummerstübchen
im Hotel Fischerhaus
Düsseldorf-Lörick

Ingwersud:
1 kleine Karotte, 1 kleine Stange Lauch, 1 Stück Knollensellerie und 3 Schalotten, Butter, etwas Fenchelkraut, einige Hummerschalen, 4 weiche Tomaten, Ingwerscheiben, 4 cl weißer Portwein, 4 cl Madeira, 4 cl Cognac, 1 Prise Cayennepfeffer, 1 Eiweiß, 1½ l Fischfond, 1½ l Geflügelbrühe, Salz, Eiswürfel.

Einlage:
8 kleine Jakobsmuscheln, Hummerfleisch von 2 Hummern und blanchierte Gemüse (Karotte, Sellerie, Lauch) sowie Ingwerstreifen, Dill.

Gemüse putzen und schälen, in grobe Würfel schneiden. Alles leicht in Butter anschwitzen. Hummerschalen putzen, zum Gemüse geben und mit anziehen lassen.

Den Topf vom Herd nehmen, einige Eiswürfel zugeben. Wenn die Hummerschalen leicht abgekühlt sind, den Ingwer, Tomaten, Cognac, Portwein, Madeira, Pfeffer und das leicht angeschlagene Eiweiß hinzufügen und mit Fond und Brühe auffüllen. Alles zusammen aufkochen lassen und um die Hälfte reduzieren. Passieren und abschmecken.

Den Ingwersud aufkochen, die Jakobsmuscheln darin gar ziehen lassen. Hummerfleisch und Ingwer sowie die Gemüsestreifen hinzufügen. In vorgewärmten Suppentellern anrichten und mit Dillzweig garnieren.

Heringssuppe mit Pfifferlingsterrine

Richard Sutorius
Gasthaus Sutorius
Königswinter-Stieldorf

Pfifferlingsterrine:
200 g Pfifferlinge, 50 g Speck, 1 Zwiebel, 1 Bund Petersilie, 1 Bund Dill, ½ TL Estragonblätter und 1 Bund Schnittlauch, 4 Eier, ⅛ l Sahne sowie Butter zum Ausfetten.

Heringssuppe:
1 Zwiebel (kleingeschnitten), 3 Filets vom grünen Hering, ¼ l Weißwein, ¼ l saure Sahne, 2 Lorbeerblätter, 2 Nelken sowie ½ TL Senfkörner, 1 Gewürzgurke, ½ Apfel, ½ TL

Salz, 2 Prisen Pfeffer, ½ TL Glutamat, 1 Filet vom grünen Hering, gewürfelt, als Einlage.

Pfifferlinge waschen, mit Speck und Zwiebel anschwitzen, vom Feuer nehmen. Petersilie, Dill, Estragon, Schnittlauch, jeweils kleingeschnitten, sowie Eier und Sahne zufügen. Kleine Terrinenform ausbuttern und die Pfifferlingsmasse eingießen. Im Wasserbad im Ofen bei 100 °C etwa 1 Std. zugedeckt garen.
Zwiebel anschwitzen, 3 Heringsfilets würfeln, zugeben, Weißwein, saure Sahne, Lorbeerblätter, Nelken, Senfkörner, Gewürzgurke, Apfelwürfel, Salz, Pfeffer, Glutamat zugeben und ½ Std. köcheln lassen. Mit dem Mixstab pürieren. Heringsfilet würfeln und auf die Teller verteilen, die pürierte Heringssuppe daraufgießen und mit 1 oder 2 kleinen Scheiben der in der Zwischenzeit gestürzten und aufgeschnittenen Pfifferlingsterrine garnieren.

Griese Grete mit Dörrpflaumen und Dörrbirnen

Wolfgang Musik
Kasino der
Westdeutschen Landesbank
Münster

150 g Weißbrotreste, 150 g dunkles Roggenbrot, ½ l Wasser, 2 EL Zucker (am besten ist brauner Zucker), 1 Tasse Dörrpflaumen, 1 Tasse Dörrbirnen, evtl. Rosinen, ¾ l frische Buttermilch.

Das altbackene Brot zerbröseln und mit dem Wasser bedecken. Zucker und Dörrobst dazugeben und einmal aufkochen. Anschließend die frische Buttermilch einrühren, so daß eine dicke Suppe entsteht. Man kann auch Rosinen zum Verfeinern dazugeben.

Rezept Seite 59: Bergmannsaustern im Wurzelsud, Heinz Bach, Hotel Résidence, Essen-Kettwig

FISCHE, KRUSTEN- UND SCHALENTIERE

Die Fisch wohl auf dem Wasser gehn, Gebacken, gebraten, gesotten schön
Bei dem Gestad gar nahen, Und gehen auf das Land heraus;
Lassen sich gerne fahen.
„Vom Schlaraffenland", Volksliedfassung 1611

Der Klügste der germanischen Götter, Loki, soll sich mit Vorliebe in einen Lachs verwandelt haben und in dieser Gestalt in seinem eigenen Netz gefangen worden sein. Man kann nur hoffen, daß er sich in dieser Gestalt nicht auch selbst verzehrt hat, sondern unversehrt und vom Netz befreit wieder zu seinen Kollegen im germanischen Götterhimmel zurückfand.

Der Lachs ist, obwohl inzwischen längst ein Massenprodukt wie das Huhn und das Mastschwein, immer noch Tabellenführer auf der Fischseite der bundesdeutschen Speisekarten.

Der Rheinsalm, einst so berühmt wie der Helgoländer Hummer und die Seezungen von Dover, schien schon für immer wie Loki in der Versenkung verschwunden. Doch die in den letzten Jahrzehnten unternommenen Anstrengungen zur Verbesserung der Wasserqualität des Rheins haben begonnen, Früchte zu tragen.

Mit über 40 Fischarten hat der Rhein jetzt wieder eine Vielfalt wie in den zwanziger Jahren, und in einem seiner Nebenflüsse, der Sieg, hat man sogar wieder Rheinsalme erfolgreich angesiedelt, die immerhin den Weg in die Nordsee und zurück bewältigten. Sogar die Flunder ist wieder in den Rhein zurückgekehrt. Auch die Bestände von Hecht und Zander haben sich in den nordrhein-westfälischen Gewässern wieder deutlich erholt.

Wenn auch die Lachse vom Rhein so gut wie nicht auf den Markt kommen, so brauchen Liebhaber dieses edlen Fisches trotzdem nicht zu verzweifeln, denn von Juni bis August gibt es den schottischen Wildlachs, der zwar nicht von solch majestätischer Erscheinung sein mag, wie es einst der Rheinsalm war, aber auch nicht von schlechten Eltern ist.

Allerdings liegt er im Preis um etwa 60 % höher als der den Handel beherrschende norwegische Zuchtlachs, bei dem sich im übrigen die Qualität stark verbessert hat, seitdem auf ein ausgeglichenes Verhältnis zwischen Fischbesatz und Wassermenge geachtet wird und die Fütterung vernünftiger, d. h. fettarmer geworden ist.

Ohnehin ist für den Fachmann nicht nur die Herkunft das entscheidende Indiz für die Qualität eines Lachses, sondern vor allem die korrekte Behandlung des Fisches während des Schlachtens, Ausnehmens und Transports. Ein fachmännisch behandelter Lachs darf keine Flecken haben, was immer darauf hinweist, daß er nicht richtig ausblutete.

Dem Rheinsalm, wie dem Fisch schlechthin, wurden auch aphrodisische Eigenschaften nachgesagt. Montesquieu hat die Fische verantwortlich gemacht für die hohen Bevölkerungszahlen in China, und Brillat-Savarin berichtet von Derwischen, die nach dem reichlichen Genuß von Fischen sündig geworden seien.

Wichtiger als bei jedem anderen Getier ist beim Fisch die Frische. In Wien gab es noch vor hundert Jahren ein Marktgesetz, wonach Fischen, die nicht am gleichen Tag verkauft wurden, die Schwänze abgeschnitten werden mußten, um sie von der frischen Ware des nachfolgenden Tages zu unterscheiden. In einer Zeit, in der es keine Kühlhäuser gab, sicherlich ein probates Mittel, um den Kunden vor schlechter Ware zu schützen.

Heutzutage kommt der Fisch fangfrisch innerhalb von 12 Stunden und weniger in den Handel, und es ist schlechterdings nicht möglich, keinen frischen Fisch zu bekommen.

Einer der beliebtesten Konsumfische in Nordrhein-Westfalen ist der Rotbarsch, der hier mit Vorliebe Goldbarsch genannt wird und, solange er noch als preisgünstig galt, landauf, landab als Kirmesfisch, also als Backfisch, zu finden war. Heute wird für den Kirmesfisch meist der preiswertere Seelachs und teilweise der besonders preisgünstige, im Geschmack etwas fade Alaska-Seelachs genommen.

Bei den Feinschmeckern ist die Nachfrage nach allem, was aus dem Wasser kommt und sowohl edel wie auch teuer ist, unvermindert stark.

Seltsamerweise ist zu diesem illustren Kreis ein Fisch gestoßen, der früher zur einfachen bürgerlichen Tafel gehörte wie der Kirchgang zum Sonntag, der Kabeljau. Seitdem er selten geworden ist, hat dieser wohlschmeckende, magere Fisch endlich den Ehrenplatz bekommen, der ihm schon lange zusteht: auf den Karten der besten Köche des Landes.

Rezept Seite 76: Kabeljaufilet mit Karotten-Koriander-Haube auf Fenchel-Safran-Butter
Dieter Müller, Dieter Müllers Restaurant, Schloßhotel Lerbach, Bergisch Gladbach

Bachsaibling im Kartoffelmantel an Rote-Bete-Schaumsauce

Herbert Weber
Restaurant Zum Pulverturm
Wachtendonk

800 g Bachsaiblingsfilet, 400 g mittelgroße, geschälte, rohe Kartoffeln, 1 Schalotte, etwas Mehl, Salz, Pfeffer, Zitrone, Muskat, 2 Eier, Olivenöl, Butter.

Rote-Bete-Schaumsauce:
1 rote Bete, 4 cl Fischfond, 4 EL Crème fraîche, 1 cl Pernod, 4 cl Sahne, 1 Bund Kerbel.

Bachsaiblingsfilet in 8 gleichmäßige Stücke schneiden, mit Küchenkrepp trockentupfen, mit Salz, Pfeffer und Zitrone leicht würzen, mehlieren. Die Kartoffeln mit grober Küchenreibe raspeln und mit einem Küchentuch leicht ausdrücken. Schalotte fein hakken, unter die Kartoffeln mischen und mit Muskat, Pfeffer und Salz würzen. 2 Eier verquirlen, die Filets durchziehen und mit der Kartoffelmasse beide Seiten dünn beschichten und anpressen, dann auf Pergamentpapier ablegen. Olivenöl in einer Pfanne oder einem Bräter erhitzen und die Filets auf beiden Seiten goldbraun braten. Das Öl sollte die Filets bis zur Hälfte bedecken. Die Garzeit beträgt etwa 5 Min. Dann das Olivenöl abgießen und die Filets kurz in Butter nachbraten.

Sauce:
Den Fischfond erhitzen. Crème fraîche einrühren und etwas einkochen lassen. Dann die weichgekochte rote Bete pürieren und durch ein Sieb streichen. Den Fond beigeben, mit Pernod abschmecken und gehackten Kerbel beifügen. 4 cl geschlagene Sahne unterheben. Die Rote-Bete-Sauce auf vorgewärmten Tellern angießen, die Saiblingsfilets darauflegen und mit Kerbel garnieren.

Bachforelle mit Steckrüben und Rauchsauce

Theodor Lammers
Restaurant Heidehof
Gronau-Epe

2 frische Bachforellen, 1 geräucherte Forelle, Salz, Pfeffer, Zitrone, Mehl, Butter, 5 cl Noilly Prat, 1/4 l Fischfond, 1/4 l Sahne, 130 g kalte Butterstücke.

Gemüse:
1 kleine Steckrübe, Salz, Pfeffer, Zucker, Mehl, Butterschmalz und Butter.

Die frischen Forellen filetieren, die Filets mit Salz, Pfeffer und Zitronensaft würzen.
Leicht mehlieren und in Butter auf der Hautseite kroß, auf der anderen Seite kurz braten. Die Filets der geräucherten Forelle auslösen, in kleine Stücke zerteilen und vor dem Anrichten in der Sauce erwärmen.
Für die Sauce Haut, Gräten und Abschnitte der geräucherten Forelle in Butter leicht andünsten. Mit Noilly Prat ablöschen, den Fischfond angießen und etwas einkochen. Mit Sahne auffüllen und noch einmal kurz einkochen. Durch ein feines Tuch passieren und die kalten Butterstücke einmixen. Die Sauce mit Salz und Zitronensaft abschmecken.
Die Hälfte der geschälten Steckrübe in feine Streifen schneiden, die zweite Hälfte zu Talern ausstechen. Taler und Streifen kurz überkochen und abtropfen lassen.

Die Streifen vorsichtig salzen, zuckern, leicht mehlieren und in heißem Butterfett knusprig ausbacken. Die Taler in Butter anschwenken, mit Salz und Pfeffer abschmecken.
Die gebratenen Forellenfilets mit den Gemüsestreifen anrichten, die Rübentaler dazugeben, mit der Rauchsauce umgießen und danach servieren.

Pochierte Ahrforellenfilets auf Rotweinbuttersauce und Quarkklößchen mit Basilikum

Wolfgang Schmalzried
Herrenhaus Buchholz
Alfter

4 Forellen zu je 250 g, 30 g Schalotten, 20 g Butter, 50 ml Ahrrotwein (nicht zu herb), 50 ml Fischfond, Salz, Pfeffer.

Rotweinbuttersauce:
20 g Butter, 40 g Möhren, 20 g Schalotten, 20 g Lauch, 20 g Petersilienwurzel, 10 g Fenchel, 1/2 Knoblauchzehe, 1/4 Lorbeerblatt, 120 g eiskalte Butter, 250 g Fischkarkassen (ohne Kiemen und Augen, möglichst vom Steinbutt), 300 ml nicht zu herber Ahrrotwein, 300 ml Wasser, 1 Stengel Thymian.

Quarkklößchen mit Basilikum:
40 g Butter, 3 Eigelb, 140 g Quark, 75 g Mie de pain (geriebenes Weißbrot), Salz, Mazisblüte, 16 Basilikumblätter.

Die Butter in einem Topf erhitzen, Gemüse und Lorbeerblatt zugeben und anziehen lassen.
Dann die gut gewaschenen Fischkarkassen dazugeben und ebenfalls anziehen lassen. Die Flüssig-

keit muß so lange eingekocht werden, bis sie sich am Topfboden anzusetzen beginnt. Mit Rotwein ablöschen und mit Wasser auffüllen.

Den Fond etwa 20 Min. leicht simmern lassen und wenn nötig abschäumen, durch ein feines Sieb passieren, den Thymianstengel beifügen und bis auf 100 ml reduzieren lassen. Den Thymianstengel entfernen und zum Schluß die eiskalten Butterflocken mit dem Schneebesen einrühren. Nicht mit dem Rührstab arbeiten, die Sauce wird sonst grau!

Für die Quarkklößchen die Butter schaumig schlagen. Quark und Gewürze zugeben. Eigelbe einzeln unterschlagen und mit dem feingeschnittenen Basilikum und dem Mie de pain zu einem glatten Teig verarbeiten. Danach gut durchkühlen. Mit 2 Löffeln zu Klößchen formen und in Salzwasser etwa 6 bis 8 Min. gar ziehen lassen.

Forellen filetieren, in einen Pochiertopf auf ein Schalotten-Butter-Beet legen, mit dem Rotwein und dem Fischfond angießen und etwa 3 Min. zugedeckt pochieren. Die pochierten Forellenfilets auf vorgewärmte Teller legen, mit der Rotweinbuttersauce überziehen und mit den Quark-Basilikum-Klößchen umlegen.

Forellenfilets, mit Rauchlachs gefüllt, unter der Meerrettichkruste

Werner Westphal
Landgasthaus Huxel
Hattingen

4 küchenfertige Forellen zu je etwa 300 g, 120 g in Scheiben geschnitte-ner Rauchlachs, 100 g Mehl, Butterschmalz, Salz, Pfeffer.

Für die Meerrettichkruste:
250 g Butter, 2 Eigelb, 4 EL Weißwein, Saft von ½ Zitrone, Salz, Pfeffer, 50 g geriebener Meerrettich.

Butter bei mittlerer Hitze zerlassen. Aufschäumen lassen und mit einer Kelle den Schaum abschöpfen. Eigelb und Weißwein in eine Metallschüssel geben. Im Wasserbad mit dem Schneebesen schaumig schlagen. Die Butter unter ständigem Rühren langsam dazugeben. Mit Zitronensaft, Salz und Pfeffer abschmecken. Meerrettich unterrühren.

Forellen unter fließendem Wasser abspülen und trockentupfen. Seitlich jeweils mit 3 Schrägschnitten einschneiden. Mit Zitronensaft beträufeln und mit Salz und Pfeffer würzen sowie mehlieren. Die Forellen in einer Pfanne mit Butterschmalz braten. Forellen filetieren. Rauchlachs zwischen die Forellenfilets legen und auf einem Blech mit der Meerrettichmasse überziehen. Die Forellen unter dem Grill überkrusten.

Gefülltes Senne-Forellenfilet auf Grünkernrisotto

Gerhard Völlm
Parkhotel Gütersloh
Gütersloh

Gefülltes Senne-Forellenfilet:
4 filetierte frische Forellen, 250 g gewürfeltes, angefrostetes Zanderfilet, 1 Eiweiß, ¼ l Sahne, ¼ l Crème fraîche, 1 Bund gehackter Dill, ¼ l Riesling, 1 cl Pernod, 1 cl Cognac, ¼ l Fischfond.

Grünkernrisotto:
200 g Grünkern, 100 g feine Gemü-sewürfel, etwas Butter, 0,4 l Gemüsebouillon.

Die noch nicht enthäuteten Forellenfilets ausbreiten und würzen. Aus dem gut gekühlten Zanderfleisch in der Küchenmaschine mit dem Eiweiß, ¼ l Sahne, Salz, Pfeffer, etwas Pernod und Cognac eine Farce herstellen. Die Farce auf die eine Hälfte der Forellenfilets geben und umklappen. Den Fischfond und den Riesling in eine feuerfeste Form gießen, die Forellenfilets einsetzen und bei 180 °C abgedeckt 10 Min. in den Ofen schieben, danach die Haut abziehen.

Für das Grünkernrisotto den Grünkern 1 Std. einweichen und zusammen mit den Gemüsewürfeln in etwas Butter anschwitzen. In der Gemüsebouillon langsam kochen lassen, bis der Grünkern weich und die Flüssigkeit verdunstet ist. Zum Schluß würzen und mit etwas frischer Butter binden. Die Forellenfilets auf dem Grünkern anrichten. Für die Sauce den Pochierfond mit Sahne und Crème fraîche bis zur gewünschten Konsistenz einkochen. Dill zugeben und um die Forellenfilets legen.

Forellenfilets an Bärlauch-Sauermilch-Creme

Gerd Reber
Landhaus Leick
Sprockhövel

4 schlachtfrische Forellen zu je etwa 300 g, Salz, etwas gemahlener Koriander, etwas Mehl, 6 cl Haselnußöl, 20 g Butter, 50 g Schichtkäse, 150 g Sauermilch, 1 Zitrone, 10 Bärlauchblätter, als Beilage Bamberger Hörndl oder kleine neue Kartoffeln, Schnittlauchbutter.

Die Forellen filetieren, Gräten ziehen und die Haut entfernen. Salzen und mit gemahlenem Koriander würzen. In einer beschichteten Pfanne das Nußöl erhitzen und die Butter aufschäumen lassen. Die Filets mit etwas Mehl bestäuben und von beiden Seiten sanft braten.

Für die kalte Creme den passierten Schichtkäse mit Sauermilch glattrühren, mit Zitronensaft und Salz abschmecken. 4 Bärlauchblätter für die Garnitur reservieren, die restlichen 6 kleinschneiden und unter die Sauce mischen.

Anrichten:
Je zwei Filets auf warme Teller anrichten. Die Bärlauch-Sauermilch-Creme als „Dip" angießen, mit Bärlauchblättern garnieren. Dazu passen sehr gut kleine neue Kartoffeln oder Bamberger Hörndl, in Schnittlauchbutter geschwenkt.

Anmerkung:
Interessante Variante: Die Filets nochmals dritteln und einzeln mit Bärlauchstreifen verpacken. Der Fisch hat dann nach dem Braten ein zartes Knoblaucharoma.

Felchenmedaillons auf Waldkleesauce

Gerd Reber
Landhaus Leick
Sprockhövel

4 Felchenfilets zu je 120 bis 140 g, Salz, etwas Mehl, 30 g Traubenkernöl, 10 g Butter, 1 kleine Schalotte, 30 g gewaschener und feingehackter Waldklee, 2 EL Tomatenconcassé (Tomatenwürfel), 3 dl Fischfond, 1 dl Sahne, Salz und Pfeffer.

Die Felchenfilets dritteln, salzen und mit etwas Mehl bestäuben, in Traubenkernöl auf den Punkt garen und warm stellen. Für die Sauce 3 dl Fischfond auf die Hälfte reduzieren, Sahne zufügen und den Vorgang wiederholen.

Die Schalottenwürfel in der Butter glasig dünsten, Waldklee und Tomatenconcassé zufügen, mit Salz und Pfeffer würzen und die Fischfond-Sahne-Reduktion aufgießen, nicht mehr kochen.

Anrichten:
Waldkleesauce auf heiße Teller spiegeln, je 3 Felchenmedaillons sternförmig plazieren. Mit Waldkleeblättchen garnieren. Als Beilage eignen sich gebratene Kartoffelwürfel.

Anmerkung:
Der Wald- oder Sauerklee gibt der Sauce den unverwechselbaren Geschmack. Ersatzweise kann man Bachkresse verwenden.

Möhnesee-Zander mit Stielmus in Krebssauce

Johannes Meyer
Restaurant Schiffchen
im Hotel Stadt Gütersloh
Gütersloh

1 Zander von etwa 1,8 kg, 400 g Stielmus, ¼ l Sahne, 1 Schalotte, 1 mittelgroße rohe Kartoffel und 12 tournierte gekochte Kartoffeln, Salz, Pfeffer, Muskat, Zitronensaft, Distelöl zum Braten, 12 große Krebse zu je 80 g.

Wurzelfond:
1 Schalotte, 1 kleine Karotte, Lauch, Sellerie, Salz, 1 Lorbeerblatt, 2 Nelken, etwas Estragon, 10 Pfefferkörner, Wasser.

Krebssauce:
1 Schalotte, 60 g Karotten, 60 g Sellerie, 60 g Lauch, Olivenöl, 2 Tomaten, 1 TL Tomatenmark, 1 Estragonzweig, 2 cl Cognac, 1 dl trockener Weißwein, 1 dl Noilly Prat, 2 dl Fischfond, 2 dl Wasser, 50 g kalte Butter, 2 dl Sahne.

Den Zander ausnehmen, filetieren und aus beiden Filets die Gräten mit einer kleinen Zange herausziehen. Die Filets in 4 gleich große Portionen schneiden und mit Salz, Pfeffer und Zitronensaft marinieren.

Das Stielmus von den großen Blättern befreien. Die Stiele in kleine Würfel schneiden, waschen, in Salzwasser blanchieren und in Eiswasser abschrecken. Die Schalotte würfeln und in Butter anschwitzen. Das Stielmus zugeben, mit der Sahne auffüllen und langsam in 30 Min. gar kochen. Die roh geraspelte Kartoffel zum Binden nach und nach in das kochende Gemüse geben, mit Salz, Pfeffer und Muskat abschmecken.

Die lebendigen und gewaschenen Krebse auf einmal in den Wurzelfond geben, aufkochen lassen und ½ Min. ziehen lassen. In Eiswasser abschrecken. Schwänze ausbrechen.

Für die Krebssauce die von Innereien befreiten Krebskarkassen zerkleinern. In einem Topf etwas Olivenöl erhitzen, die Karkassen darin anschwitzen. Das geschnittene Gemüse dazugeben, dann die Tomatenviertel, das Tomatenmark und die Gewürze hinzufügen. Mit Cognac, Weißwein, Noilly Prat, Fischfond und Wasser auffüllen und 20 Min. köcheln lassen. Durch ein Sieb passieren und den passierten Fond auf 2 dl einkochen, Sahne zugeben, wiederum auf 2 dl einkochen und anschließend mit der eiskalten Butter aufmixen.

Zanderfilets ohne Farbe nehmen zu lassen braten. Zum Anrichten in die Mitte der warmen Teller geben. In Sternformation je 3 Nockerln Stielmus dazulegen, darauf je 1 Krebsschwanz setzen und dazwischen 3 tournierte Kartoffeln geben. Das Zanderfilet mit der Krebssauce umgießen.

Möhnesee-Zanderfilet unter der Briochekräuterkruste auf westfälischen dicken Bohnen

Detlef Bicar
Romantik-Hotel Lennhof
Dortmund-Barop

2 Brioches zu je 60 g, 60 g Butter, 1 TL gehackter Kerbel, 1 TL Estragonblätter, 1 TL feine Schnittlauchröllchen, 1 TL gehackte Petersilie, Salz und Pfeffer, 4 Zanderfilets zu je 150 bis 180 g (vom Fischhändler vorbereiten lassen), 1 Zitrone und 1 Schalotte, 1 dl Fischfond (aus dem Glas).

500 g ausgepalte dicke Bohnen, 30 g Margarine und 20 g in kleine Würfel geschnittener durchwachsener Speck, 1 feingehackte Schalotte, 1 Stengel gerebeltes Bohnenkraut, 15 g Mehl, 1 EL gehackte Petersilie, 1/8 l Kalbsfond (aus dem Glas), 1/8 l flüssige Sahne.

Die Kruste von 2 Tage alten Brioches abreiben und den Rest mit Hilfe eines Nudelholzes zu feinen Bröseln zerstoßen. Die Briochebrösel mit 50 g Butter und den feingehackten bzw. feingeschnittenen Kräutern verkneten und die Masse mit Salz und Pfeffer aus der Mühle würzen.

Die Zanderfilets mit Zitronensaft und Salz würzen und anschließend die Briochemasse aufstreichen.

Die feingehackte Schalotte in eine feuerfeste gebutterte Form streuen, den Fischfond dazugießen und die Zanderfilets dazugeben.

Die ausgepalten dicken Bohnen in kochendem Salzwasser etwa 8 bis 10 Min. kochen, anschließend in einem Sieb abschrecken.

Den feingehackten Speck in einem flachen Topf mit der Margarine auslassen, die feingehackte Schalotte zugeben und kurze Zeit mitdünsten.

Den Topf von der Flamme nehmen, das Mehl hineingeben und mit einem Holzlöffel gut verrühren. Den Kalbsfond und die Sahne unter ständigem Rühren mit einem Schneebesen einrühren. Den Topf wieder auf die Flamme stellen, die Bohnen hinzufügen und einmal aufkochen lassen. Mit Salz, Pfeffer, dem Bohnenkraut und der gehackten Petersilie abschmecken.

Die Zanderfilets bei 220 °C in den vorgeheizten Ofen schieben und bei starker Oberhitze 5 bis 7 Min. garen, die Kruste soll schön braun sein.

Anrichten:

Die dicken Bohnen auf 4 heiße Teller verteilen und die Zanderfilets darauflegen. Als Beilage Salzkartoffeln reichen.

Zanderfilet auf Schnippelbohnen

Erich Steuber
Siebelnhof
Hilchenbach

1 Zander (etwa 700 g, vom Fischhändler filiert, mit den Gräten), 1 Porreestange, 1 Zwiebel, 1 Petersilienwurzel, 1 TL Pfefferkörner, 750 g Schneidebohnen, 75 g durchwachsener Speck, 3 Schalotten, Salz, Pfeffer aus der Mühle, 1 TL Zitronensaft, 4 EL Vollkornsenf (aus dem Reformhaus), 75 g kalte Butter, 1/8 l Schlagsahne (steif geschlagen), 2 EL Öl.

Die Gräten kalt abspülen. Porree, Zwiebel und Petersilienwurzel putzen, grob zerkleinern und zusammen mit den Gräten, den Pfefferkörnern und 3/4 l Wasser 20 Min. offen kochen lassen.

Durch ein feines Sieb gießen und im offenen Topf auf etwa 1/4 l einkochen lassen.

Bohnen putzen und in kleine Stücke schneiden. Speck in Würfel schneiden, Schalotten schälen und sehr fein würfeln, beiseite stellen.

Bohnen in kochendem Salzwasser 5 Min. blanchieren, abgießen, abschrecken. Zanderfilet waschen, abtrocknen, in 4 Stücke schneiden, salzen, pfeffern und mit Zitronensaft beträufeln.

Senf in den eingekochten Fischfond rühren. Dann nach und nach die Butter in kleinen Stücken mit dem Schneebesen in die leicht kochende Sauce einrühren. Schlagsahne unterheben, abschmecken und die fertige Sauce warm stellen.

Speck anbraten. Schalotten zugeben und in dem Speckfett andünsten. Bohnen dazugeben und bei milder Hitze erwärmen.

Fischstücke in Öl von jeder Seite 2 bis 3 Min. braten. In der Zwischenzeit die Bohnen auf 4 Teller verteilen und mit der Senfsauce umgießen. Fertiggebratene Zanderstücke auf die Bohnen setzen, servieren.

Gespickter Zander im Salatnest mit Borretschvinaigrette

Gerd Reber
Landhaus Leick
Sprockhövel

4 Zandermedaillons zu je 60 g, 20 g blanchierte Bauchspeckstreifen und 1 EL Karottenstreifen, 10 g Borretschblätter, 3 EL Weißweinessig, etwas Senf, 10 EL Traubenkern- oder Distelöl, Salz, Pfeffer aus der Mühle, Salate der Saison (Eichblatt, Frisée, Chicorée, junger Spinat),

50 g Butter, 12 kleine glasierte Fingermöhrchen, 12 Borretschblüten.

Die Hälfte der Borretschblätter in feine Streifen schneiden und die Zandermedaillons mit Hilfe eines spitzen Küchenmessers damit spicken. Mit den Speckstreifen und den Karottenstiften genauso verfahren und die Zandermedaillons an einem kühlen Ort abgedeckt ½ Std. durchziehen lassen. Den Weißweinessig mit Senf, den restlichen feingehackten Borretschblättern, Öl und Gewürzen im Mixer aufschlagen und abschmecken.

Die Salate mit der Marinade anmachen und als Beet auf vier Teller verteilen.

Die Zandermedaillons mit wenig Salz würzen, da der Speck dem Fisch schon Würze gibt, und in der aufschäumenden Butter glasig dünsten.

Anrichten:

Die Zandermedaillons im letzten Moment in die Mitte der Teller plazieren. Mit den glasierten Fingermöhrchen und den Borretschblüten garnieren.

Zander
nach einer Rezeptur
aus der Schloßküche

Rosemarie Hestermann
Hotel Schloß Petershagen
Petershagen

4 Zanderfilets zu je 180 g, 30 g Butter sowie 1 gewürfelte Schalotte, 30 g Champignons in Scheiben, ¼ l Weißwein, ¼ l Fischfond, 1 Zitrone, 50 g weiche Butter, 60 g Mehl (miteinander vermengt), 0,5 cl Noilly Prat, 100 g Sauerampfer ohne Stiel, 10 g Safranfäden, Salz, Pfeffer.

Die Butter zerlassen und darin die Schalotte und Champignonscheiben anschwitzen. Mit dem Wein und dem Fischfond auffüllen. Mit Salz und Zitronensaft abschmecken. Die Zanderfilets in den Fischfond geben und 4 Min. darin pochieren. Die Filets herausnehmen und warm halten. Den Fond mit der Mehl-Butter-Mischung binden, kurz aufkochen lassen und den Noilly Prat hinzufügen. Die Hälfte der Sauce in einen anderen Topf geben und mit den Safranfäden langsam ziehen lassen. Mit dem anderen Teil der Sauce den Sauerampfer pürieren, anschließend durch ein Sieb geben und wieder erwärmen (nicht mehr kochen). Die Safransauce ebenfalls durch ein Sieb passieren. Beide Saucen abschmecken und auf vorgewärmte Teller verteilen. Die Zanderfilets auf den beiden Saucen anrichten. Dazu passen wilder Reis und Gemüseperlen.

Zanderfilet
auf Bratkartoffeln
in Senfsauce

Rainer-Maria Halbedel
Halbedel's Gasthaus
Bonn

600 g Zanderfilet, ⅛ l Fischfond, ⅛ l trockener Weißwein, ¼ l Sahne, 1 TL scharfer Senf und 1 TL grobgeschrotete Senfsaat, 4 große Kartoffeln (festkochend), 125 g Butter, 1 Stange Lauch, 100 g Kaiserschoten sowie ½ Knolle Sellerie.

Zunächst die Kartoffeln waschen, mit der Schale kochen, schälen und abkühlen lassen.
Den Lauch und die Kaiserschoten putzen, waschen und in kochendem Salzwasser blanchieren.

Den Sellerie schälen und in feine Streifen (Julienne) schneiden. Den Zander leicht salzen, in 4 gleich große Stücke schneiden und hell braten.

Die gekochten Kartoffeln in Würfel schneiden, ebenfalls leicht salzen und goldgelb braten.

Für die Sauce den Fischfond und den Weißwein um zwei Drittel reduzieren lassen, danach die Sahne hinzugeben und nochmals um ein Drittel einkochen lassen. Den Senf und die grobgeschroteten Senfkörner hinzugeben und die Hälfte der Butter in Flocken in die Sauce rühren. Mit etwas Salz und Pfeffer abschmecken.

Im Rest der Butter die Kaiserschoten und den in kleine Stücke geschnittenen Lauch anschwenken und mit wenig Salz abschmecken. Den Zander auf den Bratkartoffeln anrichten, die Sauce, den Lauch und die Kaiserschoten dazugeben und als kleine Garnitur die vorher ausgebackenen Selleriestreifen auf den Zander legen.

Zanderfilet
mit Knoblauchkruste
auf Kohlrabi

Bild nebenstehend

Franz Hütter
Restaurant Zur Tant
Köln 90

4 Zanderfilets zu je 150 g, 4 Knoblauchzehen, 50 g helle Brösel, 20 g Blattpetersilie, 40 g Butter, Salz, Pfeffer, 2 Kohlrabi mit Blättern, 0,1 l Crème double, 80 g geschlagene Sahne, Salz, Pfeffer.

Zanderfilets salzen und pfeffern, Knoblauch in dünne Scheiben schneiden und auf die Zanderfilets legen. Brösel mit den abgetrockneten Petersilienblättern in die Küchenmaschine geben, so lange

Rezept siehe oben: Zanderfilet mit Knoblauchkruste auf Kohlrabi, Franz Hütter, Restaurant Zur Tant, Köln 90

laufen lassen, bis die Brösel grün geworden sind. Die grünen Brösel gleichmäßig über den Zander streuen, mit zerlassener Butter beträufeln. Pfanne ausbuttern, die Zanderfilets hineinlegen, im Ofen etwa 5 Min. nur bei Oberhitze auf der oberen Schiene garen. Die Kruste soll dabei leicht bräunen. Kohlrabi schälen und in dünne Streifen schneiden. In Salzwasser kurz blanchieren. Die Crème double etwas reduzieren lassen, die abgetropften Kohlrabistreifen dazugeben und weiterkochen lassen, bis die Sauce eine leichte Bindung erlangt hat. Die schönsten Kohlrabiblätter waschen, in feine Streifen schneiden und beigeben. Mit Salz und Pfeffer würzen und kurz vor dem Anrichten die geschlagene Sahne darunterheben. Auf Teller verteilen und die Zanderfilets daraufsetzen. Mit Nudeln servieren.

Zanderfilet mit Senfsauce

Walter Stemberg
Restaurant Haus Stemberg
Velbert

600 g Zanderfilet (4 zu 150 g), Mehl, Bratenfett, Butter, je 100 g Sahne und Fleischbrühe, je 1 EL mittelscharfer Senf, Senfkörner, gehackte Petersilie, Salz, Pfeffer, Zitrone.

Zanderfilets mit Zitrone, Pfeffer und Salz würzen, leicht in Mehl wenden, zuerst in Bratfett anbraten, dann in Butter nachbraten. Wenig Butter mit Mehl zu einer Mehlschwitze anrühren. Sahne und Fleischbrühe zugeben, aufkochen und 10 Min. köcheln lassen. Senf, Petersilie und Senfkörner zugeben und abschmecken.
Dazu Gemüseperlenreis reichen.

Geräucherter Zander mit Grünkohlpüree und Kürbisbutter

Carsten Kindermann
Silence-Waldhotel Horn
Iserlohn

Grünkohl:
800 g gezupfter Grünkohl, 70 g Butter, Salz, Pfeffer, Muskat.

Kürbisbutter:
400 g Kürbis und 2 cl Himbeer-Essig, Salz, Zucker, 1 Prise Nelkenpulver, Zimt, 1 Lorbeerblattspitze, Pfeffer, 50 g Butter, 1/8 l Riesling, 1/8 l Sahne.

Geräucherter Zander:
8 Zanderfilets zu je 70 g ohne Haut und Gräten, vom Fischhändler salzen und halbgar kalt anräuchern lassen, Muskat, 50 g weiche Butter.

Den Grünkohl waschen und in Salzwasser gar kochen. In Eiswasser abschrecken, ausdrücken und fein hacken.
Vom geschälten Kürbis 12 Kugeln von 1,5 cm Durchmesser ausstechen. Diese in etwas Wasser mit Zucker, Salz, 1 Prise Nelkenpulver, Zimt, Lorbeerblattspitze und Himbeer-Essig etwa 1 Min. kochen lassen.
Die Kürbisabschnitte in kleine Stücke schneiden, in 25 g Butter anschwitzen und mit Riesling und Sahne aufgefüllt garen, pürieren und mit Salz, Pfeffer, Nelkenpulver, Zucker und Himbeer-Essig abschmecken. Durch ein feines Sieb geben und vor dem Servieren mit 25 g kalter Butter montieren/mixen.
Den Fisch leicht mit weicher Butter bestreichen und auf einem Gitter etwa 8 Min. bei 140 °C in den Backofen geben und fertiggaren. 70 g Butter leicht nußbraun werden lassen und den gehackten Grünkohl darin erhitzen. Mit

Salz, Pfeffer sowie Muskat abschmecken.
In der Tellermitte den Grünkohl kreisförmig anrichten. Die Kürbisbutter rundherum geben und die Kugeln daraufsetzen. Auf dem Grünkohl jeweils 2 Fischfilets anrichten.

Zanderfilet in der Kartoffelkruste

Hans-Georg von Korff
Hotel von Korff
Meschede

720 g Zanderfilet, 2 große Kartoffeln, 1/8 l Crème fraîche, 1/8 l Noilly Prat, 1 Prise Safran (besser Fäden), Salz, Pfeffer, Zitronensaft und etwas Bratfett.

Das Zanderfilet enthäuten und in 8 gleichmäßige Tranchen schneiden, mit Salz, Pfeffer und Zitronensaft würzen.
Die geschälten Kartoffeln im Mixer oder Kutter fein zerkleinern und auf einem Sieb kurz ablaufen lassen. Die Kartoffelmasse leicht mit Salz und Pfeffer würzen und einseitig auf die Filetstücke formen (nicht zu dick).
Aus Crème fraîche, Noilly Prat und den Safranfäden eine leichte Safransauce ansetzen. Die Filetstücke in einer nichtansetzenden Pfanne (besser Griddleplatte) bei etwa 180 °C garen. Zuerst die Kartoffelkrustenseite etwa 4 Min., dann wenden und kurz die Fischseite nachgaren.
Achtung: Die Zanderfilets in der Kruste dürfen nur einmal gewendet werden, da sonst die Kruste zerbricht.

Anrichten:
Safransauce auf vorgewärmte Teller angießen und pro Person 2 Zanderfilets mit der Kruste nach oben auf die Sauce setzen.

Gebratenes Zanderfilet mit dicken Bohnen

Wolfgang Stein
Parkhotel Schloß Hohenfeld
Münster-Roxel

4 Zanderfilets ohne Haut und Gräten zu je 180 g, 480 g blanchierte dicke Bohnen ohne Haut, 50 g Schalotten, 2 dl Fischrahmsauce und 5 g frisches Bohnenkraut, ½ dl Öl, 50 g Butter, Salz, Pfeffer aus der Mühle.

Schalotten in der Hälfte der Butter anziehen lassen, Bohnenkerne dazugeben, salzen, pfeffern, mit Fischrahmsauce auffüllen und Bohnenkraut hinzufügen.
Zanderfilets würzen, in Öl anbraten, restliche Butter dazugeben und fertig braten.
Dicke Bohnen auf Tellern anrichten und je 1 Zanderfilet darauflegen, Salzkartoffeln als Beilage.

Crépinette vom Zander im Sauerkrautsud

Heinz Bach
Hotel Résidence
Essen-Kettwig

1 filierter Zander von etwa 800 g.

Farce:
100 g filierte Lachsforelle, 100 g Sahne, je 1 roter, grüner und gelber Paprika, Salz, Pfeffer, Noilly Prat, 50 g gut gewässertes Schweinenetz.

Sud:
200 g Sauerkraut, 2 Schalotten, 100 g Butter, Salz, Pfeffer, ¼ l Weißwein, ½ l Fischfond, 1 Bund Schnittlauch, glatte Petersilie.

Das Lachsforellenfilet in kleine Würfel schneiden, salzen und in der Küchenmaschine zerkleinern. Darauf achten, daß die Masse kalt bleibt, da sie sonst schnell gerinnt. Die flüssige Sahne nach und nach zugeben. Die fertige Farce durch ein Sieb streichen und mit Noilly Prat und Salz abschmecken. Die Paprikaschoten schälen, entkernen und das Fleisch in feine Würfel schneiden. Die Paprikawürfel unter die Fischfarce mischen. Die Zanderfilets plattieren, würzen und mit der Farce bestreichen, wie eine Roulade einrollen und mit dem Schweinenetz umwickeln.
Das Sauerkraut gut waschen, die gewürfelten Schalotten in der Butter anschwitzen, das Sauerkraut dazugeben, würzen, mit dem Weißwein ablöschen, etwas Fischfond dazugeben und knackig kochen. Etwas kalte Butter einschwenken und den in Röllchen geschnittenen Schnittlauch dazugeben.
Die Zandercrépinetten im Ofen bei 160 °C etwa 8 Min. braten, 3 Min. ruhen lassen und in Scheiben schneiden.
Den Sauerkrautsud in vorgewärmte tiefe Teller geben, die Zanderscheiben dazugeben und mit glatter Petersilie garnieren.

Timbale von Zander und Hecht auf Ingwerbiersauce

Josef Schwinning
Restaurant Stammhaus Fiege
Bochum

150 g Zanderfilet, 80 g Hechtfilet, 2 dl flüssige Sahne, 50 g Butter, 2 Eiweiß, Salz, Pfeffer, 1 TL Zitronensaft, 4 Kirschtomaten, etwas Dill.

Für die Sauce:
2 Tomaten (entkernt und gehäutet), 1 kleine Schalotte (gehackt), ½ Knoblauchzehe, 40 g Ingwer (fein geschnitten), 1 dl Bier, 2 cl Gin, 1 dl flüssige Sahne, 1 TL Speisestärke.

Zander und Hecht in grobe Würfel schneiden und 1 Std. ins Gefrierfach stellen. Dann in den Küchenmixer geben und die Sahne, das Eiweiß, Salz, Pfeffer und Zitronensaft zufügen. Gut durchmixen, bis die Masse Bindung hat.
4 kleine Timbaleformen, ersatzweise Kaffeetassen, die aber nicht bauchig sein sollen, ausbuttern. Die Formen oder auch Tassen nun mit der Fischfarce dreiviertelvoll füllen und etwa 40 Min. im Wasserbad im Ofen bei 140 °C garen.

Ingwerbiersauce:
Tomate, Schalotte, Knoblauch, Ingwer, Bier und Gin mit dem Mixstab pürieren. In einem kleinen Topf kurz aufkochen und mit der Speisestärke binden. Durch ein Sieb streichen und mit der Sahne vollenden. Die Sauce eventuell mit Salz, Pfeffer und einer Prise Zucker abschmecken.

Anrichten:
Die Timbalen mit einem kleinen Messer am Rand lösen und auf warme Teller stürzen. Mit der Ingwerbiersauce umgießen und mit einem kleinen Dillzweig und den Kirschtomaten garnieren.
Eignet sich auch gut als kleines Zwischengericht innerhalb eines Menüs.

Hechtfilet auf Spitzkohl

Wolfgang Markloff
Markloffs
Bielefeld

120 g fertig parierte Hechtfilets, 20 g westfälischer Katenschinken, 2 EL Raps- oder Distelöl und 6 Scheiben

Pumpernickel, 300 g junger Wirsing, 60 g Zwiebelstreifen, etwas Speckschwarte, 1/4 l Bratensauce, 2 EL Arrowroot-(Pfeilwurz-) oder Mehlbutter, Pfeffer aus der Mühle, Salz, Muskat, geriebener Kümmel.

Die Hechtfilets mit den sehr dünnen Katenschinkenscheiben einwickeln. Die Tranchen kurz in Rapsöl anbraten, aus der Pfanne nehmen, in ein feuerfestes Geschirr umsetzen und im Ofen auf den Punkt ziehen lassen.

Den Pumpernickel reiben. Den geputzten, gewaschenen und in feine Streifen geschnittenen jungen Wirsing mit den Zwiebelstreifen schichtweise in eine Kasserolle einsetzen, als Geschmacksverstärker die Speckschwarte zugeben und das Ganze mit der Bratensauce auffüllen. Abgedeckt für 45 bis 60 Min. im Ofen bei 160 bis 180 °C garen. Den Kohl mit etwas Mehlbutter sämig binden und abschmecken.

Die fertiggegarten Hechtfilets in den Pumpernickelbröseln wenden und auf dem Spitzkohl servieren. Hierzu gibt es keine Sauce, da der Kohl so sämig ist, daß er die Sauce ersetzt.

Karpfenklößchen auf Rotwein-Printen-Sauce

Hans-Dietrich Marzi
Hotel Schloß Hugenpoet
Essen-Kettwig

400 g Karpfenfilet ohne Haut und Gräten, 100 g Sahne, 4 Eiweiß, 1/2 l Weißwein, 1 l Fischfond, Salz, Pfeffer, wenig Majoran, 1 Stange Porree, 1 Zwiebel, 1 Lorbeerblatt, 2 Nelken, 1/3 l Rotwein, 80 g Printen oder Lebkuchen (ohne Schokoladenüberzug).

Das gut gekühlte Karpfenfilet mit der kalten Sahne und dem Eiweiß fein mixen, mit Salz und Pfeffer abschmecken und durch ein Sieb streichen.

Mit einem Löffel pro Person 4 Klößchen abstechen und im Fischfond garen.

Fischfond:
Die Karpfengräten mit Weißwein und Wasser, Lorbeerblatt, Nelken und Zwiebel verkochen und dann passieren. Das Weiße vom Porree in feine Würfel schneiden, andünsten und mit dem Rotwein und der gleichen Menge Fischfond auffüllen und bis auf 1/3 l Fond einkochen lassen. Die Printen dazugeben. Wenn sie aufgeweicht sind, die Sauce mit dem Mixstab fein pürieren. Mit Pfeffer, Majoran und Salz nachschmecken.

Die Sauce auf die Teller geben, die Klößchen sternförmig darauf verteilen. Mit Rauten von grünem Porree garnieren.

Beilagen:
Gekochte Kartoffeln, Salat.

Karpfen in Spargelbutter

Bild nebenstehend

Hans Bertels
Le Crocodile
Krefeld

4 Karpfenfilets mit Haut, 250 g weißer Spargel, 250 g grüner Spargel, 0,25 l Sahne, 0,25 l Fischfond, 100 g Kartoffeln, 125 g Butter, Salz, Pfeffer, Kerbelblättchen.

Vom Spargel die Köpfe abschneiden (etwa 3 cm lang), den Rest in dünne Scheiben schneiden. Kartoffeln geschält ebenfalls in Scheiben schneiden. Die Spargelscheiben mit den kleingeschnittenen Kartoffeln, dem Fischfond und der Sahne zusammen zu einer

dicken Sauce einkochen, dann im Mixer pürieren und die Butter in kleinen Stücken kalt unterziehen. Mit Salz und Pfeffer abschmecken. Die Spargelköpfe extra in Salzwasser mit etwas Butter kochen. Karpfenfilets in dem Spargelfond etwa 3 Min. ziehen lassen. Fischfilets auf Teller geben und mit der Sauce überziehen. Spargelspitzen daranlegen und mit Kerbel garnieren.

Karpfengratin mit Steckrüben in Altbiersauce

Wolfgang Stein
Parkhotel Schloß Hohenfeld
Münster-Roxel

400 g geputzte Steckrüben, 700 g Karpfenfleisch ohne Gräten, 0,3 l Malzbier, 1/4 l Weißwein, 1/2 l Kalbsfond, 1/8 l Crème fraîche, 1/8 l Sahne, 100 g feingehackte Schalotten, 1/4 l steifgeschlagene Sahne, 60 g Butter, Salz, Pfeffer, etwas Zucker.

Die Steckrüben in kleine Rauten und das Karpfenfilet in Streifen schneiden.

Malzbier im Topf so lange einkochen, bis eine Art Karamel entsteht, mit Weißwein ablöschen und mit Sahne, Crème fraîche und Kalbsfond auffüllen. Erneut einkochen, bis die Flüssigkeit sämig wird. Die Schalotten in der Butter anschwitzen, Steckrüben dazugeben, anschwitzen, sämige Sauce dazugeben, durchkochen lassen und abschmecken.

Die rohen Fischstreifen und die geschlagene Sahne hinzufügen, alles mischen. In eine feuerfeste Form geben und bei starker Oberhitze überbacken.

Beilagen:
Salzkartoffeln und Kopfsalat.

Rezept siehe oben: Karpfen in Spargelbutter, Hans Bertels, Le Crocodile, Krefeld

Sennekarpfen im Wurzelsud

Ernst Heiner Hüser
Historisches Gasthaus
Buschkamp
Bielefeld

2 Karpfen von je 800 bis 1000 g, 2 dl trockener Weißwein, 5 dl kräftige Rinderbrühe, 80 g Möhren, 80 g Zwiebeln, 60 g Knollensellerie, 80 g Lauch, Petersilie, Lorbeerblatt, weiße Pfefferkörner, Thymian, Salz, 160 g Butter, Saft von 2 Zitronen.

Die Karpfen ausnehmen, waschen und der Länge nach an der Gräte entlang halbieren. Das Wurzelgemüse in 5 cm lange Streifen schneiden.
Unter die Butter den Zitronensaft rühren und mit Salz und Pfeffer abschmecken. Mit einem Spritzbeutel und Sterntülle die Zitronenbutter auf Pergamentpapier spritzen und kalt stellen.
Auf ein großes, tiefes Backblech das Wurzelgemüse und die Gewürze verteilen. Darauf die halben Karpfen legen und mit dem Weißwein und der Brühe begießen. Alles im vorgeheizten Backofen bei 180 °C etwa 20 Min. garen. Ab und zu die Karpfenteile mit der Flüssigkeit begießen.
Die gegarten Karpfenhälften und das Wurzelgemüse auf großen ovalen, tiefen Tellern anrichten, mit dem Wurzelsud angießen und mit der Zitronenbutter servieren. Dazu Salzkartoffeln reichen.

Waller im Wurzelsud

Hans Bertels
Le Crocodile
Krefeld

1 großer Waller (Wels) von etwa 2 kg, 600 g Wurzelgemüse (Möhren, Sellerie, Petersilienwurzeln, Lauch, Kartoffeln, Pastinaken), 4 EL kleingehackte frische Kräuter, 3 Tomaten, Salz, Pfeffer, wenig Kümmel, 0,5 l Weißwein.

Waller filieren und entgräten. Nicht häuten! Die Filets in 16 Stücke schneiden, die Gemüse waschen und putzen, alles in kleine Blättchen schneiden. Die Kräuter kleinhacken, Tomaten häuten, entkernen und kleinwürfeln. 1 l Wasser mit dem Weißwein zum Kochen bringen, darin die Gemüse mit leichtem Biß gar kochen, dann herausnehmen und in kaltem Wasser abschrecken. Die Fischstücke etwa 3 Min. in dem Sud garen, herausnehmen und warm stellen. Den Sud um die Hälfte reduzieren. Mit den Gewürzen abschmecken. Sollte der Sud nicht klar sein, 1 Eiklar unter Rühren zugeben und leicht aufkochen, dann durchsieben.
Den Sud mit dem Gemüse und dem Fisch zusammen in vorgewärmte Suppenteller geben und dann mit den Tomatenwürfeln und kleingehackten Kräutern anrichten.

Wallerfilet auf Linsengemüse in leichter Meerrettichsauce

Thomas Möllecken
Altes Zollhaus
Mülheim/Ruhr

4 Wallerfilets (ohne Haut und grätenfrei), 50 g Butter, Zitronensaft, Salz, Pfeffer.

Linsengemüse:
250 g grüne Linsen, 150 g Gemüserauten (Karotte, Sellerie, Lauch), 50 g Speckwürfel, 20 g Butter, Salz, Pfeffer.

Meerrettichsauce:
0,1 l Fischfond, 0,2 l Sahne, 50 g kalte Butter, 1 TL frisch geriebener Meerrettich, Salz, Pfeffer.

Linsen in viel Wasser nicht zu weich kochen. Speckwürfel in Butter angehen lassen, die blanchierten Gemüserauten und Linsen hinzugeben, durchschwenken und abschmecken. Für die Sauce den Fischfond und die Sahne reduzieren lassen, Meerrettich zugeben und mit dem Mixstab die kalte Butter unterrühren.
Die Fischfilets waschen, halbieren, mit Salz, Pfeffer und Zitronensaft marinieren, anschließend mehlieren und in Butter goldgelb braten.
Das Linsengemüse auf vorgewärmten Tellern anrichten, den Fisch darauf plazieren und mit der Sauce umschließen.

Souffliertes Wallerfilet in Meerrettichbutter mit geriebenen Walnüssen

Wolfgang Stein
Parkhotel Schloß Hohenfeld
Münster-Roxel

1 Waller von etwa 1 bis 1,2 kg, 1 l Sahne, ½ Stange Meerrettich zum Reiben, etwas Essig, 1 Lorbeerblatt, 20 g Zucker, Salz, Pfeffer aus der Mühle, 6 mittlere Schalotten, 1 dl Öl, 1 Stange Lauch, etwas Sellerie, und Thymian, 10 Pfefferkörner, ½ l Weißwein, 100 g Butter, 100 g geriebene Walnüsse, 40 g Johannisbrotkernmehl.

Vom Waller 4 Filets à 80 g auslösen. Aus Karkassen, Weißwein und weißen Aromaten (Sellerie, Lauch, 3 Schalotten) einen kleinen Fumet kochen und 15 Min.

ziehen lassen. Die Abschnitte in Würfel schneiden 45 Min. im Gefrierfach kalt stellen und dann mit 1/8 l Sahne im Kutter zu einer Farce pürieren. Es sollte etwa 120 g ergeben.

Die Wallerfilets mit der Farce bestreichen, auf ein gebuttertes Geschirr setzen, etwas Fumet angießen und im Ofen 15 Min. bei 80 °C soufflieren.

Die restlichen 3 Schalotten in Streifen schneiden, in heißem Öl anschwitzen, mit Weißwein ablöschen. Pfefferkörner und Lorbeerblatt dazugeben, mit Sahne und einem Teil Fumet auffüllen und etwa 1/2 Std. reduzieren lassen, mit etwas Spezialbutter (40 g Johannisbrotkernmehl auf 250 g Butter) auf die gewünschte Konsistenz binden.

Meerrettich schälen und reiben, in die Sauce geben, mit etwas Zukker, Essig und Salz abschmecken. Im restlichen Fond die Filets pochieren.

Die Sauce auf die Teller spiegeln, die Filets daraufsetzen. Die Walnüsse trocken im Salamander rösten und vor dem Servieren darüberstreuen.

Gebratener Waller mit Meerrettichkruste auf Stielmus

Bernhard Stromberg
Richard Abrolat
Gourmet-Restaurant
Goldschmieding
Castrop-Rauxel

Waller:
4 Wallerfilets zu je 150 g ohne Gräten und Haut (beim Fischhändler am besten vorbestellen), Salz, Pfeffer aus der Mühle, Zitronensaft und Bratfett.

Meerrettichkruste:
60 g feine Schalottenwürfel sowie 15 g Butter, 0,25 l Rinderkraftbrühe, 40 g Butter, 40 g trockenes, geriebenes Toastbrot ohne Rinde, 2 g feingeriebener frischer Meerrettich, Salz.

Stielmus:
300 g Stielmus, geputzt, 100 g Kartoffeln, mehlig, 100 g Speckschwarte, 125 ml Rinderkraftbrühe, Salz, Pfeffer aus der Mühle, Muskat.

Die Wallerfilets mit Salz, Pfeffer und Zitronensaft würzen und auf einer Seite etwa 2 Min. in Bratfett anbraten. Die Meerrettichkruste auf die nicht angebratene Seite des Wallers streichen und bei etwa 300 °C Oberhitze ungefähr 3 Min. überbacken.

Meerrettichkruste:
Die feingeschnittenen Schalottenwürfel in 15 g Butter glasig dünsten, mit der Rinderkraftbrühe ablöschen und weich kochen, bis fast keine Brühe mehr vorhanden ist, danach kalt stellen.
Die restliche Butter schaumig rühren, mit dem geriebenen Toastbrot, dem Meerrettich und den gedünsteten Schalotten vermengen und mit Salz abschmecken.

Stielmus:
Vom Stielmus die Blätter entfernen, Stiele in 1,5 cm lange Stücke schneiden, waschen, in Salzwasser einmal aufkochen und in Eiswasser abschrecken. Kartoffeln in 0,5 cm große Würfel schneiden. Die Brühe mit der Speckschwarte aufkochen, Speckschwarte herausnehmen. Stielmus und Kartoffeln in der Brühe gar kochen. Die Kartoffeln sollten dem Gericht die Bindung geben. Mit Salz, Pfeffer und Muskat abschmecken.

Anrichten:
Stielmus in die Mitte der vorgewärmten Teller geben, darauf den Waller mit der Meerrettichkruste legen.

Geräucherter Wels auf Malzbierschaum

Roland Schöpgens
Restaurant Soufflé
Köln

800 g Welsfilet, 1/4 l Sahne und 1/8 l Fischfond, 2 EL Crème fraîche, 0,1 l Malzbier, 40 g Butter, 50 g Räuchermehl, 100 g gemischtes Wurzelgemüse (Karotten, Sellerie, Pastinaken usw.), Salz, Pfeffer und etwas Zitronensaft.
Zum Räuchern einen alten Topf mit Siebeinsatz und Deckel verwenden.

Das Welsfilet in 4 gleiche Teile teilen und würzen.
Den Fischfond mit der Sahne einkochen lassen, bis die gewünschte Konsistenz erreicht ist. Mit Malzbier, Crème fraîche und Butter aufarbeiten.
Das Räuchermehl glühen lassen und die Fischfilets auf dem Gittereinsatz darüberlegen und etwa 8 bis 10 Min. räuchern. Das feingeschnittene Wurzelgemüse anschwitzen und auf die Teller verteilen. Die Filets drauflegen und mit Sauce überziehen.

Schellfischfilet mit einer Kurkuma-Senf-Sauce und gedünstetem Zwiebellaub

Wolfgang Schmalzried
Herrenhaus Buchholz
Alfter

320 g Schellfischfilet mit Haut, 30 g Butterfett, 30 g Butter, 1 EL Roggenmehl, Salz, Pfeffer, Zitrone.

Kurkuma-Senf-Sauce:
200 g Schellfischkarkassen (noch besser sind Karkassen vom Steinbutt,

Seezunge oder St.-Peters-Fisch), 20 g Lauch, 1/4 Petersilienwurzel, 30 g Staudensellerie, , 1/8 l Riesling, 2 Pfefferkörner, etwas Salz, 1 TL Kurkuma, 2 TL Dijon-Senf, 20 g Butter, 40 g Schalotten, 0,2 l Crème fraîche und 120 g eiskalte Butterstücke.

Gedünstete Frühlingszwiebeln: 8 Zwiebeln mit Laub, Salz, Pfeffer, Mazisblüte, 20 g Butter, 4 EL Mineralwasser.

Die Fischkarkassen unter fließendem Wasser gründlich abspülen. Mit Lauch, Staudensellerie, Petersilienwurzel, Gewürzen und Wasser bedecken und etwa 10 Min. köcheln. Von dem passierten Fischfond sollte 1/4 l übrigbleiben. Die Schalotten in 20 g Butter anschwitzen, Senf und Kurkuma zugeben und mit dem Fischfond und dem Riesling auffüllen.
Bis auf 0,1 l Flüssigkeit reduzieren. Crème fraîche zufügen und erhitzen. Dann die eiskalten Butterflocken langsam mit dem Schneebesen einrühren. Dabei sollte die Sauce nicht mehr kochen.
Das Dunkelgrüne des Zwiebellaubes entfernen. Die jetzt noch 10 bis 12 cm langen Frühlingszwiebeln gründlich waschen, in Butter anschwitzen, würzen und mit 4 EL Mineralwasser übergießen. Etwa 2 Min. zugedeckt dünsten.
Das Schellfischfilet in 8 Medaillons schneiden, mit Salz, Pfeffer und Zitronensaft marinieren, in Roggenmehl wenden und in heißem Butterfett auf beiden Seiten anbraten. Das Butterfett abgießen und in frischer Butter goldbraun nachbraten.
Die Sauce nochmals erhitzen und mit einem Rührstab aufschlagen.
Den Schellfisch auf einem Saucenspiegel anrichten und mit etwas brauner Butter überziehen. Die Frühlingszwiebeln bouquetartig anlegen.

Kabeljaufilet mit Karotten-Koriander-Haube auf Fenchel-Safran-Butter

Bild Seite 62

Dieter Müller
Dieter Müllers Restaurant
Schloßhotel Lerbach
Bergisch Gladbach

500 g Kabeljaufilet, 6 cl Sahne (30 % Fett), Salz, 1 Zitrone, 1 dicke Karotte, 1 frischer Zweig Koriandergrün, 1/3 TL scharfes Currypulver, 1 Msp. edelsüßes Paprikapulver, 20 g geklärte Butter (Butterfett).

Für die Sauce:
1/8 l Fischfond, 1 Fenchelknolle, 10 g Butter, 2 cl Pernod, 4 cl Weißwein, 10 Safranfäden, 60 g kalte Butterwürfel, 1 TL enthäutete und entkernte Tomatenwürfel, Salz.

Fisch:
Das Fischfilet in 4 gleich große Stücke zu je 100 g schneiden. Die kleingehackten Abschnitte und die Sahne 35 bis 45 Min. in das Gefrierfach stellen. Anschließend zusammen im elektrischen Zerkleinerer zur feinen Farce pürieren. Durch ein Sieb streichen, mit Salz und etwas Zitronensaft würzen. Kühl stellen.
Die Karotte waschen, schälen und auf der Aufschnittmaschine der Länge nach in feine Scheiben schneiden. Diese in Rauten teilen und mit dem feingeschnittenen Koriandergrün, Curry- und Paprikapulver mischen.
Die Fischfilets mit Zitronensaft säuern und mit Salz würzen. Jeweils eine Seite mit der Farce bestreichen und auf die Karottenrauten drücken. Kühl stellen. Zum Servieren die Fischfilets in erhitztem Butterfett auf der Karottenseite 3 Min., auf der Fischseite 1 bis 2 Min. braten.

Sauce:
Das Grün vom Fenchel zupfen und beiseite stellen. Den Fenchel putzen, waschen und der Länge nach in 2 mm dünne Scheiben schneiden und in einer heißen Sauteuse 3 Min. in Butter schwenken. Mit Pernod, Weißwein und Fischfond auffüllen, die Safranfäden zufügen und alles zugedeckt bißfest garen. Den Fenchel herausnehmen und warm halten. In den köchelnden Fond nach und nach die Butterwürfel montieren. Die Tomatenwürfel sowie das feingeschnittene Fenchelgrün dazugeben und mit Salz würzen.

Anrichten:
Die Fenchelscheiben auf vorgewärmte Teller verteilen, mit der Sauce nappieren und den Fisch darauflegen. Als Beilage Nudeln, Reis oder Salzkartoffeln reichen.

Lasagne vom Rheinaal in Balsamico-Sauce

Richard Sutorius
Gasthaus Sutorius
Königswinter-Stieldorf

700 g Aalfleisch (grätenfrei), 3 cl Balsamico-Essig, 1 Bund Dill, 1/2 TL Zucker, 1 Zitrone, 1/2 TL Salz, 1/2 TL Pfefferkörner, 1/8 l Rotwein, 1/2 Zwiebel, 500 g Nudelplatten vom Bäcker, 10 dünne Scheiben Magerspeck, Butter zum Ausfetten, 3 cl Crème fraîche, 100 g Butter.

Aalfleisch mit Balsamico-Essig, Dill, Zucker, Zitronensaft, Salz, Pfefferkörnern, Rotwein und der feingewürfelten Zwiebel etwa 3 Std. marinieren.
Nudelplatten kurz abkochen, in ausgebuttertem und passendem viereckigem Behältnis die erste Schicht einlegen. Marinierten Aal

---

Rezept Seite 78: Aalspießchen in Salbeisauce auf Fadennudeln, Günter Scherrer, Victorian, Düsseldorf

und Speckscheiben ohne Marinade darauflegen. Jeweils 3 Schichten Nudeln und 3 Schichten Aal in die Form geben. Marinade aufkochen, absieben, Crème fraîche einrühren, zum Schluß mit gewürfelter kalter Butter binden und die Hälfte der Sauce über die Teig-Aal-Schichten gießen. Lasagne zugedeckt im Ofen bei 180 °C 45 Min. garen. In 4 Teile schneiden und auf restlicher Sauce anrichten.

Aalspießchen in Salbeisauce auf Fadennudeln

Bild Seite 77

Günter Scherrer
Victorian
Düsseldorf

2 frische Aale (je 500 g), 4 frische Salbeiblätter, 8 gebackene Salbeiblätter, 1 Zitrone, 2 EL Crème fraîche, 1 EL gehackte Petersilie, 50 g kalte Butter, 3 EL geschlagene Sahne, Salz und Pfeffer, 80 g Fadennudeln, 4 Safranfäden, 1/2 l Fischfond, 200 g ausgepalte und in 8 bis 10 Min. weichgekochte Bohnenkerne, 200 g weichgedünstete Karottenperlen.

Die abgezogenen Aale der Länge nach filieren und leicht plattieren. Mit frischem Salbei, gehackter Petersilie, Zitronensaft, Salz und Pfeffer 1/2 Std. marinieren.
Wellenförmig auf kleine Holzspieße ziehen und in zerlassener Butter etwa 10 Min. bei schwacher Hitze braten.
Die Spieße aus der Pfanne nehmen und warm stellen, Crème fraîche zugeben, in der Pfanne erhitzen, den gehackten Salbei zugeben und aufkochen lassen. Kalte Butterflocken und die geschlagene Sahne unter die Sauce heben.

Die Fadennudeln in Safranfond abkochen, abtrocknen und in Butter anschwenken.

Anrichten:
Die Fadennudeln auf der Tellermitte anrichten, darauf die Aalspießchen setzen und mit der Sauce nappieren. Gebackenen Salbei anlegen. Die erhitzen Bohnenkerne und Karottenkugeln perlenkettenförmig anrichten.

Lachsfilet auf Wirsing mit Senfsauce

François Ellrich
Jürgen Scheffran
Alt Nürnberg
Bochum

600 g Lachsfilet (ohne Haut und Gräten), 1 Lorbeerblatt, 2 Wacholderbeeren, 1 dl Weißwein, 1 dl Wasser, 1 bis 2 Dillzweige.

Senfsauce:
1/4 l heller Fond vom Fisch, 1/4 l Sahne, 1 dl trockener Weißwein, einige Stich kalte Butter, 2 TL grober Dijon-Senf, Salz, Pfeffer.

Gemüse:
3 Schalotten, 30 g Butter, 300 g junge Wirsingblätter, 1/8 l Kalbsfond, 1/8 l Sahne, Salz, Pfeffer.

Senfsauce:
Fischfond, Sahne und Weißwein einkochen, mit kalter Butter montieren, den Senf einrühren und abschmecken.
Vor dem Servieren ganz kurz aufmixen.

Wirsinggemüse:
Die feingehackten Schalotten in Butter anschwitzen, den in Streifen geschnittenen Wirsing dazugeben und einige Minuten dünsten. Mit dem Kalbsfond und der Sahne

ablöschen und den Wirsing zugedeckt langsam weich dünsten.
Lachsfilet in 4 Portionen zu je 150 g teilen, Wasser, Weißwein, Lorbeerblatt und Wacholderbeeren in einen Topf geben, kochen lassen, Lachsfilet auf einem Siebeinsatz über der Flüssigkeit in den Topf geben, mit einem Deckel verschließen, im Dampf etwa 10 Min. garen.
Wirsinggemüse auf Tellern anrichten, Lachsfilet auf den Wirsing geben, mit der Senfsauce übergießen und mit 1 oder 2 Dillzweigen garnieren.

Lachsrücken, mit Langustinentatar gratiniert, zu souffliertem Seeigel und Algenrisotto

Richard Lattrich
Parkhotel Burggraf
Tecklenburg

600 g Lachsrücken zu je 150 g (aus der Mitte geschnitten).

Langustinentatar:
16 Langustinen.

Sauce:
2 EL Olivenöl, 1 EL Butter, 20 g Karotten, Lauch, Staudensellerie und 1 kleine Tomate, 1 TL Tomatenmark, 1 cl Cognac, 1 kleine Knoblauchzehe, 1 dl Fischfond sowie 1 dl Crème double.

Langustinenschwänze ausbrechen und Darm entfernen. Für die Sauce die sorgsam gesäuberten Karkassen im Ofen bei schwacher Hitze in Öl leicht anbraten. Butter und Gemüse zufügen und leicht angehen lassen. Tomate und Tomatenmark dazugeben, mit Cognac flambieren, die mit einem

Messer zerdrückte Knoblauchzehe hinzugeben und mit dem Fischfond auffüllen. 20 Min. köcheln lassen. Die Crème double beifügen, sämig einkochen lassen und passieren. Die Langustinenschwänze fein schneiden und mit der Sauce binden.

Algenrisotto:
200 g fertiger Risotto, 100 g Algenspitzen, 1 TL geriebener Parmesan, 30 g kalte Butterwürfel, Salz, ½ Zitrone, weißer Pfeffer aus der Mühle.

Die Algen waschen und in kochendem Salzwasser 10 Min. blanchieren, eiskalt abschrecken. Die Hälfte davon im Mixer pürieren und unter das fertige Risotto geben. Den Parmesan und die Butter zufügen und alles gut vermischen. Mit Pfeffer und etwas Zitronensaft abschmecken. Vor dem Servieren die restlichen nicht pürierten Algen unter den Risotto heben.

Soufflierter Seeigel:
4 Seeigel, 100 g Zanderfilet, ⅛ l flüssige Sahne, 1 Eigelb, 1 geschlagenes Eiweiß, 50 g Butter, 50 g Karotten, Lauch und Sellerie.

Die Seeigel von der flachen Seite aus mit einem kräftigen spitzen Messer öffnen. Das enthaltene Wasser und den farbigen Corail getrennt sammeln.
Zanderfleisch unter Verwendung des Seeigelwassers und -corails mit Vollei und Sahne zu einer Farce verarbeiten. Die ausgetrockneten Seeigelkörper nun mit Butter ausstreichen. Das geschlagene Eiweiß unter die Farce heben und diese in die Seeigelkörper einfüllen. Die Seeigel in flachem Geschirr auf ein Backblech setzen und mit dem Gemüse und Salzwasser 15 Min. im Ofen bei 80 °C soufflieren.
Den portionierten Lachs rosa pochieren, mit dem Langustinentatar belegen und unter dem Grill 2 Min. garen.

Zum Anrichten mit der restlichen Sauce in der Mitte der Teller einen Spiegel gießen und den Lachs daraufsetzen. Auf die eine Seite einen soufflierten Seeigel plazieren und auf die andere Seite das Algenrisotto geben.

Salmfilet im Wirsingmantel

Walter Stemberg
Restaurant Haus Stemberg
Velbert

1 großer Kopf Wirsing, 600 g Salmfilet, 100 g Butter, Salz, weißer Pfeffer, Muskat.

Die Wirsingblätter in Salzwasser kurz blanchieren, durch Eiswasser ziehen, damit sie ihre Farbe behalten, und auf einem Küchentuch in 4 Portionen auslegen (große Blätter nach unten). Nun den Wirsing leicht mit Salz, Pfeffer und wenig Muskat würzen, je 150 g Salmfilet auflegen, 10 g Butter auf jedes Salmfilet geben, Salmfilet leicht salzen und zur Kohlroulade formen. Mit der restlichen Butter in der Pfanne bei mittlerer Hitze etwa 5 Min. garen, nach 1 Min. einen Deckel auf die Pfanne legen. Zum Anrichten Wirsingroulade mit 2 Schrägschnitten in der Länge aufteilen.

Salmfilet im Wurzelsud

Walter Stemberg
Restaurant Haus Stemberg
Velbert

Für den Fischfond:
1 l Wasser, ¼ l trockener Weißwein, Fischreste vom Salm, ½ Stange Porree, 1 Möhre, 5 Pfefferkörner (weiß, zerdrückt), 1 Lorbeerblatt und Salz.

Für den Wurzelsud:
800 g Salm (ganzes Stück), 1 Stange Porree, 3 Möhren, ½ Knolle Sellerie, 100 g Butter.

Den Salm waschen, abtropfen lassen und filieren. Die Fischreste (Kopf, Schwanz, Gräten) mit kaltem Wasser, Weißwein, Gemüse und Gewürzen in einen Topf geben und unterhalb des Siedepunktes 1 Std. ziehen lassen. Zwischendurch mit einer Kelle den Schaum abschöpfen, zum Schluß den Fond durch ein feines Sieb passieren. Für den Wurzelsud das Gemüse putzen, waschen und in feine Streifen schneiden. In einem Topf die Butter erhitzen und das Gemüse darin etwa 3 Min. glasig anschwenken. Mit Fischfond auffüllen, kurz aufkochen lassen. Die filierten Salmportionen 5 Min. in dem Sud gar ziehen lassen. Das Wurzelgemüse mit etwas Sud auf dem Salmfilet anrichten und auf einem großen Teller servieren. Als Beilage wilder Reis.

Lachsfiletrolle in Crêpeteig mit Sauerampfersauce

Françoise Ellrich
Jürgen Schellran
Alt Nürnberg
Bochum

600 g Lachsfilet (ohne Haut und Gräten), Salz, Pfeffer und Saft von ½ Zitrone.

Crêpes:
50 g Mehl, ⅛ l Sahne, Salz, 1 Ei, 1 Eigelb, 15 g Butter.

Sauerampfersauce:
10 bis 12 Sauerampferblätter ohne Stiele, 0,2 l Sahne, 0,1 l Weißwein, 0,1 l Fischfond, 2 EL Crème fraîche, Salz, Pfeffer.

Aus den Zutaten für die Crêpes im Mixer einen Teig herstellen, 1 Std. ruhen lassen, dann dünne Crêpes backen.

Die Sahne, den Weißwein, den Fischfond und die Crème fraîche in einen Topf geben und so lange einkochen, bis die Sauce bindet, würzen und die in Streifen geschnittenen Sauerampferblätter hinzugeben.

Das Lachsfilet in dünne Scheiben schneiden, auf die Crêpes verteilen, salzen, pfeffern, mit etwas Zitronensaft beträufeln, den Lachs und die Crêpes zu dünnen Rollen fertigen, in der Mitte teilen, je 4 halbe Crêperollen sternförmig in die Mitte des Tellers geben, mit einem tiefen Teller abdecken und jeden Teller für 2 Min. in den Mikrowellenherd (650 W) geben, die fertiggegarten Crêperollen mit der Sauerampfersauce übergießen.

Soufflierter Lachs mit Flußkrebsen im Blätterteig

Detlev Hufschmidt
Hartwig Kalbers
Restaurant Kurlbaum
Moers

12 Flußkrebse, 1 kl. Stange Porree, 2 Karotten, 40 g Sellerie, 1 kl. Zwiebel, 1 EL Senfsaat, 1 Lorbeerblatt, 1 Stück Fenchel, Meersalz, 5 l Wasser, 580 g Lachs, 80 ml Sahne, 1 TL Noilly Prat, 1 TL Cognac, Meersalz, Schnittlauch, Dill, 200 g Blätterteig (tiefgekühlt), 1 Eigelb und etwas Sahne zum Bestreichen.

Sauce:
10 ml Olivenöl, Krebskarkassen, je 40 g Karotten, Schalotten, Porree und Fenchel sowie 3 Tomaten, 50 ml Weißwein, 200 ml Fischfond,

100 ml Sahne, 30 g Crème fraîche, Salz, Pfeffer, etwas Zitronensaft, 10 g Basilikum, 50 g Butter, etwas geschlagene Sahne.

Das Wasser mit dem Meersalz (kräftig salzen), dem Gemüse und den Gewürzen aufsetzen und aufkochen lassen. Die Flußkrebse darin 3 Min. kochen und in Eiswasser auskühlen lassen. Körper und Scheren ausbrechen.

Vom Lachs 180 g abschneiden und würfeln. Gut gekühlt in der Küchenmaschine mit Sahne, Noilly Prat, Cognac und Meersalz zu einer glatten Farce verarbeiten. Durch ein Sieb streichen und die sehr fein gehackten Kräuter untermischen. Den restlichen Lachs in 4 Stücke teilen, mit etwas Farce bestreichen, die Krebskörper und Scheren darauflegen, mit der restlichen Farce bedecken und kühl stellen. Den Blätterteig ausrollen, in 4 Stücke teilen, den Lachs darin einpacken und mit der verquirlten Eigelbsahne bestreichen. Im vorgeheizten Backofen bei 200 °C etwa 12 Min. backen.

Für die Sauce Öl erhitzen und die Karkassen darin rösten. Das Gemüse würfeln und mitrösten. Zwischendurch des öfteren mit etwas Fischfond ablöschen. Die Tomaten vierteln und kurz mitrösten. Mit dem Weißwein ablöschen, Fischfond, Sahne und Crème fraîche dazugießen und bis auf zwei Drittel einkochen. Durch ein Sieb passieren und mit Salz, Pfeffer und Zitronensaft würzen. Basilikum fein hacken und dazugeben. Vor dem Anrichten mit der gut gekühlten, gewürfelten Butter aufmixen und die Sahne unterrühren. Die Sauce auf vorgewärmte Teller verteilen, den Lachs halbieren oder in mehrere Stücke teilen und auf dem Saucenspiegel mit bunten Gemüsen anrichten.

Roulade von Steinbutt und Lachs im Mangoldmantel

Olaf Königsmann
Bakenhof
Münster

200 g Lachsfilet, 400 g Steinbuttfilet, 12 große Mangoldblätter, 375 ml Sahne, 1 Eiweiß, Salz und Pfeffer, etwas Zitronensaft, 1 Msp. Safran.

Die Mangoldblätter blanchieren, abschrecken und trockentupfen. Das Schneidegerät und das Lachsfilet müssen gut gekühlt sein. Das mit Salz und Pfeffer gewürzte Lachsfilet durch die mittlere Scheibe eines Fleischwolfes drehen. Bitte darauf achten, daß das Filet geschnitten und nicht gequetscht wird. Das gewolfte Lachsfleisch in den gekühlten Universalzerkleinerer hineingeben, 125 ml kalte Sahne zugeben und zu einer feinen Masse mixen. Dann durch ein feines Sieb streichen. Immer darauf achten, daß die Masse gut gekühlt ist, da sie sonst gerinnt. Mit Salz und gemahlenem weißem Pfeffer und etwas Zitronensaft abschmecken.

Aus den Mangoldblättern die dicken Rippen bis zur Hälfte herausschneiden.

Jeweils 3 Mangoldblätter übereinanderlappend hinlegen und mit der Lachsfarce bestreichen. Das Steinbuttfilet in 4 gleiche Stücke teilen, auf die Lachsfarce legen und mit der restlichen Farce bestreichen. Das Ganze zu einer Roulade rollen. In einem flachen Topf oder einer Pfanne den Weißwein erwärmen, die Rouladen hineingeben und zugedeckt 10 bis 15 Min. auf kleiner Flamme garen. Anschließend die Rouladen herausnehmen, etwa 250 ml Sahne in den Sud geben und 1 Msp. Safran hinzufügen und einkochen lassen, bis eine Bindung entsteht. Die fertige Sauce auf Tellern anrichten, die Steinbuttroulade in Scheiben schneiden und auf der Sauce plazieren.

Lachs-Seezungen-Roulade mit Steckrübe

Uwe Lemke
Restaurant Haus Pötters
Kamp-Lintfort

1 Seezunge (500 bis 600 g), 160 g Lachsfilet, 1 kleine Steckrübe, 0,25 l Sahne, 0,1 l Weißwein, 1 EL Noilly Prat, 20 g Butter, 2 Schalotten, 1 EL Estragonblätter, gezupft, Salz, Cayennepfeffer, 1 Zitrone.

Die Seezunge filetieren, aus den Gräten, Schalotten und Wein einen Fischfond kochen, passieren und auf ⅓ einkochen. Mit der Sahne auffüllen und weiter reduzieren, bis die Sauce einen Eßlöffel leicht überzieht. Kurz vor dem Anrichten mit Noilly Prat und Zitronensaft verfeinern, mit Butter aufmontieren und den Estragon zugeben.
Für die Roulade die Seezungenfilets und den Lachs jeweils für sich zwischen 2 Folien leicht plattieren, mit Zitrone, Salz und Cayennepfeffer marinieren. Die Steckrübe schälen, in hauchdünne Scheiben schneiden, blanchieren. Auf einer Folie in gleicher Größe wie die Seezungen auslegen, die Seezungen mit der Hautseite nach oben exakt nebeneinander auf die Steckrübe legen und darauf die Lachsranchen geben. Mit Hilfe der Folie fest aufrollen. In Alufolie wickeln und im Wasserbad bei 75 bis 80 °C pochieren.
In Scheiben schneiden und auf dem Saucenspiegel anrichten.

Kräuterlachs in der Folie mit Kartoffelgemüse und Brennesselcreme

Frank Bertram
Ange d'Or Junior
Essen-Kettwig

4 Lachsfilets zu je 150 g, je ein kleines Bund frische Kräuter (Thymian, Dill, Koriander, Petersilie, Basilikum).

Kartoffelgemüse:
800 g geschälte und in Würfel geschnittene Kartoffeln, je 100 g feine Zwiebel-, Karotten-, Sellerie- und Lauchwürfel, 1 Zweig Estragon, 1 kleines Bund Dill, 0,5 l Sahne, Balsamico-Essig, 100 g Butter.

Brennesselcreme:
1 mittlerer Strauß Brennessel (Frühjahr), 1 Schalotte, 0,2 l Sahne, 50 g Butter, 0,1 l Weißwein, Zitronensaft, 1 EL geschlagene Sahne.

Die Lachsfilets mit wenig Salz würzen und mit den gemischten Kräutern jeweils einzeln in gebutterte Alufolie einschlagen.
Für das Kartoffelgemüse die Butter in einen Topf geben und darin die Gemüsebrunoise und die Kartoffelwürfel leicht andünsten. Das Ganze mit der Sahne aufgießen und abgedeckt 15 bis 20 Min. langsam köcheln lassen. (Durch austretende Kartoffelstärke bindet sich die Sahne von selbst.) Mit Salz, Pfeffer und einem Spritzer Balsamico-Essig würzen und zum Schluß den geschnittenen Dill und Estragon hinzufügen.
Für die Brennesselcreme die Blätter von den Stielen zupfen und beiseite stellen. Die Stiele waschen und kleinschneiden und mit der Brunoise der Schalotte in Butter anschwitzen. Mit dem Weißwein ablöschen und auf etwa die Hälfte

einkochen lassen. Danach mit der Sahne auffüllen, aufkochen lassen und beiseite stellen.
Den Lachs in einen Topf mit Siebeinsatz geben, etwas Wasser angießen und etwa 12 bis 15 Min. dämpfen lassen.
Zur Fertigstellung die Sauce durch ein Sieb in einen anderen Topf geben, die Brennesselblätter hinzufügen, aufkochen lassen und mit Salz, Pfeffer und Zitronensaft abschmecken. Ganz zum Schluß die geschlagene Sahne dazugeben.
Zum Anrichten die Lachsfilets aus der Folie nehmen, auf vorgewärmte Teller plazieren und das Kartoffelgemüse sowie 1 Löffel Brennesselcreme dazugeben.

Potthast vom Rauchlachs mit grünem Meerrettich

Maurice de Boer
Gala
Aachen

200 g Bouquet garni, 1 l Fischfumet, 1 l Sahne, 200 g Parüren vom Rauchlachs, 15 g grünes Meerrettichpulver, 4 Scheiben Blätterteig (ausgerollt 3 mm/15 cm ⌀), 1 Ei, 10 g grobes Meersalz, Pfeffer, Pernod, Noilly Prat.

Garnitur:
100 g gekochte Rote-Bete-Würfel, 200 g Rauchlachswürfel.

Die Rauchlachsparüren mit dem Bouquet garni anschwitzen, ohne Farbe nehmen zu lassen, grünes Meerrettichpulver zugeben, mit Fischfond und Sahne auffüllen.
Bis zur Hälfte reduzieren, passieren, mit dem Rührstab aufmixen, abschmecken mit einem Tropfen

Pernod, Noilly Prat, Salz und Pfeffer.

Rauchlachswürfel und Rote-Bete-Würfel in eine Suppentasse einlegen, die Suppe aufgießen, den Blätterteig von beiden Seiten mit Eistreiche einstreichen, die Tasse mit dem Blätterteig bedecken und am Rand festdrücken, dann mit Meersalz bestreuen, bei 180 °C im Konvektomaten etwa 8 Min. bakken und dann gleich servieren.

In Champagner geschmorter Steinbutt

(für 2 Personen)

Udo Wienen
Le Canard
Aachen

1 Steinbutt von 1,2 kg, 1 große Zwiebel, 3 kleine Karotten, 1 Selleriezweig, einige Stengel Petersilie, Zitrone, Salz, Pfeffer, Butter, trokkener Weißwein, Champagner brut, 1 Knoblauchzehe, 4 feingehackte Schalotten, 2 geschälte, entkernte Tomaten in Stücken, 200 g Crème fraîche sowie 4 EL Sauce hollandaise.

Die Filets vom Steinbutt lösen. Zwiebeln, Karotten und Selleriezweig grob hacken. 2 EL Butter in die Kasserolle geben und zerlassen. Die Gemüse hinzufügen und zuerst kräftig kochen lassen, dann sanft weiterkochen, bis die Gemüse etwas Farbe genommen haben. Jetzt die Gräten und die in grobe Stücke geschnittenen Parüren des Steinbutts zugeben. 1 Glas trockenen Weißwein hinzufügen und mit ¾ l Wasser auffüllen. 25 Min. sanft kochen lassen und von Zeit zu Zeit abschäumen. Leicht salzen, stark pfeffern. Noch einige Minuten kochen lassen, dann ein feines Tuch in ein Spitzsieb legen und den Fond passieren.

Eine Schmorpfanne mit Knoblauch ausreiben. Den Boden der Pfanne mit feingehackten Schalotten bedecken, entschälte und entkernte Tomaten darauflegen. Darauf die Steinbuttfilets plazieren. Mit ⅔ Fischfond und ⅓ Champagner brut auffüllen. Pfanne in den vorgewärmten Ofen schieben und von dem Augenblick an, wo der Sud zu kochen beginnt, 12 bis 15 Min. sehr sanft kochen lassen. Die Filets herausnehmen und warm stellen. Kochsud reduzieren. Etwas Crème fraîche langsam einarbeiten – nicht mehr kochen lassen! Mit etwas Sauce hollandaise binden.

Die Filets mit der Sauce nappieren und sofort servieren.

Beilage:
Kartoffeln, Reis oder ein Gemüsepüree.

Steinbutt mit Linsen und Nudeln

Klaus-Theo Friedrichs
La Provence
Duisburg

1 Steinbutt (etwa 2,5 bis 3,0 kg), 1 Möhre, 1 kleines Stück Sellerie, 1 Stange Porree, mit Nelke und Lorbeerblatt gespickte Zwiebel, 70 g türkische rote Linsen, 70 g französische grüne Linsen, 70 g Linsenkeime, Weinessig, 100 g feine Bandnudeln (mit Safran gefärbt), 100 g feine Bandnudeln (mit Sepiatinte gefärbt), 100 g feine Bandnudeln (mit Rote-Bete-Saft gefärbt), 10 ml weißes Trüffelöl, 2 Schalotten, 150 g Butter, 2 EL Sahne, 2 Limonen, Salz und Zucker, 30 g Trüffeln (Périgord), 1 Bund Schnittlauch.

Den Steinbutt filieren, von den Filets die Haut abziehen und in 4 Portionen aufteilen. Aus den Gräten, dem Kopf und der Haut mit den Wurzelgemüsen und Gewürzen einen kräftigen Fischfond kochen.

Die roten und grünen Linsen in leicht gesäuertem Wasser bißfest kochen, abschrecken und abtropfen lassen.

Die Schalotten in Trüffelöl andünsten, mit etwa ¾ l Fischfond aufgießen und etwas einkochen. Den Steinbutt säuern, salzen und mit der Hautseite nach unten in eine ausgebutterte feuerfeste Form legen. Etwas reduzierten Fond zugeben und im Ofen bei 180 °C etwa 8 Min. garen. Inzwischen die Linsen in etwas Butter erhitzen und mit Salz, Pfeffer und Limonensaft abschmecken. Die Nudeln getrennt kochen und in kleinen Portionen auf die Teller verteilen. Den Steinbutt darauf anrichten und mit den Linsen bestreuen. Den Fond mit der kalten Butter montieren und die Sahne zugeben. Abschmecken mit Salz, Zucker und Limonensaft. Zuletzt mit feinen Schnittlauchröllchen und dünngehobelten rohen Trüffeln garnieren.

Steinbutt mit Kartoffelschuppen

Heinrich Poppenborg
Restaurant Poppenborg
Harsewinkel

600 g Steinbutt, 300 g festkochende Kartoffeln, Pfeffer, Salz, Eiweiß, Butter.

Den Steinbutt portionieren und mit Salz und Pfeffer würzen. Die festkochenden, geschälten rohen Kartoffeln in 1 mm feine Scheiben schneiden. Anschließend mit einer Spritztülle runde Scheibchen ausstechen, durch Eiweiß ziehen und schuppenförmig auf den Steinbutt legen.

Rezept Seite 88: Knurrhahn auf Rotkohlvinaigrette, Udo Lucas, Waldhaus, Winterberg

Den Steinbutt mit der Kartoffelseite nach unten in geklärter Butter braten.

Dazu am besten eine Weißweinsauce servieren.

Als Beilage eignen sich gut junge Gemüse.

Steinbutt auf Erbsensauce mit Kaiserschoten

Ernst Heiner Hüser
Auberge le Concarneau
Bielefeld

4 Steinbuttfilets, 200 g Kaiserschoten, 200 g Erbsen, 200 g Butter, 2 dl Sahne, Salz und Pfeffer.

Die Kaiserschoten in Salzwasser abkochen. Sahne aufkochen, Butter montieren, Erbsen hinzugeben und alles im Mixer pürieren. Die Sauce mit Salz und Pfeffer abschmecken und durch ein feines Sieb streichen, warm stellen. Die Steinbuttfilets in Butter anbraten und im Ofen gar ziehen lassen.
Auf der Buttersauce anrichten, mit den Kaiserschoten umlegen.

Steinbutt mit Pumpernickelkruste an Buttersauce

Hermann Kettner
Alte Rentei
Schleiden

4 Steinbuttfilets zu je 180 g, 60 g weiche Butter, 30 g Weißbrotbrösel, 400 ml Fischfond, Pfeffer, Salz, 2 cl Steinhäger, 2 cl Korn, 40 g Pumpernickelbrösel sowie 1 Spritzer Zitronensaft.

Sauce:
2 feingewürfelte Schalotten, 150 ml trockener Weißwein, 100 ml Fischfond, 2 EL feinster Essig, 160 g eiskalte Butter, 1 EL steifgeschlagene Sahne, Pfeffer, Salz, 1 Tomate, 1 kleiner Zucchino, 1 EL gehackte Petersilie.

Die Fischfilets trockentupfen und leicht salzen.
Die Butter schaumig schlagen, mit Weißbrot- und Pumpernickelbröseln mischen und mit Salz, Pfeffer und Zitronensaft abschmecken.
Diesen Butterteig zu einer dicken Rolle formen und in das Tiefkühlfach legen.
Eine flache Auflaufform mit Butter bestreichen, mit Fischfond bedecken und die trockengetupften Fischfilets einlegen. Von der Pumpernickelrolle Scheiben schneiden, die Filets damit gut belegen und im Salamander etwa 5 Min. schön braun gratinieren.
Für die Sauce Schalotten, Weißwein und Essig in einen Topf geben, aufkochen und so lange einkochen lassen, bis nur noch 4 EL übrig sind. Diese Reduktion durch ein Sieb geben und nochmals erhitzen. Eiskalte Butterscheiben nacheinander mit dem Schneebesen einrühren und dabei nicht mehr kochen lassen. Wenn die Butter geschmolzen ist, Sauce mit Pfeffer und Salz und einigen Tropfen Essig abschmecken. Mit dem Stabmixer aufschlagen und die geschlagene Sahne mit dem Schneebesen unterziehen.
Die gehäutete und entkernte Tomate und den geputzten Zucchino in kleine Würfel schneiden, kurz in wenig Butter andünsten und mit in die Buttersauce geben. Zum Schluß die Petersilie hinzufügen.

Anrichten:
Die Fischfilets kurz auf einem Küchentuch abtropfen lassen, auf vorgewärmte Teller legen und mit der Sauce umgießen. Mit einigen Thymianzweigen ausgarnieren.
Als Beilage eignet sich hervorragend wilder Reis.

Gedämpfte Mangoldköpfchen, mit Steinbuttparfait gefüllt, auf Austernsahnesauce

Wolfgang Schmalzried
Herrenhaus Buchholz
Alfter

16 Mangoldblätter ohne Strünke, 0,4 l Fischfond sowie 1 Schalotte und 20 g Butter, 0,1 l trockener Weißwein, Salz, Pfeffer, 200 g Rauten von parierten, geschälten und von den Fasern entfernten Mangoldrippen.

Steinbuttparfait:
200 g Steinbutt, 80 g Weißbrot, 2 Eiweiß, 5 EL Sahne, 1 Schalotte, 5 g Butter, Pfeffer, Salz, Mazisblüte, Zitrone, Pernod, 200 g geschlagene Sahne, 15 g Trüffel, 5 Basilikumblätter.

Austernsahnesauce:
12 Austern (Sylter Royal), 0,1 l Champagner, 0,4 l Fischfond, 0,1 l Crème double, 0,1 l Crème fraîche, 120 g eiskalte Butterflocken, ½ Limone.

Die Mangoldblätter ohne Strünke in Salzwasser blanchieren und in Eiswasser abschrecken. Vom Steinbuttfilet noch eventuell vorhandene Gräten entfernen und den Fisch in Streifen schneiden. Das Weißbrot entrinden, in dünne Scheiben schneiden und mit Eiweiß und Sahne befeuchten. Die Butter schmelzen und die Schalottenwürfel ohne Farbe darin anschwitzen. Erkalten lassen. Das Steinbuttfleisch, das Weißbrot und die Schalotten auf ein Blech geben und würzen. Zweimal durch die feinste Scheibe des Fleischwolfes drehen. Die Farce durch ein feines Sieb streichen und so lange rühren, bis sie anfängt zu glänzen. Auf Eis löffelweise die Sahne, den gewürfelten Trüffel und das gehackte Basilikum unterarbeiten.

Die Mangoldblätter trockentupfen, leicht salzen und pfeffern und jeweils eine Kelle damit auslegen. Mit Steinbuttfarce füllen und mit den überhängenden Mangoldblättern verschließen.

Für den Dampfsud Weißwein, Fischfond, Schalotte und die Rauten von Mangoldrippen erhitzen, die gefüllten Mangoldköpfchen auf ein gebuttertes Lochsieb setzen. Etwa 10 bis 12 Min. im geschlossenen Topf dämpfen. Die Mangoldrauten aus dem Dampfsud nehmen und diesen passieren. Mit Champagner angießen und 12 Austern mit Saft kurz garen. Die Austern zu den Mangoldrauten geben.

Den Fond zur Hälfte einkochen, mit Crème fraîche sowie Crème double weiterkochen, mit eiskalten Butterflocken binden und mit Limonensaft abschmecken und passieren. Die Austern und die Mangoldrauten in die Sauce zurücklegen.

Anrichten:
Etwas Sauce mit jeweils 3 Austern und 9 Mangoldrauten auf vorgewärmte Teller verteilen und die gedämpften Mangoldköpfchen daraufsetzen.

Panaché von Seezungenfilet, Krebsschwänzen und Kalbszunge zu Wildreisfleurons

Richard Lattrich
Parkhotel Burggraf
Tecklenburg

1 Kalbszunge, 2 Seezungen zu je 400 g, einige Petersilienstengel und

Champignons, 2 Schalotten, 24 Flußkrebse, 4 cl Cognac, 60 g Butter, 4 cl Cassislikör, 1 cl weißer Burgunder, 1 Knoblauchzehe, 2 EL Estragon, 1 EL Tomatenwürfel, 1 EL Fischextrakt, 2 cl Sahne, Salz, Cognac, 2 EL gehackter Kerbel.

Die Kalbszunge weich kochen, abschrecken, abziehen und in größere Rauten schneiden. Die Seezungen vom Händler filieren lassen und die Filets halbieren und dünsten. Von den Seezungen-Abgängen mit Petersilienstengeln, Champignons und gehackten Schalotten einen Fischfond kochen. Die Krebse waschen und in kochendem Wasser 30 Sek. abtöten und herausnehmen. Estragon und Kerbel waschen und zupfen, Schalotten kleinschneiden.

50 g Butter in einer Kasserolle aufschäumen lassen, die Krebse hineingeben und anrösten. Die Schalotten hinzufügen, mit dem Cognac ablöschen und den Cassis sowie den weißen Burgunder beigeben. Die ungeschälte zerdrückte Knoblauchzehe, Estragon, Tomatenwürfel und den Fischfond hinzufügen und das Ganze zum Kochen bringen. Nach 2 Min. die Krebse herausnehmen, ausbrechen und den Darm entfernen.

Nun die Krebskörper fein zerstoßen und in den Krebssud geben. Mit Sahne auffüllen und ziehen lassen (30 Min.). Anschließend durch ein feines Sieb passieren. Nochmals erhitzen und mit dem Salz, Pfeffer und Cassis abschmecken. Zum Schluß die restliche Butter einrühren.

Wildreisfleurons:
1 feingewürfelte Schalotte, 1 TL Butter, 120 g wilder Reis, 3 Eigelb, 4 EL Sahne, Butter zum Braten.

Die gehackte Schalotte in Butter andünsten und den wilden Reis dazugeben. Kurz ziehen lassen, mit ungefähr der doppelten Men-

ge Wasser auffüllen und im 200 °C heißen Ofen gar dünsten. Unter den noch heißen Reis die mit Sahne verquirlten Eigelbe heben, damit eine kompakte Masse entsteht. Die noch warme Reismasse in Metallringe pressen, auf einer gebutterten Platte kalt stellen.

Die abgekühlten Reiskuchen halbmondförmig ausstechen und in wenig Butter knusprig rösten.

Anrichten:
Die Kalbszungenrauten und die gedünsteten Seezungenfilets auf vorgewärmte Teller verteilen und mit den Krebsschwänzen in ihrer Sauce garnieren. Mit dem gehackten Kerbel bestreuen. Die Wildreisfleurons extra servieren.

Filets von Lotte mit Zucchinistreifen

Josef Selbach
Sülztaler Hof
Overath-Immekeppel

680 g filierte Lotte, 600 g Zucchini, 1 Schote roter Paprika, frischer Kerbel, gehackte Petersilie, 12 kleine Kartoffeln, 100 g Mehl und 200 g geklärte Butter.

Kartoffeln schälen, in Salzwasser abkochen und in Butter mit Petersilie schwenken.

Zucchini in 1 mm dünne Streifen schneiden und in heißer Butter anschwitzen, Paprika in kleine Würfel schneiden und unter die Zucchini schwenken, mit Salz und Pfeffer abschmecken.

Lotte in 24 dünne Scheiben schneiden, salzen und leicht mehlieren, in geklärter Butter goldgelb von beiden Seiten braten.

Zucchini in der Mitte des Tellers anrichten, Lottefilets sternförmig herumlegen, mit kleinen Kartoffeln und Kerbelblättern garnieren.

Lotte mit heißer Kapernvinaigrette

Joachim Lülf
Waldhaus Ohlenbach
Schwallenberg

400 g Lottefilet, Salz, Pfeffer aus der Mühle, 1 EL Schalotten, 1 EL Kapern, ⅛ l Weißwein, 100 g Butter, 1 EL Olivenöl, 1 EL Essig, Zucker, Salz, Pfeffer, 2 EL blanchierte Gemüsewürfel (Karotten, Lauch, Sellerie).

Das Lottefilet in 8 Scheiben schneiden, würzen und in Butterschmalz braten.
Schalotten und Kapern in Weißwein kochen, mit dem Stabmixer Butter und Olivenöl einmixen, würzen, abschmecken und die Gemüsewürfel dazugeben.

Beilage:
Salzkartoffeln oder hausgemachte Nudeln

Kotelett vom Seeteufel an Steinpilznudeln

Thomas Möllecken
Altes Zollhaus
Mülheim/Ruhr

1,2 kg Seeteufel, Olivenöl.

Nudelteig:
300 g Mehl, 100 g Steinpilzmehl (gemahlene getrocknete Steinpilze), 4 Eigelb, 3 Vollei, 2 EL Öl.

Sauce:
50 g feingeschnittene Schalottenwürfel, 250 g Steinpilze, 0,4 l Sahne, 20 g Schnittlauch, Salz, Pfeffer.

Alle Teigzutaten zu einem glatten Teig verkneten, 1 Std. ruhen lassen und zu dünnen Bandnudeln ausrollen.

Die Schalottenwürfel anschwitzen, die geputzten, in Scheiben geschnittenen Steinpilze hinzugeben und mit Sahne auffüllen. Nachdem sich die Sauce bei leichter Hitze etwas reduziert hat, Bandnudeln und feingeschnittenen Schnittlauch hinzugeben.
Den Seeteufel ohne Kopf gut parieren (d. h. Haut und dunkle Stellen entfernen), in 8 gleich große Stücke schneiden, würzen, mehlieren, in Olivenöl anbraten und im Backofen ca. 5 Min. garen.
Nudeln und Fisch mit tourniertem Gemüse dekorativ anrichten.

Überkrustete Seeteufelmedaillons auf Currysauce

Georg Groß
Haus Waldsee
Brilon-Gudenhagen

1 kg Seeteufelfleisch, 150 g Paniermehl, gemischte Kräuter (Petersilie, Schnittlauch, Thymian, Kerbel), 80 g Butter.

Sauce:
¼ l Sahne, 1 EL Curry, ¼ l Fond (Kalb oder Geflügel), 20 g Weizenpuder, Salz.

Das Seeteufelfleisch in Medaillons schneiden und auf ein gebuttertes Blech setzen, mit Salz würzen und mit Weißwein angießen. Butter und Paniermehl mit den Kräutern verkneten und auf die Medaillons verteilen. Bei 200 °C im Heißluftofen garen und überkrusten.
Die Sahne mit dem Curry und Fond aufkochen, mit angerührtem Weizenpuder abbinden und mit Salz abschmecken.
Sauce auf Teller verteilen und die Medaillons darauf anrichten. Als Beilage eignen sich Blattspinat und wilder Reis.

Rotbarbe mit Bratkartoffeln und Zucchini

(für 6 Personen)

Ernst Heiner Hüser
Auberge le Concarneau, Bielefeld

12 Rotbarben zu je 200 g, 10 Kartoffeln, 2 Zucchini, 2 Tomaten, Basilikum, ½ Zitrone, Olivenöl.

Die Rotbarben schuppen und filieren und mit Hilfe einer Pinzette von den Gräten befreien.
Die gekochten Kartoffeln in 8 mm dicke Scheiben schneiden und in der Pfanne braten.
Die Zucchini in Streifen schneiden, in heißem Olivenöl garen und mit Basilikum abschmecken.
Von 2 gehäuteten und von den Kernen befreiten Tomaten ein Tomatenfondue kochen.
Die Filets der Rotbarben in Olivenöl rasch anbraten und mit den Bratkartoffeln, dem Zucchinigemüse und dem Tomatenfondue anrichten. Die Rotbarben mit einer Sauce aus Zitronensaft und Olivenöl beträufeln.

Rotzungengratin in Kerbelsauce auf Spinat

Uwe Lemke
Restaurant Haus Pötters
Kamp-Lintfort

Spinat:
800 g Spinat, 50 g Butter, 2 Schalotten, 0,15 l Sahne, Salz, Muskat, etwas Pfeffer.

Den Spinat blanchieren, die gewürfelten Schalotten in Butter anschwitzen, Sahne zugießen, den Spinat dazugeben und würzen.

Rotzungengratin:
400 g Rotzungenfilets, 1 Zitrone, 1 Schalotte, 0,1 l Weißwein, 0,2 l Fischfond, 1 EL Butter, 0,2 l Sahne,

---

Rezept Seite 90: Hummer mit Shiitakepilzen in Curry-Safran-Rahm auf grünem Apfelpüree,
Walter Stemberg, Restaurant Haus Stemberg, Velbert

Salz, evtl. etwas Cayennepfeffer, 1 Bund Kerbel.

Die Rotzungenfilets mit Zitrone, Salz und evtl. etwas Cayennepfeffer marinieren.
Für die Sauce den Kerbel zupfen. Die gewürfelten Schalotten in Butter andünsten. Mit Weißwein ablöschen, Fischfond angießen und einkochen. Sahne beifügen und mit Butter montieren, den Kerbel dazugeben und danach abschmecken.
Spinat auf die Teller flach verteilen, die Rotzungenfilets ebenfalls flach daraufflegen und mit der Sauce überziehen.
Bei starker Oberhitze im Grill überbacken und garen.

Knurrhahn auf Rotkohlvinaigrette

Bild Seite 83

Udo Lucas
Waldhaus
Winterberg

600 g filierter Knurrhahn, ersatzweise Zander, jeweils mit Haut, gewaschen und entgrätet, 150 g gekochter Rotkohl, Vinaigrette aus Salz, Pfeffer, etwas Knoblauch, kaltgepreßtem Olivenöl, Sherry-Essig, etwas Malzbier, Honig oder Sirup, etwas Öl zum Braten, 100 g würfelig geschnittener Räucherspeck, 100 g Zwiebelwürfel.

Den Fisch trocknen, würzen und mehlieren, in heißem Öl bauchseitig anbraten, sofort wenden und auf der Rückenhaut bei großer Hitze knusprig braten. Auf Kreppapier abtropfen lassen, den warmen Rotkohl im Mixer pürieren und etwas abkühlen lassen, Vinaigrette zugeben. Speck und Zwiebeln in der Pfanne glasig schmoren und auf ein Sieb abschütten, Fisch auf Teller geben.

Die Rotkohlvinaigrette angießen und Speckzwiebeln auf die Fischhaut geben.
Dazu passen am allerbesten Salzkartoffeln.

Filet von St.-Peters-Fisch im Kartoffelmantel an Schalottenschaum

Rosemarie Hestermann
Hotel Schloß Petershagen
Petershagen

4 Filets vom St.-Peters-Fisch zu je 160 g, 1 EL Estragon-Essig, Salz, 1 Zitrone, Mehl zum Mehlieren und 3 mittelgroße geschälte Kartoffeln, 60 g Butter zum Braten.

Die Filets mit Estragon-Essig, Salz und Zitronensaft würzen und 15 Min. stehen lassen. Anschließend in Mehl wenden. Kartoffeln in dünne Scheiben schneiden und mit einem Tuch abtrocknen.
Die Kartoffelscheiben schuppenförmig auf eine Seite des Filets legen und leicht andrücken.
Butter in einer Pfanne zerlassen und die Seite mit den Kartoffelscheiben goldgelb anbraten, dann wenden und fertigbraten.

Schalottensauce:

30 g Butter, 6 gewürfelte Schalotten, 2 gestrichene EL Weizenmehl, 1/4 l Fischbrühe, 0,1 l Sahne, 50 g gekühlte Butterwürfel, Salz, Pfeffer sowie Petersilie.

Die Schalotten in der zerlassenen Butter anschwitzen, ohne Farbe nehmen zu lassen, dann das gesiebte Mehl hinzufügen und mit anschwitzen.
Die Fischbrühe hinzugeben und anschließend alles zusammen einmal aufkochen.
Estragon-Essig und Sahne dazugeben, von der Feuerquelle nehmen.

Die Sauce mit der Butter aufmontieren und mit Salz und Pfeffer abschmecken.
Die Sauce durch ein feines Sieb geben und auf vorgewärmten Tellern verteilen. Darauf die Filets setzen und nach Belieben mit gehackter Petersilie bestreuen. Dazu werden Gemüsenudeln gereicht.

Gratin vom St.-Peters-Fisch, Wels und Languste

Waldemar Kubis
Trüffel im Burbacher Hof
Hürth

4 je 70 g schwere Filets vom St.-Peters-Fisch, 4 je 70 g schwere Filets vom Wels, 2 gekochte Langustenschwänze, Salz und Pfeffer, 20 g Butter zum Ausbuttern der Formen, 1/4 l Sahne, 1/4 l Fischfond, 2 EL gehacktes Basilikum, 4 Eigelb, 150 g geriebener Holländer Käse, 1/8 l Weißwein, 50 g Butter, je 2 gehackte Knoblauchzehen und Schalotten.

Schalotten und Knoblauch in der Butter glasieren, mit Weißwein ablöschen und den Fond dazugeben. Bis zur Hälfte einkochen und durchsieben. Die Eigelbe mit der Sahne verrühren und schnell unterziehen (nicht mehr kochen lassen). Den Käse und Basilikum dazugeben.
4 Auflaufformen gut ausbuttern, Fischfilets und halbierte Langustenschwänze leicht salzen, pfeffern und in die Formen legen. Genügend Sauce darübergeben und etwa 10 Min. bei 200 °C im Backofen überbacken. Etwas Basilikum als Garnitur darüberstreuen.

Beilagen:
Frischer Salat und Baguette.

Sardinen im Bierteig mit Blattsalaten in Joghurtdressing

Frank Bertram
Ange d'Or Junior
Essen-Kettwig

16 kleine Sardinen, 2 Tomaten und 8 Basilikumblätter, etwas Mehl.

Bierteig:
200 g Mehl, 3 Eigelb, 3 steifgeschlagene Eiweiß, 150 ml Bier, 1 Prise Salz, 1 Prise Zucker.

Salate:
2 rote Chicorée, 100 g Feldsalat, 1 kleiner Kopf Frisée.

Joghurtdressing:
Saft von ½ Zitrone, 1 EL Balsamico-Essig, 2 EL Olivenöl, 2 EL Joghurt, Salz, Pfeffer, Zucker.

Die Sardinen mit kaltem Wasser abspülen und die restlichen Schuppen entfernen. Den Kopf mit einem Messer abtrennen, die Sardinen ausnehmen und die beiden Filets entlang der Mittelgräte zum Schwanz hin lösen. Die Mittelgräte kurz vor dem Schwanzende mit einer Schere abschneiden, so daß die beiden Filets noch aneinander hängen.
Von den Tomaten den Strunk entfernen und kurz in kochendes Wasser halten, so daß sie sich ganz leicht schälen lassen.
Die Tomaten vierteln und in 16 kleine Streifen schneiden. Die Basilikumblätter halbieren und mit den Tomatenstreifen zwischen die Sardinenfilets legen und leicht mit Salz und Pfeffer würzen.
In der Zwischenzeit die Zutaten für den Bierteig zu einem glatten Teig verrühren und zum Schluß das geschlagene Eiweiß darunterziehen.
Die Salate putzen und gründlich waschen. Aus den angegebenen Zutaten das Dressing herstellen.

Die Sardinen leicht mehlieren und vorsichtig in den Bierteig tauchen und bei 170 °C 4 bis 6 Min. goldgelb ausbacken.
Die Salate mit dem Dressing anmachen, in der Mitte der Teller anrichten und die Sardinen sternförmig anlegen.

Gedämpfter Rochenflügel auf Gemüsekraut

Frank Bertram
Ange d'Or Junior
Essen-Kettwig

1 Rochenflügel, 150 g Fenchel, 150 g Karotten, 150 g Sellerie, 150 g Frühlingszwiebeln, 100 g Petersilienwurzel, 30 g frischer Meerrettich, 200 g Butter, 0,5 l Sahne, 0,1 l Weißwein, 0,1 l Noilly Prat, 1 Zweig Thymian, 2 Lorbeerblätter, Salz und Pfeffer.

Röstgemüse:
50 g Zwiebeln, 50 g Karotten, 50 g Sellerie, 50 g Lauch, 1 kleine Zehe Knoblauch.

Den Rochenflügel waschen, filieren und von der Haut befreien. Aus der Haut mit Wasser, dem Wein, den Lorbeerblättern und dem Thymian einen Sud kochen. Die Knochenplatte kleinhacken und in Butter anschwitzen. Das Röstgemüse dazugeben und kurz mitdünsten. Es sollte keine Farbe nehmen.
Den Sud durch ein Sieb geben und damit das Gargut auffüllen, um die Hälfte reduzieren, mit der Sahne und dem Noilly Prat auffüllen und ganz langsam köcheln lassen. Die Sauce passieren und beiseite stellen. Mit Salz und Pfeffer abschmecken und kurz vor dem Servieren mit kalten Butterflokken aufmontieren.
In der Zwischenzeit das Gemüse putzen und in feine Streifen schneiden. In eine große Pfanne etwa 50 g Butter geben, darin die Gemüsestreifen andünsten und den portionierten Rochenflügel obenauf legen. Das Ganze mit der fertigen Sauce angießen und etwa 3 bis 4 Min. abgedeckt langsam dünsten lassen.
Zum Anrichten den portionierten Rochenflügel auf vorgewärmte Teller legen und etwas Gemüsekraut sowie ein wenig Sauce dazugeben. Kurz in Butter sautierte Salzkartoffeln dazu reichen.

Gratin von weißen Edelfischen mit Hummer auf grünen Nudeln

Josef Selbach
Sülztaler Hof
Overath-Immekeppel

4 Seezungenfilets zu je 150 g und je 4 Filets zu 60 g von Steinbutt, Lotte und Zander, 2 Hummer zu je 250 g, 0,1 l Weißwein, 50 g Butter, 2 Eigelb, 1 gehackte Schalotte, 100 g flüssige und 100 g geschlagene Sahne, etwas frischer Estragon, Saft von 1 Zitrone.

Nudelteig:
1 Ei, 1 Eigelb, 150 g Mehl, 50 g Spinatpüree, 2 cl Öl, Salz, Muskat.

Die Zutaten für den Nudelteig gut verkneten, ausrollen und in dünne Streifen schneiden. Nudeln in kochendem Wasser 1 Min. durchkochen, abschrecken und in Butter heiß anschwenken.
Lebende Hummer ins kochende Wasser geben und 10 Min. ziehen lassen, danach längs aufschneiden, Schwanz und Scheren ausbrechen.
Die Fischfilets in Weißwein mit der Butter und den Schalotten 5 Min. pochieren, leicht salzen.

Den Fond reduzieren, Zitronensaft und gehackten Estragon zugeben. Eigelbe mit flüssiger Sahne verquirlen und einrühren, zum Schluß die geschlagene Sahne zufügen.

Fischfilets auf den Nudeln anrichten, mit der Sauce überziehen.

Je 1 Hummerschwanz und sowie 1 Hummerschere auflegen und im Salamander oder unterm Grill im Ofen gratinieren.

Fischreibekuchen

Werner Westphal
Landgasthaus Huxel
Hattingen

250 g Fischfilet (es eignen sich Lachs, Forelle, Zander, Lotte usw.), 6 große, geschälte rohe Kartoffeln, 2 gehackte Schalotten, 3 Eigelb, Butterschmalz, Salz, Pfeffer.

Dekoration:
Crème fraîche und Keta-Kaviar.

Die Kartoffeln reiben, ausdrücken und mit dem Eigelb sowie den Schalotten vermengen.

Das Fischfilet in kleine Würfel schneiden und unter die Kartoffelmasse heben. Mit Salz und Pfeffer würzen. Daraus 8 kleine Fischreibekuchen formen und in Butterschmalz knusprig braten.

Hummer auf dicken Bohnen

Rolf Schmidt
La Terrazza
Düsseldorf

4 Hummer zu je etwa 400 g, Kümmel, Meersalz, 1 Möhre, 1 Stange Porree, 1 Stück Sellerie, einige Petersilienstengel, 2½ kg ungeschälte

dicke Bohnen, Bohnenkraut, Estragon, Salz, Pfeffer, Butter, Geflügelfond.

Die Bohnenkerne ausbrechen, in Salzwasser blanchieren und die Haut abziehen. Die Bohnenhaut mit Bohnenkraut in wenig Geflügelfond kochen, passieren, mit Sahne auffüllen und weiter einkochen, bis die Sauce sämig ist. Den Hummer in Wasser mit Kümmel, Möhre, Porree, Sellerie und Petersilienstengeln aufkochen und pro 100 g 1 Min. ziehen lassen. Den Hummer ausbrechen. Die Bohnenkerne in die Sauce legen, einen Stich Butter hinzugeben und nochmals abschmecken. Den Hummer aufschneiden und auf den Bohnenkernen anrichten.

Hummer mit Shiitakepilzen in Curry-Safran-Rahm auf grünem Apfelpüree

Bild Seite 87

Walter Stemberg
Restaurant Haus Stemberg
Velbert

⅛ l frisch gepreßter Zitronensaft, 60 g Zucker, 2 grüne Äpfel (250 g, z. B. Granny Smith), Salz, ½ TL Kümmel, 1 Hummer (600 g), 2 feingehackte Schalotten, 50 g Butter, 1 TL mildes Currypulver, ⅛ l Schlagsahne, 1 Msp. Safranpulver, 100 g frische Shiitakepilze, 1 EL Sojasauce, 2 Blätter Kroepoek (indisches Krabbenbrot) sowie Fett zum Fritieren.

Zitronensaft und Zucker verrühren, im Topf 2 Min. sprudelnd offen kochen. Inzwischen die Äpfel waschen, halbieren, entkernen, würfeln. In den Zitronensirup mischen und darin pürieren. Das Apfelpüree kalt stellen. Wasser

mit Salz und Kümmel in einem großen Topf sprudelnd aufkochen. Den Hummer schnell kopfüber hineingeben, zugedeckt auf ausgeschalteter Platte in 15 Min. gar ziehen lassen. Aus dem Panzer brechen. Das Schwanzfleisch in Medaillons schneiden.

Für die Sauce die Schalotten in 10 g Butter glasig dünsten. Das Currypulver unterrühren und anschwitzen. Knapp ⅛ l Hummersud und Sahne zugießen, bei starker Hitze offen in 7 Min. auf die Hälfte einkochen. Den Safran unterziehen und mit Salz würzen. Die Sauce durch ein Haarsieb gießen und warm halten. Die Pilze an der Oberseite ein- und die Stiele abschneiden. In der restlichen Butter 2 Min. braten, mit Sojasauce würzen. Das Krabbenbrot in heißem Fett fritieren und auf Küchenkrepp abtropfen lassen. Beim Anrichten zuerst mit einem Löffel einen Ring aus Apfelpüree auf die Teller setzen. Den Hummer mit der Curry-Safran-Sauce in die Mitte des Pürees geben. Die Pilze rundherum verteilen. Das Krabbenbrot am Tellerrand anrichten.

Hummer im Orangen-Basilikum-Sud

Uwe Lemke
Restaurant Haus Pötters
Kamp-Lintfort

2 Hummer zu je 400 bis 500 g, 3 Orangen, 0,1 l Fischfond, 0,2 l Sahne, 100 g Butter, 4 Basilikumblätter, in Streifen geschnitten, Salz, 1 Prise Zucker.

Den Hummer in sprudelnd kochendem Wasser töten und weitere 5 Min. köcheln lassen. Herausnehmen und warm stellen.

Rezept Seite 93: Frische Muscheln im Biersud, Josef Schwinning, Restaurant Stammhaus Fiege, Bochum

1 Orange filetieren, die anderen 2 Orangen ausdrücken und zusammen mit dem Fischfond einkochen, die Sahne zugeben, noch einmal zum Sud reduzieren.
Währenddessen die Hummer mit einem Schlagmesser längs durch die Mitte halbieren, ebenso Scheren und Glieder anschlagen, das Fleisch auslösen und, wenn erforderlich, noch mal kurz im Sud erwärmen.
Pro Person auf einem tiefen Teller einen halben Hummer anrichten, den Sud mit der Butter aufmontieren, die Basilikumstreifen hinzugeben, mit Salz und etwas Zucker abschmecken und den Hummer mit der Sauce nappieren.

Roulade von Flußkrebsen und Freilandhuhn

Heinrich Poppenborg
Restaurant Poppenborg
Harsewinkel

500 g Fleisch vom Freilandhuhn und 1/8 l Sahne, 1/8 l Eiweiß, Pfeffer sowie Salz, 300 g Flußkrebsfleisch, 150 g Zanderfilet, 1 Msp. Tomatenmark.

Das kleingewürfelte Fleisch vom Freilandhuhn mit Sahne und Eiweiß, gewürzt mit Pfeffer und Salz, gut gekühlt im Kutter zu einer Farce verarbeiten.
150 g Flußkrebsfleisch mit dem Zanderfilet, etwas Sahne, dem Eiweiß und Tomatenmark ebenfalls zu einer Farce verarbeiten und darunter 150 g gewürfeltes Flußkrebsfleisch mischen.
Die beiden Farcen in gebutterter Alufolie zu einer Roulade einrollen und etwa 15 Min. im Wasserbad gar ziehen lassen.
Dazu am besten eine Weißwein- oder Krebssauce geben.

Flußkrebse auf Kaiserschoten mit Basilikumvinaigrette

F. Ellrich, J. Scheffran
Alt Nürnberg
Bochum

12 große Krebse (zu je 100 bis 150 g), Salz, 50 bis 60 Kaiserschoten, etwas Lollo rosso, ein bißchen Feldsalat, etwas krause Endivie.

Basilikumvinaigrette:
0,1 l Sherry-Essig, 0,2 l Olivenöl, 0,1 l kräftige Rinderbrühe, Salz, Pfeffer, etwas Cayennepfeffer, 1 TL Zucker, 10 bis 12 gehackte Basilikumblätter.

Die Krebse in kochendes Salzwasser geben und 4 Min. köcheln lassen. In Eiswasser abkühlen und ausbrechen, die ausgebrochenen Krebsschwänze und Scheren in abgekühltes Salzwasser legen.
Die Kaiserschoten in kochendem Salzwasser garen und dann in Eiswasser abschrecken.
Die Zutaten für die Vinaigrette mischen und mit einem Schneebesen gut verrühren.
Kaiserschoten auf Tellern fächerförmig anrichten, die Salatblätter dekorativ in der Mitte der Teller anrichten, die Flußkrebse auf die Kaiserschoten legen und alles mit der Vinaigrette beträufeln.

Krevetten mit Wirsing

Walter Stemberg
Restaurant Haus Stemberg
Velbert

1 Kopf Wirsing, 5 l gesalzenes Wasser zum Blanchieren, 600 g Krevetten, 250 g Crème fraîche, 1/8 l Fischfond, 2 Eigelb, 1/10 l Sahne, Salz, Pfeffer, Muskat.

Den Wirsing von den Außenblättern befreien, in einzelne Blätter zerlegen und gründlich in kaltem Wasser waschen. Die Blätter nun in dem gesalzenen Wasser kurz blanchieren (der Wirsing muß noch Biß haben). Die Krevetten in Crème fraîche und Fischfond kurz aufkochen und leicht mit Salz, weißem Pfeffer aus der Mühle und Muskat würzen, Wirsingblätter in Quadrate mit 2 cm Kantenlänge schneiden und zu den Krevetten geben, nochmals aufkochen. Eigelb und Sahne vermischen, die Sauce mit der Mischung leicht abziehen. Nicht mehr aufkochen!

Langustinen im Seezungenmantel auf Sesamsauce

P. Nöthel, P. Liesenfeld
Hummerstübchen
im Hotel Fischerhaus
Düsseldorf-Lörick

Seezungenmantel:
3 Seezungen zu je 400 g.

Farce:
200 g Zanderfilet, 125 g Hummer, 1 Ei, 1 Eigelb, 200 g kalte Sahne, Noilly Prat, Salz, Pfeffer aus der Mühle.

Sesamsauce:
20 g Sesamkörner sowie 30 cl Sesamöl, 1/2 l Fischfond und 0,1 l Weißwein, 0,25 l Sahne, 50 g Butter.

Gemüse:
1 kleiner Zucchino, 1 Karotte und 1 Stange Lauch, 1 Stück Sellerie, Safran, Salz, 1 Stück Sellerie und 8 Basilikumblätter.

Fertigstellung:
12 kleine Langustinen, 12 kleine Basilikumblätter.

Die Seezungen abziehen und filetieren, beiseite stellen.

Das Zanderfilet durch den Wolf drehen und durch ein feines Sieb streichen.

Alle Zutaten im Mixer pürieren. Die Farce abschmecken und kalt stellen.

Das Sesamöl erhitzen und darin die Sesamkörner leicht anschwitzen. Mit Weißwein ablöschen und mit dem Fischfond und der Sahne auffüllen, um die Hälfte reduzieren, danach passieren. Mit kalten Butterwürfelchen montieren, mit Salz und Pfeffer abschmecken.

Die Gemüse in feine Julienne schneiden, in Safran-Salz-Wasser kurz blanchieren.

Den Sellerie in feine Streifen schneiden, in geklärter Butter kurz fritieren, die Basilikumblätter ebenfalls etwas salzen.

Die Langustinen ausbrechen und den Darm entfernen.

Die Seezungenfilets mit Salz würzen und mit Farce einstreichen.

Je 2 Langustinen und 1 Basilikumblatt in die Filets einrollen. Über Dampf die Seezungen garen.

Auf vorgewärmten Tellern einen Saucenspiegel gießen, die Gemüsejulienne darauf anrichten. Die Seezungenroulade auf der Gemüsejulienne anrichten, darauf die Selleriestreifen und die Basilikumblätter legen.

Roulade von Jakobsmuschel und Papageienfisch

Richard Sutorius
Gasthaus Sutorius
Königswinter-Stieldorf

150 g Papageienfischfilets, 150 g Sahne, 1 Ei, 1 cl Pernod, 5 g Salz, 700 g Papageienfischfilets, Butter zum Ausfetten, 150 g Jakobsmuschelfleisch, je 1 Prise Salz, Pfeffer und englisches Senfpulver, 1 Bund Dill.

Eisgekühlten Papageienfisch in grobe Würfel schneiden und mit eisgekühlter Sahne, Ei und Pernod im Mixer pürieren. Salz unterrühren und durch ein feines Sieb streichen. Kalt stellen.

Papageienfischfilets leicht plattieren und auf gebutterter Alufolie nebeneinanderlegen. Jakobsmuschelfleisch kurz anbraten, würzen mit Salz, Pfeffer, englischem Senfpulver und Dill.

Papageienfischfilets mit der Fischmasse bestreichen, Jakobsmuscheln auflegen, zusammenrollen und im Ofen bei 150 °C etwa 45 Min. garen.

In Scheiben schneiden und kalt oder warm servieren.

Frische Muscheln im Biersud

Bild Seite 91

Josef Schwinning
Restaurant Stammhaus Fiege
Bochum

2 kg frische Seemuscheln, ¼ l Bier, 60 g Butter, 70 g Lauch, 70 g Möhren, 70 g Zwiebeln, 50 g Staudensellerie, 1 Knoblauchzehe, je 1 kleiner Thymian- und Rosmarinzweig, 3 Lorbeerblätter, Salz, Pfeffer, 2 dl flüssige Sahne, 1 Bündchen gehackte Petersilie.

Die Muscheln, sie sollten frisch sein und sich nicht geöffnet haben, in reichlich Wasser gründlich bürsten und waschen. Einen nicht zu kleinen Topf bereitstellen.

Die geputzten Gemüse würfeln. Die Butter in den Topf geben und die Gemüse und die Gewürze anschwitzen. Dann die Muscheln zugeben und mit dem Bier auffüllen. Salzen und pfeffern. Zugedeckt 6 bis 8 Min. kräftig kochen lassen. Muscheln in eine große Schüssel oder Suppenterrine geben. Den Muschelsud im Topf mit der Sahne aufgießen und würzig abschmecken. Dann auch über die Muscheln geben und mit der gehackten Petersilie bestreuen.

Dazu ein frisches Pils und Vollkornbrot mit Edamer Käse.

FLEISCH UND INNEREIEN

Am besten schmeckt das Fleisch am Knochen,
so wie die beste Erde zwischen dem Gestein liegt.

Sprichwort aus Montenegro

Die rosa gepökelte Spanferkelkeule auf dem nebenstehenden Bild mag nicht nur Westfalen oder Rheinländern als die Verkörperung rheinisch-westfälischer Fleischeslust erscheinen.

Wie der Pfefferpotthast, das Töttchen oder der Panhas ist es ein Gericht, das zu kräftigem Zulangen und nicht zur zaghaften Verkostung einlädt. Laut dem vielleicht besten Kenner der deutschen Regionalküche, Hans W. Fischer, hängt das Wort Potthast mit dem Begriff „harst" oder „hast" zusammen, der aus dem Mittelniederdeutschen kommt.

Zwischen dem 13. und 17. Jahrhundert verstand man darunter ein auf dem Rost gebratenes oder auch ein geschmortes Stück Fleisch. Später bezeichnete man als Harstgericht ein aus gepökeltem Schweinefleisch und frischem Sauerkraut bereitetes kräftiges westfälisches Hausmannsessen. In Dortmund, wo er ein Leibgericht ist, schätzt man den Pfefferpotthast, der ja, wie sein Name schon sagt, kräftig nach Pfeffer schmecken soll, schon deshalb, weil er Durst macht, den man hinterher so schön mit einem Dortmunder Hellen löschen kann. Zum Pfefferpotthast gibt es traditionell Salzkartoffeln und rote Bete, manchmal auch Salat.

Das Töttchen, ein ragoutartiges Gericht vom Kalb, ist eines der wenigen westfälischen Gerichte, das auch mit Innereien bereitet wird. Das bekannteste westfälisch-niederrheinische Gericht dürfte aber wohl der Panhas sein. Der Name hängt wahrscheinlich mit dem französischen „panache" zusammen, was soviel heißt wie vielfältig, gemischt. Im Bergischen Land sagt man heute noch Panasch und nicht Panhas. In seiner ursprünglichen Form, und so kennt man den Panhas auch heute noch, ist es ein bäuerliches Schlachtfestgericht, bei dem so viel Buchweizengrütze unter die Wurstbrühe gerührt wird, bis der Knüppel darin steht. Selbstverständlich kommen noch Speckwürfel und Schweineblut in die Masse.

Nahe Verwandte des Panhas sind das Möppkenbrot und der Wurstebrei. Statt Buchweizen wird hier jedoch Roggenmehl verwendet, und zu den Speckwürfeln und dem Blut kommen noch Rosinen. Wie der Panhas wird auch das Möppkenbrot nach dem Erkalten in Scheiben geschnitten und in der Pfanne gebraten.

Ein anderes, nicht weniger deftiges westfälisches Gericht ist „Plaaten in de Pann" oder schlicht „Scheiben". Frische Bratwurst, in Scheiben geschnitten, wird etwa mit der dreifachen Menge roher Kartoffelscheiben bedeckt. Über die Kartoffeln wird dicker Rahm gegossen, und dann wird das Ganze zugedeckt auf dem Herd oder im Rohr herausgebacken. „Plaaten in de Pann" kommt in der Pfanne auf den Tisch. Wehe dem, der bei dem nachfolgenden gemeinsamen Durcharbeiten zur Mitte, wo die meiste Wurst ist, „höhlt". Er ist des Zorns seiner Mitesser sicher.

All diese Gerichte haben, wie auch das rheinische „Himmel und Äd", einen Jahrhunderte zurückliegenden bäuerlichen, ja fast archaischen Ursprung.

Der Panhas könnte ein Verwandter der schwarzen Suppe der Spartaner sein, die ja eher ein breiiger Eintopf aus Schweinefleisch und Schweineblut war als eine Suppe, und Homers Helden, die bekanntlich eine Vorliebe für gebratene Blutwürste hatten, hätten sich am Rhein sicher wohl gefühlt.

Fast so altehrwürdig ist der rheinische Sauerbraten, mit Sicherheit der populärste Braten in Deutschland. Eine Besonderheit ist der Sauerbraten mit Rosinen und Honigkuchen, der „Suerbroode mit Rosenge und Köstekooke", wie er in der Dürener Gegend zur Kirmes oder an Feiertagen zubereitet wird. Anders als mit Klößen wird er mit Salzkartoffeln und Kompott gereicht.

In der feinen Küche hat es der Braten schwer. So gut das Fleisch in großen Stücken gebraten schmeckt, vor allem wenn es am Knochen gebraten wird, so schwierig ist seine wirtschaftliche Verwertung im À-la-carte-Bereich.

Zu überlegen wäre allerdings, ob größere Tischgesellschaften sich nicht wie früher an einem zehn- oder mehrpfündigen Braten erfreuen sollten, statt sich mit kleinen kurzgebratenen Stücken zu begnügen. Schließlich war es der Braten, mit dem der Mensch den ersten entscheidenden Schritt vom Wilden zum zivilisierten Menschen tat.

Rezept Seite 108: Rosa gepökelte Spanferkelkeule in Wacholderrauch mit dicken Bohnen in Rahm
Wennemar W. Scherrer, Ramada International Hotels & Resorts, Düsseldorf

Rheinischer Sauerbraten mit Rievkooke

Klaus-Peter Axer
Weinstuben Bitzerhof
Köln

1 kg Hüftdeckel, 0,5 l Rotweinessig, 1 Lorbeerblatt, 3 Nelken, 5 Pimentkörner, 50 g Zucker, 30 g Salz, Pfeffer aus der Mühle, 20 g scharfer Senf, je 20 g feingewürfelte Möhren, Sellerie und Zwiebeln, 100 g eingeweichte Rosinen, 200 g Lebkuchen, 0,1 l Keimöl, 50 g Tomatenmark.

Den Hüftdeckel in eine Marinade aus Rotweinessig, Lorbeerblatt, Nelken, Pimentkörnern und Zucker einlegen und 8 Tage darin beizen.
Hüftdeckel aus der Marinade nehmen und abtrocknen. Das Fleisch mit Salz und Pfeffer würzen und von allen Seiten mit dem scharfen Senf bestreichen.
Öl in einem Bräter erhitzen. Das Fleisch darin kurz von allen Seiten anbraten. Fleisch herausnehmen und das gewürfelte Gemüse anschwitzen. Mit dem Tomatenmark den Ansatz tomatisieren und mit dem Rest der Marinade auffüllen. In den so entstandenen Saucenansatz gibt man den Hüftdeckel und läßt ihn gar schmoren. Nach etwa 1½ Stunden ist der Braten gar. Sauce durch ein Sieb passieren, mit dem Lebkuchen binden und zum Schluß die Rosinen dazugeben.

Rievkooke:
500 g Kartoffeln, 100 g Zwiebeln, 2 Eier, 1 TL Salz, 1 TL Zucker, 0,1 l Keimöl.

Kartoffeln schälen und waschen. Auf einer feinen Reibe reiben. Zwiebeln schälen und ebenfalls reiben.
Die geriebenen Kartoffeln und Zwiebeln mit den Eiern, Salz und Zucker zu einem Teig verrühren. Öl in einer Pfanne erhitzen. Den Reibekuchenteig mit einer kleinen Kelle in das heiße Fett geben. Kleine runde Küchlein von etwa 8 cm Durchmesser formen und von beiden Seiten goldbraun ausbacken. Mit Küchenkrepp abtupfen und warm stellen.

Anrichten:
Hüfte in etwa 1 cm dicke Scheiben schneiden. Auf Saucenspiegel pro Person jeweils 2 Scheiben anrichten. Die Rievkooke separat dazu reichen.

Westfälischer Sauerbraten mit Pumpernickelsauce

„Surbroan met Pumpernickelsoße"

Wolfgang Musik
Kasino der
Westdeutschen Landesbank
Münster

1 kg Rindfleisch, 1 EL Rübensirup, 5 g Pfeilwurzmehl, 4 bis 5 Scheiben Pumpernickel, ⅛ l frische Sahne, Bratfett, Speck zum Anbraten nach Belieben.

Beize:
⅜ l Wasser, ¼ l Essig, Pfefferkörner, Salz, Zucker, 2 Lorbeerblätter, 4 bis 5 Nelken, etwa 10 Wacholderbeeren, 1 Stück Sellerie, 2 Karotten, 2 große Zwiebeln.

Das Fleisch in die Beize legen und 2 Tage darin belassen. Ab und zu umdrehen. Nach dieser Zeit herausnehmen, trockentupfen und in Fett anbraten. ¼ von der Beize und 1 Tasse Wasser zum Ablöschen darübergeben. Das vorher eingeweichte Pumpernickelbrot beifügen, mit Salz und Pfeffer würzen. Nach einer Garzeit von etwa 1½ bis 2 Std. den Braten herausnehmen und warm stellen! Den Fond mit der Sahne und noch etwas Beize abschmecken. Mit Pfeilwurzmehl binden, anschließend mit dem Rübensirup abschmecken.
Als Beilage Salzkartoffeln reichen.

Anmerkung:
Der westfälische Sauerbraten wurde früher ausschließlich aus Pferdefleisch zubereitet. Die letzte Pferdemetzgerei in Münster existierte noch bis zum Jahre 1990.

Edelsauerbraten vom gespickten Rinderfilet mit Kartoffelwaffeln und Calvados-Apfelkompott

Herbert Weber
Restaurant Zum Pulverturm
Wachtendonk

1 kg Rinderfilet, 100 g fetter Speck, 1 EL Olivenöl, 50 g Butter, 50 g Pumpernickel, 50 g Pinienkerne, 1 EL Senf, 1 EL Apfelkraut, Salz, Pfeffer, 1 Zehe Knoblauch.

Beize:
½ l roter Burgunder und ⅛ l Rotweinessig, 1 EL Zucker, 1 Zwiebel, 1 Karotte, etwa 100 g Sellerie mit Grün, 1 Zweig Thymian, 2 Lorbeerblätter, 20 Pfefferkörner sowie 10 Wacholderbeeren, 1 Apfel.

Kartoffelwaffel
mit Calvados-Apfelkompott:
400 g Kartoffeln, Salz, Muskat und Pfeffer, Butterschmalz, 4 Äpfel, 50 g Zucker, Zitrone, 2 cl Calvados, 2 cl weißer Burgunder, 1 EL Butter.

Sauber geputztes Rinderfilet mit dem in 10 cm lange, dünne Streifen geschnittenen fetten Speck spicken oder gleich fertig vom Metzger kaufen. Das Gemüse in Würfel schneiden und zusammen mit Essig, Rotwein und den restlichen Zutaten der Beize kurz aufkochen und in lauwarmem Zustand über das Filet gießen. 4 Tage in die Beize legen.

Anschließend Filet und Gemüse gut abtropfen lassen. Butter und Öl im Bräter kurz aufschäumen. Das Filet mit Senf und Apfelkraut einstreichen, salzen, pfeffern und mit der zerdrückten Knoblauchzehe in den Bräter geben und rundum gut anbraten. Dann Gemüse beigeben und das Filet nach 10 Min. herausnehmen. Pumpernickel zerreiben und zu dem Gemüse geben und mit der Beize ablöschen. Etwa 1 Std. leicht kochen lassen. Dann das Filet dazulegen und etwa 15 Min. ziehen lassen. Fleisch herausnehmen und warm stellen. Die Sauce durch ein Sieb passieren und auf vorgewärmten Tellern angießen. Das Filet in Scheiben schneiden (es sollte rosa gebraten sein) und auf die Sauce geben. Die Pinienkerne rösten und über das Fleisch streuen. Mit den Kartoffelwaffeln und dem Apfelkompott servieren.

Waffeln:
Kartoffeln schälen, grob raffeln sowie in einem Tuch ausdrücken, mit Salz, Pfeffer und Muskat würzen. Aus der Kartoffelmasse 8 kleine Küchlein formen, in heißem Butterschmalz ausbacken und auf Küchenkrepp abtropfen lassen.

Apfelkompott:
Äpfel schälen, in kleine Stücke schneiden. Die Butter in heißer Pfanne aufschäumen lassen. Zucker beigeben, wenn leicht angebräunt, mit Burgunder, Zitrone und Calvados ablöschen. Äpfel beigeben und etwa 5 Min. garen lassen.

Westfälischer Rinderbraten in Braunbier mit „Jean im Sack" und Steckrübengratin

Bild Seite 98

Holger Wegmann
Westdeutsche Landesbank
Münster

2 kg Rindfleisch aus der Schulter (Mittelstück), ³/₄ l Malzbier, ¹/₄ l dunkles Altbier, je 150 g Möhren-, Sellerie- und grobe Zwiebelwürfel, 1 EL Tomatenmark, Pimentkörner, Lorbeerblatt, Nelken und Wacholderbeeren, Salz, Zucker, etwas Senf, etwas Stärke (Pfeilwurzmehl).

Das Bier mit dem Gemüse und den Gewürzen aufkochen.
Fleisch darin wie einen Sauerbraten einlegen und etwa 3 bis 4 Tage darin liegenlassen, dann herausnehmen und abtrocknen. Mit Senf einstreichen, mit Salz und Pfeffer würzen und vorsichtig anbraten.
Das Gemüse aus dem Fond nehmen und mit anbraten, Tomatenmark zugeben, anrösten und immer wieder mit dem Fond ablöschen, bis der Ansatz eine schöne braune Farbe angenommen hat. Dann mit dem restlichen Fond auffüllen, den Braten zugeben und in der Bratröhre fertiggaren (etwa 2½ Stunden).
Fleisch herausnehmen und warm halten, Fond passieren, evtl. etwas mit Stärke binden, abschmecken.

„Jean im Sack":
250 g mittelfeine Graupen, 125 g Milchreis, 125 g Grieß, 175 g Trockenpflaumen, 175 g Trockenaprikosen, 100 g Rosinen, ca. 3 l Rinderbouillon, Salz.

Graupen, Reis und Grieß waschen und in leicht gesalzenem Wasser aufkochen. Trockenpflau-men, Trockenaprikosen und Rosinen einweichen. Eine saubere Stoffserviette oder ein Passiertuch in eine Schüssel legen und die Zutaten lagenweise mit etwas Salz in das Tuch geben. Wie einen Sack zubinden, dabei etwas Platz zum Quellen berücksichtigen. Den Sack in die Rinderbouillon hängen und etwa 2 Std. kochen, bis er vollkommen gar ist. Wenn möglich, läßt man den „Jean im Sack" einmal durchkühlen, er läßt sich dann leichter portionieren und in der Pfanne in geklärter Butter braten. Früher aß man den restlichen „Jean im Sack" mit Zucker und Zimt bestreut direkt aus der Pfanne zum Frühstück mit Milch.

Steckrübengratin:
500 g Steckrüben (in feine Scheiben geschnitten und einmal kurz blanchiert), 250 g Kartoffeln (in feine Scheiben geschnitten), 2 kleine Schalotten, Salz und Pfeffer, eine kleine Zehe Knoblauch, etwas Muskat, ¹/₈ l Milch, ³/₈ l Sahne, etwas Öl.

Schalotten in etwas Öl glasig werden lassen, die Steckrüben- und Kartoffelscheiben dazugeben, mit Milch und Sahne auffüllen, Salz und Pfeffer sowie Knoblauch und Muskat beifügen, aufkochen und in der Röhre fertiggaren.

Rinderbraten nach Großmutters Art

Françoise Ellrich
Jürgen Scheffran
Alt Nürnberg, Bochum

1,2 kg sauber parierter Tafelspitz, Bratfett.

Marinade:
2 große Zwiebeln, 1 Stange Lauch, 3 geschälte Mohrrüben, ¹/₄ Knolle Sellerie und 2 bis 3 Lorbeerblätter, 5 Wacholderbeeren, 1 Zweig Rosmarin, 2 Fl. Rotwein, 1 EL Senf,

3 EL Balsamico-Essig, 10 Pfefferkörner und 2 bis 3 EL Tomatenmark, 3 EL Sahne, Salz, Pfeffer.

Zwiebeln, Lauch, Möhren, Sellerie in walnußgroße Stücke schneiden, Pfefferkörner und Wacholderbeeren zerdrücken, alle Zutaten in einen Topf geben, das Fleisch einlegen, daß es von der Flüssigkeit bedeckt ist, und 2 Tage im Kühlschrank lassen.

Fleisch aus der Marinade nehmen, gut abtrocknen und in einem Bräter in heißem Fett von allen Seiten kroß anbraten, aus dem Bräter nehmen.

Die Marinade durch ein Sieb geben, in dem heißen Bratfett die Gemüse aus der Marinade anbräunen, das Tomatenmark dazugeben, kurz Farbe annehmen lassen, das Fleisch in den Bräter zurücklegen und mit der Marinadenflüssigkeit aufgießen. Deckel auflegen und den Topf in den auf 180 °C vorgeheizten Backofen geben. Etwa 1½ Std. garen lassen, das Fleisch ab und zu mit der Bratflüssigkeit übergießen. Wenn der Braten gar ist, Fleisch aus dem Bräter nehmen und warm stellen.

Bratflüssigkeit und mitgegarte Gemüse durch ein Sieb drücken, in einem Topf auf die gewünschte Saucenmenge einkochen und mit einem Schuß Sahne, Salz sowie Pfeffer abschmecken.

Rinderfilet in Pfefferpotthastsauce

Georg Groß
Haus Waldsee
Brilon-Gudenhagen

1 kleines Rinderfilet, Salz, Pfeffer, Öl und Butter zum Braten.

Sauce:
200 g Zwiebeln, 1 l Rinderbrühe, 50 g Paniermehl, 2 Lorbeerblätter,

Senfkörner, weiße Pfefferkörner, 50 g Butter, Salz, Pfeffer.

Zwiebeln schälen, in feine Scheiben schneiden und in Butter anschwitzen, ohne Farbe zu geben, mit der Brühe ablöschen und weich kochen.

Die Gewürze zugeben und mit Salz abschmecken. Wenn die Zwiebeln ganz zerkocht sind, die Sauce mit Paniermehl binden.

Rinderfilet mit Salz und Pfeffer würzen und dann im ganzen rosa braten.

Sauce auf Teller verteilen, Rinderfilet in Scheiben schneiden und auf der Sauce anrichten.

Als Beilage eignen sich rote Bete und Salzkartoffeln.

Rinderfilet, mit Zwiebelmousse glaciert, in Düsseldorfer Kräutersenfsauce

(für 6 Personen)

Günter Scherrer
Victorian
Düsseldorf

12 Tournedos (je 75 g), Salz, gestoßener schwarzer Pfeffer, 50 g Butterfett, 10 in feine Würfel geschnittene Schalotten, 30 g Olivenöl, 4 cl Weißwein, 2 EL Löwensenf (scharf), 3 EL Löwensenf (medium), Thymian, Rosmarin, 1 Ei, 50 g geriebenes Weißbrot.

Düsseldorfer Kräutersenfsauce:
180 g Butter, 3 feingewürfelte Schalotten, 5 cl trockener Weißwein, 0,1 l Kalbsfond, 1 EL Löwensenf (extra), 1,5 EL Löwensenf (medium), 1,5 EL Löwensenf (bayrischsüß), 3 Estragonblätter, 10 Kerbelblätter, 1 Thymianzweig (alles fein

gezupft), 5 Blatt glatte Petersilie, 1 EL feingeschnittener Schnittlauch, 5 cl trockener Champagner.

Für die Sauce die Schalotten in 30 g Butter glasig dünsten, mit dem Weißwein ablöschen und mit dem Kalbsfond auffüllen. Auf 10 cl einkochen lassen.

Den Senf zugeben und am Herdrand erhitzen. Nicht kochen lassen!

Die Kräuter mit 150 g Butter vermischen und kühl stellen. Die gekühlte Kräuterbutter danach flockenweise unter die Sauce montieren.

Vor dem Servieren den Champagner mit einem Schneebesen unterrühren.

Die Schalotten in dem Olivenöl glasig dünsten und mit dem Weißwein ablöschen. Senf und gehackte Kräuter zugeben. Am Herdrand das Eigelb und das geriebene Weißbrot unterrühren. Kurz vor dem Bestreichen des Filets den steifgeschlagenen Eischnee unterheben.

Die Tournedos würzen und im heißen Fett von beiden Seiten kurz anbraten. Auf einer Seite mit dem Zwiebelmousse bestreichen. Im heißen Ofen bei 200 °C 12 Min. glacieren. In der Kräutersenfsauce anrichten.

Beilagenempfehlung:
Gratin dauphinois sowie Wurzelgemüse.

Sehr gut schmeckt zu diesem Gericht anstelle von Gratin dauphinois auch Düsseldorfer Pillekuchen, allerdings ohne Apfelkraut, oder westfälischer Schippelkuchen. Gut passen dazu auch Gemüsekartoffelpuffer.

Anmerkung:
Diese von Günter Scherrer kreierte Sauce wird inzwischen von der Firma Appel & Frenzel im Handel als Löwensenf-Senfsahnesauce angeboten.

Rezept Seite 97: Westfälischer Rinderbraten in Braunbier mit „Jean im Sack" und Steckrübengratin
Holger Wegmann, Westdeutsche Landesbank, Münster

Rinderfilet im Heublumenmantel an Rosmarinsauce, Trüffelrösti und Kaiserschoten

Theodor Lammers
Restaurant Heidehof
Gronau-Epe

800 g Rinderfilet, Salz, Pfeffer, Öl und Butter zum Braten, 6 Eiweiß, 100 g getrocknete Heublumen, 20 ml Kalbsjus, Madeira, Rotwein und 1 Rosmarinzweig.

Beilagen:
400 g Kartoffeln, Salz, Pfeffer, Muskat und 20 g gehackte Trüffeln, Öl-Butter-Mischung, 250 g Kaiserschoten, 1 TL feingehackte Schalotten, Butter.

Das Rinderfilet salzen, pfeffern, im heißen Öl kurz anbraten und aus der Pfanne nehmen. Die Eiweiße halbsteif schlagen, mit den Heublumen mischen und das Rinderfilet mit der Masse einpacken. In eine Pfanne legen und 20 bis 25 Min. im Ofen garen. Herausnehmen und warm gestellt 15 bis 20 Min. ruhen lassen.
Für die Sauce Kalbsjus erwärmen, den gehackten Rosmarinzweig dazugeben, mit Rotwein und Madeira abschmecken.
Die Kartoffeln schälen, in Streifen hobeln und ausdrücken. Mit Salz, Pfeffer, Muskat und gehackten Trüffeln abschmecken. Butter und Öl in der Pfanne erhitzen, die Kartoffelstreifen einlegen, goldbraun braten lassen, wenden und 5 weitere Min. im Ofen garen.
Die geputzten Kaiserschoten in kochendem Salzwasser abkochen und danach in Eiswasser abschrecken.
Die Schalotten in Butter andünsten und vor dem Anrichten die Schoten heiß schwenken, mit Salz und Pfeffer würzen.

Angusfilet in Rotweinjus mit fritierten Kräutern, jungem Gemüse und Kartoffelnocken

Peter Nöthel, Peter Liesenfeld
Hummerstübchen
im Hotel Fischerhaus
Düsseldorf-Lörick

Etwa 800 g Rinderfilet, Öl, Salz, Pfeffer.

Sauce:
0,5 l Rotwein, 0,1 l Portwein, 4 Schalotten und 1 Thymianzweig, 1 Rosmarinzweig, 4 Basilikumblätter, 6 Pfefferkörner, 1 Lorbeerblatt, 1 Nelke, 2 Wacholderbeeren, 150 g kalte Butter, 0,25 l Kalbsfond, Salz.

Gemüse:
16 Frühlingszwiebeln, 12 junge Karotten, 1 kleiner Zucchino, 12 Zuckerschoten.

Kartoffelnocken:
450 g Kartoffeln, 40 g Grieß, 3 Eigelb, Salz, Pfeffer, Muskat.

Fritierte Kräuter:
8 Thymian- und 4 Rosmarinzweige, 8 Basilikumblätter, Fritieröl.

Alle Zutaten für die Sauce in einem Topf aufkochen und auf ein Drittel reduzieren. Durch ein Sieb gießen.
Den Sud etwas abkühlen lassen und nach und nach die Butter einrühren. Den erwärmten Fond dazugeben und eventuell noch etwas salzen. Das Gemüse putzen, Karotten und Zucchino tournieren und getrennt in Salzwasser knakkig kochen.
Kartoffeln schälen, kochen und grob zerkleinert im heißen Ofen ausdämpfen lassen. Durch eine Kartoffelpresse drücken und mit allen übrigen Zutaten vermischen. In einem Topf Salzwasser zum Kochen bringen, von der Kartof-

felmasse Nocken ausstechen und im Wasser gar kochen. Wenn die Nocken an die Oberfläche kommen, sind sie fertig. Aus dem Wasser nehmen und vor dem Anrichten in Butter schwenken.
4 Scheiben Rinderfilet zu je 140 g würzen und in Öl anbraten. Im Ofen weiterbraten, nach 6 Min. herausnehmen und bei milder Hitze 5 Min. ruhen lassen. Die Kräuter in Öl fritieren und etwas salzen.

Anrichten:
Auf vorgewärmte Teller einen Saucenspiegel gießen, die Filets halbieren, darauflegen und außen herum das tournierte Gemüse, die Kartoffelnocken und fritierten Kräuter plazieren.

Gefüllter Rinderrücken auf Hövels-Bitterkraut

Walter Stemberg
Restaurant Haus Stemberg
Velbert

4 Rumpsteaks zu 120 g, Salz, Pfeffer, Butterschmalz.

Füllung:
100 g mageres Kalbfleisch, 1 Ei, 2 Weißbrotscheiben, je 50 g Porree, Zwiebeln und Möhren, etwas flüssige Sahne, Salz, weißer Pfeffer aus der Mühle, je nach Geschmack evtl. Pastetengewürz.

Hövels-Bitterkraut:
400 g Sauerkraut, 50 g magerer geräucherter Speck, 1 mit Nelke und Lorbeerblatt gespickte Zwiebel, 1 kleingehackte Zwiebel, 300 g geschälte Kartoffeln, Salz, Pfeffer, Schweineschmalz, 1/4 l Hövels-Bitterbier.

Senfsauce:
0,2 l Glace (reduzierter Rinderfond), 1 EL Senfkörner und mittel-

scharfer Senf sowie *1 kleines Bund Schnittlauch.*

Zuerst das Bitterkraut kochen (wie Sauerkraut, jedoch mit Hövels-Bitterbier angesetzt). Nach einer Kochzeit von 30 Min. die in grobe Würfel geschnittenen Kartoffeln zugeben, mit gar kochen und abschmecken.

Für die Senfsauce die Glace mit dem Senf und den Senfkörnern aufschlagen und zuletzt den in Röllchen geschnittenen Schnittlauch unterziehen.

Füllung:
Aus Kalbfleisch (vom Metzger 2mal durch die feine Scheibe gedreht), Weißbrot, ohne Rinde, fein gerieben (Brotkrume), dem in feine Würfel geschnittenen Gemüse sowie Ei, Sahne und den Gewürzen eine Farce zubereiten.

Die Rumpsteaks in einer Klarsichtfolie plattieren, mit Salz und Pfeffer würzen, nun wie eine Roulade mit der Kalbfleischfarce füllen, in der heißen Pfanne mit wenig Schmalz kurz anbraten, anschließend im vorgeheizten Backofen (etwa 185 °C) noch 3 bis 4 Min. fertigbraten. Mit einem diagonalen Schnitt die Roulade aufschneiden und auf einem Bitterkrautsockel in der Tellermitte anrichten. Die Sauce um den Krautsockel auf den Teller geben.

Burgunder-Roulade von bergischen Wiesenochsen

Josef Selbach
Sülztaler Hof
Overath-Immekeppel

4 Entrecotes zu je 180 g, 40 g Senf, Salz, Pfeffer, Bratfett.

Fleischfarce:
*300 g Rinderhack, 3 gehackte Schalotten, 2 Eier, 50 g geriebenes Weiß-*brot, Rosmarin, Salbei, gehackte Petersilie, 1 gehackte Gewürzgurke, 50 g Schinkenspeck, 20 g Butter, Salz, Pfeffer.*

Sauce:
1 EL Tomatenmark, je 100 g Lauch, Möhren und Zwiebeln in Würfeln, 1/2 l Burgunder.

Für die Farce den Schinkenspeck würfeln, in Butter mit den gehackten Schalotten angehen lassen und nacheinander das Rinderhack, die Eier, das Weißbrot und die Gewürze sowie die Gewürzgurke zugeben und mit Salz und Pfeffer abschmecken. Gut durchkneten und abgedeckt etwas ruhen lassen.

Die Entrecotes flach klopfen und mit Senf bestreichen. Die Fleischfarce eiförmig auf das untere Ende der Entrecôtes legen, dann einrollen und mit Bindfaden oder Zahnstochern befestigen. Die Rouladen nun bei 250 °C im Ofen scharf anbraten, mit Pfeffer, Salz würzen und nach 6 Min. herausnehmen.

Das Gemüse zugeben, anrösten, mit Tomatenmark anbräunen und gut durchrösten, mit Burgunder ablöschen, die Rouladen wieder einlegen und bei 200 °C im Ofen in etwa 30 Min. gar schmoren.

Die Rouladen auf vorgewärmten Tellern anrichten und mit der passierten und abgeschmeckten Sauce überziehen. Als Beilage Kartoffelsahnepüree und Saisongemüse reichen.

Pfeffer-Potthast

(ein Dortmunder Spezialgericht)
Bild Seite 102

Henriette Davidis
„Praktisches Kochbuch"

Hierzu werden hauptsächlich die sogenannte kurzen Rippen genommen, solche in 1/2 Hand große Stückchen gehauen, in nicht zu reichlichem Wasser und nicht zu vielem Salz ausgeschäumt. Dann fügt man soviel kleingeschnittene Zwiebeln hinzu, daß die Sauce dadurch sämig wird, gibt reichlich Pfeffer und Nelkenpfeffer (ungestoßen), einige Lorbeerblätter und späterhin auch einige Zitronenscheiben hinzu. Sollte der Sauce, welche zwar ganz gebunden, aber nicht zu dicklich sein darf, auch nach Pfeffer und Zitrone schmecken muß, noch Sämigkeit fehlen, so kann man zuletzt etwas feingestoßenen Zwieback oder in Butter geschwitztes Mehl gut durchkochen lassen. Fleischklößchen, in klarer Fleischbrühe oder gesalzenem Wasser gekocht, beim Anrichten ins Ragout gelegt, machen dies Gericht noch angenehmer. Es werden gekochte Kartoffeln dazu gegeben.

Schmorragout vom Ochsen

Walter Stemberg
Restaurant Haus Stemberg
Velbert

1200 g marmoriertes Rindfleisch aus der Keule und 250 g magerer, geräucherter Speck, 3 große Zwiebeln, 2 Knoblauchzehen, Salz, Pfeffer aus der Mühle, Mehl, Butter, 1 l kräftiger trockener Rotwein (Burgunder oder Bordeaux), 1 l brauner Fond, 1 Bund Kräuter von Petersilie, Salbei, Rosmarin, 300 g frische Champignons.

Das Rindfleisch in 80 g schwere, viereckige Stücke schneiden. Den in kleine Würfel geschnittenen geräuchten Speck in Butter anschwitzen. Das Fleisch mit Salz und Pfeffer würzen. Fleisch zugeben und ebenfalls anschmoren. Die gewürfelten Zwiebeln beifügen und mit anrösten. Die feinge-

hackten Knoblauchzehen beimischen, mit 1 l Rotwein und 1 l braunem Fond auffüllen, zum Kochen bringen, Kräutersträußchen hinzufügen und im Ofen bei 170 °C 2½ bis 3 Std. schmoren lassen. Das Fleisch herausnehmen, die Sauce passieren. Die in Würfel geschnittenen Champignons in Butter anschwitzen, dann in die Sauce zurücklegen. Das Fleisch wieder in die Sauce geben. Sauce eventuell oben abfetten, auf Wunsch leicht mit Stärkemehl abbinden. Mit Salz und Pfeffer nachschmecken. Dazu neue Kartoffeln servieren.

Rinderbrust in Kartoffel-Speck-Sauce

Hans Bertels
Le Crocodile
Krefeld

1 kg Rinderbrust ohne Knochen, etwas Wurzelgemüse (Karotte, Sellerie, Petersilienwurzel, Lauch, Pastinake), 400 g gargekochte Kartoffeln, Rotwein-Essig, Distelöl, Salz, Pfeffer, etwas Brühe, 100 g mageren Speck, 100 g geröstete Weißbrotwürfel, Würfel von 2 enthäuteten Tomaten, Schnittlauch, 100 g Feldsalat, Essig, Öl, Salz, Pfeffer.

Rinderbrust in einem passenden Topf mit Wasser bedeckt unter Zugabe von Wurzelgemüse langsam gar kochen.

Specksauce:
Den Speck in einer großen Pfanne mit Öl kroß anbraten und mit Essig und Brühe ablöschen, die Kartoffeln durch eine Presse gedrückt zugeben und mit den Gewürzen abschmecken. Die Sauce sollte warm und nicht zu dünn sein.

Anrichten:
Rinderbrust warm, in Scheiben geschnitten, auf Teller fächerför-

mig ausbreiten und mit der Kartoffel-Speck-Sauce übergießen.
Mit Brot und Tomatenwürfeln, Schnittlauch und Speckstreifen garnieren. Feldsalat putzen und wie üblich in einer Vinaigrette anmachen und dazu servieren.

Ochsenbrust in saurer Sahne mit lauwarmem Kartoffel-Gurken-Salat

Wennemar W. Scherrer
Ramada International
Hotels & Resorts, Düsseldorf

1 kg Rinderbrust mit Knochen, ¼ kg Rinderknochen, 3 l Wasser, 1 gespickte Zwiebel und 1 kleines Bouquet garni, Salz, 300 g saure Sahne (10 bis 15 %), 50 g Butter, ¼ l Brühe von der Ochsenbrust, Salz, weißer Pfeffer aus der Mühle, Muskat, etwas Mehl für die Einbrenne, 1 Tasse kalte Milch.

Kartoffel-Gurken-Salat:
500 g festkochende Kartoffeln und 1 Schlangengurke, 1 TL Salz, 2 EL gehackte Zwiebeln, 1 Prise Zucker, 1 EL Dill, 1 EL Schnittlauch, 1 TL mittelscharfer Senf, Kräuteressig und Öl, Salz und Pfeffer aus der Mühle.

Knochen und Ochsenbrust unter kaltem Wasser abspülen, ins siedende Wasser geben und nach dem ersten Aufkochen abschäumen. Anschließend salzen und etwa 1½ bis 2 Std. ziehen lassen. Nach etwa 1 bis 1½ Std. die gespickte Zwiebel und das Bouquet garni hinzufügen und 30 Min. mitkochen lassen.
Für die Saure-Sahne-Sauce die Butter zerlassen, etwas Mehl hinzugeben, alles leicht anschwitzen lassen und mit etwas kalter Milch

ablöschen. Anschließend die saure Sahne (Zimmertemperatur) sowie die Brühe der Ochsenbrust hinzugeben und alles 5 Min. leicht köcheln lassen. Abgeschmeckt wird mit Salz, Pfeffer aus der Mühle und einem Hauch Muskat.

Kartoffel-Gurken-Salat:
Die Kartoffeln nicht zu weich kochen, kurz abkühlen lassen und noch lauwarm in dünne Scheiben schneiden.
Die Gurke schälen, in hauchdünne Scheibchen schneiden, mit Salz etwa 20 Min. entwässern, ausdrücken und mit dem feingehackten Dill, dem feingeschnittenen Schnittlauch und den Zwiebelwürfeln vermengen.
Kartoffeln und Gurken mit Essig, Öl, Senf, Pfeffer, eventuell Salz sowie einer Prise Zucker leicht vermengen. Der Salat sollte etwa 10 Min. ziehen.

Anrichten:
Die heiße Ochsenbrust aus dem Topf nehmen, in fingerdicke Scheiben schneiden, etwas Fett parieren und auf einer vorgewärmten Platte anrichten, halbseitig mit der Saure-Sahne-Sauce nappieren und den Kartoffel-Gurken-Salat als Beilage servieren.

Anmerkung:
Im Hause Scherrer war es üblich, am folgenden Tag (meist am Montag, denn die Ochsenbrust in saurer Sahne war zur damaligen Zeit natürlich ein Sonntagsessen) aus der übriggebliebenen Ochsenbrust den sogenannten „Mendener Gulasch" zuzubereiten.

Mendener Gulasch

Wennemar W. Scherrer
Ramada International
Hotels & Resorts, Düsseldorf

400 g gekochte Ochsenbrust (ohne Knochen), in 2 cm große Würfel ge-

Rezept Seite 101: Pfeffer-Potthast, Henriette Davidis, Praktisches Kochbuch Norbert Willam, Hotel Henriette Davidis, Wetter-Wengern schnitten, 2 feingewürfelte Zwiebeln, 5 mittelgroße geschälte, feingewürfelte Gewürzgurken, 3 EL Gewürzgurkenaufguß, 20 kleine Perlzwiebeln, 1/2 l Rinderbrühe, etwas Bratensauce (Demiglace), 1 Lorbeerblatt, 1 Nelke, 2 TL mittelscharfer Senf, Salz, reichlich Pfeffer aus der Mühle, Schmant.

Etwas Fett der gekochten Ochsenbrust wird fein geschnitten, erhitzt und die Zwiebeln darin goldgelb gedünstet. Unter Hinzugabe des Lorbeerblattes und der Nelke wird mit dem Gurkenaufguß abgelöscht. Nunmehr die Ochsenbrustwürfel, die Rinderbrühe sowie die Demiglace hinzufügen, es folgen die Gurkenwürfel, und alles wird kurz aufgekocht. Mit Salz, Pfeffer sowie Senf abschmecken, leicht abziehen und portionsweise mit einem Klecks Schmant servieren. Hierzu reicht man Petersilienkartoffeln und frisch eingelegte rote Bete.

Ochsenschwanzpraline auf feinen Böhnchen

Peter Nöthel, Peter Liesenfeld
Hummerstübchen
im Hotel Fischerhaus
Düsseldorf-Lörich

2 kg Ochsenschwanz, 50 g Schalotten, 50 g Karotten, 50 g Sellerie, 50 g Lauch, 2 EL Tomatenmark, 3 Tomaten, 2 Zweige Thymian, 2 l Kalbsfond, 0,4 l Rotwein, 0,1 l Madeira, Salz, Pfeffer, 0,2 l Sahne, 200 g Gänsestopfleber, 150 g Kalbsbries, 120 g Schweinenetz.

Den in Stücke geschnittenen Ochsenschwanz mit Salz und Pfeffer würzen. In Pflanzenfett heiß anbraten. Die Schalotten und das Gemüse mitbraten, Tomatenmark und Tomaten mitrösten. Mehrmals mit Rotwein ablöschen und

reduzieren. Mit Kalbsfond aufgießen, Thymian dazugeben, aufkochen und etwa 3 Std. köcheln lassen. Sobald die Schwanzstücke weich sind, das Fleisch vom Knochen lösen und beiseite stellen. Die passierte Ochsenschwanzsauce einkochen lassen, Sahne und Madeira zufügen und auf die gewünschte Konsistenz reduzieren. Mit Salz und Pfeffer würzen.
Das Schweinenetz in 8 gleiche Vierecke schneiden und dann das Fleisch darauf verteilen.
Das blanchierte Kalbsbries und die Gänsestopfleber in die Mitte legen. Sorgfältig in das Schweinenetz einrollen, die Rollen kurz rundherum anbraten und mit der fertigen Sauce auffüllen. Etwa 5 Min. köcheln lassen.

Gemüse:
200 g Kenia-Böhnchen und 12 junge Karotten, 1 kleiner Zucchino.

Die Bohnen putzen, Karotten und Zucchino tournieren, getrennt in Salzwasser knackig kochen.

Kartoffeln:
16 mittlere Kartoffeln, Butter, Salz, Pfeffer aus der Mühle.

Die Kartoffeln tournieren und in Salzwasser kochen, abschütten, in Butter anschwenken und mit Salz und Pfeffer würzen.

Anrichten:
Auf vorgewärmte Teller einen Saucenspiegel gießen, das tournierte Gemüse und Kartoffeln am Rand plazieren, in die Mitte die Ochsenschwanzstücke legen. Mit Thymianzweigen garnieren.

Gefüllter Ochsenschwanz mit Lembergersauce

Erich Steuber
Siebelnhof, Hilchenbach

1 Ochsenschwanz mittlerer Größe von etwa 2 kg, 120 g Schweinenetz,

3 EL Olivenöl, 300 g Röstgemüse (bestehend aus Lauch, Sellerie, Karotten und einigen ungeschälten, gut gewaschenen Kartoffelstücken), 5 Wacholderbeeren, 2 Lorbeerblätter, 1 Thymianzweig, 1 TL Tomatenmark, 1 l Lemberger, 1 l Kalbsfond, 50 g kalte Butter, Salz, Pfeffer.

Füllung:
100 g Rinderhack, 1/2 eingeweichtes Brötchen, 3 kleingehackte Schalotten, etwas kleingeschnittene Petersilie, Salz, Pfeffer.

Selleriegratin:
1 kleine Sellerieknolle, 1/8 l Sahne, 1 Eigelb, Salz, Pfeffer, Muskat.

Ochsenschwanz vom Metzger in den Gelenken durchsägen lassen oder mit dem Hackbeil durchschlagen. Die mit Salz und Pfeffer aus der Mühle gewürzten Stücke in heißem Olivenöl dunkelbraun anrösten. Röstgemüse in walnußgroße Stücke schneiden und ebenfalls anrösten. Die Gewürze hinzufügen und etwa 10 Min. im Ofenrohr weiter anbraten lassen. Anschließend das Tomatenmark zugeben, mit anrösten und mit dem Rotwein und dem Kalbsfond ablöschen. Das Ganze nun zugedeckt im Backofen bei mittlerer Hitze etwa 3 1/2 Stunden schmoren lassen. Anschließend den Garzustand des Fleisches möglichst am stärksten Stück prüfen, indem man es aushebt und versucht, den Knochen herauszuziehen. Wenn der Ochsenschwanz den gewünschten Garpunkt erreicht hat, alle Stücke herausnehmen und auf einem Brett von den Knochen befreien.
Aus dem Rindshack, dem eingeweichten Brötchen, den kleingehackten, in Öl angeschwitzten Schalotten und der kleingehackten Petersilie eine Füllung bereiten, mit Salz, Pfeffer aus der Mühle würzen und damit die entbeinten Ochsenschwanzstücke füllen.

Die Stücke wieder in die ursprüngliche Form bringen und sorgfältig einzeln in das in passende Stücke zugeschnittene Schweinenetz wickeln. In einem zweiten Bräter etwas Olivenöl erhitzen, die gefüllten Ochsenschwanzstücke rundum kurz anbraten und nochmals für 30 Min. in das Rohr schieben, bis das Schweinenetz ausgebraten ist. In der Zwischenzeit den Bratfond weiter einkochen lassen, anschließend mit dem Röstgemüse durch ein sauberes Tuch oder Sieb passieren.

Die entstandene Rinderjus weiter reduzieren, bis die gewünschte Konsistenz erreicht ist. Am Schluß die kalte Butter stückchenweise unterziehen.

Für das Selleriegratin die kleine Sellerieknolle in hauchdünne Scheiben schneiden und diese dünnen Blättchen kurz in Salzwasser blanchieren. Mit dem Schaumlöffel herausnehmen, durch Eiswasser ziehen, kurz abtropfen lassen und in eine Backform legen. Mit einem Gemisch von Sahne, Eigelb, Muskat, Salz und Pfeffer übergießen. Bei 180 °C im Backofen 20 Min. backen.

Die gefüllten Ochsenschwanzstücke auf Tellern anrichten, mit der Rotweinsauce überziehen und das Selleriegratin einsetzen. Als Beilage in Butter angeschwenkte Frühlingszwiebeln reichen.

Rinderbäckchen, sauer, mit Kartoffelpüree und Scheibenkarotten

Dieter Müller
Dieter Müllers Restaurant
Schloßhotel Lerbach
Bergisch Gladbach

Rinderbacken:
2 Rinder- oder Ochsenbacken und 1 l Rotwein, 3 Karotten, 3 Zwiebeln, 1/4 Knolle Sellerie, 4 Gewürznelken, 8 Wacholderbeeren, 2 Lorbeerblätter sowie 10 Pfefferkörner (schwarz und weiß gemischt, im Mörser zerdrückt), 1 Prise Zucker, Salz, schwarzer Pfeffer aus der Mühle, 50 g geklärte Butter (Butterfett), 1 EL Tomatenmark, 1 Msp. Speisestärke, 1 Spritzer Sherry-Essig.

Kartoffelpüree:
400 g mehligkochende Kartoffeln, Salz, 8 cl Vollmilch, 8 cl Sahne (30 % Fett), 20 g Butter, Muskat.

Scheibenkarotten:
1 EL geklärte Butter (Butterfett), 2 Schalotten, 300 g Karottenscheiben, Salz, Zucker, 0,1 l Sahne (30 % Fett), 1 EL gehackte glatte Petersilie.

Fleisch:
Die Rinderbäckchen mit Rotwein begießen. Karotten, Zwiebeln und Sellerie putzen, waschen und zerkleinern. Zum Fleisch geben, die Gewürze zufügen, alles gut miteinander vermischen und zugedeckt 2 Tage ziehen lassen. Das Fleisch aus der Marinade nehmen, abtropfen, mit Salz und Pfeffer einreiben und in erhitztem Butterfett von beiden Seiten kurz anbraten. Herausnehmen und beiseite stellen. Die Marinade durch ein Sieb ablaufen lassen und auffangen. Das gutabgetropfte Gemüse im Bratfett anrösten, das Tomatenmark unterrühren und die Rinderbäckchen zufügen. Mit der Marinade auffüllen und zugedeckt in den Backofen stellen. Bei 180 °C 50 bis 60 Min. schmoren. Das Fleisch herausnehmen und in Alufolie warm halten. Die Sauce durch ein Spitzsieb passieren, wieder erhitzen und zur Hälfte einkochen lassen. Die Stärke mit 1 TL Wasser anrühren und zufügen. Mit Salz, Pfeffer und Essig abschmecken.

Kartoffelpüree:
Die Kartoffeln waschen, schälen und mit Salzwasser bedeckt weich kochen. Auf einem Sieb abgießen und trockendampfen lassen. Durch eine Kartoffelpresse drükken. Die Milch mit der Sahne mischen, erwärmen und unter die Kartoffelmasse rühren. Mit Butter, Muskat und Salz abrunden.

Gemüse:
Das Butterfett erhitzen und die abgezogenen, gewürfelten Schalotten darin glasig dünsten. Die Karottenscheiben zufügen, mit Salz und Zucker würzen, mit der Sahne angießen und zugedeckt 10 Min. bißfest garen. Kurz vor dem Servieren die Petersilie unterrühren.

Anrichten:
Das Fleisch schräg in gleichmäßige Scheiben aufschneiden. Je 2 bis 3 Scheiben auf vorgewärmte Teller legen, mit heißer Sauce nappieren. Das Kartoffelpüree aufspritzen (Spritzbeutel mit großer Tülle) und etwas Gemüse anlegen.

Kalbskotelett auf dicken Bohnen

Roland Schöpgens
Restaurant Soufflé, Köln

4 Kalbskoteletts zu je 250 g sowie 1 kg dicke Bohnen, 1/8 l Sahne, 2 EL Kalbsjus, Salz, Pfeffer, Thymian, 1 Ei, 40 g Butter, 3 EL Öl, Semmelbrösel, Mehl.

Die geklopften Kalbskoteletts würzen und panieren.
Die geputzten Bohnen in Salzwasser kurz abkochen und in Eiswasser geben. Aus den Bohnen nur die Kerne verwenden und von diesen die Haut abziehen.
Sahne, Butter und Gewürze aufkochen und Bohnenkerne dazugeben. Zum Schluß feingehackten Thymian untermengen. Die etwa 10 Min. in Öl gebackenen Kalbskoteletts auf die Bohnen setzen.
Kalbsjus erhitzen und über die Koteletts geben.

Medaillons vom Kalbsfilet, in der Kartoffelkruste gebraten, auf Düsseldorfer Senfsauce

Holger Tamm
Graugans, Hyatt Regency
Köln

8 Kalbsmedaillons zu 70 g, 200 g geschälte Kartoffeln, 1 Eigelb, 1 TL Mehl, Salz, Pfeffer, Muskat, 1/2 l Kalbsjus, etwa 20 g Düsseldorfer Löwensenf, 10 g Butter.

Geriebene rohe Kartoffeln, Eigelb und Mehl zu einer Masse verrühren, mit Salz, Pfeffer und Muskat würzen. Die Masse kurz ausdrükken und auf die Medaillons verteilen. Die Kalbsmedaillons mit der Kartoffelseite nach unten in heißem Öl kroß anbraten, wenden und fertigbraten.
Die Kalbsjus auf gut ein Drittel reduzieren, mit Senf, Salz und Pfeffer abschmecken und mit Butter aufmontieren.
Gemüse der Saison dazu reichen.

Geräuchertes Kalbsfilet mit dicken Bohnen

Heinrich Poppenborg
Restaurant Poppenborg
Harsewinkel

Etwa 800 g dicke Bohnenkerne, 1 Zweig Bohnenkraut, 1/4 l Sahne, 1 EL Räucherspeckwürfel, 1 EL feingehackte Schalotten, Salz, Pfeffer, 8 Kalbsfilets zu je 80 g, Öl und Butter.

Dicke Bohnenkerne 3 bis 4 Min. in sprudelndem Salzwasser kochen und danach von den Bohnenkernen die Haut abziehen.
Die Sahne mit den feinen Räucherspeckwürfeln und feingehack-

ten Schalotten sowie einem Zweig Bohnenkraut bis zur Sämigkeit einkochen. Dann im Mixer aufschäumen und durch ein Sieb passieren. Die Bohnenkerne mit ein paar Bohnenkrautspitzen in dieser Sauce warm schwenken und mit Pfeffer und Salz abschmecken.
Parallel dazu je Person 2 im Räucherofen kurz angeräucherte Kalbsfilets in einer Mischung aus Öl und Butter – je nach Garwunsch – 5 bis 10 Min. in der Pfanne braten.

Anrichten:
Die angeschwenkten Bohnenkerne auf vorgewärmte Teller geben, die Kalbsfilets darauf plazieren und mit einigen Bohnenkrautspitzen garnieren.
In Butter geschwenkte Salzkartoffeln als Beilage reichen.

Gefüllte Kalbsröllchen auf Blattspinat mit Schneckenrahm

Bild nebenstehend

Rosemarie Hestermann
Hotel Schloß Petershagen
Petershagen

8 Scheiben vom Kalbsrücken zu je 60 g, 350 g Putenbrust, 2 Scheiben Weißbrot ohne Rinde, 1 Ei, Salz, Pfeffer, 0,1 l Sahne, 60 g gewürfelte Steinpilze, 60 g Butter.

Die Kalbsrückenscheiben plattieren und mit Salz und Pfeffer würzen. Das Weißbrot mit dem Ei und der Sahne vermengen. Die Putenbrust in Streifen schneiden und mit dem Weißbrotgemisch 2mal durch die feinste Scheibe des Fleischwolfes drehen. Die Farce kühl stellen und anschließend die Steinpilze unterarbeiten. Die Farce auf die Kalbsschnitzel verteilen und ausstreichen. Die Kalbs-

schnitzel zu Röllchen aufrollen und mit Zahnstochern befestigen. Die Röllchen von allen Seiten in Butter anbraten und im Backofen bei 150 °C in 10 Min. fertiggaren.

Blattspinat:
1 kg Blattspinat, 2 gewürfelte Schalotten, Salz, Muskat, 10 g Butter.

Den Spinat in reichlich Wasser blanchieren und in einem Sieb abtropfen lassen. In einem Topf die Butter zerlassen und die Schalotten darin glasig anschwitzen, den Spinat hinzufügen und alles erhitzen. Mit Salz und Muskat abschmecken.

Schneckenrahm:
20 g Butter, 8 gewürfelte Schnecken, je 40 g Möhren, 40 g Sellerie, 40 g Lauch (alles fein gewürfelt), 2 Knoblauchzehen, 0,25 l Sahne, 2 Eigelb, 0,1 l Sahne, Salz, Pfeffer.

Die Gemüsewürfel in Butter anschwitzen, anschließend die Schneckenwürfel und die Knoblauchzehen hinzufügen. Die Sahne dazugeben und alles 10 Min. leicht simmern lassen. Die Eigelbe mit der Sahne vermischen und langsam unter die Sauce geben. (Nicht mehr kochen lassen!) Mit Salz und Pfeffer abschmecken.

Anrichten:
Den Spinat auf vorgewärmte Teller verteilen. Nachdem die Röllchen in Scheiben geschnitten wurden, gibt man sie auf den Spinat. Die Sauce wird rundherum verteilt und der Rest à part gegeben.

Schweinemedaillons auf Lauchspiegel

Walter Stemberg
Restaurant Haus Stemberg
Velbert

8 Schweinemedaillons zu 60 g, 1 kg Porree, 1/4 l Fleischbrühe, 1/8 l süße

Rezept siehe oben: Gefüllte Kalbsröllchen auf Blattspinat mit Schneckenrahm
Rosemarie Hestermann, Hotel Schloß Petershagen, Petershagen

Sahne, Saft von 1 Zitrone, Pfeffer, Muskat, Salz, Mehl, 2 EL Pflanzenöl.

Porree putzen, halbieren und in feine Streifen schneiden. In der Fleischbrühe 4 bis 5 Min. unter ständigem Rühren gar ziehen lassen. Mit Salz, Pfeffer und Muskat abschmecken, süße Sahne und frischen Zitronensaft dazugeben und leicht aufkochen lassen. Die leicht geklopften, gewürzten und mehlierten Schweinemedaillons in Pflanzenöl von beiden Seiten kurz kroß braten. Das Lauchgemüse als Spiegel auf einen großen Eßteller geben und die Medaillons darauf anrichten. Als Beilage: Kartoffeln, Reis oder Stangenbrot.

Rosa gepökelte Spanferkelkeule in Wacholderrauch mit dicken Bohnen in Rahm (Saubohnen)

Bild Seite 94

Wennemar W. Scherrer
Ramada International
Hotels & Resorts, Düsseldorf

1 kg hohl ausgelöste Spanferkelkeule mit Schwarte (vom Metzger mild gepökelt, etwa 4 Std. leicht angeräuchert), 1 gespickte Zwiebel, Salz und Pfefferkörner, 4 l Wasser, 1 kg frische, dicke Bohnen (entkernt), 250 g süße Sahne, Panaché (Speck-Zwiebel-Mischung von 100 g Speck und 100 g Zwiebeln, jeweils kleingewürfelt), 40 g Butter, frisches Bohnenkraut, frische Petersilie, Salz, Pfeffer aus der Mühle, Muskat.

Die Spanferkelkeule unter fließendem Wasser abspülen, danach ins siedende Wasser geben und etwa 1½ bis 2 Std. köcheln. Gelegentliches Abschäumen ist erforderlich.

Nach etwa ½ Std. die gespickte Zwiebel hinzugeben.
Nach der Garzeit die Spanferkelkeule aus dem Topf nehmen, längsseitig halbieren und aufschneiden.
Die dicken Bohnen kurz blanchieren, abschrecken und die Kerne auspalen. Die Speck-Zwiebel-Mischung in etwas Butter erhitzen, feingehacktes frisches Bohnenkraut und feingehackte frische Petersilie hinzufügen, mit Sahne auffüllen, cremig einkochen und mit Salz bzw. Pfeffer aus der Mühle und einer Prise Muskat abschmecken. Die Bohnenkerne hinzugeben und alles miteinander noch einmal kurz aufkochen.
Als Beilage sind herzhafte Bratkartoffeln mit Lauchzwiebeln zu empfehlen.

Spanferkelkeule in Altbiersauce mit Schnippelbohnen

Thomas Möllecken
Altes Zollhaus
Mülheim/Ruhr

1 Spanferkelkeule (ungefähr 1,5 kg), 300 g Röstgemüse (Karotten, Sellerie, Zwiebeln, gewürfelt), 1 l Altbier, 0,5 l brauner Fond, 1 EL Tomatenmark, 1 EL Senf, 1 TL Kümmel, Salz, Pfeffer, etwas Fett zum Anbraten.

Schnippelbohnen:
1 kg Stangenbohnen, 100 g feingeschnittener durchwachsener Speck, 50 g Zwiebelwürfel, etwas Schweineschmalz, 50 g Butter, 10 g Bohnenkraut, Salz, Pfeffer.

Die Spanferkelkeule würzen, mit Senf einstreichen, im Bräter anbraten. Das Röstgemüse, Tomatenmark, Kümmel hinzugeben. Diesen Ansatz mehrmals mit Bier ablöschen, den braunen Fond

angießen und im Backofen bei 220 °C etwa 1½ Std. garen. Die Keule aus der Sauce nehmen, diese durch ein Haarsieb passieren und über das aufgeschnittene Fleisch geben.
Die Bohnen waschen, auf beiden Seiten die Fäden abziehen, in schräge Streifen schnippeln und in Salzwasser kurze Zeit kochen. Danach die Bohnen sofort in Eiswasser geben, damit sie ihre grüne Farbe behalten.
Den Speck und die Zwiebelwürfel in Schmalz anschwitzen, Bohnen und Bohnenkraut hinzugeben, durchschwenken, würzen und neben dem Fleisch anrichten.
Zu diesem Gericht passen sehr gut Bratkartoffeln.

Milchschweinskoteletts mit Stielmus und Backpflaumen

Günter Scherrer
Victorian
Düsseldorf

12 Milchschweinskoteletts zu je 50 g, 200 g feines Kalbsbrät mit Majoran, 1 mit Semmelknödelmasse gefüllte Milchschweinsbrust, 250 g in kleine Würfel geschnittenes Stielmus, ½ Milchschweinsniere, 150 g Kartoffelpüree, 20 g Speck, 2 Schalotten, 4 getrocknete Pflaumen, 100 g in kleine Würfel geschnittene Kartoffeln, 1 dl Milchschweinsglace, 20 g Trüffel in Jus, Portwein, Butter, Salz, Pfeffer.

Die Milchschweinskoteletts in geklärter Butter von beiden Seiten gut anbraten. Die Schwarte abschneiden und in feine Streifen schneiden.
Die Koteletts salzen und pfeffern und das Kalbsbrät pyramidenartig auf die kleinen Koteletts strei-

chen. Im Salamander glacieren. Die gefüllte Milchschweinsbrust etwa 30 Min. bei 200 °C im Ofen braten.

Die Schwartenstreifen mit den Kartoffelwürfeln und der Niere in der Pfanne knusprig braten. Fett der Pfanne entnehmen und mit dem Portwein ablöschen, Trüffeljus zugeben und mit der Glace verkochen.

Die eingeweichten Pflaumen in der heißen Sauce erhitzen. Die Trüffel in feine Späne schneiden.

Stielmus:
Schalottenwürfel in Speck glasig dünsten. Das weichgekochte Stielmus zugeben und mit den durchgedrückten Kartoffeln vermischen. Einige kalte Butterflocken unterkneten und mit Salz und Pfeffer abschmecken.

Anrichten:
Mit einem Löffel 2 Nocken Stielmus abstechen und auf die obere Tellerhälfte setzen. Mit in brauner Butter gebratenen kleinen Kartoffelwürfeln bestreuen. Eine Tranche der Milchferkelbrust dazulegen und über Kreuz darunter die Koteletts plazieren.
Die Sauce angießen und die Backpflaumen beilegen.

Jungschweinelendchen auf Braunbier-Zwiebel-Sauce mit gefülltem Spitzkohl

Richard Lattrich
Parkhotel Burggraf, Tecklenburg

4 Jungschweinelendchen.

Braunbiersauce:
2 kg Schweineknochen, 5 Zwiebeln, 200 g kleine Zwiebeln, 5 ungeschälte Knoblauchzehen, ½ l Braunbier, 50 g Butter, 1 Lorbeerblatt, 1 Thymianzweig, 3 l Wasser, frischer Majoran, Bratfett.

Die Knochen hacken und mit den in Würfeln geschnittenen Zwiebeln ohne Fett bei 200 °C im Ofen anbraten. Ab und zu wenden. Wenn alles schön braun ist, Aromaten zugeben und mit dem Wasser auffüllen. 3 Std. einkochen lassen.

Die entstandene Schweinejus abseihen. Die kleinen Zwiebeln vierteln, in Butter angehen lassen und mit dem Braunbier ablöschen, reduzieren, mit dem Schweinejus auffüllen, nochmals aufkochen und nachschmecken.

Gefüllter Spitzkohl:
200 g Spitzkohl, 4 Karotten, 2 Petersilienwurzeln, 2 kleine Zwiebeln, 20 g geräucherter Bauchspeck sowie ¼ Knoblauchzehe, 20 g Butter, 1 EL gehackte Petersilie.

Die Spitzkohlblätter in Salzwasser blanchieren, Karotten und Petersilienwurzeln schälen und in dünne Scheiben schneiden. Zwiebeln schälen und in Halbringe schneiden. Den geräucherten durchwachsenen Bauchspeck in kleine Würfel schneiden und blanchieren. Knoblauchzehe fein hacken. Die Spitzkohlblätter auf einem Küchentuch abtrocknen lassen. Zwiebeln, Speck und Knoblauch in Butter anschwitzen, das Gemüse hinzugeben und mit etwas Wasser fast weich kochen, salzen, pfeffern und mit der Petersilie mischen.
Diese Masse auf je 2 zusammengelegte Spitzkohlblätter verteilen und einschlagen, dann im Ofen extra in Butter etwa 15 Min. schmoren.

Anrichten:
Die Jungschweinelendchen im ganzen braten und in Scheiben schneiden. Mit der Sauce einen Spiegel gießen, darauf den gefüllten Spitzkohl setzen und mit den Fleischscheiben umlegen. Dazu passen Röstkartoffeln.

Niederrheinischer Altbiergulasch

Josef Schwinning
Restaurant Stammhaus Fiege
Bochum

800 g Schweinefleisch aus der Schulter, 400 g Zwiebeln, 150 g Tomatenmark, 1 EL Paprikapulver, 1 EL Mehl, ½ Zitrone, ungespritzt, 100 g Butterfett, ½ l Altbier, ½ l Fleischbrühe, 1 kleines Bund Petersilie, 1 Becher Sauerrahm, Salz, Pfeffer.

Die Schweineschulter in Würfel scheiden und mit Paprikapulver, Salz, Pfeffer und Mehl vermengen. In einer Kasserolle das Butterfett erhitzen und das Fleisch mit den in Scheiben geschnittenen Zwiebeln gut anbraten. Das Tomatenmark und das Abgeriebene der ungespritzten Zitrone zufügen und schön Farbe nehmen lassen. Mit dem Altbier und der Fleischbrühe auffüllen, gut durchrühren und, wenn der Gulasch aufkocht, für 45 Min. in den 200 °C heißen Backofen schieben. Deckel auf die Kasserolle legen, damit die Sauce nicht zu sehr einkocht. Wenn das Ganze gar ist, in eine tiefe Schüssel füllen und 4 EL saure Sahne auf den Gulasch geben. Mit gehackter Petersilie bestreuen. Salzkartoffeln oder Nudeln und Blattsalat passen dazu.

Frischer Stielmuseintopf mit Wellfleisch

(für 6 Personen)

Laurentia Busse
Brauerei Schumacher Stammhaus
Düsseldorf

2 Bund Stielmus, 750 g Kartoffeln, Speck, Zwiebeln, Pfeffer, Salz, 1 kg frischer Schweinebauch.

Kartoffeln würfeln, mit Salz und Pfeffer würzen und in Brühe kochen. Zwiebeln und Speck dünsten, zu den Kartoffeln geben. Das Stielmus kleinschneiden (½-cm-Stücke), in Salzwasser gar kochen, mit den Kartoffeln vermischen und abschmecken. Schweinebauch in Salzwasser etwa 1 Std. garen.

Bochumer Bierroulade

Josef Schwinning
Restaurant Stammhaus Fiege
Bochum

8 Schnitzel zu 80 g aus dem Schweinerücken, 8 Scheiben magerer Speck, dünn geschnitten und 15 cm lang, 8 große Spinatblätter, 8 Fingermöhrchen, 2 feingeschnittene Schalotten, 2 EL mittelscharfer Senf, 100 g Quark, 50 g Butterfett zum Anbraten, 2 dl Bier, 2 dl Sahne, 2 dl Brühe, 2 Lorbeerblätter, 6 Wacholderbeeren, 1 TL Speisestärke, 1 kleines Bund Petersilie, Salz, Pfeffer, 8 Zahnstocher.

Die Schnitzel leicht klopfen, daß sie etwas länglich werden. Die Speckscheiben auf ein Arbeitsbrett legen und die Schnitzel darauf plazieren. Leicht würzen. Dann mit Quark und Senf bestreichen und mit den Schalottenwürfeln bestreuen. Möhrchen schälen und knackig kochen. Spinatblätter kurz blanchieren. Beides auch auf die Rouladen geben, fest zusammenrollen und mit Zahnstochern befestigen. Eine Kasserolle mit Butterfett erhitzen und die Rouladen kurz anbraten. Mit Bier, Brühe und Sahne ablöschen, Lorbeerblätter und Wacholderbeeren zugeben und 10 Min. zugedeckt kochen lassen. Rouladen entnehmen, die Zahnstocher entfernen und auf einer Platte warm stellen.

Die Sauce durch ein Sieb geben und 6 bis 8 Min. einkochen lassen. Dann mit der Speisestärke etwas binden und zum Schluß einige Butterstückchen einrühren. Das verleiht der Biersauce einen schönen Glanz. Die warmgestellten Rouladen mit der Sauce begießen und mit gehackter Petersilie bestreuen.

Kartoffelpüree und gemischter Salat passen dazu.

Schweineohren und -schnäuzchen auf Linsen

Ernst Heiner Hüser
Historisches Gasthaus
Buschkamp
Bielefeld

3 Schweineohren sowie 2 Schweineschnäuzchen, 2 Möhren, 6 kleine Essiggurken, 1 Stange Lauch, 100 g Linsen, ½ Spickzwiebel, 50 g Möhren, 50 g Lauch, 50 g Sellerie, 2 dl saure Sahne, 1 Eigelb, Petersilie, Schnittlauch.

Die Schweineohren und -schnäuzchen gut wässern. Mit einer Möhre und der Spickzwiebel langsam weich kochen. Die Ohren und Schnäuzchen ohne die Kochflüssigkeit in einem Behälter im Kühlschrank auskühlen lassen.
Die Schweineohren und -schnäuzchen, Möhre, Sellerie, Gurken und Lauch in streichholzgroße Streifen schneiden und in einem Topf kurz erhitzen. Mit Salz, Pfeffer und etwas Essig abschmecken. Die Linsen in der Kochflüssigkeit und dem Wurzelgemüse wie gewohnt als Gemüse garen.

Die saure Sahne mit dem Eigelb und den gehackten Kräutern vermischen.
Das Linsengemüse ohne Flüssigkeit in tiefen Tellern kranzförmig anrichten. In die Mitte das Fleisch mit dem Gemüse geben und mit einem Löffel Kräutersahne nappieren. Das Ganze bei Oberhitze im Backofen überbacken.

Dicke Bohnen mit Räucherspeck, Mettendken und Bratkartoffeln

… drei graut Baunen sind so gaut äs ene Snute vull Braut!
… Chraute Baunen mit Späck, wer dat nich mach, is chäck.

Ernst Heiner Hüser
Historisches Gasthaus
Buschkamp
Bielefeld

750 g enthülste dicke Bohnen, 500 g durchwachsener Speck, 4 Mettendken zu je etwa 60 g, 2 mittlere Zwiebeln, 4 EL Schmalz, 4 EL Mehl, 5 dl Sahne, Salz, Bohnenkraut.

Den Speck mit dem gewaschenen Bohnenkraut in kochendes Salzwasser geben und bei schwacher Hitze kochen. Nach etwa 20 Min. die Bohnenkerne hinzugeben und weiterkochen (insgesamt etwa 1½ Std.).
Schmalz und die kleingeschnittenen Zwiebeln leicht anbräunen, mit dem Mehl abstäuben und mit der Sahne und etwas Bohnenwasser aufgießen. Nun die Bohnen abgießen und in die Sauce geben, den Speck in dicke Scheiben schneiden und die Mettendken heiß legen.
Dazu Bratkartoffeln servieren.

Variationsmöglichkeiten:
Kann auch als Suppe zubereitet werden, und die jungen inneren Kerne der enthülsten dicken Bohnen schmecken sehr gut als Salat.

Himmel und Äd

(Himmel und Erde)

Siegfried Hoffmann
Gaststätte Brauhaus Sion
Köln

1 kg Kartoffeln, 1 kg Äpfel, 100 g Butter, 1/4 l süße Sahne, 2 TL Zucker, 800 g Blutwurst, Mehl, Bratfett, 1 Handvoll Zwiebelringe.

Die Kartoffeln schälen, würfeln und in Salzwasser weich kochen. Die Äpfel ebenfalls schälen, blättrig schneiden und in Butter weich dünsten. Die gekochten Kartoffeln hinzugeben, vermengen und mit Sahne und Zucker verfeinern. Die Blutwurst in Scheiben schneiden, mehlieren und in heißem Fett knusprig braten. Eine Handvoll Zwiebelringe dazugeben und goldbraun mitbraten. „Himmel und Äd" auf vorgewärmte Teller geben und mit der gebratenen Blutwurst und den Zwiebelringen belegen. Dazu paßt am besten ein Kölsch.

Dicke Bohnen mit Schweinebacke und Speck

Wolfgang Markloff
Markloffs
Bielefeld

200 g Schweinebacke, 2 Wacholderbeeren, 2 Nelken, 2 Pimentkörner, 1 Lorbeerblatt, 500 g Kartoffeln, 500 g frische dicke Bohnenkerne,
Bohnenkraut, 200 g magerer Speck, 2 Zwiebeln, Salz, Pfeffer, 1 Bund Petersilie.

Die Schweinebacke in wenig kaltem Wasser mit den Gewürzen auf kleiner Hitze etwa 30 Min. köcheln lassen. Die Kartoffeln schälen und würfeln. Mit den Bohnen und dem Bohnenkraut zur Schweinebacke geben und nochmals 30 Min. garen.
Den Speck und die Zwiebeln würfeln und goldgelb braten. Die Schweinebacke herausnehmen und warm stellen. Den Speck und die Zwiebeln unter die Bohnen ziehen und mit wenig Salz und Pfeffer abschmecken.
Das Gemüse ohne das Bohnenkraut in eine vorgewärmte Schüssel geben. Die in Scheiben geschnittene Schweinebacke obenauf legen und mit der kleingeschnittenen Petersilie bestreuen.
Dazu gibt es Salzkartoffeln.

Holzhausener Heidschnuckenrücken, in Bohnenkraut gebraten

Oliver Heß
D'r Fiester-Hannes
Burbach-Holzhausen

1 ganzer Heidschnuckenrücken und 4 Knoblauchzehen, je 1 Zweig Thymian und Rosmarin, 5 Zweige Bohnenkraut, 1 Karotte, 1 Zwiebel, 1 Staudensellerie, 3 EL Olivenöl, 1 EL Tomatenmark, 1/4 l Rotwein, 3/4 l Wasser, 200 g Schnippelbohnen, Salz, Muskat.

Heidschnuckenrücken vom Knochen lösen, dann die Knochen fein hacken und in Olivenöl anbraten. Nach 10 Min. das Röstgemüse dazugeben, auf kleiner Flamme
anschwitzen, mit Rotwein ablöschen, das Tomatenmark unterrühren und mit Wasser auffüllen und langsam auf ein Drittel der Menge einkochen lassen.
Den Heidschnuckenrücken würzen und auf der Fettseite anbraten. Danach Knoblauchzehen, Bohnenkraut-, Thymian- und Rosmarinzweige zufügen und nach einmaligem Wenden mit der Pfanne bei 200 °C in den Ofen schieben. Garzeit etwa 10 Min.
Die zwischenzeitlich eingekochte Sauce passieren und abschmecken. Die Schnippelbohnen etwa 5 Min. im Salzwasser kochen.

Anrichten:
Heidschnuckenrücken in Medaillons aufschneiden und auf der Sauce anrichten.
Die gerösteten Bohnenkrautzweige dazulegen und die in Butter geschwenkten Bohnen im Kreis verteilen. Restliche Sauce à part und neue Kartoffeln, je nach Saison, dazu reichen.

Sauerbraten von der Moorschnuckenkeule

Theodor Lammers
Restaurant Heidehof
Gronau-Epe

1 Moorschnuckenkeule, etwa 1,3 kg, 1 Knoblauchzehe, 1 EL Öl, 20 g Butter, 40 g Tomatenmark, Salz, Pfeffer und 2 EL geriebener Pumpernickel.

Essig-Rotwein-Beize:
Je 1/8 l Rotwein, Wasser und Rotwein-Essig, 80 g Zwiebeln, 40 g Möhren, 40 g Sellerie, 20 g Petersilienwurzel, 2 Pimentkörner, 1 Lorbeerblatt, 2 Nelken, 1 EL Zucker, 1 Stück unbehandelte Zironenschale, je 1 Zweig Rosmarin sowie Thymian.

Das Gemüse putzen und zusammen mit Essig, Wasser und Rotwein aufkochen und 5 Min. köcheln lassen. Beize abkühlen und mit den Gewürzen über die Moorschnuckenkeule gießen. Diese 3 bis 4 Tage darin liegen lassen. Keule und Gemüse gut abtropfen. Butter und Öl im Schmortopf aufschäumen, die gesalzene und gepfefferte Moorschnuckenkeule von allen Seiten gut Farbe nehmen lassen, die Gemüsewürfel und die Knoblauchzehe zugeben und leicht anrösten. Tomatenmark hinzugeben und mit der Beize ablöschen. Im Ofen bei etwa 180 °C ungefähr 40 bis 50 Min. schmoren.

Das Fleisch aus dem Topf nehmen und den Fond mit geriebenem Pumpernickel binden. Die Sauce durch ein feines Sieb streichen.

Lamm unter der Buchweizenkruste auf Honig-Knoblauch-Jus

Joachim Lülf
Waldhaus Ohlenbach
Schmallenberg

600 g Lammrücken, Salz, Pfeffer, Rosmarin.

Sauce:
4 Knoblauchzehen, 10 g Butter, 8 cl trockener Rotwein, ¼ l Lammjus, 4 cl roter Portwein, 2 EL Honig.

Kruste:
50 g Buchweizen (ganz), 30 g Butter, 1 EL Schalottenwürfel und 1 TL Schnittlauch, 1 TL Semmelbrösel, Salz, Pfeffer.

Den Lammrücken würzen und rosa braten. Den Buchweizen in Salzwasser blanchieren. Schalotten in Butter anschwitzen. Buchweizen, Schalotten, Kräuter, Salz, Pfeffer, Semmelbrösel vermengen und auf den Lammrücken verteilen. Kurz vor dem Servieren unter dem Grill gratinieren.

Die Knoblauchzehen kleinhakken, in der Butter anschwitzen, mit dem Rotwein ablösen, mit der Lammjus, Portwein und Honig auffüllen und das Ganze auf ¼ l reduzieren. Durch ein Sieb seihen und auf vorgewärmte Teller als Spiegel angießen. Den portionierten gratinierten Lammrükken einsetzen und servieren.

Als Beilage Frühlingszwiebeln und kleine Rübchen reichen.

Lammrücken mit mildem Knoblauch

Ernst Heiner Hüser
Auberge Le Concarneau
Bielefeld

1 Lammsattel von etwa 1 kg, 2 kleine Knoblauchknollen, ⅛ l Crème fraîche, ¾ l Lammfond, Salz, Zukker, Butter, Wurzelgemüse, ½ l Milch.

Den Lammsattel auslösen, binden und in daumendicke Nüßchen schneiden. Aus dem kleingehackten Lammknochen und dem Wurzelgemüse danach den Lammfond kochen.

Die Knoblauchknollen vorsichtig zerpflücken, ohne die Zehen zu schälen. Die ungeschälten Knoblauchzehen in der Milch blanchieren (sie müssen noch etwas Biß haben), auf einem Sieb abgießen und in einer Pfanne mit Butter und etwas Zucker braun braten (karamelisieren) und anschließend zur Seite stellen.

Sauce:
Lammfond, Crème fraîche und die Hälfte der karamelisierten Knoblauchzehen eine ½ Std. ko-

chen lassen. Alles mit einem Küchenmixer pürieren, noch 10 Min. kochen lassen, passieren und zur gewünschten Konsistenz einkochen lassen. Sauce dann warm stellen.

Das Lammnüßchen rosa braten, mit der Sauce nappieren. Knoblauchzehen neben das Fleisch legen. Dazu Kartoffelgratin, grüne Bohnen oder Ratatouille reichen.

Lammkrone in Thymiansauce

Waldemar Kubis
Trüffel im Burbacher Hof
Hürth

4 Lammkronen (Lammkrone = 6–8 Lammkoteletts an einem Stück, zusammengebunden) zu je 250 g, 40 g Butter, 4 EL Olivenöl, 8 Knoblauchzehen, 8 kleine Schalotten, je 4 Zweige Estragon, Thymian, Rosmarin, Oregano, 8 Kirschtomaten, ½ l Lammfond, ¼ l Bordeaux, 10 g Mehl, 2 EL gehackte Schalotten, 2 EL geh. Thymian, 2 geh. Knoblauchzehen.

Lammkronen in Olivenöl anbraten, Öl abgießen, alle Zutaten, bis auf die Tomaten, hinzugeben und in der Backröhre bei 180 °C etwa 10 Min. garen.

Kronen herausnehmen und Bratensatz mit Rotwein ablöschen. Mehl einrühren, Fond, Schalotten und Knoblauch hinzufügen und bis zur Hälfte einkochen lassen. Durchsieben und zuletzt Thymian dazugeben. Bindfaden vom Fleisch entfernen und Krone in der Tellermitte anrichten.

Die mitgebratenen Kräuter und die Tomaten daranlegen und mit der Sauce umgeben.

Empfohlene Beilagen:
Keniabohnen sowie Pommes gratinées.

Rezept Seite 114: Gefüllte Lammbrust an Sauerampfersauce nach Henriette Davidis
Gerd Reber, Landhaus Leick, Sprockhövel

Gefüllte Lammbrust an Sauerampfersauce nach Henriette Davidis

(für 6 Personen)
Bild Seite 113

Gerd Reber
Landhaus Leick
Sprockhövel

1 Lammbrust von etwa 1 kg, 2 dl Wasser, Salz, Pfeffer, 250 g sehnenfreies Lammfleisch, 200 g Sahne, 1 Eigelb, 50 g Schlagsahne, etwas Öl, 100 g Lamminnereien (Leber oder Niere, in feine Würfel geschnitten), 1 Schalotte in feinen Würfeln, 500 g gehackte Lammknochen, 2 dl Wasser, 1 Gewürzbeutel (Lorbeer, Wacholder, Nelke, Pfefferkörner), 1 Zwiebel, 1 Karotte, 1/4 Sellerieknolle, 1 kleine Porreestange, 3 dl Sahne, 1 Bund Sauerampfer, 40 g Butter, Salz, Pfeffer.

Von der Lammbrust evtl. vorhandene Knorpel entfernen, eine tiefe Tasche einschneiden und innen und außen salzen und pfeffern. Das sehnenfreie Lammfleisch ebenfalls würzen, durch den Wolf drehen und in der Küchenmaschine mit der Sahne und dem Eigelb kuttern. Zwischen den Arbeitsgängen die Farce immer kühlen. Die Lamminnereien in Öl anziehen lassen, Schalottenwürfel zugeben, würzen und abkühlen. Zusammen mit der Schlagsahne unter die Farce heben und in die Lammbrust einfüllen. Gleichmäßig verteilen und mit Nadel und Wurstgarn zunähen. Wasser in einen Bräter gießen, die Lammbrust einlegen und in den 150 °C heißen Backofen schieben. Während das Wasser verdunstet, wird der stark gelatinösen Lammbrust etwas Eiweiß entzogen, und das Dünsten geht in Braten über. Die Lammbrust unter ständigem Übergießen 1¼ bis 1½ Std. garen. Gegen Ende der Garzeit die Temperatur auf 180 °C erhöhen und die Brust Farbe nehmen lassen. Die Lammknochen in kaltem Wasser aufsetzen, zum Kochen bringen, abschäumen, salzen und den Gewürzbeutel zufügen. 1 Std. köcheln, die Gemüse beigeben und eine weitere ½ Std. ziehen lassen. Dann den Lammfond durch ein Sieb passieren, auf 3 dl einkochen lassen, die Sahne zufügen und nochmals um die Hälfte reduzieren. Den Sauerampfer mit Butter mixen und in die Sauce einschlagen.

Anrichten:
Die Sauerampfersauce auf die Teller spiegeln. Lammbrust aufschneiden und je 1 Scheibe in der Mitte plazieren. Mit jungen Wurzelgemüsen umlegen.

Mariniertes Lammkaßler mit dicken Bohnenkernen

Wolfgang Schmalzried
Herrenhaus Buchholz
Alfter

1,6 kg Lammkarree, 4 Knoblauchzehen, 40 g frische Kräuter (Thymian, Rosmarin, Oregano, Majoran und Koriander), 1/2 geriebene Zitronenschale sowie 1 TL geschroteter schwarzer Pfeffer, 2 TL Salz, 40 g Pflanzenfett.

Sauce:
Je 40 g in nicht zu große Würfel geschnittener Staudensellerie, Fenchel, Schalotten, Lauch und 2 TL Tomatenmark, 1 Lorbeerblatt, 0,3 l Rotwein, 80 g kalte Butter.

Dicke Bohnenkerne:
2 kg dicke Bohnen, 50 g Zwiebelwürfel, 50 g Speckwürfel, 0,5 l Sahne, 1 TL gehackte Bohnenkrautblättchen, Salz, Pfeffer, Mazisblüte.

Knoblauchzehen in kleine Stiftchen schneiden und das Lammkarree damit spicken. Die Kräuter hacken, mit der abgeriebenen Zitronenschale, dem geschroteten Pfeffer und dem Salz mischen und das Fleisch damit einreiben. Das Lammkarree mindestens 3 bis 4 Tage zugedeckt ruhen lassen. Danach leicht anräuchern.

Das Pflanzenfett im Bräter erhitzen und das Lammkaßler von allen Seiten anbraten. Dann im Ofen bei 200 °C weiterbraten und mit dem Fett öfter übergießen. Nach etwa 10 Min. Gemüse und Lorbeerblatt hinzufügen und weiter übergießen. Nach weiteren 10 Min. das Tomatenmark zugeben und mitrösten. Mit Rotwein ablöschen, einkochen und diesen Vorgang 2mal wiederholen.

Das Lammkaßler aus dem Bräter nehmen und warm stellen. Den Bratensaft mit Wasser ablöschen, aufkochen, durch ein feines Sieb passieren, mit den kalten Butterflöckchen montieren und abschmecken. Die Sauce soll jetzt nicht mehr kochen.

Die Bohnenkerne aus der Schote nehmen und in Salzwasser kochen. Danach auf ein Sieb schütten und die noch heißen Bohnenkerne wie Mandeln enthäuten.

Speck und Zwiebeln anschwitzen, mit Sahne auffüllen und bis zur Hälfte reduzieren. Die enthäuteten Bohnenkerne, die gehackten Bohnenkrautblättchen und die Gewürze hinzufügen und noch einmal durchkochen. Das Gemüse sollte schön cremig sein.

Anrichten:
Die dicken Bohnenkerne in die Mitte der Teller anrichten. Das Lammkaßler tranchieren, auf die Bohnen legen und mit der Sauce umgießen.

Kohlroulade von Paderborner Lammrücken mit Püree von weißen Bohnen

Gerhard Völlm
Parkhotel Gütersloh
Gütersloh

Paderborner Lammrücken:
400 g Lammrückenfilet und 300 g gemischte Pilze sowie Rosmarin und Thymian, 1 kleiner Spitzkohlkopf, 1 schönes Schweinenetz, 1 Karotte, 1 Zucchino, Salz, Pfeffer, Bratfett (Olivenöl).

Bohnenpüree:
400 g eingeweichte weiße Bohnen, 3 gewürfelte Schalotten, etwas Olivenöl, 0,5 l Gemüsebouillon, 0,3 l Sahne, 1 kleine geschälte, gewürfelte Kartoffel.

Für den Lammrücken die Filets würzen, von beiden Seiten ansteifen und beiseite stellen. Die Pilze waschen und hacken. Rosmarin und Thymian ebenfalls hacken. Die Karotte schälen und in feine Würfel schneiden, ebenso den Zucchino. Die Pilze in Olivenöl anbraten, die Gemüsewürfel zugeben und würzen. Die Spitzkohlblätter kurz blanchieren, sofort in Eiswasser abschrecken und auf einem trockenen Tuch auslegen. Die gehackten Kräuter unter das Pilz-Gemüse-Gemisch geben, auf den Spitzkohlblättern verteilen, das Lammrückenfilet darin einschlagen und mit dem Schweinenetz umwickeln. Bei 200 °C im Ofen braten, vor dem Tranchieren etwas ruhen lassen.
Alle Zutaten für das Bohnenpüree in Olivenöl angehen lassen, mit Gemüsebouillon und Sahne aufgießen und kochen, bis sie gut weich sind, danach im Mixer pürieren, durch ein Haarsieb streichen und abschmecken.
Vor dem Anrichten noch etwas geschlagene Sahne unterrühren.

Geschmorte Lammhaxe mit Burgundersauce

Hartwig Kalbers
Detlev Hufschmidt
Restaurant Kurlbaum
Moers

4 Lammhaxen zu je 280 bis 300 g, 1/4 Knolle Sellerie, 1 Zwiebel, 2 Möhren, 2 TL Tomatenmark, 10 g Mehl, 200 ml roter Burgunder, 50 ml roter Portwein, etwa 1 l Fleischbrühe, 6 Wacholderbeeren, 4 Pimentkörner, 8 schwarze Pfefferkörner und 1 Lorbeerblatt, 1 Knoblauchzehe, Salz, Pfeffer, Zucker, Öl und Butter zum Anbraten, 50 g kalte Butter in Würfeln.

Die Lammhaxen grob vom Fett befreien. Die Sehnenseite mehrmals über Kreuz nicht zu tief einschneiden. Mit Salz und Pfeffer würzen und von allen Seiten im Bräter scharf anbraten. Herausnehmen, gewürfelten Sellerie, Möhren und Zwiebeln im Bräter anbraten und Farbe nehmen lassen. Tomatenmark unterrühren und mit Mehl bestäuben. Mit Burgunder und Portwein ablöschen und etwas einkochen. Mit einem Teil Fleischbrühe auffüllen und Wacholderbeeren, Piment, Pfefferkörner, Lorbeerblatt und Knoblauch hinzugeben. Dann die Haxen in den Bräter zurücklegen und bei 200 °C im Backofen 1¼ bis 1½ Std. schmoren. Die Haxen mehrmals wenden und mit Flüssigkeit übergießen (evtl. Fleischbrühe nachgießen). Haxen herausnehmen und warm stellen. Den Fond durch ein Sieb gießen und die kalte, gewürfelte Butter unterrühren. Gegebenenfalls mit Salz, Pfeffer und 1 Prise Zucker nachschmecken. Auf 4 Teller anrichten und dazu Rotkohl und Kartoffelklöße reichen.

Lammbratwurst auf Spitzkohl in Pesto

Hans Bertels
Le Crocodile
Krefeld

1 kg Lammschulter ohne Knochen, mit wenig Fett, je 25 g Petersilie, Rosmarin und Thymian, Salz, schwarzer Pfeffer, etwas Knoblauch, 1 kleiner Spitzkohlkopf, 1 Bund Basilikum, 50 g Pinienkerne, 0,1 l Olivenöl, Salz, Pfeffer.

Bratwurst:
Fleisch in Würfel schneiden und mit den Gewürzen und Kräutern anmachen, durch den Fleischwolf drehen, in dünne Bratwurstdärme (beim Metzger vorbestellen) füllen und in nicht zu große Würstchen abdrehen.

Pesto:
Basilikum, Pinienkerne, Gewürze und Olivenöl im Mixer pürieren; es muß dabei eine dicke Sauce entstehen.

Spitzkohl:
Spitzkohl in kleine Blättchen schneiden und in Salzwasser garen. Den heißen Spitzkohl mit dem Pesto vermengen und evtl. nachwürzen.
Spitzkohl auf vorgewärmten Tellern anrichten und die kleinen gebratenen Würstchen dekorativ darumlegen.

Lammhaxenscheiben mit Vanille

Ernst Heiner Hüser
Auberge Le Concarneau
Bielefeld

4 Lammhaxen, Salz, Pfeffer aus der Mühle, Mehl zum Bestäuben, Öl und Butter zum Anbraten, 3 Vanil-

leschoten, 1 dl trockener Sherry, ³/₄ l Lammfond, 80 g Butter.

Die Lammhaxen mit der Knochensäge in daumendicke Scheiben schneiden (evtl. vom Fleischer schneiden lassen), von Haut und Fett befreien, von beiden Seiten salzen und pfeffern, mit Mehl bestäuben, überflüssiges Mehl abklopfen. Haxenscheiben von beiden Seiten in einer Öl-Butter-Mischung anbraten und aus der Pfanne nehmen.

Das Fett wegschütten und den Bratenfond mit dem Sherry ablöschen. Die Vanilleschoten auskratzen und Mark und Schote zu dem Sherry geben. Die Haxenscheiben dazugeben und 10 Min. langsam köcheln lassen. Mit dem Lammfond auffüllen und zugedeckt 1½ Std. schmoren.

Die Haxenscheiben vorsichtig aus der Sauce nehmen, auf ein Blech legen und mit einem feuchten Tuch zudecken. Die Vanilleschoten ebenfalls aus der Sauce nehmen. Die Sauce durch ein nicht zu feines Sieb gießen (die Vanillekörner müssen in der Sauce bleiben), auf 3 dl einkochen und mit der Butter aufmontieren.

Lammhaxenscheiben in der abgeschmeckten Sauce vorsichtig erwärmen.

Als Beilagen Kartoffelrösti, Wirsing mit Crème fraîche reichen.

Pochiertes Milchlamm auf Bohnen-Sprossen-Gemüse mit Rosmarinjus

Holger Tamm, Graugans
Hyatt Regency, Köln

4 ausgelöste Milchlammrücken zu 150 g, Lammknochen, 1 Knoblauchzehe, 2 Rosmarinzweige, je

50 g Sellerie, Zwiebeln und 50 g Karotten, 5 Schalotten, 1 Lorbeerblatt, 2 EL Tomatenmark, 3 EL Olivenöl, 10 schwarze Pfefferkörner, 1 l Rotwein, 200 g geputzte Keniabohnen, 15 g Butter, 100 g Sojasprossen, Salz und Pfeffer.

Lammknochen hacken, in Olivenöl anbraten, das kleingeschnittene Röstgemüse zugeben und braun rösten, Tomatenmark hinzufügen und kurz mitrösten. Mit Rotwein ablöschen, einkochen und den Vorgang mehrmals wiederholen. Mit Wasser auffüllen, bis die Knochen bedeckt sind, und etwa 2 bis 3 Std. leise köcheln lassen.

10 Min. vor Ende der Kochzeit die Rosmarinzweige beifügen. Die Jus passieren und auf ein Drittel der Menge reduzieren.

Danach mit Salz und Pfeffer abschmecken.

Die Keniabohnen in Salzwasser blanchieren. Die Bohnen abtropfen lassen und mit den Sojasprossen in Butter andünsten.

Die Lammrücken würzen und in heißem Öl medium braten.

Anrichten:
Auf vorgewärmten Tellern einen Saucenspiegel angießen. Sodann den Lammrücken in Medaillons schneiden, auf die Sauce legen und mit dem gedünsteten Gemüse umkränzen.

Strudel vom Milchzicklein

Richard Sutorius
Gasthaus Sutorius
Königswinter-Stieldorf

150 g Mehl, 1 Eigelb, 5 g Salz, 2 cl Öl, 6 cl Wasser, 1 Milchziegenkeule, 5 g Salz, 1 Prise Pfeffer, 1 Msp. Majoran, 1 Msp. Thymian, 20 g Morcheln, ⅛ l Wasser, 20 g Butter, 2 Zwiebeln, 1 Möhre, ¼ Knolle Sel-

lerie, ½ Stange Lauch, 3 EL Sauerrahm, 3 Eier, 100 g Ziegenkäse, 2 Eigelb.

Mehl, Eigelb, Salz, Öl und Wasser verkneten. Den Teig 1 Std. ruhen lassen. Milchziegenkeule auslösen, in grobe Würfel schneiden. Das Fleisch mit Salz, Pfeffer, Majoran, Thymian würzen, kurz anbraten und erkalten lassen.

Morcheln in Wasser einweichen. Zwiebeln, Möhren, Sellerie sowie Lauch in feine Streifen schneiden und in Butter anschwitzen. Sauerrahm, Morcheln und Saft zugeben, ½ Std. köcheln lassen und vom Feuer nehmen. Den in Würfel geschnittenen Ziegenkäse und die geschlagenen Eier beifügen und erkalten lassen. Dann das Ziegenfleisch unterheben. Den Strudelteig dünn ausrollen, die Masse gleichmäßig darauf verteilen, zusammenrollen, mit Eigelb bestreichen und im Ofen bei 200 °C etwa 15 Min. backen. Mit dem Elektromesser in gleichmäßige Scheiben schneiden.

Gefüllte Ziegenschulter auf Kohlrabi

Rainer-Maria Halbedel
Halbedel's Gasthaus
Bonn

1 Ziegenschulter und 100 g frischer Schweinebauch, 1 Knoblauchzehe, 1 großes Wirsingblatt, ½ l Sahne, 125 g Butter, 2 große Kohlrabi, Salz, Pfeffer, Muskat.

Die Ziegenschulter auslösen und plattieren. Mit Salz, Pfeffer und Knoblauch würzen und das Wirsingblatt darauflegen.

Die Vorderhaxe und den Schweinebauch durch den Fleischwolf drehen, mit Salz und Pfeffer wür-

Rezept Seite 118: Gefüllter Kaninchenrücken in der Kartoffelkruste auf Buttermilchsauce mit Morcheln, Wurzelgemüse und wildem Spargel
Peter Nöthel, Peter Liesenfeld, Hummer-Stübchen im Hotel Fischerhaus, Düsseldorf-Lörick

zen und mit ¼ l Sahne im Küchengerät mixen.

Die Füllung auf dem Wirsingblatt verteilen und mit dem Fleisch zusammenrollen.

Die Rolle auf eine gebutterte und mit Thymian bestreute Alufolie legen und fest einrollen. Etwa 30 bis 35 Min. bei 250 °C im Ofen backen.

Währenddessen die Kohlrabi schälen und in Stäbchen schneiden. In leicht gesalzenem Wasser blanchieren.

Den Fond mit ¼ l Sahne einkochen lassen. Die Butter einrühren und mit Salz und Muskat abschmecken.

Die Kohlrabi mit der Sauce auf Tellern anrichten, die Ziegenschulter in 4 Scheiben schneiden und auf das Gemüse legen.

Kotelett vom Zicklein, in Zitronenthymiansahne gegart, mit Leinsamenschupfnudeln

Herbert Weber
Restaurant Zum Pulverturm
Wachtendonk

1200 g Kotelett vom Zicklein, ¼ l Sahne, ⅛ l Crème fraîche, 4 Zweige Zitronenthymian, 1 Zehe Knoblauch, Salz, Pfeffer, ⅛ l Gewürztraminer, 4 Schalotten, 1 Karotte, ¼ Knolle Sellerie, ½ Zitrone, 2 EL Butterschmalz.

Schupfnudeln mit Leinsamen:
300 g mehlig kochende Kartoffeln, 130 g bis 150 g Mehl, 2 Eigelb, Pfeffer, Muskat, Salz, 50 g Leinsamen und 40 g Butter zum Anschwenken der Schupfnudeln.

Kartoffeln kleinschneiden und in Salzwasser kochen, abschütten und ausdämpfen lassen. Dann durch eine Presse drücken und die restlichen Zutaten mit Ausnahme des Leinsamens beigeben. Durchmengen und zentimeterdick auf bemehltem Blech ausrollen, in 6 bis 8 cm lange Stücke schneiden, zwischen den Händen rollen und formen. Etwa 4 bis 6 Min. in kochendes Salzwasser geben. Dann in kaltem Wasser abschrecken und gut abtropfen lassen.

Das Kotelett in 4 Stücke teilen, mit Salz und Pfeffer würzen. Butterschmalz in heiße Kasserolle geben und zerdrückte Knoblauchzehe beifügen. Kotelett auf beiden Seiten goldgelb anbraten und herausnehmen. In Würfel geschnittenes Wurzelgemüse anrösten und mit dem Wein ablöschen. Dann mit Sahne auffüllen und bis zur Hälfte einkochen lassen. Passieren, Crème fraîche und Zitronensaft unterrühren. Die Kotelettstücke zurück in die Sahne legen und abgedeckt 15 Min. im Backrohr bei 180 °C ziehen lassen. Das Kotelett sollte innen rosa sein.

Für die Schupfnudeln Butter in einer Pfanne heiß werden lassen, Leinsamen zufügen, leicht bräunen lassen und Schupfnudeln darin schwenken. Etwas salzen und auf Tellern verteilen. Die Koteletts aus der Kasserolle heben. Die Sauce auf die Teller gießen, die Koteletts zwischen den Knochen in Tranchen schneiden, auf der Sauce plazieren und mit einem Sträußchen Zitronenthymian garnieren.

Kaninchenrücken mit Apfelkorn

Heinrich Toennies-Fischer
Zum Deelenkrug
Hagen-Garenfeld

2 größere Kaninchenrücken, 100 g gewürfeltes Röstgemüse, (Lauch, Sellerie, Möhren), 0,1 l Sahne, 0,4 l Kalbsfond, 2 Äpfel (Golden Delicious), 30 g Butter, 20 g Zucker, 5 cl Apfelkorn.

Kaninchenrücken auslösen und enthäuten. Die Knochen kleinhacken, mit dem Röstgemüse und dem Kalbsfond eine Jus kochen. Einen Apfel schälen, entkernen und in Scheiben geschnitten mit der Sahne in die Jus geben. Reduzieren lassen und passieren. Die ausgelösten Kaninchenrücken gut würzen und etwa 10 Min. gar braten. Den zweiten Apfel schälen, vierteln, entkernen und in feine Scheiben schneiden. Butter und Zucker mit dem Apfelkorn leicht karamelisieren lassen. Die Apfelscheiben darin kurz garen.

Die Kaninchenrücken in Tranchen schneiden und neben der Jus mit den glacierten Apfelscheiben anrichten.

Beilagen:
Nudeln oder Kartoffelplätzchen, junges Gemüse.

Gefüllter Kaninchenrücken in der Kartoffelkruste auf Buttermilchsauce mit Morcheln, Wurzelgemüse und wildem Spargel

Bild Seite 117

Peter Nöthel, Peter Liesenfeld
Hummer-Stübchen
im Hotel Fischerhaus
Düsseldorf-Lörick

4 Kaninchenrücken zu je 250 g mit Nieren, 4 große Kartoffeln, 2 Eigelb, 160 g Gänseleber, 1 Schweinenetz, Salz, Pfeffer, Butter zum Braten.

Kaninchenrücken ausbeinen und von Sehnen befreien. Die Rückenstränge mit Gänseleber und Nieren füllen und ins Schweinenetz einschlagen, würzen. Die Rücken mit Butter in einer Pfanne anbraten. Die geschälten Kartoffeln in dünne Scheiben schneiden. Auf einem Tuch zu 4 gleichen Vierecken auslegen, wobei sich die Kartoffelscheiben jeweils um ein Viertel überlappen müssen, sparsam salzen und pfeffern. Die Kartoffeln mit verquirlten Eigelben bestreichen, je 1 Rücken vorsichtig in die Kartoffelmatte einschlagen. In einer Pfanne etwas Butter aufschäumen lassen, die Rücken bei mittlerer Hitze goldgelb backen.

Buttermilchsauce:
Kaninchenknochen, 100 g Butter, 1 geschälte Zwiebel, 1 Stück Sellerie, 1 kleine Karotte, 0,1 l Weißwein, 0,25 l Geflügelfond, 0,25 l Kalbsjus, Salz, Pfeffer, 0,1 l Buttermilch, kalte Butter.

Butter erhitzen, die kleingehackten Kaninchenknochen darin langsam bräunen, das in grobe Würfel geschnittene Gemüse dazugeben, mit Weißwein ablöschen und einkochen lassen. Mit Fond und Jus aufgießen und zur gewünschten Konsistenz reduzieren, durch ein Sieb passieren, die Buttermilch zugeben sowie die kalte Butter. Die Sauce im Mixer aufschlagen, nochmals aufkochen und abschmecken.

Morcheln:
8 frische Morcheln, 80 g Geflügelfleisch, 80 g kalte Sahne, 50 g Gänsestopfleber, Salz, Pfeffer

Alle Zutaten außer den geputzten und gewaschenen Morcheln im Kutter zu einer geschmeidigen, glatten Farce verarbeiten. Die Morcheln damit füllen und in Geflügelbrühe 5 Min. pochieren.

Gemüse:
12 junge Karotten, 24 Stangen wilder Spargel, Butter, Salz, Pfeffer.

Die Karotten waschen und tournieren. Das Gemüse getrennt in Salzwasser knackig kochen. Einzeln in Butter anschwenken und würzen.
Zum Anrichten auf die vorgewärmten Teller das tournierte Gemüse, Spargel und Morcheln plazieren, den Kaninchenrücken aufschneiden und auf den Tellern anrichten, mit Sauce angießen.

Gefüllter Kaninchenrücken mit Backpflaumen in Rübenkrautsauce

Thomas Möllecken
Altes Zollhaus
Mülheim/Ruhr

4 Kaninchenrücken, 8 kleine Backpflaumen, 0,2 l Weißwein, 3 cl Williamsbrand, 150 g Röstgemüse (Karotte, Sellerie, Zwiebeln, gewürfelt), ¼ l Kalbsfond, ¼ l Sahne, 3 EL Rübenkraut sowie 80 g kalte Butter, 1 Schweinenetz, Salz, Pfeffer.

Farce:
250 g Putenfleisch, 60 g Entenstopfleber, 1 Ei, ⅛ l Sahne, 1 cl Cognac, Salz, Pfeffer, Muskat.

Alle Zutaten für die Farce gut kühlen, anschließend im Küchenkutter zu einer feinen Masse verarbeiten. Die Backpflaumen entsteinen, in Weißwein und Williamsbrand einlegen. Für die Sauce die Knochen hacken, anbraten, das Röstgemüse hinzugeben, mehrmals mit dem Weißwein, in dem die Backpflaumen eingelegt waren, ablöschen. Den Ansatz mit Kalbsfond und Sahne auffüllen, köcheln lassen, nach etwa 30 Min. passieren. Diese Sauce etwas reduzieren, das Rübenkraut

hinzugeben, würzen und mit der kalten Butter aufmontieren.
Die Rückenfilets auslösen, aber so, daß die Bauchlappen am Fleisch bleiben, Fett und Sehnen entfernen. Die sauber parierten Filets würzen, jeweils 2 Pflaumen (falls vorhanden auch die Nieren) zwischen die Filets legen, mit etwas Farce bestreichen, die Bauchlappen umschlagen und den somit gefüllten Rücken in das Schweinenetz einrollen. Die Rücken in eine gefettete Pfanne legen und im Backofen bei mehrmaligem Wenden braten. Das fertige Fleisch abgedeckt einige Minuten ruhen lassen, in Tranchen schneiden und auf der Sauce anrichten.

Kaninchen in Schnittlauch-Senf-Sauce

Hermann Frintrop
Restaurant Frintrop
Oberhausen

1 junges Kaninchen, wenig Bratfett, 1 Zwiebel, 1 Möhre, 1 Stück Sellerie, 250 ml halbtrockener Weißwein, 1 Lorbeerblatt, 1 Nelke, etwas Thymian und Pfeffer, 2 Knoblauchzehen, 50 g mittelscharfer Senf, 100 ml Sahne, 2 Bund Schnittlauch, 50 g Butter, Salz und Pfeffer.

Kaninchen teilen, salzen und pfeffern. Im Bräter mit dem heißen Fett anbraten. Das kleingeschnittene Gemüse beigeben und kurz mitbraten. Mit dem Weißwein ablöschen, einmal einkochen lassen, anschließend mit Wasser knapp bedecken. Kurz aufkochen, die Gewürze und den Knoblauch in den Sud geben und etwa 30 Min. ziehen lassen. Die Kaninchenteile herausnehmen und warm stellen. Den Sud durch ein Sieb geben und bis auf 150 ml einkochen. Sahne, Senf und Butter unter den heißen Sud schlagen und den kleingeschnittenen Schnittlauch hinzufügen. Die Sauce abschmecken. Kaninchenteile heiß auf die Teller verteilen. Mit der Sauce übergießen. Mit Gemüsen der Jahreszeit garnieren.

Hasen- und Kaninchenrücken im Zucchinimantel

Hans-Georg von Korff
Hotel von Korff
Meschede

360 g Hasenrückenfilet und 360 g Kaninchenrückenfilet, jeweils ohne Knochen, 4 mittelgroße Zucchini, etwas Bratfett, Salz, Pfeffer.

Sauce:
1/4 l Cassispüree, 1/8 l kräftiger Rotwein.

Die in 4 Portionen geteilte Hasen- und Kaninchenrückenfilets salzen, pfeffern und mit den spaghettiförmig geschnittenen grünen Zucchini portionsweise gleichmäßig umwickeln.
Bei etwa 180 °C langsam mit wenig Fett (am besten auf der Griddleplatte) gleichmäßig von jeder Seite etwa 3 Min. garen. Die Sauce in einer Sauteuse separat zubereiten. Dazu das Cassispüree mit Rotwein etwas reduzieren.

Anrichten:
Die kräftig rote Cassissauce als Spiegel auf dem Teller anrichten. Hasen- und Kaninchenfilets 2mal schräg tranchieren und dekorativ auf die Sauce legen.
Als Garnitur evtl. ein Wachtelspiegelei und ein Kräuterblatt anlegen. Als Beilage eignen sich Nudeln oder Kartoffelcrêpes.

Kaninchenkeule in Bier-Senf-Sauce

Josef Schwinning
Restaurant Stammhaus Fiege
Bochum

4 frische Kaninchenkeulen zu 220 g, 4 EL Öl zum Anbraten, 4 dl Bier, 2 dl Sahne, 2 EL Senf, 100 g Butter, 50 g Zwiebeln, 50 g Möhren, 50 g Sellerie, 1 TL Senfkörner, 1 kleines Bund Schnittlauch, 1 TL Speisestärke, Salz, Pfeffer, 1 Prise Zucker.

Die Kaninchenkeulen würzen, in Mehl wenden und in einer Kasserolle in Öl anbraten, ohne daß sie Farbe nehmen. Die gewürfelten Gemüse zugeben und etwas mit andünsten. Dann mit dem Bier und der Sahne ablöschen. Die Kasserolle mit einem Deckel verschließen und für 30 Min. in den 220 °C heißen Ofen schieben. Danach die Keulen entnehmen und warm stellen. Die Sauce in einen kleinen Topf passieren und mit etwas Speisestärke binden. Nun den Senf dazugeben und die kalte Butter flockenweise mit dem Schneebesen einrühren. Die Sauce wird dadurch voll im Geschmack und erhält schönen Glanz. Mit einer Prise Zucker und evtl. mit Salz und Pfeffer nachwürzen. Die Keulen mit der Sauce begießen und mit Senfkörnern und Schnittlauchröllchen bestreuen.
Als Beilage hausgemachte Nudeln oder Mandelkroketten.

Kaninchenfilet im Wirsingmantel

F. Ellrich, J. Scheffran
Alt Nürnberg
Bochum

8 enthäutete Kaninchenrückenfilets, 4 große Blätter Wirsing, 1/2 Bröt-chen, 1 Eigelb, Salz, Pfeffer, 0,2 l Kalbsfond, 0,2 l Sahne, 2 EL Crème fraîche, 1 EL Senf.

4 Kaninchenrückenfilets durch die feine Scheibe des Fleischwolfs drehen, das eingeweichte Brötchen, Eigelb, Salz und Pfeffer zufügen und eine Farce herstellen, kühl halten.
Die Wirsingblätter kurz in Salzwasser blanchieren. Die restlichen Kaninchenfilets in Butter anbraten. Die Wirsingblätter einzeln in eine Küchenkelle legen, jeweils 1/4 der Farce in das Wirsingblatt geben, 1 Kaninchenfilet in die Farce drücken, dann die Ränder der Wirsingblätter so umschlagen, daß mit Hilfe der Kelle kleine Bällchen entstehen, fest drücken. Die Bällchen mit der flachen Seite nach unten in einen Bräter geben, mit 0,2 l Fond angießen und im Backofen bei etwa 180 °C 20 Min. fertiggaren.
Kaninchenbällchen aus dem Bräter nehmen und warm stellen, Bratflüssigkeit aus dem Bräter mit Sahne, Crème fraîche und Senf auf die gewünschte Saucenmenge einkochen, die Bällchen auf Tellern anrichten, mit der Sauce umgießen. Als Beilage eignet sich Kartoffelpüree.

Kalbsbriesmedaillon mit Frühjahrsmorcheln

Bild nebenstehend

Hans-Dietrich Marzi
Hotel Schloß Hugenpoet
Essen-Kettwig

0,8 kg Kalbsbries, je 50 g Lauch, Sellerie und Karotten, 1 Lorbeerblatt, 2 Nelken, Salz, 1/4 l Sahne, 3 EL Crème fraîche, 200 g frische Morcheln (oder 50 g getrocknete), etwas Kalbsjus, Butter, Kerbel als Garnitur, Zitronensaft, Worcestersauce.

*Rezept siehe oben: Kalbsbriesmedaillon mit Frühjahrsmorcheln
Hans-Dietrich Marzi, Hotel Schloß Hugenpoet, Essen-Kettwig*

Das Kalbsbries in Wasser mit den Gemüsen und Gewürzen zusammen kochen und kalt stellen. Danach die Haut soweit wie möglich entfernen. In Scheiben schneiden, mit Salz, Pfeffer, wenig Zitronensaft und Worcestersauce würzen, dann in Butter kroß braten. Die Karotten in Scheiben schneiden und als Garnitur verwenden.

Die Morcheln waschen und kurz mit Salzwasser überbrühen. In eine Sauteuse geben, mit Sahne und Kalbsfond verkochen, mit Salz und Pfeffer abschmecken, zum Schluß die Crème fraîche unterziehen.

Die Morcheln auf den Teller geben und die gebratenen Kalbsbriesscheiben darauflegen. Als Garnitur eignen sich Kerbelsträußchen oder Karottenscheiben.

Beilagen:
Kartoffel-Zucchini-Torte (siehe Seite 177), junge Gemüse oder Salat.

Soufflé und gebackenes Kalbsbries auf Spinat-Samtsauce und Champignonkartoffeln

Wolfgang Schmalzried
Herrenhaus Buchholz
Alfter

Kalbsbriessoufflé:
100 g Kalbsbries, 5 g Butter, 10 g Schalottenwürfel, 10 g Lauchwürfel, ½ Knoblauchzehe, 30 g Crème fraîche, 40 g Sahne, 20 g Kalbsfond, 2 EL trockener Sherry, Salz, Pfeffer, Mazisblüte, 2 Eigelb, 2 Eiweiß, 15 g beurre manié (Mehlbutter, halb Butter, halb Mehl).

Gebackenes Kalbsbries:
400 g Kalbsbries, Salz, Pfeffer, 1 Zitrone, 20 g Sellerie, 2 Pfefferkörner, *¼ Lorbeerblatt, 20 g Zwiebeln, 10 g Lauch, 1 Vollei, 1 EL Mehl, 50 g Weißbrotbrösel, 50 g Butterfett.*

Sauce:
0,2 l Kalbsbriesfond, 0,4 l Sahne, 0,1 l geschlagene Sahne, 120 g Spinat, Mazisblüte, Salz, Pfeffer, 20 g Schalotten, 10 g Butter, 10 g gebräunte Butter.

Kartoffeln:
1 kg festkochende Kartoffeln, 10 g Butter.

Kalbsbries 2 bis 3 Stunden wässern. In gewürztem Wasser blanchieren, die äußere Haut abziehen und das Bries zerpflücken. Schalotten und Lauch in Butter leicht andünsten, mit Sherry ablösen und mit Sahne, Crème fraîche und Kalbsfond auffüllen. Nach dem Aufkochen den zerdrückten Knoblauch, die Gewürze und die zerpflückten Kalbsbriesstücke bei kleiner Hitze etwa 6 Min. garen. Die noch verbleibende Kalbsbriessahne mit beurre manié binden, fein pürieren und die Eigelbe unter die Masse rühren.

Wenn die Masse erkaltet ist, 2 Eischnee unterheben. Gebutterte 0,1-l-Näpfchen zu drei Viertel damit füllen und bei 200 °C im Wasserbad etwa 20 Min. im Ofen garen.

Für das gebackene Kalbsbries das Bries wieder wässern, blanchieren und häuten. 0,5 l Wasser mit Gemüse, Lorbeerblatt, Salz und Pfefferkörnern 10 Min. simmern lassen, dann das Kalbsbries einlegen. Die Flüssigkeit zum Kochen bringen, abschäumen und bei geringer Hitze etwa 15 Min. garen.

Das Bries in der Brühe erkalten lassen. In 8 Scheiben schneiden, mit Salz, Pfeffer und etwas Zitronensaft würzen, dann mit Mehl, Ei und Weißbrotbrösel panieren. In heißem Butterfett goldgelb ausbacken.

Aus den Kartoffeln werden mit einem Tourniermesser „Champignons" geformt. Schneller und ebenso effektvoll ist es, wenn man mit einem Kartoffelausstecher Kugeln ausbohrt, in die Kugeln mit einem dünnen Apfelausstecher bis zur Hälfte einsticht, bis zum Eingestochenen außen abschneidet und vorsichtig aus dem Apfelausstecher herausdrückt. Die Champignonkartoffeln werden in Salzwasser gekocht und in Butter vorsichtig geschwenkt.

Für die Sauce Schalotten in Butter anschwitzen und mit Kalbsbriesfond und Sahne auffüllen. Den Sahnefond zum Kochen bringen und den blanchierten, grobgehackten Spinat mit den Gewürzen zu einer cremigen Sauce kochen. Mit dem Rührstab fein pürieren und die geschlagene Sahne und die gebräunte Butter unterheben.

Auf vorgewärmte Teller Saucenspiegel gießen. Die gebackenen Kalbsbriesscheiben und die Champignonkartoffeln anrichten. Im letzten Moment das Kalbsbriessoufflé aus den Näpfchen stürzen und sofort servieren.

Kalbsbries in der Pumpernickelkruste auf Liebstöckelsauce

Udo Lucas
Waldhaus
Winterberg

600 g abgezogenes und enthäutetes Kalbsbries, 1 Zwiebel; ½ Lorbeerblatt, 1 Nelke und 300 g gebröselter Pumpernickel, 1 Ei, etwas Mehl zum Panieren.

Liebstöckelsauce:
2 EL gehacktes frisches Liebstöckel, ½ l süße Sahne und 50 g Crème fraîche, Salz, Pfeffer, Muskat, 1 cl

trockener Weißwein, geklärte Butter zum Braten, 50 g kalte Butter.

Kalbsbries in Wasser und Weißwein mit Zwiebel, Lorbeerblatt, Nelke und Salz blanchieren, d. h. einmal aufkochen, 5 Min. ziehen lassen, herausnehmen und Fond einkochen. Zwischenzeitlich die Sahne separat einkochen. Beide Flüssigkeiten zusammenmengen und wieder einkochen lassen. Mit dem Handmixer 50 g Butter und 50 g Crème fraîche untermixen, mit den Gewürzen abschmecken, das Liebstöckel unterziehen und warm stellen:
Kalbsbries abtrocknen, in Mehl wenden, mit Ei und Pumpernikkel panieren, in Öl kurz anbraten und mehrmals wenden, bis die Kruste knusprig ist.
Als Beilage eignen sich kleine Kohlrouladen.

Kalbsbries mit Streifen von Wurzelgemüse

Josef Selbach
Sülztaler Hof
Overath-Immekeppel

480 g blanchiertes und geputztes Kalbsbries, 50 g geklärte Butter, 100 g Mehl, 2 dicke Möhren, 1 Stange Lauch, 1/2 Sellerieknolle, 1 Schalotte, Blattpetersilie.

Das blanchierte und enthäutete Kalbsbries in 12 schöne Scheiben schneiden, salzen, leicht mehlieren und in der Butter goldgelb braten.
Das Gemüse in Julienne (ganz feine Streifen) schneiden und in Butter mit der feingehackten Schalotte anschwenken.
Das Gemüse in der Mitte der Teller anrichten, die Kalbsbriesscheiben sternförmig dazulegen und mit Blattpetersilie garnieren.

Kalbsherz mit Stielmus

Wolfgang Markloff
Markloffs
Bielefeld

1 kg Kalbsherz, Salz, Pfeffer aus der Mühle, Öl, 400 g Knisterfinken (Stielmus), 400 g Zwiebeln, 3 dl Sahne, 2 dl Kalbsjus, Butter, Salz, Pfeffer, Glutamat.

Das gut geputzte, von Fett, Knorpeln und Sehnen befreite Kalbsherz in 200 g große Stücke (am besten längs in 4 Teile) schneiden, würzen und in Öl rosa braten. Die Sahne reduzieren, bis sie dick und sämig ist. Die gewaschenen Knisterfinken blanchieren, in die reduzierte Sahne geben, kurz aufkochen und würzen, dabei darauf achten, daß das Gemüse noch einen leichten Biß hat.
Die Zwiebeln in Butter braten. Das Kalbsherz dünn aufschneiden, mit den Knisterfinken und den Zwiebeln anrichten. Dazu serviert man Kartoffeln und reicht die Kalbsjus à part.

Anmerkung:
Das Stielmus heißt auch Knisterfinken, da es, wenn es nicht gründlich gewaschen und vom Sand befreit wurde, im Munde noch „knistert".

Kalbsnierenroulade mit Estragon an Balsamico-Dijon-Senf-Schaum

Theodor Lammers
Restaurant Heidehof
Gronau-Epe

1 Kalbsniere ohne Fett (300 bis 350 g), 150 g Kalbsschnitzel, 2 große Scheiben hauchdünn geschnittener

grüner (ungeräucherter) Speck, je 1 EL Petersilie, Dill und Estragon, grüner Pfeffer, 80 ml brauner Kalbsfond, 1 EL Honig, 1 EL Balsamico-Essig, 1 Glas trockener Weißwein.

Dijon-Senf-Schaum:
80 ml flüssige süße Sahne, 1 EL Dijon-Senf, 40 ml geschlagene süße Sahne.

Die Niere im ganzen kurz und scharf anbraten, mit den Kräutern und dem Pfeffer in das hauchdünn geklopfte Schnitzel einwickeln. Diese Roulade in Speck einschlagen und mit einem Faden zusammenbinden. Mit Butter im Ofen etwa 30 Min. braten. Mit Weißwein ablöschen, einkochen lassen. Die Roulade warm stellen und den Faden entfernen. Ist der Weißwein fast eingekocht, mit Kalbsfond auffüllen und mit Honig und gutem Balsamico-Essig abschmecken. Für den Dijon-Senf-Schaum die Sahne aufkochen, den Dijon-Senf hinzufügen und mit der geschlagenen Sahne aufrühren.

Anrichten:
Mit der Honig-Balsamico-Sauce auf Tellern einen äußeren Saucenrand gießen. In die Mitte den Senf-Schaum geben. Die Kalbsnierenroulade in Scheiben schneiden und in die Tellermitte legen.

Kalbsnierenpudding mit Wacholdersauce

Joachim Lülf
Waldhaus Ohlenbach
Schmallenberg

300 g parierte Kalbsnieren, 1/4 l Milch, 2 Eier, Salz, Pfeffer, Wacholderbeeren, 3 EL Kalbsjus, 3 EL Crème double, 1 TL Preiselbeeren, Salz, Pfeffer.

Kalbsnieren mit Milch und Eiern mixen und durch ein feines Haarsieb laufen lassen. Mit Salz und Pfeffer abschmecken. In Timbaleform füllen und im Wasserbad im Ofen bei 180 °C 20 Min. garen. Eine Sauce aus Wacholderbeeren, Kalbsjus, Crème double, Preiselbeeren, Salz und Pfeffer herstellen und als Spiegel auf vorgewärmte Teller angießen. Kalbsnierenpudding einsetzen, mit einigen Preiselbeeren garnieren und servieren.

Gefüllte Kalbsniere mit Kalbsleber auf Himmel und Erde

Richard Lattrich
Parkhotel Burggraf
Tecklenburg

Himmel und Erde:
1 kg Kartoffeln, 1 kg säuerliche Äpfel, Salz, Zucker nach Geschmack, 100 g Butter, ⅛ l Sahne, ½ EL Zitronenschale, weißer Pfeffer.

Kartoffeln in dicke Scheiben schneiden und in Sahne weich kochen. Die Äpfel schälen, Kerngehäuse ausstechen und mit Zucker und Zitronenschalen musig kochen. Die Kartoffeln zu Mus stampfen. Apfel- und Kartoffelmus vermischen, mit der Butter und der Sahne glattschlagen und nochmals nachschmecken.

Kalbsniere:
2 Kalbsnieren à 200 g, 200 g Kalbshirn, 30 g Butter, 4 Scheiben Toastbrot ohne Rinde, 120 g Spinat, Salz, Pfeffer, 1 gewässertes Schweinenetz, Butterfett zum Braten.

Die Nieren vom Fett befreien und sauber auslösen, dabei aber nicht zerteilen. Das Kalbshirn wässern, enthäuten und in kleine Würfel schneiden. Toastbrot würfeln und in Butter bräunen. Den gewaschenen Spinat in Streifen schneiden, blanchieren und ausdrücken. Die Brot- und Hirnwürfel mit dem Spinat vermischen. Die Niere innen und außen würzen und mit der Hirnmischung füllen. Ins Schweinenetz einschlagen und in Öl braten (6 bis 8 Min.). Die Nieren 5 Min. ruhen lassen und in 8 Teile schneiden.

Kalbsleber:
150 g Kalbsleber in 8 Scheiben schneiden und rosa braten.

Anrichten:
Himmel und Erde in die Mitte der Teller plazieren. Auf einer Seite die 2 Kalbsleber- und auf der anderen die 2 Kalbsnierenscheiben anrichten.

Kalbsnieren auf Zwiebelconfit mit dicken Bohnen

Johannes Meyer
Restaurant Schiffchen
im Hotel Stadt Gütersloh
Gütersloh

600 g Kalbsnieren ohne Fett, 50 g Butter zum Braten, Salz, Pfeffer.

Zwiebelconfit:
320 g rote Zwiebeln, 50 g Zucker, 80 g Sherry-Essig, 3 dl Rotwein, 1 dl Portwein, 1 dl Kalbsjus, Salz, Pfeffer, Thymianspitzen, 100 g kalte Butter.

Dicke Bohnen:
1,5 kg dicke Bohnen, 1 Zwiebel, 1 Lorbeerblatt, 4 Nelken, 1 l Wasser, 10 g Salz, 2 frische Stengel Bohnenkraut, Butter.

Die Zwiebeln in Streifen schneiden, 50 g Butter in einem Topf erhitzen und darin die Zwiebeln anschwitzen. Den Zucker unter Rühren schmelzen und leicht karamelisieren lassen. Mit dem Sherry-Essig ablöschen. Rotwein, Portwein und Kalbsjus zugeben und darin die Zwiebeln gar kochen. Mit Thymianspitzen, Salz und Pfeffer abschmecken und mit 50 g kalter Butter binden.
Für die dicken Bohnen das Wasser mit den Zutaten zum Kochen bringen. Die dicken Bohnen darin gar kochen, herausnehmen und die Bohnen pellen, so daß nur der innere grüne Kern übrigbleibt. Kalbsnieren in ihre Segmente zerteilen und von den Sehnen befreien. Die Butter in einer Pfanne erhitzen, die Nieren hinzugeben und unter öfterem Wenden rosa braten. Aus der Pfanne nehmen, mit Salz und Pfeffer würzen und warm halten.

Anrichten:
Den Confit auf warme Teller geben, die Nieren auf dem Confit anrichten und mit den in Butter geschwenkten dicken Bohnen bestreuen. Dazu passen sehr gut in Schweineschmalz gebratene Reibekuchen.

Kalbsleber mit Poularden-Salbei-Farce im Mangoldblatt auf Madeirazwiebeln

Bild nebenstehend

Carsten Kindermann
Silence-Waldhotel Horn
Iserlohn

Kalbsleber:
4 Kalbsleberscheiben zu je 140 g (etwa 2 cm dick), 150 g Poulardenbrustfilet ohne Haut, etwa 90 g Sahne, 12 Blätter frischer Salbei für Farce und Garnitur, 8 große Mangoldblätter, 400 g Schweinenetz (beim Metzger vorbestellen), 40 g Butter.

---

*Rezept siehe oben: Kalbsleber mit Poularden-Salbei-Farce im Mangoldblatt auf Madeirazwiebeln
Carsten Kindermann, Silence-Waldhotel Horn, Iserlohn*

Zwiebeln:
2 Gemüsezwiebeln, 0,1 l Pflanzenöl, 0,15 l Madeira, 90 g Butter, 0,2 l dunkle Sauce, Salz, Pfeffer, Cayennepfeffer, Zucker.

Die gepfefferten Kalbsleberstücke in Öl kurz rundherum anbraten, abtropfen und auskühlen lassen. Das kleingeschnittene, gekühlte Poulardenbrustfilet mit Salz und Cayennepfeffer würzen und in der Küchenmaschine zerkleinern, nach und nach die Sahne untermixen, bis eine homogene Masse entsteht. Diese durch ein Haarsieb streichen und kalt stellen.
4 Salbeiblätter fein hacken und unter die Poulardenfarce heben.
Die Mangoldblätter waschen, in kochendem Salzwasser kurz garen, in Eiswasser abschrecken und abtropfen lassen.
Unter die erhitzten Madeirazwiebeln 60 g kalte Butter rühren und nachschmecken.
Die geschälten Zwiebeln in Streifen schneiden und in 30 g Butter anschwitzen, mit Madeira ablöschen, etwa 5 Min. reduzieren lassen und mit der dunklen Sauce auffüllen.
Pro Kalbsleberscheibe 2 Blatt Mangold ohne Stiel auf ein Handtuch legen, abtrocknen und mit einem Viertel der Farce etwa 1 cm dick bestreichen. Die Kalbsleber darin einschlagen und die Stücke anschließend doppelt in dünnes Schweinenetz einwickeln. Hierbei die überschüssigen Stücke Schweinenetz abschneiden.
Die eingewickelte Leber bei gleichmäßiger Hitze in Butter kurz anbraten, so daß die Mangoldfarbe erhalten bleibt, und weitere 10 Min. bei 150 °C auf einem Gitter im Backofen fertiggaren.

Die Endstücke der Kalbsleber dünn abschneiden und in 3 bis 4 Scheiben geschnitten auf den Madeirazwiebeln anrichten.

Kalbsleberscheiben auf Madeirazwiebeln mit Kräuterstampfkartoffeln

Carsten Kindermann
Silence-Waldhotel Horn
Iserlohn

800 g geschälte mehlig kochende Kartoffeln, 180 g Butter, 0,1 l Sahne, 0,1 l Milch, 2 EL gehackte Petersilie, 1 EL geh. Schnittlauch, 2 Msp. Majoran, 2 Msp. Thymian, Salz, Pfeffer, Muskat, 3 Gemüsezwiebeln, 0,1 l Madeira, 0,2 l gebundener brauner Kalbsfond, 600 g Kalbsleber in Scheiben.

Kartoffeln weich kochen, abgießen, stampfen und mit heißer Sahne, Milch und 50 g Butter mischen. Mit Salz und Muskat abschmecken; die Kräuter erst kurz vor dem Servieren unterheben.
Zwiebeln in Streifen schneiden und in Butter anschwitzen, würzen. Mit Madeira ablöschen, mit Kalbsfond auffüllen und abschmecken.
Kalbsleberscheiben in Mehl wenden und in Butter bei kleiner Hitze braten. Nach dem Wenden mit Salz und Pfeffer würzen.
Die Leberscheiben auf den Madeirazwiebeln anrichten und dazu Nocken von den Kräuterstampfkartoffeln geben.

Im Kartoffelblatt gebratene Kalbsleber und Zunge

Oliver Heß
D'r Fiester-Hannes
Burbach-Holzhausen

1 mehligkochende Kartoffel, 500 g Kalbsleber, 300 g Kalbszunge, 1 ge-

spickte Zwiebel (1 Nelke, 1/2 Lorbeerblatt), Salz, Pfeffer, Muskat, 1 Eigelb, 6 Wacholderbeeren, 4 Pfefferkörner, 100 g rote Linsen, 40 ml Sahne, Salz, Pfeffer.

Die Kalbszunge in kochendes Wasser legen, zurückschalten und bei 80 °C mit der gespickten Zwiebel ziehen lassen. Die Kalbsleber von der feinen Haut befreien und in 1 cm dicke Scheiben schneiden. Die Scheiben mehlieren und in Butter stark anbraten. Auf ein sauberes Tuch legen und jetzt die fertiggarte Kalbszunge kurz abschrecken und von der Haut befreien. Die Zunge ebenfalls in 1 cm dicke Scheiben schneiden. Nunmehr die Kartoffel schälen und in 2 mm dicke Scheiben schneiden. Die Scheiben der Kalbsleber und der Zunge übereinanderlegen und auf beiden Seiten mit den Kartoffelscheiben belegen, mit Eigelb bestreichen und bei 250 °C 6 bis 7 Min. im Ofen garen. Die roten Linsen etwa 5 Min. kochen lassen und mit Sahne abbinden und würzen.
Rote Linsen auf die Mitte der Teller geben und die in der Mitte durchgeschnittene Kalbsleber und Zunge auf die Linsen setzen.

Kalbsleber auf karamelisierter Himbeeressigsauce

Hans Georg von Korff
Hotel von Korff
Meschede

720 g Kalbsleber, 60 g Zucker, 1/8 l Himbeeressig, 1/8 l Rotwein, 1 Schale frische Himbeeren, Salz, Pfeffer.

Die Kalbsleber sauber parieren und in nicht zu große, gleichmäßige Scheiben schneiden (3 Scheiben pro Portion).

Für die Sauce den Zucker in einer Sauteuse leicht bräunen und mit Himbeeressig und Rotwein ablöschen, leicht reduzieren. Anschließend die Kalbsleberscheiben zart rosa bei etwa 180 °C braten und erst am Schluß leicht salzen.

Anrichten:
Himbeeressigsauce als Spiegel auf große weiße Teller angießen. Kalbsleberscheiben mittig plazieren und mit den lauwarmen frischen Himbeeren garnieren.
Als Beilage Nudeln, Kartoffelpüree oder auch Kartoffelcrêpes.

Ragout von Kalbsleber, Bries und Niere mit Düsseldorfer Senfsauce

Rolf Schmidt
La Terrazza
Düsseldorf

300 g Kalbsniere, 300 g Kalbsleber, 200 g Kalbsbries (blanchiert und geputzt), Salz, weißer Pfeffer (aus der Mühle), Butterschmalz, 1 Schalotte, 1 TL Butter, 4 cl Weißwein, 1 Spritzer Essig, 5 cl Geflügelfond, 3 cl Kalbsfond, 1/4 l Crème double, Düsseldorfer Löwensenf, 1 EL kalte Butter.

Niere am Stück in einer kleinen Pfanne etwa 10 Min. extra braten. Leber in Stücke schneiden und das blanchierte und geputzte Kalbsbries in Röschen zupfen und von allen Häuten befreien. Leber und Bries mehlieren, in Butterschmalz etwa 4 bis 5 Min. braten und dann mit Salz und Pfeffer würzen.
Schalotten in Butter anschwitzen, mit Weißwein ablöschen, Essig zugeben und einkochen, Geflügelfond und Kalbsfond zugießen und weiter einkochen. Mit Crème

double auffüllen und Senf einrühren, aufkochen, abschmecken und ziehen lassen. Kalte Butter einrühren und etwas frisch geschnittenen Estragon zugeben.
Als Beilage eignen sich Kartoffelplätzchen oder Nudeln.

Westfälisches Töttchen

Wolfgang Markloff
Markloffs
Bielefeld

1 Kalbskopf mit Zunge sowie Hirn, 1 Zitrone, 2 Stangen Lauch, 500 g Sellerie, 1 Kalbsherz, 4 Zwiebeln und 2 Lorbeerblätter, 1/2 TL Thymian, Salz, 80 g Butter, 40 g Mehl, gekörnte Brühe zum Würzen, 2 EL Kapern, 2 cl Madeira oder Sherry, evtl. auch Pfeffer.

Den vom Metzger geputzten Kalbskopf gut waschen und anschließend mit Zitrone abreiben, damit er weiß bleibt. Den gewaschenen Lauch in Ringe schneiden. Den Sellerie schälen, waschen und würfeln. Den Kalbskopf ohne Hirn, das Herz, die Zunge, das Suppengemüse, 2 Zwiebeln und die Kräuter in 10 l Salzwasser etwa 2 Std. garen. Den Kalbskopf herausnehmen, von den Knochen lösen und würfeln. Die Zunge kalt abschrecken, abziehen und ebenfalls würfeln. Desgleichen das Herz in Würfel schneiden.
Die restlichen Zwiebeln kleinschneiden und in der Butter glasig braten, mit dem Mehl bestäuben, kurz durchschwitzen und mit 3/4 l Kalbsbrühe ablöschen. Kräftig nachwürzen und das gewürfelte Fleisch hineingeben.
Das geputzte, gewässerte, in Salzwasser kurz abgekochte Hirn mit

einer Gabel zerdrücken und in den Topf geben. Jetzt die gehackten Kapern und den Madeira oder Sherry zugeben, eventuell nochmals mit Pfeffer abschmecken. Die ragoutartige Suppe etwa 10 Min. bei milder Hitze ziehen lassen. Dann in eine vorgewärmte Terrine umfüllen und servieren.

Anmerkung:
In manchen Gegenden Westfalens wird der Kalbskopf noch mit Zunge geliefert.

Münsterländer Töttchen (Kalbsragout)

Wolfgang Musik
Kasino der
Westdeutschen Landesbank
Münster

1 mittlere Kalbszunge, 500 g Kalbfleisch aus der Schulter, Suppengrün, 2 Gemüsezwiebeln, 2 Lorbeerblätter, 2 Nelken, 60 g Butter, 50 g Mehl, Senf, Salz und Pfeffer.

Das Kalbfleisch und die Zunge mit heißem Wasser aufsetzen, aufkochen, abschäumen, Salz hinzufügen, die grobgeschnittenen Gemüse und die Zwiebeln hinzugeben und mit den Gewürzen zusammen bei schwacher Hitze in etwa 1 1/2 Std. weich kochen.
Fleisch und Zunge herausnehmen, die Zunge abschrecken und häuten und alles in kleine Würfel schneiden. Die Brühe passieren. Für die Sauce die Butter schmelzen und mit dem Mehl bestäuben. Mit etwas Brühe auffüllen und etwa 10 Min. durchkochen. Danach das gewürfelte Fleisch hineingeben.
Das Ganze anschließend mit Pfeffer, Salz und Senf kräftig abschmecken. Eventuell mit einer

Prise Zucker verfeinern. Als Beilage Salzkartoffeln reichen.

Anmerkung:
Es gibt verschiedene Varianten des Töttchen, diese Variante ist mit Kalbszunge zubereitet, meistens wird jedoch Kalbshirn genommen.

Wuortelpott (Möhreneintopf)

Thomas Möllecken
Altes Zollhaus
Mülheim/Ruhr

1 kg Kartoffeln, 1 kg Karotten, 150 g Zwiebelwürfel, 0,5 l Brühe, 1 kg Schweinerippchen, 200 g fetter Speck, Salz, Pfeffer, Petersilie.

Karotten und Kartoffeln waschen, schälen, würfeln. Den gewürfelten Speck anbraten, Kartoffeln, Karotten und Zwiebelwürfel hinzugeben, mit der Brühe auffüllen. Die Schweinerippchen mitkochen, mit Salz und Pfeffer abschmecken.
Kurz vor dem Anrichten frische gehackte Petersilie unter das Gericht heben.

Mettwurstmaultaschen auf Kartoffel-Thymian-Sauce

Gerhard Völlm
Parkhotel Gütersloh
Gütersloh

Mettwurstmaultaschen:
150 g schieres Kalbfleisch, 6 Mettenden, 1 Bund Blattpetersilie, 1 Ei, 0,3 l Sahne, 1 EL eingeweichte Senfkörner, 1 Prise Piment, Salz und Muskat.

Nudelteig:
250 g Mehl, 3 Eier, etwas Öl und Wasser.

Sauce:
¼ l Kalbsfond, ¼ l Sahne, 2 EL Crème fraîche, 2 gekochte Kartoffeln, 1 Sträußchen Thymian, ¼ l Weißwein, 2 Schalotten und etwas Butter.

Für die Maultaschen das Fleisch, das Ei und die Sahne zu einer Farce kuttern. Piment zugeben, mit Salz und Muskat würzen. Die Mettenden aus dem Darm streifen und die letzten Runden mitkuttern. Die gehackte Blattpetersilie unterrühren und kalt stellen.
Für den Nudelteig aus Mehl, Eiern, Öl sowie Wasser einen geschmeidigen Nudelteig herstellen und 1 Std. ruhen lassen.
Für die Sauce die Schalotten anschwitzen, mit Weißwein ablöschen, Kalbsfond und Sahne zugeben. Um ein Drittel reduzieren und frisch gezupften Thymian zugeben. Mit den gekochten Kartoffeln die Sauce binden. Zum Schluß noch etwas frische Butter untermixen.
Den Nudelteig dünn ausrollen, von der Farce kleine Häufchen daraufsetzen. Den Nudelteig mit Ei bestreichen, umklappen und mit dem Teigrädchen schneiden. Etwa 5 Min. in siedendem Wasser garen.

Eisbeinwürstchen mit Bigosch

Franz L. Lauter
Restaurant Schloß Schwansbell
Lünen

250 g Putenbrust, 1 kg frisches Eisbein, ½ TL Majoran, ½ TL Salbei, ¼ l tiefgekühlte Sahne, 1 Ei, 100 g Lammsaitlinge (beim Metzger vor-

bestellen), 1 EL Balsamico-Essig, Salz, weißer Pfeffer, 3 bis 4 Lorbeerblätter, 3 bis 4 Körner weißer Pfeffer, 1 Staudensellerie, 2 Möhren, 400 g Weißkohl, 400 g Sauerkraut, 6 Schalotten, 1 Handvoll getrocknete Steinpilze, 1 Handvoll entsteinte Backpflaumen, 2 zerdrückte Knoblauchzehen, je 150 g Wildfleisch, Huhn, Rind und Krakauer, 50 g Tomatenmark, 150 ml Rotwein, Tomaten und Paprika.

Eisbein in 2 l Wasser mit Lorbeerblättern, weißen Pfefferkörnern, Staudensellerie sowie Möhren weich kochen. Die mageren Teile des Eisbeins in kleine Würfel schneiden, ebenso das rohe Putenfleisch. Die Hälfte des Eisbeins und das ganze Putenfleisch durch die feinste Scheibe des Fleischwolfes drehen. Den Rest der Eisbeinwürfel kurz kroß anbraten und mit etwas Balsamico-Essig und Portwein ablöschen. Alles mit Folie abgedeckt kalt stellen und etwa 1 Std. ruhen lassen. Danach 1 Ei zufügen und gut kneten, mit allen angegebenen Gewürzen und Balsamico-Essig abschmecken, anschließend die Eisbeinwürfel vorsichtig unterheben. Die Farce mit einem Füllbeutel in einen feinen Lammsaitling füllen, kleine Würstchen zu je 80 g abdrehen und danach kurz brühen. Vor dem Servieren in der Pfanne goldbraun braten.

Bigosch:
Den Weißkohl in dünne Streifen schneiden. Sauerkraut unter kaltem Wasser abspülen und ebenfalls kleinschneiden. Die Schalotten kleinhacken und in Öl 5 bis 8 Min. dünsten, ebenso die Pflaumen und die Steinpilze. Das Fleisch und die Krakauer in Würfel schneiden und anbraten.
Alle Zutaten in einen Topf geben und dünsten, bis das Fleisch weich wird. Tomatenmark in einer klei-

nen Pfanne mit etwas Butter anbraten, mit Rotwein ablöschen, in den Bigosch geben und ½ Std. weiterschmoren lassen.

Der Bigosch schmeckt noch besser am nächsten Tag, wenn er nochmals aufgewärmt wird.

Auf vorgewärmten Tellern den Bigosch in ein Kränzchen legen und die Würstchen in die Mitte geben. Mit den Tomaten und Paprikastreifen garnieren.

Äpfel mit Schlat und Blutwurst

Frank Küster
Mausefalle
Mülheim/Ruhr

1 kg weichkochende Kartoffeln, 250 g Bauchspeck, 1 große Zwiebel, 1 Kopf Endiviensalat, 4 EL Weinessig, 3 EL Salatöl, ¼ l Milch, 40 g Butter, Muskat, Pfeffer, Salz, 600 g Blutwurst, ¼ l Wasser.

Die Kartoffeln schälen, vierteln und anschließend in Salzwasser kochen. Den Speck und Zwiebeln in feine Würfel schneiden und in einer Pfanne anschwitzen. Mit ¼ l Wasser ablöschen. Den Salat waschen und in Streifen schneiden. Dann Essig mit Öl verrühren und den Speck mit der Flüssigkeit hinzugeben und mit Salz und Pfeffer abschmecken. Danach alle Zutaten mit dem geputzten Salat vermengen. Die gegarten Kartoffeln abgießen und dämpfen. Die Milch mit der Butter gemeinsam erhitzen, zu den gekochten Kartoffeln geben und das Ganze zu einem Püree zerstampfen. Nach Bedarf mit Salz und Muskat nachwürzen. Die Blutwurst mit Mehl bestreuen und in einer Pfanne braten. Unmittelbar vor dem Servieren den Salat mit dem Kartoffelpüree vermengen und die Blutwurst dazugeben.

Panhas

Henriette Davidis
„Praktisches Kochbuch"

Der Panhas wird am besten, wenn man dazu halb Rindfleisch, halb etwas fettes Schweinefleisch nimmt; jedoch kann man ihn sowohl von ersterem, als auch von letzterem schmackhaft zubereiten. Man koche das Fleisch recht weich, suche alle Knöchelchen vorsichtig heraus, schneide dasselbe in große Würfel, hacke es fein und lasse es mit der Brühe, welche durch ein Sieb gegossen wird, zum Kochen kommen. Dann würze man es mit Salz, Pfeffer, Nelken und Nelkenpfeffer, streue unter fortwährendem Rühren so viel gutes Buchweizenmehl (Weizenmehl kann nicht hierzu gebraucht werden) hinein, daß die Masse, nachdem das Mehl ausgequollen und der Panhas ½ bis ¾ Stunde gekocht hat, recht steif wird und sich vom Topfe löst. Danach fülle man ihn in wohlgereinigte und im Ofen ausgetrocknete irdene Schalen und bewahre ihn an einem kühlen luftigen Orte.

Anmerkung:
Nach dem Erkalten wird der Panhas in Scheiben geschnitten und in Butter gebraten. Henriette Davidis empfiehlt dazu Kartoffeln mit Äpfeln oder Apfelbrei.

Westfälisches Rotwurstgeröstel auf Schnippelbohnen

Erich Steuber
Siebelnhof
Hilchenbach

400 g Rotwurst von guter Qualität, 500 g breite Stangenbohnen, etwas Zwiebelwürfel und Speck.

Die Rotwurst in grobe Würfel schneiden, breite Bohnen in Salzwasser kochen und in Eiswasser abkühlen lassen (sie behalten dadurch die besonders schöne grüne Farbe).

Die Rotwurstwürfel mit Mehl bestäuben und in einer heißen Pfanne kroß anbraten. Die Bohnen in angeschwitztem Speck und Zwiebeln erhitzen, in der Mitte der Teller als Sockel anrichten und dann die gerösteten Rotwurstwürfel darauflegen.

Als Beilage eignen sich Bratkartoffeln besonders gut.

Wurstebrei vom Schwein und Rind

(für 6 bis 8 Personen)

Ernst-Heiner Hüser
Historisches Gasthaus
Buschkamp
Bielefeld

1 Schweineherz, 250 g Schweinebakke, 250 g Rindfleisch (Kochfleisch), 1 mittlere Zwiebel, 3 Pfefferkörner, 2 Pimentkörner, 1 Nelke, 1 Lorbeerblatt, 125 g mittelfeine Perlgraupen, Cayennepfeffer, Koriander und Essig.

Das Schweineherz halbieren und häuten. Die Spickzwiebel mit dem Fleisch ins kochende Salzwasser geben und ungefähr 90 Min. kochen. Das Fleisch herausnehmen, auskühlen lassen und durch die mittlere Scheibe des Fleischwolfs geben. Die eingeweichten Perlgraupen in 1 l der Fleischbrühe gar kochen. Zu dem Grützebrei das durchgelassene Fleisch geben und alles gut durchkochen lassen. Mit Salz, Pfeffer, gemahlenem Piment, Cayennepfeffer, Koriander und Essig würzig abschmecken.

Als Beilage eignen sich saure Gurken, rote Bete und Bratkartoffeln.

WILD

Ein Kranker, der auf einem Bett von Rebhuhnfedern liegt,
kann nicht sterben.

Jean Baptiste Thiers
Traite des superstitions

Rebhühner und demzufolge auch Rebhuhnfedern gibt es schon seit geraumer Zeit nicht mehr – zumindest im Handel –, so daß wohl kaum noch jemand sich dieses Hausmittels gegen den Tod bedienen könnte. Selbst nicht in Nordrhein-Westfalen, wo, wenn man den Jägern glauben kann, noch gelegentlich einzelne Exemplare gesichtet werden.

Früher gab es im Westfälischen und am Niederrhein zu einer Zeit noch Fett- und Gartenammern, wo sie im übrigen Deutschland nur noch in der Mark Brandenburg und in der Lausitz zu finden waren.

Früher bot Westfalen dem Niederwild auch noch in besonderem Maße die Lebensbedingungen, die für sein Gedeihen wichtig waren. Gerade den Rebhühnern, die bekanntlich am schmackhaftesten sind, wenn sie sich nur von Weizen genährt haben.

Die Flurbereinigung und die Überdüngung in der Landwirtschaft haben auch diesem Vogel den Garaus gemacht.

Schade um das Rebhuhn. Sein Fleisch ist nicht nur gesund und leicht verdaulich, es ist auch das einzige Wildgeflügel, das saftig ist, ohne fett zu sein. Was man vom Fasan nicht sagen kann.

Baron von Vaerst berichtet in seiner „Lehre von den Freuden der Tafel" von einem Freund, der deshalb die Fasane in seiner Fasanerie mit großem Erfolg „poulardisieren", d. h. kastrieren ließ, was sie fetter und damit zarter machte, was bei dem trockenen Fleisch des Fasans sehr wünschenswert war. Allerdings meint Vaerst auch, daß Fasane nur genießbar seien, wenn sie in freier Wildbahn und nicht in einer Fasanerie heranwüchsen.

Brillat-Savarin war der Ansicht, daß ein gut abgehangener, delikat gefüllter und möglichst am Spieß gebratener Fasan würdig sei, Engeln vorgesetzt zu werden, falls sie noch wie zu Lots Zeiten auf Erden zu wandeln geruhten.

Wichtiger als beim Rebhuhn, das nur 3 bis 4 Tage abhängen sollte, ist das Abhängen beim Fasan. Selbst wenn das „Faisandieren", das Abhängen im Federkleid, heute auch nicht mehr so exzessiv geübt wird wie zu Brillat-Savarins Zeiten, der einst einen Fasan so lange mit sich herumgeschleppt haben soll, bis auch seine besten Freunde den Geruch nicht mehr ertragen konnten, gut abhängen muß er immer noch. Wird er zu zeitig gegessen, so kann er sich geschmacklich nicht einmal mit einer guten Ente messen.

Noch seltener als Rebhühner sind Wachteln in freier Wildbahn. In Paris waren die Wachteln, als sie noch keine Zuchtobjekte waren, so sehr geschätzt, daß man für eine fette Wachtel den Preis von zwei Masthühnern zahlen mußte, und im schwäbisch-bayerischen Nördlingen haben die Bürger einst den Grafen von Oettingen wegen einer Wachtel sogar erschlagen.

Ist Westfalen das Land der Niederjagd und das Ruhrgebiet ein Paradies für Hasen, so wird die Rotwildjagd besonders im Sauerland gepflegt. In der Gegend von Brilon – eine bemerkenswerte Stadt allein schon deshalb, weil sie der größte kommunale Waldbesitzer in Nordrhein-Westfalen ist – gibt es nicht nur, wie überall im Sauerland, große Rotwildbestände, es gibt auch noch eine Besonderheit: den Sika-Hirsch, der sonst nirgendwo in Deutschland vorkommt. Kleiner als der sonst übliche Hirsch, ist sein Fleisch von hoher Qualität. Daß er von den Jägern trotzdem nicht besonders geschätzt wird, liegt daran, daß er es nur bis zum Achtender bringt. Eine andere Briloner Besonderheit, die es sonst nur noch in der Eifel gibt, sind die Mufflons, die Wildschafe. Geschmacklich mögen vor allem die älteren Tiere nicht jedermanns Sache sein, aber ein Rücken vom Mufflonlamm ist nicht zu verachten.

Nicht nur manche Feinschmecker, auch das Rotwild scheint Distanz zum Mufflon zu halten. In den Wäldern um Brilon sind die Reviere streng getrennt. Auf der einen Seite der Stadt äsen die Hirsche, auf der anderen weiden die Schafe. Eine weise und sinnvolle, für den Menschen nachahmenswerte Einrichtung. Zumindest, wenn man Konflikten aus dem Wege gehen will.

Rezept Seite 132: Das Feinste vom Reh, Georg Groß, Haus Waldsee, Brilon-Gudenhagen

Rehrücken in der Pumpernickelkruste mit Selleriepüree, glasierten Äpfeln und Möhren

Heinz Bach
Hotel Résidence
Essen-Kettwig

500 g ausgelöster Rehrücken sowie ½ l Rehjus.

Kruste:
100 g Butter, 100 g Pumpernickel, 50 g Weißbrot, Schalottenwürfel, Honig, Zimt, Salz, Pfeffer, 4 Möhren, 2 Äpfel, 100 g Zucker, 0,1 l Weißwein.

Selleriepüree:
100 g Sellerieknolle, Sahne, Butter.

Die Schalottenwürfel in wenig Butter glasig dünsten, dann den Rest Butter dazugeben. Das Weißbrot und den Pumpernickel in der Küchenmaschine ganz fein zermahlen und durch ein Sieb streichen. Das Brotmehl zu der Buttermischung geben und dann mit Honig, Zimt, Salz und Pfeffer abschmecken.

Den Rehrücken portionieren, würzen und im Ofen bei 180 °C englisch braten. Mit der Pumpernickelkruste bestreichen und unter dem Grill überbacken.

Den Zucker mit dem Weißwein aufkochen und so lange reduzieren, bis die Flüssigkeit fast eingekocht ist. Die Äpfel schälen und in gleichmäßige Spalten schneiden, die Möhren schälen und tournieren. Die tournierten Äpfel in der Zuckerlösung glasieren. Ebenso mit den Möhren verfahren. Den Sellerie schälen und in kleine Würfel schneiden. In etwas Butter anschwitzen, mit der Sahne auffüllen und garen. Im Mixer pürieren, durch ein Sieb streichen und abschmecken.

Mit einem Löffel je 1 Nocke auf vorgewärmte Teller abstechen, die tournierten sowie glasierten Äpfel und Möhren dazugeben. Den Rehrücken portionieren, auf die Teller legen und mit etwas Jus umgießen.

Das Feinste vom Reh

Bild Seite 130

Georg Groß
Haus Waldsee
Brilon-Gudenhagen

300 g pariertes Rehfilet und ½ Rehleber, 1 Rehherz, 2 Nieren, Bratfett (z. B. geklärte Butter).

Sauce:
¼ l kräftiger, reduzierter Rehfond, 1 dl Crème fraîche, 2 cl Cognac, 70 g Butter, Salz, Pfeffer.

Gemüse:
250 g blanchierter Wirsing, 2 Karotten, 100 g Pfifferlinge, 70 g Butter.

Das parierte Filet, die gehäutete Leber, das Herz und die sauber geputzten Nieren mit Salz und Pfeffer würzen und alles in geklärter Butter rosa anbraten.

Karotten tournieren, in Salzwasser kochen, den blanchierten Wirsing in Rauten schneiden und in Butter anschwenken. Mit Salz und Muskat abschmecken. Pfifferlinge putzen und kurz in Butter anbraten.

Für die Sauce den Rehfond mit Crème fraîche verrühren, mit kalter Butter montieren, mit Cognac, Salz und Pfeffer abschmecken.

Den Wirsing auf der Tellermitte verteilen, die Möhren dazugeben, darauf das aufgeschnittene Filet und die Innereien anrichten. Mit der Sauce überziehen und die Pfifferlinge darauf verteilen.

Rehrücken unter der Pfifferlingskruste an Sesam-Rotkraut und Hagebuttensauce

Holger Tamm
Graugans, Hyatt Regency
Köln

600 g Rehrücken (ausgelöst und pariert)

Sauce:
500 g Rehknochen, je 80 g Karotten, Zwiebeln und Sellerie, 1 EL Tomatenmark, ½ l Rotwein, Wacholderbeeren, Pfefferkörner, 1 Lorbeerblatt, 1 EL Hagebuttengelee, 1½ l Wildfond.

Kruste:
40 g geriebenes Weißbrot, 1 Eigelb, 1 Schalotte, 100 g geputzte Pfifferlinge, 20 g Butter, Salz und Pfeffer aus der Mühle.

Sesam-Rotkraut:
1 kg Rotkraut, 3 EL Rotweinessig, 20 g Gänseschmalz, 1 Zwiebel, ¼ l Rotwein, ⅛ l Wasser, 2 EL Johannisbeergelee, 1 Lorbeerblatt, weißer Sesam, 1 Msp. Zimt.

Für die Sauce die gehackten Rehknochen in heißem Öl anbraten. Das kleingeschnittene Gemüse hinzugeben und mit anrösten. Das Tomatenmark ebenfalls kurz mitrösten und die Gewürze beifügen. Mehrmals mit Rotwein ablöschen und mit Wildfond auffüllen. Die Sauce 2 bis 3 Std. köcheln lassen. Danach passieren, auf ein Drittel reduzieren und mit etwas Butter aufmontieren, das Hagebuttengelee unterziehen und abschmecken.

Für die Pfifferlingskruste die Pfifferlinge hacken und mit der kleingeschnittenen Schalotte in etwas Butter andünsten und erkalten lassen. Danach Weißbrot, Eigelb, Butter und Gewürze zufügen und das Ganze gut vermengen. Den Rotkohl vierteln, vom Strunk befreien und in feine Streifen schneiden.

Das Kraut in Rotweinessig, Rotwein und Gewürzen 2 Std. marinieren. Zwiebel in kleine Streifen schneiden und in Gänseschmalz anschwitzen. Das Kraut zugeben und bißfest garen. Zum Schluß Sesam und Johannisbeergelee zugeben und abschmecken.

Den Rehrücken rosa braten, mit der Pilzmasse bestreichen und unter dem Grill bei starker Oberhitze gratinieren. Den Rücken in Scheiben schneiden, etwas Hagebuttensauce angießen und mit dem Rotkraut anrichten. Als Beilage eignen sich Kartoffelkrusteln.

Rehbockmedaillons in Sauerkirsch-Pfeffer-Sauce Kartoffelgaletten

Günter Scherrer
Victorian
Düsseldorf

400 g Rehbockrückenstränge (pariert und in 50 g schwere Medaillons geschnitten), 8 zerdrückte Wacholderbeeren, Pfeffer aus der Mühle, Salz, 50 g Butterschmalz, 30 g getrocknete Steinpilze, Rosmarin, 1/4 l Rotwein, 500 g Sauerkirschen, 1 TL Zucker, 30 g Butter, 1/4 l Sauerkirschsaft, 1 TL grüner Pfeffer, 250 g Mirepoix, 1 EL Crème fraîche, 1 EL geschlagene Sahne, 50 g Butter.

Die Rehmedaillons mit den Wacholderbeeren, Pfeffer und Salz würzen und in heißem Butterfett von jeder Seite etwa 4 Min. anbraten, dann 2 Min. ruhen lassen.
In der gleichen Pfanne Butter und Zucker karamelisieren und 8 Kirschen (entsteint, aber mit Stiel) in dem Karamel glacieren.

Sauce:
Die Rückenknochen walnußgroß kleinhacken und mit den Sehnen im Ofen abrösten. Mirepoix zugeben und alles langsam bis zu einer dunkelbraunen Farbe abrösten. Getrocknete Steinpilze, Rosmarin und Kirschen zugeben, mit dem Rotwein ablöschen und mit dem Kirschsaft auffüllen. Am Herdrand etwa 3 Std. kochen lassen, passieren und den Fond auf 1/4 l einkochen lassen.
Mit geeisten Butterflocken die Sauce montieren, abschmecken, grünen Pfeffer, Crème fraîche und geschlagene Sahne vorsichtig unter die Sauce rühren, so daß die Sahne noch erkennbar bleibt.
Zum Anrichten die Medaillons mit der Sauce nappieren und Kirschen als Garnitur darauf anrichten. Als Beilagen Kartoffelgaletten und Pfifferlinge reichen.

Medaillon vom Rehbock mit Rahmpilzen im Kräutercrêpe

Josef Selbach
Sülztaler Hof
Overath-Immekeppel

1 Rehrücken von etwa 1,8 kg, 200 g rote und schwarze Johannisbeeren, 0,2 l braune Wildjus, 50 g Zucker, 5 cl roter Portwein, Rosmarin, 2 cl Cassislikör, 50 g Butter, Wacholderbeeren, 400 g Pfifferlinge und Steinpilze, 50 g Zwiebeln, 50 g Crème fraîche, 300 g Brokkoli, 50 g geschabte Mandeln, 4 Johannisbeertrauben als Dekor.

Crêpeteig:
150 g Mehl, 2 Eier, 0,2 l Milch und 1 Prise Salz, gehackte Kräuter wie Schnittlauch, Kerbel, Estragon, Petersilie.

Den Rehrücken auslösen und aus der Mitte 12 schöne Medaillons zu je 50 g schneiden. Brokkoli auf Biß kochen, die geschabten Mandeln in Butter rösten und auf dem Brokkoli anrichten. Die Johannisbeeren, Rosmarin und gestoßene Wacholderbeeren im karamelisierten Zucker anschwitzen, mit Portwein und Cassis ablöschen, Wildjus zugeben und durchköcheln, zum Schluß Butterflocken unterziehen und die Sauce passieren. 4 dünne Crêpes backen und falten. Die Pilze in Zwiebeln anschwitzen, Crème fraîche zugeben, abschmecken und in den Crêpes anrichten. Die Medaillons von beiden Seiten etwa 3 Min. braten. Filets auf Tellern mit Crêpes und Brokkoli anrichten, gezuckerte Johannisbeertraube als Dekor verwenden und die Sauce à part servieren.

Crépinette von Rehrücken mit Schalotten, Portweinkirschen und Pfifferlingen

Richard Lattrich
Parkhotel Burggraf
Tecklenburg

Rehrücken:
800 g Rehrücken, Salz, Pfeffer aus der Mühle, 80 g Poulardenfleisch, 50 g Gänsestopfleber, 1 EL geschlagene Sahne, 80 g Sahne, 300 g gut gewässertes Schweinenetz.

Kirschen:
150 g rote entkernte Kirschen, 4 cl roter Portwein.

Schalotten:
200 g Schalotten, 50 g Zucker, Salz, Pfeffer, 50 g Butter, 1/4 l Rinderbrühe.

Crépinette:

Das Poulardenfleisch mit Salz, Pfeffer und der Sahne im Küchenkutter vermischen. Dann die Gänsestopfleber zufügen und alles zu einer glatten, glänzenden Farce verarbeiten. Durch ein Sieb streichen, mit Schlagsahne, Salz und Pfeffer abrunden und kalt stellen. Den Rehrücken auslösen und 8 Medaillons schneiden, welche leicht angebraten werden. Wenn diese ausgekühlt sind, von beiden Seiten mit der Farce bestreichen und in das zurechtgeschnittene Schweinenetz einschlagen.
Von den Rehkarkassen eine kurze Sauce ziehen. Die Crépinette im vorgeheizten Ofen bei 200 °C etwa 6 bis 8 Min. braten (Nadelprobe).

Sauerkirschen:

Die Kirschen mit dem Portwein zum Kochen bringen und fast gänzlich einkochen lassen. Anschließend mit schwarzem Pfeffer aus der Mühle bestreuen.

Schalotten:

Die Schalotten blanchieren und anschließend in Butter und Zucker angehen lassen, mit der Rinderbrühe auffüllen und glasieren.
Auf einem großen Teller in der Mitte auf einem Saucenspiegel die Rehnüßchen plazieren und dazwischen abwechselnd die Schalotten und die Portweinkirschen anrichten.

Rehkeule auf Rübenkrautsauce

Bernhard Stromberg
Richard Abrolat
Gourmet-Restaurant
Goldschmieding
Castrop-Rauxel

Zutaten für die Rehkeule:
700 g Rehkeule (Oberschale oder große Nuß), pariert und enthäutet,

Salz, Pfeffer aus der Mühle, etwas Bratfett.

Rübenkrautsauce:

500 g Rehknochen, etwas Öl, 150 g Zwiebeln, 100 g Karotte, 80 g Sellerie, 1 TL Tomatenmark, 400 ml trockener Rotwein, ¾ l Fleischbrühe, 2 Wacholderbeeren, 1 Lorbeerblatt, 1 Nelke, 1 Zweig frischer Thymian, 2 EL Zuckerrübensirup, Salz, Pfeffer aus der Mühle, 30 g kalte Butter.

Rehkeule:

Die Rehkeule parieren und die Haut fein abziehen. Das Fleisch in 8 Medaillons zu 60 bis 70 g schneiden, mit Salz und Pfeffer würzen. Die Rehmedaillons in einer Pfanne mit heißem Fett je 1 Min. pro Seite scharf anbraten. Die Pfanne mit den Medaillons in den auf 180 °C vorgeheizten Backofen stellen, 5 Min. braten. Die Rehmedaillons herausnehmen und 1 Min. ruhen lassen, damit sich der Fleischsaft bindet.

Rübenkrautsauce:

Die Knochen in nußgroße Stücke hacken, mit etwas heißem Öl in einer großen Kasserolle anbraten. Das Öl abgießen. Die 1 cm großen Gemüsewürfel unter die Knochen mischen. Alles kräftig anrösten. Tomatenmark unterrühren, kurz anrösten. Mit Rotwein ablöschen und dick einkochen lassen, dies 2mal wiederholen. Den Zuckerrübensirup hinzugeben und mit der Fleischbrühe auffüllen, Gewürze beifügen und am Herdrand köcheln lassen, evtl. noch etwas Wasser auffüllen. Nach etwa 2 Std. die Sauce durch ein feines, mit einem Tuch ausgelegtes Sieb laufen lassen und weiterkochen, bis sie leicht sämig ist.
Vor dem Servieren mit Salz und Pfeffer abschmecken und mit der kalten Butter montieren.

Anrichten:

Auf die Teller einen Saucenspiegel gießen und die Rehkeulenmedaillons daraufsetzen.
Als Beilage dazu empfiehlt sich Steckrübenlasagne (siehe Rezept auf Seite 171).

Rouladen vom Rehrücken, mit süß-saurem Kürbis gefüllt

Bernhard Stromberg
Richard Abrolat
Gourmet-Restaurant
Goldschmieding
Castrop-Rauxel

Süß-saurer Kürbis:
1 kg geputzter Kürbis.

Marinade:
330 ml Weißweinessig (5% Säure), 330 ml Wasser, 500 g Zucker, Abrieb von ½ Zitrone, 3 Nelken, ¼ Zimtstange, 10 g Ingwerwurzel, 7 weiße Pfefferkörner, 1 TL Salz.

Rehrouladen:
8 Rehrückenschnitzel zu je 60 g, 8 Stäbchen süß-saurer Kürbis, Salz, Pfeffer aus der Mühle, etwas Bratfett.

Sauce:
500 g Rehknochen, etwas Öl, 150 g Zwiebeln, 100 g Karotten, 100 g Sellerie, 1 TL Tomatenmark, 0,25 l Burgunder, 0,75 l Fleischbrühe, 2 Wacholderbeeren, 1 Zweig frischer Thymian, 1 cl Kürbismarinade, Salz, Pfeffer aus der Mühle, 20 g kalte Butter.

Süß-saurer Kürbis:

Kürbis unter kaltem Wasser waschen, abtropfen lassen, schälen, vierteln, Kerne entfernen. Das feste Fruchtfleisch in etwa 6 cm lange und 1 cm breite Stäbchen schneiden.

Rezept Seite 140: Wildschweinmedaillons auf Blutsauce, Hermann Kettner, Alte Rentei, Schleiden

Die Zutaten für die Marinade zusammen aufkochen und durch ein feines Sieb laufen lassen. Kürbisstäbchen mit der lauwarmen Marinade in einen Steintopf geben, erkalten lassen, mit Klarsichtfolie zubinden, mindestens 14 Tage im Kühlschrank ziehen lassen.

Rehrouladen:

Die Rehrückenschnitzel mit Klarsichtfolie abdecken und zu etwa 10 × 10 cm flachen Stücken klopfen. Die Innenseiten mit Salz und Pfeffer würzen. Ein Kürbisstäbchen auf das Schnitzel legen und jedes zu Röllchen fertigen (mit Zahnstocher befestigen).
Die Rouladen außen leicht salzen und pfeffern. In einer Pfanne Fett erhitzen und das Fleisch 1 Min. von allen Seiten darin anbraten. Die Pfanne mit den Rouladen in den auf 200 °C vorgeheizten Backofen stellen, 4 Min. braten. Die Rouladen herausnehmen und 1 Min. ruhen lassen, damit sich der Fleischsaft bindet.

Sauce:

Die Knochen in nußgroße Stücke hacken, mit etwas heißem Öl in einer großen Kasserolle anbraten. Das Öl abgießen, die 1 cm großen Gemüsewürfel unter die Knochen mischen, alles kräftig anrösten. Tomatenmark unterrühren, kurz anrösten, mit Burgunder ablöschen und dick einkochen lassen; dies 2mal wiederholen. Mit der Fleischbrühe auffüllen, Gewürze und Kürbismarinade zugeben und am Herdrand köcheln lassen, eventuell noch etwas Wasser auffüllen.
Nach etwa 2 Std. die Sauce durch ein feines, mit einem Tuch ausgelegtes Sieb laufen lassen und weiterkochen, bis sie leicht sämig ist. Vor dem Servieren mit Salz und Pfeffer abschmecken und mit der kalten Butter montieren.

Anrichten:

Die Rouladen einmal durchschneiden, auf vorgewärmte Teller legen und mit der Sauce angießen.
Dazu als Beilage Brotpuffer servieren (siehe Rezept S. 179).

Sauerbraten von Reh und Hase

Richard Sutorius
Gasthaus Sutorius
Königswinter-Stieldorf

400 g Rehkeule, 400 g Hasenkeule, 50 g Magerspeck, 50 g Sellerie sowie 50 g Möhren und 100 g Zwiebel, 1 l trockener Rotwein und 100 ml Weinessig, 1 TL Wacholderbeeren, 1 TL Rosmarin, ½ TL Thymian, 10 Pfefferkörner, 3 Lorbeerblätter, 1 Msp. Koriander, 20 g Salz, 10 g Glutamat, Öl zum Anbraten, 30 g Johannisbeergelee, 1 EL Sauerrahm, 100 g Butter.

Rehkeule und Hasenkeule etwa 1 Woche in einer Marinade aus Speck, Sellerie, Möhren, Zwiebeln, Rotwein, Weinessig, Wacholderbeeren, Rosmarin, Thymian, Pfefferkörner, Lorbeerblättern, Koriander, Salz und Glutamat einlegen.
Die Keulen abtrocknen und in Öl anbraten. Gemüse aus Marinade absieben und mit anbraten. Mit der Marinade aufgießen und im Ofen unter ständigem Begießen etwa 1½ Std. schmoren. Sauce absieben, mit Johannisbeergelee und Sauerrahm verfeinern. Kalte Butter in Würfel schneiden und nach und nach zum Binden in die kochende Sauce einrühren.
Zum Servieren die Keulen in Tranchen schneiden, mit der Sauce überziehen und als Beilage Nudeln, Spätzle oder Knödel reichen. Restliche Sauce getrennt dazu servieren.

Hirschragout mit süß-saurem Kohl

Wolfgang Markloff
Markloffs
Bielefeld

1 kg Hirschfleisch von Hals, Blatt oder Bug, etwas Salz, frisch gemahlener Pfeffer, 40 g Butter, 3 EL Traubenkernöl, ¼ TL Puderzucker, ¾ l Wildfond, 4 Zwiebeln, 2 Knoblauchzehen, 1 TL Mehl, 1 EL Tomatenmark, 1 Lorbeerblatt, 1 Rosmarinzweig, 1 Thymianzweig, einige Petersilienstiele, 250 g Steinpilze, 1 EL Apfelgelee, etwas Sauerrahm, 2 EL Apfelperlen, 1 kg Weißkohl, 50 g Fett, 1 TL Zucker, 1 Zwiebel, Salz, Kümmel, 2 EL Essig, ½ l Brühe.

Das sauber parierte Hirschfleisch in etwa 2 cm große Würfel schneiden, salzen und pfeffern und in der Mischung aus Traubenkernöl und Butter heiß anbraten. Mit Puderzucker bestäuben (nicht verbrennen lassen). Die Fleischwürfel herausnehmen und warm halten. Das Fett abgießen und aufbewahren. Den Bratensatz mit etwas Wildfond ablöschen, abgießen und ebenfalls aufbewahren.
Das Fett wieder zurück in die Pfanne geben und darin die feingewürfelten Zwiebeln sowie die zerdrückten Knoblauchzehen anschwitzen. Das Mehl anstäuben und einige Minuten mitdünsten. Das Tomatenmark einrühren. Den Wildfond und den Bratensatz zufügen und zum Kochen bringen. Die Fleischwürfel wieder einlegen. Das Lorbeerblatt, den Rosmarin- und Thymianzweig sowie die Petersilienstiele zu einem Kräuterstrauß binden und zufügen. Das Ragout zugedeckt in den Ofen geben und bei 180 °C etwa 50 Min. schmoren. Etwa 10 Minuten vor dem Ende der Garzeit die geputzten Steinpilze zugeben.

Anschließend die Fleischwürfel herausnehmen und warm halten. Die Sauce auf dem Herd noch etwas einkochen. Das Apfelgelee einrühren und die abgeschmeckte Sauce über die Fleischwürfel gießen. Zum Schluß die Apfelperlen darüberstreuen.

Den Kohl vierteln, vom Strunk befreien, waschen und hobeln. Zucker in Fett leicht bräunen, die feingeschnittene Zwiebel und Kümmel zugeben, kurz andünsten. Kohl beifügen, salzen und gut durchdünsten. Essig und wenig Brühe zugeben und zugedeckt bei mäßiger Hitze unter allmählicher Zugabe von weiterer Brühe gar dünsten. Anschließend nochmals abschmecken.

Wenn der Kohl gebunden werden soll, eine geriebene rohe Kartoffel unterheben.

Das Hirschragout auf vorgewärmten Tellern anrichten und den süß-sauren Kohl separat dazu reichen. Als weitere Beilage kleine Kartoffelplätzchen servieren.

Hirschragout in Burgunder

Josef Selbach
Sülztaler Hof
Overath-Immekeppel

1 kg ausgelöste Hirschkeule, 300 g Zwiebeln, 300 g Wurzelgemüse (Sellerie, Lauch, Möhren), 10 Wacholderbeeren, Lorbeer, Rosmarin, Majoran, Pfeffer, Schinkenspeck, 200 g Preiselbeerkonfitüre, 2 EL Tomatenmark, 1 l junger Burgunder, Bratfett, Salz, Pfeffer.

Das Fleisch in grobe Würfel schneiden, im 250 °C heißen Ofen scharf anbraten, mit Salz und Pfeffer würzen, Zwiebeln, Wurzelgemüse, Wacholderbeeren, Lorbeer, Rosmarin, Pfefferkör-

ner, Speck zugeben und 15 Min. weiterbraten. Tomatenmark und Preiselbeerkonfitüre unterrühren und kräftig Farbe nehmen lassen, mehrmals durchrühren und dann mit Burgunder auffüllen. Anschließend 25 Min. bei 200 °C schmoren lassen.

Das Hirschfleisch mit der Gabel ausstechen und die Sauce passieren. Die Fleischstücke in die passierte Sauce zurückgeben und nochmals kurz erwärmen.

Als Beilage eignen sich Semmelknödel oder Spätzle, dazu frische Pilze und Beeren.

Ragout vom Damhirsch mit Backpflaumen und Birnenkompott

Thomas Möllecken
Altes Zollhaus
Mülheim/Ruhr

1 kg gewürfeltes Hirschfleisch (aus der Schulter geschnitten) und 12 in Weinbrand eingelegte Backpflaumen, Bratfett (Öl-Butter-Mischung).

Marinade:
3/4 l roter Bordeaux, 0,1 l Cassis-Essig, Wacholderbeeren, 1 Lorbeerblatt, Nelken.

Sauce:
300 g Röstgemüse (Sellerie, Karotten, Zwiebel, gewürfelt), 1 EL Tomatenmark, 1 EL Wildfond, 3 EL Preiselbeerkompott, 100 g Lebkuchenbrösel, Salz, Pfeffer.

Kompott:
1 kg reife Williamsbirnen, 0,3 l Weißwein, 70 g Zucker, 1 Vanilleschote.

Das etwa 2 Tage lang marinierte Fleisch in einer Braisière anbraten, das Wurzelgemüse mit anrö-

sten, tomatisieren, mit der Marinade mehrmals ablöschen. Das mit dem Wildfond aufgefüllte Ragout etwa 1½ St. köcheln lassen. Danach das Fleisch herausnehmen, die Preiselbeeren und Lebkuchenbrösel der Sauce beifügen. Den Ansatz nochmals einige Minuten kochen lassen, passieren, abschmecken und das Fleisch mit den Backpflaumen in die Sauce geben. Die Birnen waschen, schälen entkernen und in Stücke schneiden. Die Früchte mit den angegebenen Zutaten aufkochen, mit einem Mixstab kurz durchrühren und kalt stellen.

Das Ragout auf vorgewärmten Tellern anrichten. Als Beilage eignen sich Serviettenklöße oder Spätzle.

Mufflonlammrücken unter der Salbeikruste mit Kürbisgemüse

Georg Groß
Haus Waldsee
Brilon-Gudenhagen

400 g Mufflonrücken, 300 g geriebenes Weißbrot, 100 g Butter, 2 Eigelb, 100 g Salbei.

Kürbisgemüse:
600 g Kürbis und 1 kleine Zwiebel, 1 Prise Zucker, 1 TL gehackter Ingwer, 3 cl süßer Weißwein, Salz und Pfeffer.

Mufflonlammrücken auslösen und von Fett und Sehnen befreien. Knochen und Abgänge anrösten und eine Sauce daraus herstellen. Mufflonrücken würzen und von beiden Seiten anbraten. Weißbrot mit den Eigelben, der Butter und dem kleingeschnittenen Salbei zu einer Masse verarbeiten und auf dem Mufflonrücken verteilen (etwas andrücken). Dann unter dem Salamander krustig überbacken. Kürbis in Rauten schneiden. Feingeschnittene Zwiebel in Butter anschwitzen, Kürbis und Ingwer dazugeben und mit Wein ablöschen. mit Zucker, Salz und Pfeffer abschmecken.

Anrichten:
Sauce auf 4 angewärmte Teller geben, den Mufflonrücken aufschneiden, darauf verteilen. Daneben das Kürbisgemüse anrichten.

Anmerkung:
Beim Mufflon (Wildschaf) empfiehlt es sich, nur sehr junge Tiere (Mufflonlamm) zu verwenden. Ältere Tiere haben zumeist einen etwas strengen Geschmack.

Frischlingsrücken in Pumpernickelkruste auf Steinpilzen mit Altbierjus

Mario Kalweit
Haus Hiesfeld, Hiesfeld

800 g Frischlingsrücken, 100 g Pumpernickel, 100 g flüssige Butter, Zimt, 300 g Steinpilze, 5 cl Altbier und 150 ml Kalbsfond, 50 g kalte Butter, 8 Minimaiskolben, 8 kleine Bundmöhren, 500 ml Milch, 80 g Maismehl, 5 g Salz, 1 Eigelb, Butter zum Braten.

Den Pumpernickel fein reiben, mit flüssiger Butter binden und mit Salz und Zimt abschmecken. Das Fleisch würzen und etwa 7 Min. bei 200 °C im Ofen braten. Das Fleisch aus der Pfanne nehmen, mit der Pumpernickelmasse belegen und 1 Min. nachbraten. Den Bratenfond mit Altbier ablöschen, den Kalbsfond auffüllen, reduzieren lassen, die Sauce durch ein Sieb passieren und mit der kalten Butter binden.

Das Gemüse putzen, blanchieren und in Butter schwenken. Die Pilze in Scheiben schneiden, mehlieren und in schäumender Butter braten.
Maismehl und Salz in die Milch geben und 2 bis 3 Min. kochen. Vom Herd nehmen und das Eigelb unterziehen. Die Masse 1 cm dick auf ein Blech aufstreichen und kalt werden lassen. Vor dem Servieren runde Tarteletten ausstechen und in heißer Butter braten.

Anrichten:
Den Frischlingsrücken fächerförmig aufschneiden, in die Mitte der Teller legen, mit der Altbierjus einen Rand gießen und mit Gemüse, Pilzen und Maisplätzchen anrichten und mit den Minimaiskolben garnieren.

Koteletts vom Eifeler Jungwildschwein in Wacholderjus

(für 6 Personen)

Gisela Kreus
St. Benedikt
Aachen-Kornelimünster

Karree vom Überläufer (etwa 1,8 kg), Knochen und Parüren, Öl, Röstgemüse (Karotten, Sellerie, Zwiebel) sowie 20 Wacholderbeeren, 150 ccm Rotwein, 1 Lorbeerblatt, 1 EL Preiselbeeren, 1 EL Gin oder Wacholder, 1,5 l Wildfond oder Wasser, 100 g kalte Butter.

Vom Wildhändler das Karree zu Koteletts schneiden lassen. Darauf achten, daß der Kotelettstiel schön lang bleibt.
Die Knochen und Parüren in Öl anrösten, dann die in Würfel geschnittenen Wurzelgemüse, die Wacholderbeeren, Lorbeerblatt und Preiselbeeren dazugeben. Mit Rotwein ablöschen und mit dem

Fond oder Wasser auffüllen. Etwa 1 Std. leicht köcheln lassen. Durchsieben und noch etwas reduzieren lassen.
Zwei Wacholderbeeren im Mörser kleinstoßen, in die Jus geben und die kalte Butter kurz vor dem Servieren darunterschlagen.
Die Koteletts mit Salz und Pfeffer würzen, leicht in Mehl wenden, in heißem Butterschmalz rosa braten und mit der Sauce überziehen.
Dazu passen kleine Rösti und Apfelrotkraut.

Wildschweinkotelett auf Austernpilzen

Waldemar Kubis
Trüffel im Burbacher Hof
Hürth

4 Wildschweinkoteletts zu je 150 g, je 1 EL Majoran, Rosmarin sowie Thymian, 20 g Butter, Schweineschmalz zum Braten, Salz und Pfeffer, 8 glasierte Maronen, etwa 320 g Austernpilze, 3 kleine Schalotten, 30 g Butter, 1 EL gehackter Kerbel, 100 g Crème fraîche, 1/4 l Sahne, Salz und Pfeffer.

Die Koteletts leicht plattieren, mit Salz und Pfeffer würzen. Auf beiden Seiten in Schmalz anbraten, Fett abgießen, Butter und Kräuter hinzufügen und leicht etwa 3 Min. auf jeder Seite weiterbraten.
Für die Pilze Schalotten in der Butter glasig werden lassen, Pilze dazugeben, mit Salz und Pfeffer würzen und durchschwenken. Crème fraîche, Sahne und Kerbel unterheben und kurz aufkochen. Die Pilze in der Tellermitte anrichten, Koteletts daraufsetzen und mit den Maronen garnieren.

Beilagen:
Birnenkompott und Mandelkartoffeln.

Rezept Seite 140: Hasenbraten, Henriette Davidis, Praktisches Kochbuch Norbert Willam, Hotel Henriette Davidis, Wetter-Wengern

138

Gerollter Wildschweinbraten

Erich Steuber
Siebelnhof
Hilchenbach

1 kg Wildschweinschulter (ohne Knochen, vom Metzger zu einer flachen Scheibe geschnitten), Pfeffer (aus der Mühle), Salz, ½ TL zerstoßene Wacholderbeeren, 75 g durchwachsener Speck, 1 Zwiebel, 100 g kalte Butter, 50 ml Milch, 3 altbackene Brötchen, 2 Eier, 30 g Pistazienkerne, frisch geriebener Muskat, 1 kleine Möhre, 1 Bund Suppengrün, 1 große Scheibe ungeräucherter, fetter Speck (etwa 125 g), ¼ l Rotwein, ⅛ l Schlagsahne.

Wildschweinschulter ausbreiten, von innen und außen mit Pfeffer, Salz und zerstoßenen Wacholderbeeren einreiben. Für die Füllung Speck und Zwiebel fein würfeln und in 30 g Butter andünsten.
Die Hälfte der Milch erhitzen. Brötchen würfeln, die Milch darübergießen und die Brötchen etwas quellen lassen. Restliche Milch mit den Eiern verrühren. Brötchen, Speckmischung, Eiermilch und Pistazien verkneten, mit Salz und Muskat würzen. Möhre putzen und waschen.
Die Füllung um die Möhre zu einer Rolle formen, die etwas kürzer als das Fleisch ist. Mit dem Fleisch umwickeln und mit Fleischfaden gleichmäßig zu einem Rollbraten formen.
Suppengrün waschen, würfeln und auf einer Saftpfanne verteilen. Braten auf dem Rost darüberlegen. Fleisch mit der Speckscheibe abdecken und im vorgeheizten Backofen bei 180 °C auf der 2. Einschubleiste von unten 1 Std. garen. Nach und nach den Rotwein und ½ l Wasser angießen.
Den fertigen Braten in Folie gewickelt beiseite stellen. Bratfond durch ein Sieb streichen, mit Schlagsahne aufkochen und nach und nach die restliche kalte Butter einschlagen. Sauce pfeffern und salzen. Braten in dünne Scheiben schneiden und mit der Sauce servieren.

Wildschweinmedaillons auf Blutsauce

Bild Seite 135

Hermann Kettner
Alte Rentei
Schleiden

8 Wildschweinmedaillons à 40 g, Salz, Pfeffer aus der Mühle, Butter.

Sauce:
2 dl Wildfond, 2 cl Madeira und 2 cl Portwein, Salz, Pfeffer aus der Mühle, 30 g Butter, 4 EL frisches Kalbsblut (vom Metzger auf Vorbestellung), einige Tropfen Balsamico-Essig.

Die Wildschweinmedaillons salzen, pfeffern und rund 4 Minuten von beiden Seiten in Butter braten. Anschließend ruhen lassen.
Für die Sauce den Wildfond zusammen mit Portwein und Madeira einkochen. Mit dem Kalbsblut binden und würzen.
Vor dem Servieren die kalte Butter unterschwenken.
Dazu einen Pilzstrudel, junge Navetten sowie Möhren und Brokkoli reichen.

Hasenbraten

Bild Seite 139

Henriette Davidis
Praktisches Kochbuch

Wenn der Hase gehörig gewaschen, gehäutet und sauber gespickt worden ist, streut man etwas Salz über, bewickelt die Füße mit Papier und läßt ihn am besten mit recht vieler Butter unter fortwährendem Begießen am Spieß etwa eine Stunde braten. Liebt man indeß nach englischer Weise, das Fleisch inwendig roth, so braucht man ihn nur ½ Stunde in der Maschine zu lassen, ¼ Stunde vorher gibt man eine Tasse Sahne zur Sauce. Im Ofen gebraten ist die Behandlung dieselbe, nur thut man wohl, einige Speckscheibchen darunter zu legen und den Hasen nicht bei zu schwachem Feuer zu braten, weil er sonst leicht austrocknet. Reichlich Butter und fleißiges Begießen macht ihn saftig. Ist er gahr, so muß er sogleich aus dem Ofen genommen und die Sauce beim Anrichten mit einigen Zitronenscheiben zusammen gerührt werden.
Wer am Hasenbraten einen säuerlichen Geschmack liebt, lege ihn gespickt 1–2 Nächte in Essig.

Anmerk:
Um von dem Hasen die Häute bequemer und schneller abzulösen, setzt man ihn, nachdem das Fell abgezogen, mit Wasser naß gemacht ein wenig in den Ofen, daß er warm werde.

Hasenrücken mit Walnußsoufflé auf Holundersauce

Hartwig Kalber
Detlev Hufschmidt
Restaurant Kurlbaum
Moers

2 ganze Hasenrücken.
Etwas Öl zum Anbraten der Karkassen, 40 g Sellerie, 1 Möhre, 1 Zwiebel, 2 TL Tomatenmark, 100 ml Rotwein, 400 ml Holundersaft, 1 l Fleischbrühe, 2 EL Holunderbeeren, 4 Pimentkörner, 4 Pfefferkörner und 6 Wacholderbeeren,

1 Lorbeerblatt, Salz, Pfeffer, Zukker, 50 g kalte Butter, 50 g geklärte Butter.

Walnußsoufflé:
120 g Karotten, 100 ml Fleischbrühe, 25 g Walnüsse, 2 Eigelb, 1 Eiweiß, Salz, Pfeffer, Zucker, 4 Stück 100-ml-Förmchen.

Die Hasenrücken von den Karkassen lösen und von Fett und Sehnen befreien. Knochen und die Fleischreste in walnußgroße Stükke zerteilen und im Bräter scharf anbraten. Den in Würfel geschnittenen Sellerie, die Möhren- und Zwiebelwürfel dazugeben und mitrösten. Das Tomatenmark unterrühren, kurz (!) mitrösten und mit Rotwein ablöschen. Mit Holundersaft und Fleischbrühe aufgießen. Holunderbeeren und Gewürze hinzugeben. Die Sauce einkochen, durch ein Sieb passieren und auf ¼ l reduzieren. Mit Salz, Pfeffer und etwas Zucker abschmecken und vor dem Anrichten mit gutgekühlter Butter aufmixen.

Für das Soufflé Karotten schälen und in Scheiben schneiden. Mit Fleischbrühe, Salz und Zucker weich kochen. Die Karotten mit der Fleischbrühe pürieren und in einem Sieb abtropfen und erkalten lassen. Das Eiweiß zu festem Schnee schlagen. Die Eigelbe, die Karottenmasse und die feingehackten Walnüsse dazugeben und vorsichtig mit einem Schneebesen zusammenmischen. Evtl. mit Salz und Zucker nachschmecken. Die Förmchen ausbuttern, die Masse hineinfüllen und mit etwas Wasser im bedeckten Topf bei mittlerer Hitze (nicht kochen!) etwa 10 Min. pochieren. Die Soufflés sollten aufgegangen, die Masse locker, jedoch in sich kompakt sein. Währenddessen die Hasenrückenstränge salzen und pfeffern und in geklärter Butter rosé braten. Die fertigen Soufflés aus den Förm-

chen stürzen, die Hasenrücken schräg aufschneiden. Beides mit Sauce, Brokkoli- und einem Blumenkohlröschen auf Tellern anrichten.

Hasenrücken in Wacholdersauce

Françoise Ellrich
Jürgen Scheffran
Alt Nürnberg
Bochum

4 ausgelöste Hasenrückenfilets, 20 g gekochter Schinken, 50 g Schalottenwürfel, Wacholderbeeren, 5 Pfefferkörner, 20 g Butter, 0,1 l Rotwein, dünne Schale von ⅛ Orange, 0,4 l Wildsauce, 1 EL Gin, Zitronensaft.

Schinkenwürfelchen, gehackte Schalotten, zerdrückte Wacholderbeeren und die Pfefferkörner in Butter anschwitzen, mit dem Rotwein ablöschen, die Wildsauce und die ungespritzte Orangenschale dazugeben, alles zusammen 10 Min. köcheln lassen, danach passieren und mit Gin sowie Zitronensaft abschmecken.
Die Hasenrückenfilets in etwas Butter auf den Punkt braten, in dünne Tranchen schneiden, fächerförmig auf warmen Tellern anrichten und mit der Sauce überziehen.

Wild- und Stallhase als Krautwickel

Carsten Kindermann
Silence-Waldhotel Horn
Iserlohn

Sauce:
200 g Kaninchenknochen und -sehnen, 10 g Pflanzenöl, 0,2 l Rotwein,

0,1 l roter Portwein, 1 Lorbeerblatt, 1 Nelke, 1 Wacholderbeere, 30 g kalte Butter, 5 g Maisstärke.

Krautwickel:
4 Wildhasen-Rückenfilets (zu je 90 bis 100 g), 4 Kaninchen-Rückenfilets (zu je 90 bis 100 g), 8 mittelgroße Wirsingblätter, 500 g gut gewässertes Schweinenetz, 50 g Pflanzenöl.

Farce:
150 g Poulardenbrust und -abschnitte, 80 bis 100 g Sahne, 1 Ei, Salz, Pfeffer, Cayennepfeffer, 1 Prise Thymian.

Für die Sauce Knochen und Sehnen in Öl anbraten, Rotwein hinzugeben und reduzieren. Gewürze und Portwein hinzufügen und mit 0,4 l kaltem Wasser auffüllen. Dann 25 Min. köcheln lassen und passieren. Auf 0,2 l reduzieren, kalte Butter, Stärke und Gewürze einrühren und abschmecken. Die Rückenfilets auf gleiche Länge und Dicke zuschneiden.
Poulardenbrust und -abschnitte würfeln und 30 Min. ins Eisfach stellen. In der Küchenmaschine aus der gekühlten Sahne, dem Ei und dem gewürzten Fleisch eine homogene Farce herstellen. Diese wiederum 15 Min. kühl stellen. Inzwischen Kohlblätter in Salzwasser knackig gar kochen und in Eiswasser abschrecken. Je 2 Blätter auf einem Tuch abtrocknen und die Farce etwa 1 cm dick aufstreichen. Jeweils 1 gewürztes Kaninchen- und Wildhasenfilet daraufsetzen und etwas Farce zwischen die Filets füllen. Die Filets mit der Masse im Kohlblatt einrollen und Überhänge abschneiden. Das Schweinenetz ausbreiten und den Krautwickel doppelt darin einrollen. Die Rolle in Öl gleichmäßig hellbraun in der Pfanne anbraten und im Ofen auf einem Gitter bei 160 °C Ofentem-

peratur etwa 15 Min. garen; anschließend 15 Min. ruhen lassen und in 4 bis 5 Scheiben pro Portion schneiden.

Hasenfilet im Wirsingblatt auf Printensauce

Thomas Möllecken
Altes Zollhaus
Mülheim/Ruhr

4 Hasenrückenfilets, 1 kg Knochen und Parüren vom Hasen, 300 g kleingewürfeltes Röstgemüse (Karotte, Sellerie, Zwiebel), 1 EL Tomatenmark, 0,5 l Rotwein, 1 l Wildfond, Wacholderbeeren, 1 Lorbeerblatt, 80 g Printenbrösel, 3 cl Cognac, 30 g kalte Butter, Salz, Pfeffer, 4 große Wirsingblätter, 2 Schweinenetze.

Farce:
150 g Putenfleisch, 150 g Wildfleisch, 50 g Gänsestopfleber, 1 Vollei, 2 cl Cognac, Salz, Pfeffer, 150 g Waldpilze.

Hasenrückenfilets auslösen, würzen, kurz anbraten und beiseite stellen. Die Knochen anrösten, Gemüse, Gewürze und Tomatenmark hinzugeben, mehrmals mit Rotwein ablöschen und mit Wildfond auffüllen. Nachdem dieser Ansatz etwa 1 Std. geköchelt hat, wird er passiert, auf etwa die Hälfte reduziert und mit den Printenbröseln gebunden. Kurz vor dem Anrichten die Sauce abschmekken, nochmals passieren und die kalte Butter unterrühren.
Für die Farce die Pilze putzen, waschen, kleinschneiden und in Butter kurz anbraten. Die anderen Zutaten gut gekühlt im Kutter zu einer glatten Farce verarbeiten und die Pilze unterheben. Die Wirsingblätter blanchieren und in Eiswasser abschrecken. Auf die

Blätter etwas Farce streichen, die Filets darauflegen und in das Schweinenetz einrollen. Die gefüllten Rouladen im Ofen bei mehrmaligem Wenden 15 bis 20 Min. braten. Ruhen lassen, aufschneiden und auf der Sauce anrichten. Als Beilage Rahmwirsing oder kleine Preiselbeerküchlein reichen.

Hasenpfeffer mit Steckrübengemüse

Wolfgang Schmalzried
Herrenhaus Buchholz
Alfter

1,5 kg Hasenfleisch mit Knochen, 100 g magerer geräucherter Speck, 50 g Butterschmalz, Salz, Pfeffer, 10 g Zucker, ½ EL Tomatenmark, 1 enthäutete, pürierte Hasenleber, 70 g Schweineblut, 80 g Buttermilch, 60 g geeiste Butterflocken, 1 EL Preiselbeeren, 1 EL Johannisbeergelee, 20 g getrocknete Butterpilze.

Marinade:
1 l trockener Rotwein, 0,1 l Balsamico-Essig, 4 EL Armagnac, 4 Wacholderbeeren, 5 schwarze Pfefferkörner, je 80 g geschälte Karotten, Schalotten und Staudensellerie, 40 g Lauch, 1 Knoblauchzehe, je 1 kleiner Zweig Thymian und Rosmarin, 1 TL Senfsaat, 1 Lorbeerblatt, 2 Nelken.

Wasserteig:
200 g Mehl, 10 cl Wasser, 1 Prise Salz.

Garnitur:
100 g Perlzwiebeln, 20 g Butter, 1 EL Cidre-Essig, 10 g glatte Petersilie, 4 Scheiben Kastenweißbrot, 20 g Butter.

Steckrübengemüse:
800 g Steckrüben, 80 g magere geräucherte Speckwürfel, 100 g Zwie-

belwürfel, Zucker, Salz, Pfeffer, Mazisblüte, 2 EL Cidre-Essig, 30 g Butter, 1 Prise Zucker.

Aus den Zutaten für die Marinade eine Beize herstellen und etwas ziehen lassen. Das Hasenfleisch in etwa 80 g große Stücke mit Knochen zerteilen und in einen Steingutbottich etwa 4 bis 5 Tage in die kalte Marinade einlegen und abdecken. Die Marinierzeit kann um 2 Tage verkürzt werden, wenn die Marinade aufgekocht und heiß über die Hasenteile gegeben wird. Etwas besser ist jedoch die erste Methode. Die Hasenteile jeden Tag wenden und luftdicht abdekken.
Die Hasenteile aus der Marinade nehmen und mit Küchenkrepp trockentopfen. Den mageren geräucherten Speck in 4 Stücke schneiden und in einer Schmorpfanne mit dem Butterschmalz anbraten. Die Hasenstücke zuerst ungewürzt mitbraten. Dann mit Pfeffer aus der Mühle und Salz würzen. Den Zucker über das Fleisch verteilen und leicht karamelisieren. Das Gemüse und die Gewürze aus der Marinade zugeben und mitbraten. Wenn der Fleischsaft sich am Boden festsetzt, mit einem Teil Marinade ablöschen und Tomatenmark beifügen. Das Ablöschen noch einige Male wiederholen, bis der Saucenansatz die nötige Bräune hat. Mit der restlichen Marinade, dem Johannisbeergelee, den Preiselbeeren, den getrockneten Butterpilzen und 0,2 l Wasser auffüllen.
Aus Mehl, Wasser und Salz rasch einen Teig kneten.
Mit dem Wasserteig und dem Deckel die Schmorpfanne abdichten und im Rohr bei 150 °C etwa 2 ½ Std. langsam garen. Den Wasserteig aufschneiden und die Fleischteile aus der Sauce nehmen. Die Sauce durch ein feines Haarsieb passieren. Unter ständigem

Rezept Seite 147: Sautierte Wachtelbrüstchen und Keulen auf süß-saurer Kürbissauce, Wolfgang Schmalzried, Herrenhaus Buchholz, Alfter

Rühren die geeisten Butterflocken und die Buttermilch unter die Sauce montieren.

Nun die geschmorten Hasenstücke in die Sauce zurücklegen und mit dem Schweineblut und der pürierten Hasenleber binden. Die Sauce sollte jetzt nicht mehr kochen.

Steckrübengemüse:
Steckrüben in Salzwasser halb garen und im Fond erkalten lassen. Speck und Zwiebel mit Butter anbraten.

Die Steckrüben grob reiben und zugeben, mit Salz, Pfeffer, Zucker, Mazisblüte und Cidre-Essig würzen, einige Löffel Steckrübenfond angießen und etwa 20 Min. bei kleiner Hitze mit Deckel dünsten.

Garnitur:
Perlzwiebeln schälen, mit Butter anschwitzen, würzen, mit Cidre-Essig und 1 EL Wasser ablöschen (nicht zu weich garen!). Aus den Weißbrotscheiben herzförmige Stücke schneiden und in Butter zu goldbraunen Croûtons rösten.

Anrichten:
Den Hasenpfeffer in die Mitte der vorgewärmten Teller legen, mit den Perlzwiebeln und den Croûtons garnieren und das Steckrübengemüse als Bordüre um den Pfeffer plazieren. Zum Schluß wird das Gericht mit der in feine Streifen geschnittenen Petersilie bestreut.

Fasan auf Trauben, Karotten und glasierten Nüssen

Hans Bertels
Le Crocodile, Krefeld

4 große Fasanenbrüste (ohne Haut und Knochen), Olivenöl, Butter, etwas brauner Geflügelfond, 2 cl Cognac, 300 g kleine Karotten, 100 g helle Trauben, 100 g dunkle Trauben, 100 g Walnüsse, Butter, Salz, Zucker, Muskat.

Gemüse:
Trauben halbieren und entkernen, Karotten in leicht gesalzenem Wasser bißfest kochen und halbieren, die abgezogenen Nüsse in Butter und Zucker glasieren. Alles zusammen in Butter mit etwas Geflügelfond erhitzen.
Fasanenbrüste in Butter und Olivenöl etwa 3 bis 4 Min. leicht bräunen und warm stellen.
Gemüse auf die Teller verteilen. Wenn verfügbar, auf einem Weinblatt anrichten, die Fasanenbrüste fächerartig aufschneiden und ans Gemüse legen, mit etwas reduziertem Geflügelfond, der mit Cognac verfeinert wurde, beträufeln. Als Beilage eignen sich kleine Kartoffelkugeln, in Thymian leicht gebraten.

Fasanenbrust auf Wacholderjus mit Sauerkraut und glasierten Trauben/Maronen

Roger Heidermann
Restaurant Alte Schmiede
Steinhagen

4 Fasanenbrüste, 4 dünne Scheiben fetter Speck, 150 g kleingeschnittenes Röstgemüse (Zwiebeln, Staudensellerie, Karotten), 1/8 l trockener Weißwein, Bratfett, Salz, Pfeffer.

Die Fasanenbrüste mit Salz und Pfeffer aus der Mühle würzen, von außen mit dünnen Scheiben von fettem Speck belegen und mit einem Faden in Form bringen. Die Fasanenbrüste bei mittlerer Hitze von beiden Seiten anbraten und dann beiseite legen. Kleingeschnittenes Röstgemüse in die Pfanne geben, kurz anrösten und dann mit dem Weißwein ablöschen. Anschließend die Fasanenbrüste hinzugeben und bei 160 °C etwa 12 Min. in der Backröhre garen. Am besten das Fleisch vor dem Aufschneiden noch ein wenig ruhen lassen.

Sauerkraut:
600 g Sauerkraut, 1 Zwiebel, ein Gewürzbeutel mit 1 Lorbeerblatt, 2 Nelken, Piment, 3 bis 4 Pfefferkörnern; 80 g Schweineschmalz, 1 Stück Speckschwarte, 0,3 l Weißwein, 0,5 l Brühe, 1 rohe Kartoffel zum Binden, 1 Dutzend Weinbergschnecken.

Das Schmalz im Topf zergehen lassen und darin die in Streifen geschnittene Zwiebel anziehen lassen. Das Sauerkraut und das Schwartenstück hinzufügen und kurz andünsten. Anschließend mit Weißwein und Brühe auffüllen und köcheln lassen (einige Minuten noch den Gewürzbeutel mitziehen lassen). Wenn das Sauerkraut gar ist, mit der geriebenen, rohen Kartoffel abbinden.

Glasierte Trauben und Maronen:
20 geschälte Maronen, 20 Weintrauben, 3 EL Zucker, 50 g kalte Butter.

Zucker und etwas Wasser karamelisieren lassen und die kalte Butter hinzufügen. Darin die Maronen und kurz vor dem Servieren die Trauben anschwenken.

Wacholderjus:
0,4 l Geflügeljus, 4 cl Wacholderschnaps, 4 cl Portwein, 4 zerdrückte Pfefferkörner, 1 Lorbeerblattspitze, 1 Zweig Thymian, Rosmarin und 1 Schalotte.

Die gehackte Schalotte mit Portwein und Wacholderschnaps reduzieren lassen. Pfefferkörner, Lorbeerblattspitze, Thymian und Rosmarin dazugeben. Anschließend mit der Geflügeljus auffüllen, aufkochen lassen und durch ein Sieb passieren.

Anrichten:
Von der Wacholderjus einen Saucenspiegel angießen, die Fasanenbrüste einsetzen und mit den Maronen und Trauben umlegen. Das Sauerkraut getrennt servieren.

Brust vom Jagdfasan mit kandiertem Meerrettich

Wolfgang Markloff
Markloffs
Bielefeld

Karkassen von 2 Fasanen, 4 ausgelöste Doppelbrüste, Salz, Pfeffer aus der Mühle, 1 Karotte, 1/8 Sellerieknolle mittlerer Größe, 1/4 l trockener Weißwein, 40 g Butter, 3 EL Traubenkernöl, 1/2 TL Puderzucker, 4 cl Schlehenlikör, 3/4 l Geflügelfond, 4 Schalotten, 1 Knoblauchzehe, 1 TL Mehl, 1 EL Tomatenmark, 1 Lorbeerblatt, 1 Zweig Rosmarin, 1 Zweig Thymian, einige Petersilienstiele, 250 g Champignonköpfe, 1 EL Schlehenkonfitüre, 1 EL Sauerrahm, einige Schlehen, 1 Stange frischer Meerrettich, 4 EL Rohrzucker, 1 TL Johannisbeerkonfitüre, etwas Altbier, etwas Distelöl.

Die Karkassen mit Puderzucker, Zwiebeln und Champignonabgängen im Ofen rösten. Mit Schlehenlikör flambieren, etwas Tomatenmark zugeben und nochmals rösten. Jetzt die würfelig geschnittene Karotte und den Sellerie zugeben, ablöschen mit einem kleinen Schuß Weißwein und mit Geflügelfond auffüllen und die Gewürze zugeben.
Abgedeckt im Ofen etwa 1 Std. auskochen. Petersilienstiele hinzugeben. Passieren und nochmals 20 bis 30 Min. reduzieren lassen.

Die Brüstchen mit Salz und Pfeffer aus der Mühle würzen. Kurz scharf anbraten, danach etwa 8 bis 10 Min. im Ofen auf den Punkt garen.
In der Zwischenzeit wird die Sauce vollendet. Den Sauerrahm zugeben, durchkochen und mit etwas Mehlbutter abziehen. Nochmals mit Schlehenlikör abschmekken und mit Schlehen- oder Johannisbeerkonfitüre vollenden. Die frischen Schlehen in die Sauce geben. Die Farbe der Sauce sollte milchkaffeefarben sein. Den Meerrettich mit dem Messerrükken abraspeln. In einer Kasserolle etwas Distelöl erwärmen und den Rohrzucker zerlassen, gut durchkochen bis zum hellen Karamel. Meerrettich zugeben und mit einem Holzlöffel rühren, mit Altbier ablöschen, nochmals durchkochen, herausnehmen und auf den Brüstchen anrichten. Wenn der Meerrettich knackig sein soll, entfällt das Ablöschen. Man läßt ihn wie gebrannte Mandeln auf einem Blech auskühlen.

Fasanenbrust im Speckmantel mit Essigsauce

Françoise Ellrich
Jürgen Scheffran
Alt Nürnberg
Bochum

8 Fasanenbrustfilets zu je 80 g und 8 Scheiben fetter grüner Speck sowie Lachsfaden (Bindfaden).

Sauce:
1 Tasse Balsamico-Essig, 250 g Butter, 0,1 l Rotwein, 0,2 l Kalbs- oder Geflügelfond.

Die Fasanenbrustfilets mit dem Speck umwickeln, mit dem Lachsfaden den Speck festbinden, die

Fasanenbrüste in heißem Fett vorsichtig braten, die Zutaten für die Sauce in einer Pfanne auf die Hälfte einkochen, dann mit einem Schneebesen die kalte Butter unterschlagen, bis die Sauce bindet. Als Beilage Kartoffelpüree und Butterwirsing reichen.

Fasan im Linsentopf

Wolfgang Stein
Parkhotel Schloß Hohenfeld
Münster-Hiltrup

400 g Linsen, 2 ganze Fasane, 100 g gewürfelter Speck, je 100 g gewürfelte Karotten und Lauch, 2 dl saure Sahne, 4 cl Öl, 40 g Butter, Salz, Pfeffer, etwas Salbei.

Die gewaschenen und über Nacht eingeweichten Linsen etwa 30 Min. kochen. Die Fasane in 8 Stücke schneiden, mit Salz, Pfeffer und Salbei würzen und mit dem Speck in Öl anbraten. Karotten und Lauch dazugeben, Linsen mit dem Kochwasser hinzufügen. Nochmals etwa 45 Min. bei kleiner Hitze schmoren lassen. Im letzten Moment saure Sahne und Butter unterziehen.

Beilage:
Kartoffelpüree.

Heimische Wildentenbrust mit ihrem Leberkuchen zu Grünkohl und Walnußschmarren

Richard Lattrich
Parkhotel Burggraf
Tecklenburg

2 Wildenten, 60 g Karotten, 60 g Schalotten, 40 g Sellerie, 6 Wacholderbeeren, 2 Thymiansträußchen, 4 cl Rotwein, 4 cl Madeira.

Leberkuchen:
200 g Wildentenleber, 3 Eier, 1 Prise Pökelsalz, weißer Pfeffer aus der Mühle, 2 cl Cognac, 2 cl roter Portwein.

Grünkohl:
1 kg Grünkohl (von den Strünken abgestreift), 500 g Schweinenacken, Salz, Pfeffer, 1 Zwiebel, 1 Kartoffel.

Walnußschmarren:
150 g Mehl, Salz, Zucker, 4 Eigelb, 15 cl Sahne, 100 g abgezogene und gehackte Walnüsse, 4 Eiweiß.

Die Wildenten rupfen, flambieren und ausnehmen. Die Brüste vorsichtig auslösen. Die Wildentenkarkassen hacken und im Ofen braun braten. Nun das Gemüse und die Aromaten zugeben und 30 Min. angehen lassen. Jetzt mit dem Rotwein ablöschen und mit Wasser auffüllen. Nach 2 bis 2½ Std. die Karkassen entfernen und die Sauce durch ein Sieb passieren. Die Wildentenbrüste saftig braten und warm stellen. Den Bratensatz mit Madeira ablöschen und zu der anderen Sauce geben. Diese nun so lange einkochen, bis sie sämig ist. Am Schluß noch etwas kalte Butter einschwenken.

Leberkuchen:
Die Leber sauber von allen Sehnen und Häuten befreien. Dann zusammen mit den Eiern im Mixer pürieren und durch ein Sieb streichen. Nochmals pürieren. Nun langsam unter starkem Rühren die geklärte Butter (noch warm) unterziehen. Mit Pökelsalz, Pfeffer, Cognac und Portwein abschmecken. 4 Förmchen buttern und darin die Lebermasse einfüllen und in 70 °C heißem Wasser im 170 °C heißen Backofen etwa 50 Min. pochieren. Das Wasser darf nicht kochen. Vor dem Stürzen muß der Leberkuchen etwas ruhen.

Grünkohl:
Die Kohlblätter gründlich waschen, überbrühen und abgießen. Dann auf einem Brett grob hacken. Zusammen mit dem zerkleinerten Schweinefleisch und etwas Wasser zum Kochen bringen. Etwa 1 bis 1 ½ Stunden garen, das Schweinefleisch ausstechen, mit Salz und Pfeffer abschmecken und den Fond mit der geriebenen Zwiebel und Kartoffel binden.

Walnußschmarren:
Mehl, Sahne, Eigelbe, Salz und Zucker gut vermischen. Eiweiße schlagen und unter die Masse heben. Eine Pfanne mit Butter erhitzen und den Teig einfüllen, mit den Walnüssen bestreuen und die Unterseite goldgelb backen. Anschließend die Pfanne in den Ofen geben und fertigbacken. Dann mit der Gabel in 3 cm große Stücke reißen.

Anrichten:
Auf die Teller mit der Sauce einen Spiegel gießen, darauf dann punktuell die Wildentenbrust, den Leberkuchen und den Grünkohl plazieren. Den Walnußschmarren extra servieren.

Gefüllte Wachtel auf Wirsing

Rosemarie Hestermann
Hotel Schloß Petershagen
Petershagen

4 entbeinte Wachteln, 150 g schiere Entenbrust, 50 g gewürfelter grüner Speck, 1 cl Rotwein, 1 cl Cognac, Salz, Pfeffer, 2 Wacholderbeeren, 1 Lorbeerblatt, 50 g schierer Schweinerücken.

Entenbrust und Schweinerücken in Streifen schneiden und in eine Schüssel geben. Den grünen Speck, Rotwein, Cognac, Salz, Pfeffer und Gewürze hinzufügen und 24 Std. marinieren. Alles zweimal durch die feinste Scheibe des Fleischwolfs drehen. Die Farce abschmecken und in die Wachteln füllen, diese in gefettete Alufolie setzen und gut verschließen. Im Backofen bei 180 °C etwa 15 Min. backen.

1 kg Wirsing, 40 g gewürfelter Bauchspeck, 1 EL Zwiebelwürfel, 0,3 l Sahne, 25 g Butter, Salz, 1 TL gemahlener Kümmel.

Wirsing in Streifen schneiden, blanchieren und abtropfen lassen. Speck und Zwiebelwürfel in Butter anschwitzen, Sahne hinzufügen und auf die Hälfte reduzieren. Den Wirsing hinzufügen und mit Salz und gemahlenem Kümmel abschmecken. Die Wachteln aus der Folie nehmen und den Bratensaft in einen Topf geben. Den Wirsing auf vorgewärmte Teller verteilen und darauf eine halbierte Wachtel setzen. Den Bratensaft über die Wachtel gießen. Dazu werden Schupfnudeln gereicht.

Wachtelkoteletts in Thymian mit Kartoffeln und Kohlrabi

Oliver Heß
D'r Fiester-Hannes
Burbach-Holzhausen

4 ganze Wachteln, 2 Zweige Thymian, 2 Kartoffeln (mehlige Sorte), 2 Kohlrabi, 1 Knoblauchzehe, 2 EL Olivenöl, ¼ l Hühnerbrühe, je 1 kleingewürfelte Karotte, Zwiebel und Lauchstange, 1 EL Tomatenmark, ⅛ l Rotwein, 50 g kalte Butter, Salz, Pfeffer, Muskat.

Die Wachtelbrüste mit dem Knochen von der Karkasse lösen. Ebenso die Keulen auslösen. Die

Wachtelkarkassen in Olivenöl anbraten, sobald sie Farbe angenommen haben, das Röstgemüse dazugeben. Danach mit dem Rotwein ablöschen und mit Tomatenmark abrösten. Anschließend mit der Hühnerbrühe auffüllen und um die Hälfte einkochen lassen. Durch ein Sieb oder Tuch passieren und am Schluß die kalte Butter in kleinen Stückchen unterziehen.

In der Zwischenzeit die Kartoffeln und die Kohlrabi in feine Stifte schneiden und im Salzwasser abkochen. Danach die Kartoffel- und Kohlrabistifte in Butter anschwenken.

Die Wachtelkoteletts von beiden Seiten anbraten und etwa 3 Min. garen lassen. Die Keulen ebenfalls anbraten.

Anrichten:
Die Kartoffel- und Kohlrabistifte in der Mitte der Teller ausbreiten und die gebratenen Wachtelkoteletts und -keulen daraufsetzen. Danach mit der Sauce nappieren.

Dodine
von der Wachtel
mit Petersilienpüree

Heinz Bach
Hotel Résidence
Essen-Kettwig

4 Wachteln, 80 g Gänseleber, 1 Apfel, 20 g Walnüsse, 1 Scheibe Toastbrot, Thymian, Salz, Pfeffer, Zucker, Portwein, 150 g Petersilienwurzeln, Sahne, Salz, Pfeffer, Butter, 200 g Blattpetersilie, 50 g Schalottenwürfel, 80 g Butter, Salz und Pfeffer.

Die Wachteln vom Rücken her aufschneiden und sämtliche Knochen bis auf den oberen Beinknochen entfernen. Die Haut sollte unbeschädigt bleiben. Die Gänseleber würfeln, mit Salz, Pfeffer, Zucker in Portwein marinieren und mit den abgezogenen, gehackten Walnußkernen mischen. Das Weißbrot entrinden, würfeln, in Butter rösten und zu der Gänselebermasse geben. Den gehackten Thymian dazugeben und die Wachteln mit der Masse füllen. Die Wachteln in ihre ursprüngliche Form bringen und mit der aufgeschnittenen Seite auf ein gebuttertes Backpapier setzen. Die Papierränder so falten, daß die Wachtel ihre Form behält. Im Ofen bei 180 °C etwa 8 Min. braten.

Die Petersilienwurzeln schälen und in Stücke schneiden. In Butter anschwitzen, die Sahne dazugeben und weich kochen. Im Mixer pürieren, durch ein Sieb streichen und abschmecken.

Die Blattpetersilie putzen, waschen und in kochendem Salzwasser blanchieren. In Eiswasser abschrecken und kleinhacken. Die Schalotten in der Butter anschwitzen, die Petersilie dazugeben und abschmecken. Im Mixer fein pürieren.

Von den beiden Pürees jeweils 1 Nocke auf vorgewärmte Teller abstechen, Wachtel in die Mitte geben und mit etwas Jus umgießen.

Sautierte
Wachtelbrüstchen
und Keulen
auf süß-saurer
Kürbissauce

Bild Seite 143

Wolfgang Schmalzried
Herrenhaus Buchholz
Alfter

4 Wachteln zu je 160 g, 40 g Butterfett und 30 g Butter, 8 Rosmarin- nadeln, 3 Salbeiblätter, 3 Thymianspitzen, Salz, Pfeffer.

Wachtelfond:
Je 20 g Karotten, Zwiebeln und Sellerie, 10 g Lauch, ½ Lorbeerblatt, 2 Nelken, 4 Pfefferkörner sowie 0,2 l Weißwein und Salz.

Kürbissauce:
800 g Kürbis, 6 EL Honig-Cidre-Essig, 1 EL Honig, 1 kleines Stück Zimt, 200 g Kürbiskugeln, 4 EL Cognac, 20 Zucker, 20 g Butter.

Von den Wachteln die Brüste und die Keulen auslösen.

Die Karkassen grob zerkleinern, mit dem Gemüse, dem Lorbeerblatt, den Nelken, den Pfefferkörnern, dem Weißwein und 0,5 l Wasser auffüllen und dann etwa 1 Std. bei kleiner Hitze köcheln lassen.

Die Rosmarinnadeln, Salbeiblätter und Thymianspitzen fein hakken und mit der Butter und den Gewürzen eine Würzbutter herstellen. Den Kürbis schälen, in kleine Scheiben schneiden und mit Butter in der Pfanne anschwitzen, den Honig, das Zimtstückchen zugeben und mit Honig-Cidre-Essig ablösen. Mit 0,5 l Wachtelfond auffüllen und etwa 20 Min. bei kleiner Hitze weich dünsten. Im Mixer fein pürieren und anschließend durch ein Sieb passieren.

Die Kürbiskugeln mit Butter und Zucker leicht karamelisieren und mit Cognac flambieren. Die passierte Kürbissauce angießen und nochmals aufkochen.

Die Wachtelteile mit Salz und Pfeffer würzen, in Butterfett scharf anbraten und dann mit der Würzbutter etwa 2 Min. fertigbraten.

Die sautierten Wachtelteile auf warmen Tellern anrichten und mit der Kürbissauce umgießen.

Als Beilage empfehlen sich römische Grießnockerln.

GEFLÜGEL

Zu zeigen ist auch, daß die Braut sehr wenig ißt.
Wie oft sieht man die zartesten Wesen ganze Hühner hineinschlingen.
Bräute niemals.

Bertolt Brecht
Anmerkungen zur „Dreigroschenoper"

Daß der Mensch in früheren Zeiten Truthähnen, um sie zu töten, siedenden Burgunder in den Schlund goß, weil er glaubte, sie dadurch schmackhafter zu machen, und Vogelsteller kleine Singvögelchen blendeten, damit sie mit ihrem Klagegesang ihre Artgenossen ins Netz lockten, ist nicht weiter verwunderlich. Der Mensch ist mit dem Getier, das er zu verzehren gedachte, nie besonders zimperlich umgegangen. Warum auch. Er behandelt ja auch seinesgleichen nicht recht viel besser.

Im Mittelalter wurden Gänse, nachdem man sie lebendig gerupft hatte, auch bei lebendigem Leib gebraten. Weniger des Geschmacks wegen, sondern weil man fand, daß dies „lustiglich" anzuschauen sei. Man blendete sie auch wie die Singvögel und hing sie anschließend in Säcken auf, damit sie nicht durch allzu heftige Bewegungen an Gewicht verlören.

Mit den Hühnern verfuhr man nicht weniger unsanft. Sie wurden bei lebendigem Leib mit Ambra in Mörsern zerstampft, weil dies eine besonders kräftige Brühe ergeben sollte. Diese Brühe galt im übrigen als wirksames Aphrosidiakum.

Das schon bei den alten Römern beliebte Nudeln der Gänse, um eine besonders fette Leber zu erhalten, eine Zwangsmästung, die heute noch bei unseren französischen Nachbarn – und nicht nur dort – zur Freude der Feinschmecker geübt wird, ist ja auch nicht gerade als Schonkur anzusehen. Früher hat man dem Futter noch Pfeffer beigemischt, damit die Gänse um so mehr saufen mußten, was nochmals zu einer starken Vergrößerung ihrer Lebern führen sollte.

Es mag eine milde Form ausgleichender Gerechtigkeit gewesen sein, daß die damaligen Liebhaber dieser Besonderheit nicht selten an einer Vergrößerung und Verfettung eben jenes gleichen Organs litten, so daß sie wie ihre Opfer gezwungen waren, Wasser zu saufen. Was sie meist in Vichy oder im belgischen Spa taten. Im alten Rom galten zwar die Gänse längere Zeit als heilig, da sie bekanntlich die Römer vor dem Einfall der Gallier bewahrten und so das Kapitol retteten, aber die römischen Feinschmecker jener Zeit delektierten sich ebenfalls an ihren Lebern. Man sagt übrigens, die Gänse hätten seinerzeit die Gallier an ihrem strengen Geruch erkannt, und viele Römer sind heute noch der Ansicht, die Stopflebermast der Franzosen sei weiter nichts anderes als die späte Rache der Nachfahren jener Gallier.

Die besten deutschen Gänse kamen einst aus Pommern. Aber auch die Gänse aus dem Münsterland sind nicht zu verachten. Besonders die Sommergänse, welche weniger fett sind als diejenigen, die um Martini herum ihr Leben lassen müssen.

Nicht zu verachten sind auch die Sauerländer Enten und die lippischen Tauben. Auch wenn letztere, wie es heißt, früher auf dem Rücken über Lippe flogen, damit sie die Armut darunter nicht mit ansehen mußten.

In die feine Küche hat die Taube erst spät Zugang gefunden. Man schätzte sie nicht allzusehr. Der Gastrosoph Baron Vaerst wollte sie grundsätzlich nur in der Suppe dulden. Hingegen waren Truthähne neben Kapaunen und Poularden besonders begehrt.

Seltsamerweise spielt der Truthahn in der neuen Küche so gut wie keine Rolle. Sieht man einmal von den wenig reizvollen Keulen oder Schnitzeln in den Tiefkühltruhen unserer Supermärkte ab, ist er auch kaum im Handel zu finden.

Daß der Truthahn aus der Gourmetszene verschwunden ist, mag daran liegen, daß er eigentlich nur in seiner Gänze, exquisit gefüllt und liebevoll gebraten, gegessen werden sollte. Und dazu bedarf es starker Esser oder großer Familien, die es nicht mehr zu geben scheint. Besonders die starken Esser scheinen ausgestorben zu sein.

Von Rossini, der einer der letzten Vertreter dieser Art war, erzählt man, daß er nur dreimal in seinem Leben geweint habe: das erste Mal, als sein „Barbier von Sevilla" ausgepfiffen wurde, das zweite Mal bei einer Arie der damals berühmten Sängerin Corafa und das dritte Mal, als ihm bei einer Bootsfahrt auf dem Bodensee ein getrüffelter Truthahn, den er gerade essen wollte, ins Wasser fiel.

Rezept Seite 153: Sülze von Münsterländer Sommergänsen
Günter Scherrer, Victorian, Düsseldorf

Geschmorte Ente auf Steckrübengemüse

Roland Schöpgens
Restaurant Soufflé
Köln

2 ganze Enten, 4 Schalotten, 1 Möhre, 50 g Sellerie, 400 g Steckrübenstifte, 100 g kleingeschnittene Zwiebeln, 150 g kleingewürfelte Kartoffeln, 1/8 l Sahne, 1/4 l Fleischbrühe, 1 Zweig Rosmarin, 1/4 l Rotwein, Salz, Pfeffer, Muskat, Bratfett.

Die Enten würzen und anbraten. Das kleingewürfelte Röstgemüse anschwitzen und mit Rotwein ablöschen. Die Enten auf das Gemüse setzen und im Bratrohr bei 250 °C etwa 2 Std. schmoren. Kartoffeln, Steckrüben und Zwiebeln anschwitzen, mit Fleischbrühe auffüllen, weich dünsten. Am Schluß Sahne und Gewürze zugeben.
Die Enten auslösen, den Bratenfond mit Butter und Gewürzen verfeinern. Das Gemüse auf Teller geben, die ausgelösten Enten darauf anrichten und mit etwas Jus umgießen.

Kleine Jungente mit Blaubeer-Burgunder-Sauce

Bild Seite 152

Heinrich Poppenborg
Restaurant Poppenborg
Harsewinkel

2 Enten zu je etwa 1200 g, Salz, Pfeffer, Bratfett.

Sauce:
Geflügelteile wie Hälse, Flügel usw. (vom Geflügelhändler), Röstgemüse (8 Schalotten, 1 Karotte, 50 g Sellerie), 1/2 l guter Burgunder, 1/4 l Geflügelbrühe, 100 g Blaubeeren, 2 cl Blaubeerlikör, 60 g kalte Butter.

Die Enten mit Salz und Pfeffer würzen und etwa 20 Min. bei höchster Hitzestufe im Backofen anbraten. Danach auf 140 °C zurückschalten und fertiggaren. Gesamtgarzeit 80 bis 90 Min.
Für die Sauce aus den Geflügelteilen, dem Röstgemüse und dem Burgunder eine Reduktion herstellen, dabei die Geflügteile mit dem Röstgemüse gut anrösten und mit dem Rotwein ablöschen und einkochen lassen. Diesen Vorgang öfter wiederholen. Mit Geflügelfond und Rotwein auffüllen und 1/2 Std. leicht köcheln lassen. Abpassieren, mit dem Blaubeerlikör abschmecken, am Schluß die kalte Butter in kleinen Stücken unterziehen und die Blaubeeren unterheben.
Die Enten tranchieren, auf vorgewärmten Tellern anrichten und die Sauce angießen. Als Beilage Kartoffelkuchen sowie Sellerie- und Möhrenpüree.

Entenbrust, gefächert, in Salbeisauce

Waldemar Kubis
Trüffel im Burbacher Hof
Hürth

4 ausgelöste frische Entenbrüste, 1 EL Gänseschmalz, 1 Bund Salbei, Salz, Pfeffer, 1/2 EL roter Pfeffer, 30 g Butter, 1 Schalotte, 1/4 l Sahne, 1/4 l Rotwein, 1/4 l braune Grundsauce, 2 EL Crème double.

Entenbrüste in der Fettschicht einschneiden und würzen. In der Pfanne mit dem Schmalz von beiden Seiten kroß anbraten, Fett abgießen, Butter dazugeben und etwa 5 Min. in der Backröhre garen lassen. Entenbrüste herausnehmen, Butter abgießen. Bratensatz

mit Rotwein ablöschen, Schalotte hacken und mit Fond und Grundsauce auffüllen. Bis zur Hälfte einkochen lassen. Durchsieben, Sahne, Crème double und kleingehackten Salbei hinzufügen und mit Salz und Pfeffer abschmecken.
Entenbrüste in dünne Scheiben schneiden und ringförmig auf den Tellern anrichten, Sauce dazugeben und mit restlichem Salbei und rotem Pfeffer garnieren.

Empfohlene Beilagen:
Kaiserschoten und Schupfnudeln.

Barbarie-Entenbrust auf Kohlrabistreifen in Balsamico-Sauce

Udo Wienen
Restaurant Le Canard
Aachen

2 ausgelöste Entenbrüste (je 300 g Bruttogewicht), Salz, Pfeffer, Bratfett (hoch erhitzbar), 2 Kohlrabi, 50 g Butter, 1 EL Zucker.

Sauce:
4 EL Balsamico-Essig, 1/4 l Rinderbrühe, Salz, Pfeffer.

Die Entenbrüste waschen, abtrocknen und auf der Hautseite rautenförmig einschneiden. Mit Salz und Pfeffer würzen. Die Entenbrüste zuerst auf der Hautseite und anschließend von der anderen Seite knusprig anbraten. Im vorgeheizten Backofen bei etwa 200 °C anschließend 8 bis 10 Min. weiterbraten. Aus der Pfanne nehmen und an einem warmen Platz ruhen lassen.
Für die Zubereitung der Sauce das Bratfett abgießen. Mit Balsamico-Essig ablöschen, kurz reduzieren lassen und mit Rinderbrühe auffüllen. Danach die Sauce um die Hälfte reduzieren, vom Herd nehmen, mit kalten Butterflöckchen

montieren sowie mit Salz und Pfeffer abschmecken.

Die Kohlrabi schälen und in feine Streifen schneiden. Das Gemüse in kochendem Wasser mit einem 1 EL Zucker und 1 TL Salz blanchieren. Die Kohlrabistreifen in ein Sieb abschütten und in Eiswasser abschrecken, damit sie nicht mehr nachgaren und noch Biß haben.

20 g Butter in einer Pfanne bei mittlerer Hitze zerlassen, die Kohlrabi darin kurz anschwenken und mit Salz und Pfeffer abschmecken.

Die Kohlrabistreifen in die Mitte der Teller legen. Die Entenbrust in dünne Scheiben schneiden und auf den Kohlrabistreifen anrichten, anschließend mit der Sauce umgießen.

Als Beilage: Gratin dauphinois.

Gänsebraten mit Marzipanapfel

Rainer-Maria Halbedel
Halbedel's Gasthaus
Bonn

1 Gans von etwa 2 kg, 2 dicke Zwiebeln, Schale von 2 unbehandelten Orangen, 1 Zweig Beifuß, 4 Boskop, 100 g Rohmarzipan, 20 g Pistazien, 1 Eiweiß, 1 Prise gem. Zimt, 1 EL Rum, 1 EL Johannisbeergelee, 50 g flüssige Butter.

Gans mit wenig Salz einreiben. Zwiebeln und Orangenschalen in Stücke schneiden, mit Beifuß sowie Salz mischen, in die Gans füllen, mit Wasser ansetzen und bei 250 °C im Backofen 100 Min. braten. Zwischendurch immer wieder gut begießen, das macht die Haut knusprig.

Äpfel bis zur Hälfte schälen, mit dem Kugelausstecher das Kerngehäuse ausstechen. Mit der Füllung aus Rohmarzipan, Eiweiß, Pistazien, wenigen Rosinen, Zimt und Rum füllen. Mit Johannisbeergelee deckeln, mit Butter bestreichen und bei 250 °C 10 Min. im Ofen backen.

Die Gans auf einer Platte, umringt von den Äpfeln, servieren.

Gefüllte Gänsebrust mit Pfifferlingen in schwarzer Johannisbeersauce

Richard Sutorius
Gasthaus Sutorius
Königswinter-Stieldorf

2 Gänsebrüste, 1 TL Salbei, 1 TL Beifuß, 10 cl Orangensaft, ½ TL Majoran, 1 Prise Estragon, ½ TL Salz, 1 Prise Pfeffer, 2 cl Cognac, 1 Zwiebel, 50 g Magerspeck, 300 g Pfifferlinge, ⅛ l Weißwein, 1 Prise Salz und Pfeffer, 1 Ei, Butter zum Einfetten, 5 EL Johannisbeerpüree, 3 cl Cassislikör, 100 g Butter.

Gänsebrust mit Salbei, Beifuß, Orangensaft und Majoran sowie Estragon und Salz marinieren und kalt stellen.

Kleingewürfelte Zwiebel und Speckwürfelchen anbraten, die Hälfte der Pfifferlinge gehackt zugeben. Mit Weißwein aufgießen, salzen und pfeffern und einkochen lassen. Vom Feuer nehmen und das Ei unterrühren. Gänsebrüste abtrocknen, beidseitig kurz anbraten, schräg aufschneiden, mit der abgekühlten Pfifferlingmasse füllen.

Jedes Stück in gebutterte Alufolie einpacken und im Ofen etwa 1 Std. bei 200 °C rosa braten.

Marinade in Topf sieben, Johannisbeerpüree und Cassislikör zugeben, aufkochen lassen. Sauce mit kalter Butter binden, Gänsebrüste in Scheiben schneiden und auf Sauce anrichten.

Gänsekeule, süß-sauer, an Linsengemüse

Thomas Möllecken
Altes Zollhaus
Mülheim/Ruhr

4 Gänsekeulen, ¼ l Rotwein und 0,1 l Weinessig, 5 Wacholderbeeren, 2 Lorbeerblätter, 3 Nelken sowie 1 TL Beifuß.

Sauce:
300 g Röstgemüse, 2 Boskop-Äpfel, 1 EL Tomatenmark, 80 g Rübenkraut, 60 g Gänseschmalz, ¾ l Geflügelfond, Salz, Pfeffer.

Linsengemüse:
250 g grüne Linsen, 150 g Gemüserauten (Karotte, Sellerie, Lauch), 50 g Speckwürfel, 20 g Butter, Salz, Pfeffer.

Die Gänsekeulen in dem aus allen übrigen Zutaten bereiteten Sud 24 Std. marinieren. Anschließend die Gänsekeulen herausnehmen, trockentupfen, würzen, in einer Braisière in Gänseschmalz anrösten, das Röstgemüse einschließlich der grobgewürfelten Äpfel hinzugeben, tomatisieren und mit der Marinade und dem Geflügelfond auffüllen. Die Keulen im Backofen bei 180 °C schmoren, dabei öfters nachsehen und Flüssigkeitsverlust ausgleichen. Nach etwa 1 bis 1½ Std. Garzeit das Fleisch aus der Sauce nehmen und warm stellen.

Die Gänsesauce passieren, das Rübenkraut zugeben und dann das Ganze auf etwa die Hälfte reduzieren lassen.

Linsen in viel Wasser nicht zu weich kochen. Speckwürfel in

Butter angehen lassen, die blanchierten Gemüserauten und Linsen hinzugeben, durchschwenken und abschmecken.

Die Gänsekeulen auf vorgewärmten Tellern mit dem Linsengemüse anrichten, etwas Sauce angießen und restliche Sauce getrennt dazu reichen.

Als Beilage zu diesem Gericht passen Semmel- oder Kartoffelklöße.

Gänseklein mit weißen Bohnen

Klaus-Peter Axer
Weinstuben Bitzerhof, Köln

250 g weiße Bohnen, 1 l Wasser, 1 kg Gänseklein (Flügel, Herz, Magen, gesäubert, Hals), 2 EL Öl, 1 TL Salz, 1 TL Majoran, 1 TL Thymian, 2 Stangen Lauch, 2 Zwiebeln, 30 g Butter, 30 g Mehl, 1 EL Tomatenmark, 1 Prise Paprikapulver, 1 dl Rotwein, 1 Prise Zucker, 1 Bund glatte Petersilie.

Weiße Bohnen über Nacht in kaltem Wasser einweichen. Lauch putzen. Gänseklein waschen und trockentupfen. Zwiebeln schälen und würfeln.
Öl in einem Topf erhitzen. Gänseklein darin 5 Min. rundherum anbraten. Bohnen mit dem Einweichwasser dazugeben. Mit Salz, Thymian und Majoran etwa 60 Min. bei kleiner Hitze kochen lassen. Gänseklein herausnehmen und warm stellen. Den in Ringe geschnittenen Lauch und die gewürfelten Zwiebeln in heißer Butter etwa 5 Min. dünsten und dann mit Mehl bestäuben. Diese Mischung auf die Bohnen schütten und kurz durchkochen.
Mit Tomatenmark, Paprikapulver und Zucker würzen. Rotwein dazugießen und den Topf vom Herd nehmen.
Gänsefleisch von den Knochen lösen, Magen und Herz in Streifen

schneiden. Fleisch zurück in den Topf geben. Vor dem Anrichten nochmals nachschmecken. Mit der gewaschenen glatten Petersilie garnieren.

Sülze von Münsterländer Sommergänsen und Apfel-Sauternes-Sauce

Bild Seite 148

Günter Scherrer
Victorian, Düsseldorf

1 junge Gans (2 bis 3 kg), 0,1 l Chardonnay, 0,1 l Champagner, 2 blanchierte Kalbsfüße, 0,5 l Geflügelfond, 150 g Wurzelgemüse (Karotten, Petersilie oder Sellerie), Koriander, einige Beifußblätter oder getrockneter Beifuß im Mullsäckchen, 2 Eiweiß, 4 Blatt Gelatine, 6 Pfefferkörner, Salz, 1 Tasse kleingehacktes Eis.

Sauce:
¼ l Sauternes, 2 Schalotten, 50 g Butter, 2 Cox Orange, 1 EL Crème fraîche, 1 Msp. Kurkuma, 1 Tasse Orangensaft.

Die Gänsebrust in dem Geflügelfond mit Chardonnay, Kalbsfüßen, Wurzelgemüsen und den Kräutern weich kochen.
Das Fleisch der Gänsekeule mit einem Messer feinhacken mit einer Tasse kleingehacktem Eis sowie den Eiweißen vermischen. Die Pfefferkörner und Salz zugeben. Den erkalteten Gänsefond unterrühren und am Herdrand zum Kochen bringen.
Nach dem Klären vorsichtig passieren und abschmecken. Sollte der Fond nicht gelieren, 4 eingeweichte Blätter Gelatine dazugeben, dann den Champagner unter das noch flüssige Gelee rühren.

Die Gänsebrust in eine Schüssel geben, das Wurzelgemüse mit einem Perlausstecher in kleine Kugeln ausstechen oder von Hand tournieren.
Das flüssige Gelee in die Form über das Gänsefleisch und die Gemüse geben. 6 Std. im Kühlhaus erkalten lassen und anschließend servieren.

Apfel-Sauternes-Sauce:
Die Schalottenwürfel in Butter anschwitzen, Kurkuma zugeben, mit Sauternes ablöschen, die geschälten, in Würfel geschnittenen Äpfel zugeben, mit dem Orangensaft auffüllen und weich kochen. Wenn die Hälfte der Flüssigkeit verkocht ist, alles mixen und passieren. Wenn die Sauce erkaltet ist, Crème fraîche unterrühren.

Gefülltes Stubenküken auf Altbiersauce

Bild Seite 156

Theodor Lammers
Restaurant Heidehof
Gronau-Epe

4 Stubenküken
1 Zwiebel, 1 Karotte, die gleiche Menge Sellerie und Lauch, 5 cl Weißwein, ¼ l Altbier, 1 EL Tomatenmark, 1 EL Bienenhonig.

Füllung:
4 Scheiben Toastbrot (in 1 cm große Würfel geschnitten), 1 großes Ei (Größe 1 oder 2), Sahne, gehackte Petersilie, 1 EL geräucherter Speck und 1 EL in kleine Würfel geschnittene Schalotten, Thymian, Rosmarin, Salbei, 2 abgezogene Tomaten (entkernt und in Würfel geschnitten).

Herz und Leber der Stubenküken würfeln und ganz kurz anschwitzen. Weißbrotwürfel in der Pfan-

Rezept Seite 150: Kleine Jungente mit Blaubeer-Burgunder-Sauce, Heinrich Poppenborg, Restaurant Poppenborg, Harsewinkel

ne anrösten und erkalten lassen. Geräucherten Speck und Schalotten anschwitzen. Aus den gewürfelten Innereien, Weißbrot, Speck, Schalotten, Sahne, Ei, Tomatenwürfeln sowie den Gewürzen eine Füllung herstellen.

Die Stubenküken vom Rücken her vorsichtig entbeinen. Von den Knochen und dem Wurzelwerk einen Bratenfond ansetzen.

Stubenküken innen leicht würzen, die Farce einfüllen und mit Garn zusammenbinden. Außen mit Salz und Pfeffer würzen. Brustseite in brauner Butter anbraten, wenden und im Ofen bei 220 °C etwa 25 Min. braten.

Stubenküken herausnehmen, den Bratsatz in der Pfanne mit Weißwein ablöschen und zum Fond geben. Altbier und Honig hinzufügen und abschmecken.

Als Beilage gefüllte Wirsingblätter à la crème, Berner Rösti und frische Pfifferlinge servieren.

Stubenkükenroulade, mit Kalbsbries gefüllt

Clemens Averbeck
Restaurant Giebelhof
Senden 2

4 Stubenküken, 250 g parierte Kalbsbriesröschen, 200 g Blattspinat, 100 g Crème fraîche, 2 cl Wermut, 80 g Butter, 2 Schalotten, 5 cl Madeira, 1/4 l Geflügelfond, 50 g kalte Butterwürfel, Salz und Pfeffer.

Das Brustfleisch der Küken auslösen und vorsichtig dünn klopfen. Von den Keulen das Fleisch lösen, mit dem Stabmixer pürieren und durch ein feines Sieb streichen. Auf Eis mit Crème fraîche aufarbeiten. Die Farce mit Salz, Pfeffer und Wermut abschmecken.

Kalbsbriesröschen in Butter langsam angehen lassen, würzen und

kalt stellen. Spinat überbrühen und die Blätter einzeln auf einem Küchentuch auslegen. Farce und Bries vermengen und die gewürzten Innenseiten der Brüste damit bestreichen. Einrollen. Jede Roulade mit Spinatblättern umwickeln. In einem Dämpfer 6 Min. garen.

Schalotten fein hacken und mit dem Madeira vollkommen verkochen. Mit Geflügelfond auffüllen, um die Hälfte einkochen, passieren und mit kalten Butterwürfeln binden. Abschmecken.

Rouladen schräg aufschneiden und mit bunten Gemüsen der Saison gefällig anrichten. Mit der Sauce umgießen.

Maispoulardenbrust auf Morchel-Spargel-Sauté

Gerhard Völlm
Parkhotel Gütersloh
Gütersloh

4 Maispoulardenbrüste, 12 Stangen weißer Spargel, 12 Stangen grüner Spargel, 16 frische Morcheln, 0,2 l kaltgepreßtes Olivenöl, 1 Bündchen Blattpetersilie, 1/4 l Weißwein.

Die Maispoulardenbrüste würzen und saftig braten.

Den Spargel schälen und in 5 cm lange Stücke schneiden, diese Stücke nochmals vierteln. Die Morcheln 2- bis 3mal gut waschen und halbieren. Die Blattpetersilie grob hacken.

Die Spargelstücke in heißem Olivenöl in einer großen Pfanne kurz anbraten, mit Weißwein ablöschen, Morcheln zugeben und bißfest dünsten. Zum Schluß die grobgehackte Blattpetersilie un-

terschwenken und sofort anrichten. Als Beilage gebratene Bamberger Hörnchen.

Maishuhn in Rosmarin

Hans Bertels
Le Crocodile
Krefeld

1 Maishuhn von etwa 1200 g, in 8 Teile zerlegt, 100 g frischer Rosmarin, 0,5 l Sahne, 0,1 l Champagner oder trockener Weißwein, Butter, Olivenöl, Salz, Pfeffer.

Die Hühnerteile in Butter und Olivenöl leicht knusprig anbraten. Den entstandenen Bratfond mit Champagner ablöschen und mit Sahne aufgießen. Den Rosmarin und die Hühnerteile zugeben und im offenen Topf oder in der Pfanne bei mittlerer Hitze fertiggaren. Garzeit etwa 15 Min. Die Hühnerteile entnehmen und warm stellen.

Die Sauce zur gewünschten Konsistenz einkochen, durch ein Sieb passieren und zur Bindung noch einige kalte Butterstückchen einschwenken.

Je 2 Hühnerteile auf vorgewärmte Teller legen und mit der Sauce überziehen. Als Beilage eignen sich grüne Nudeln und Brokkoli.

Münsterländer Masthahn in Bierjus

Josef Schwinning
Restaurant Stammhaus Fiege
Bochum

1 Masthahn von etwa 1,8 kg, 50 g Butterschmalz, 50 g Zwiebeln, 50 g Sellerie, 100 g Möhren, 1/4 l Bier, Salz, Pfeffer und Paprikapulver.

Den bratfertigen Masthahn mit Salz, Pfeffer und Paprikapulver würzen. Das Butterschmalz in einem Bräter erhitzen und den Masthahn auf beiden Brustseiten anbraten. Den Hahn auf den Rücken legen und zunächst für 30 Min. in den auf 200 °C vorgeheizten Ofen schieben. Mit einem Pinsel den Hahn des öfteren mit Bier bestreichen und mit dem austretenden Bratensaft begießen.

Die geputzten Zwiebeln, Sellerie und Möhren in 1 cm große Würfel schneiden und zu dem Hahn geben. Die Hitze etwas reduzieren, damit das Gemüse nicht verbrennt. Das Bratgut weiter mit Bier und Bratensaft begießen. Nach einer guten Stunde ist der Hahn gar. Man zerlegt ihn in 8 schöne Stücke, so daß man 4 Bruststücke und 4 Keulenstücke hat. Auf einer warmen Platte anrichten und die Geflügelsauce à part reichen.

Dazu passen Röstkartoffeln mit Speck und ein Kopfsalat.

Über Zitronengras gedämpfte Poulardenbrust auf sautierten Lauchstreifen

Holger Tamm
Graugans, Hyatt Regency
Köln

10 Stangen Zitronengras (Asienladen), 3 geschälte Schalotten, 1/2 l Weißwein, 4 Poulardenbrüste zu 150 g, 2 Stangen Lauch, 15 cl Geflügelfond, 1 cl Sahne, Butter, Salz, Pfeffer und etwas frischer Ingwer.

Zitronengras in dünne Stücke schneiden, mit Schalotten und Weißwein in den Wok geben und etwas Wasser zugeben. Poulardenbrüste in einem gebutterten Steambasket (Bastkörbchen mit Deckel zum Dämpfen) einsetzen,

mit Salz und Pfeffer würzen. Über Zitronengrasfond etwa 12 Min. dämpfen. Den Lauch putzen und in feine Streifen schneiden, blanchieren und in Eiswasser abschrecken. Den Lauch in Butter andünsten und abschmecken. Für die Sauce Geflügelfond und Sahne einkochen, auf 1/3 der Menge reduzieren lassen und mit Salz, Pfeffer und frisch gehacktem Ingwer würzen und passieren.

Anrichten:
Tranchen von der gedämpften Poulardenburst auf das Lauchgemüse setzen und mit der Ingwersauce überziehen.

Poulardenbrust mit gelber Paprikasauce

Wolfgang Schmalzried
Herrenhaus Buchholz
Alfter

4 ausgelöste Maispoulardenbrüste, 30 g Butterfett, Salz, Pfeffer.

Buttermischung:
80 g Butter, 20 g geröstete Pinienkerne, 4 Salbeiblätter, Abrieb von 1/2 unbehandelten Zitrone, 8 Rosmarinnadeln, 8 Korianderkrautblättchen.

Gelbe Paprikasauce:
0,6 l Geflügelbrühe, 40 g Schalotten, 20 g Butter, 2 gelbe Paprikaschoten, Crème double, 3 Salbeiblätter, 0,1 l trockener Weißwein, 8 EL Sherry (cream), 1/4 Vanilleschote, Salz und Pfeffer.

Garnitur:
12 Salbeiblätter, Ausbackteig und Fritierfett.

Mit der Butter, den gerösteten Pinienkernen, dem feingehackten Salbei, Rosmarin und Koriander sowie dem Abrieb der Zitrone, Salz und Pfeffer eine Buttermischung herstellen. Mit Pergament-

papier zu einer Rolle formen und kühlen. Die eiskalte Butter in feine Scheibchen schneiden und in Eiswasser legen. Die Haut der Poulardenbrust vorsichtig mit den Fingern vom Fleisch lösen und die eiskalten Butterscheibchen unter die abgelöste Haut verteilen und kalt stellen.

Gelbe Paprikasauce:
Gewürfelte Schalotten in Butter anschwitzen lassen. Paprikaschote grob würfeln und zugeben. Außerdem Salbeiblätter, aufgeschnittene Vanilleschote, Salz und Pfeffer in den Topf geben und mit andünsten. Sherry und Weißwein angießen und so lange einkochen, bis die Mischung keine Flüssigkeit mehr hat. Mit dem Geflügelfond auffüllen und etwa 20 Min. langsam köcheln lassen. Vanilleschote und Salbei entfernen und anschließend den Saucenansatz im Mixer pürieren. Zuletzt die Crème double unter die Sauce ziehen. Die Poulardenbrüste mit Salz und Pfeffer aus der Mühle würzen und mit Butterfett im Ofen bei 220 °C etwa 6 Min. braten.

Anrichten:
Auf vorgewärmte Teller Saucenspiegel geben, die Poulardenbrust in der Mitte anrichten, mit gebakkenen Salbeiblättern garnieren.

Gefüllte Perlhuhnbrust mit Petersilie im Schweinenetz

Gerd Reber
Landhaus Leick
Sprockhövel

4 Perlhuhnbrüste zu je 140 g, 150 g krause Petersilie und 1 Schalotte in Würfeln, 20 g Butter, 80 g Entenstopfleber, 1/2 dl Sahne, 100 g gewässertes Schweinenetz, 2 dl Geflügelglace, Muskat, Pastetengewürz, Salz, Pfeffer aus der Mühle.

Die gezupfte, gewaschene Petersilie 30 Sek. in Salzwasser blanchieren, sofort in Eiswasser abschrecken, abschütten und mit einem Tuch trockentupfen. Die Petersilie kleinhacken und mit der Schalotte in Butter andünsten. Mit Salz und Muskat würzen und mit der Sahne 5 Min. gar kochen. Die Entenstopfleber durch ein Sieb streichen, mit Pastetengewürz würzen und mit der abgekühlten Petersilienmousse vermischen.

Die Perlhuhnbrüste der Länge nach einschneiden, mit Salz und Pfeffer aus der Mühle würzen. Die Farce am besten mit einem Spritzbeutel einfüllen. Die Perlhuhnbrüste zuklappen und in das Schweinenetz dünn einwickeln. Mit 20 g Butterschmalz oder Öl von allen Seiten anbraten, anschließend im Backofen nochmals 8 Min. bei 160 °C fertiggaren.

Anrichten:
Die Perlhuhnbrüste in 4 schräge Scheiben tranchieren und halbkreisförmig auflegen. Mit der Geflügelglace angießen.
Als Beilage Gemüse der Saison und Steinpilz-Kartoffel-Gratin dazu reichen.

Perlhuhnküken in Balsamico-Jus zu Karotten-Trauben-Gemüse und Pilzküchlein

Richard Lattrich
Parkhotel Burggraf
Tecklenburg

4 Perlhuhnküken, Salz und Pfeffer, 5 Wacholderbeeren, 1 EL Olivenöl, 30 g Butter, 4 cl Rotwein, 8 bis 10 cl 5 Jahre alter Balsamico-Essig, 1 kleine Karotte, 3 Schalotten, 1 Selleriestange, Thymian, Lorbeerblätter, 1 cl Weißwein, Wasser, 60 g Butter.

Karotten-Trauben-Gemüse:
200 g Karotten, 2 kleine Frühlingszwiebeln, 30 g Butter, Salz, Pfeffer, ½ Flasche Mineralwasser, 1 Prise Zucker, 50 g gehackte Petersilie, 150 g abgezogene Trauben.

Pilzküchlein:
500 g gemischte Pilze (Champignons, Steinpilze, Pfifferlinge), 1 Prise Salz, 50 g Butter, 300 g frisch geriebenes Weißbrot, etwas Milch, 50 g frisch geriebener Käse, 1 Ei, 3 Eigelb, 1 Prise Pfeffer.

Die Perlhuhnküken vorsichtig auslösen. Brüste und Keulen beiseite legen. Die Perlhuhn-Karkassen hacken und im Ofen braun braten. Nun das in Scheiben geschnittene Gemüse und die Aromaten zugeben, alles etwa 30 Min. anrösten, mit Weiß- und Rotwein ablöschen und das Ganze mit Wasser bedecken. Nach 2 bis 2½ Std. die Karkassen entfernen, die Sauce durch ein Sieb passieren und so weit einkochen, bis sie dickflüssig ist. Etwas Grundsauce zurückhalten, zum Rest den Balsamico-Essig hinzugeben und mit kalten Butterflocken aufschlagen. Die Perlhuhnbrüste und -keulen in halb Butter und Öl saftig braten. Danach warm stellen und würzen. Den Pfannensatz mit etwas zurückgehaltener Grundsauce ablöschen, einkochen lassen und zu dem Balsamico-Jus geben.

Pilzküchlein:
Die geputzten und gewaschenen Pilze in ganz kleine Würfel schneiden. Die Butter erhitzen, die Pilze hineingeben und dünsten, bis sie ganz trocken geworden sind. Vom Feuer nehmen und die in der Milch eingeweichten und gut ausgepreßten Weißbrotbrösel untermischen. Danach auch den geriebenen Käse, das Ei und die Eigelbe untermengen, mit Salz und Pfeffer abschmecken. Aus dieser Masse kleine, flache Küchlein formen und in Butterfett braten.

Karotten-Trauben-Gemüse:
Die Karotten schälen, waschen und in Scheiben schneiden. Die kleingehackten Frühlingszwiebeln in Butter anschwitzen und die Karottenscheiben hinzugeben, mit Salz und Pfeffer würzen, den Zucker hinzufügen und mit dem Mineralwasser bedecken, etwa 20 Min. zugedeckt dünsten. Trauben enthäuten und entkernen. Wenn die Flüssigkeit fast verkocht ist, die Trauben zugeben und mit Butterflocken binden. Eventuell noch mit etwas Zucker nachschmecken. Zum Schluß die gehackte Petersilie unterziehen.

Anrichten:
Das Karotten-Trauben-Gemüse auf 4 Teller verteilen, die Perlhuhnbrüste und -keulen darauf plazieren und mit der Sauce umgießen. Die Pilzküchlein extra servieren.

Perlhuhnbrust im Spitzkohlblatt auf Rosmarinsauce mit Gemüserösti

Bild Seite 162

Detlev Hufschmidt
Hartwig Kalbers
Restaurant Kurlbaum
Moers

2 Perlhühner, 4 große Spitzkohlblätter, Öl und Butter zum Anbraten.

Farce:
100 g Schweinefleisch, 40 g Schalotten, 80 g Steinpilze, 1 Ei, 30 g entrindetes Weißbrot, 150 ml Sahne, Petersilie, Schnittlauch, Rosmarin.

Rosmarinsauce:
Je 50 g Zwiebeln, Sellerie, Möhren sowie Porree, etwas Liebstöckel,

Rezept Seite 153: Gefülltes Stubenküken auf Altbiersauce, Theodor Lammers, Restaurant Heidehof, Gronau-Epe

1 Lorbeerblatt und 1 TL Senfsaat, 1 Rosmarinzweig, 6 gestoßene weiße Pfefferkörner, 2 Wacholderbeeren, 2 cl Sherry, 600 ml Geflügelbrühe, Salz, 70 g geklärte Butter.

Gemüserösti:
1 große Kartoffel, 1 Schalotte, 1 Karotte, 50 g Sellerie, 30 g Zwiebellauch, 50 g Kaiserschoten, 20 g Petersilienwurzel, Salz, Pfeffer, geklärte Butter zum Ausbraten.

Keulen und Brüste der Perlhühner von den Karkassen lösen. Die Keulen auslösen und von Haut und Sehnen befreien. Keulen- und Schweinefleisch in Würfel schneiden und 2mal durch die grobe Scheibe des Fleischwolfs drehen. Das Weißbrot in Wasser einweichen, auspressen und mit Fleisch, Ei und 50 ml Sahne im Kutter zu einer glatten Farce verarbeiten. Die Masse durch ein Sieb streichen und kalt stellen.

Die Schalotten fein hacken und in Butter anschwitzen. Steinpilze und Kräuter fein würfeln bzw. hacken, zu den Zwiebeln geben und so lange dünsten, bis die Flüssigkeit nahezu verdampft ist. Die Pilze im Eiswasser oder im Kühlschrank gut durchkühlen lassen und unter die Fleischfarce mischen. Die restliche Sahne halbsteif schlagen und ebenfalls unter die Farce mengen.

Die Spitzkohlblätter in Salzwasser blanchieren, abschrecken und trockentupfen. Die Perlhuhnbrüste zurechtparieren und in Fett beidseitig kurz scharf anbraten, mit Salz und weißem Pfeffer würzen. Die Farce auf den Spitzkohlblättern verteilen, die Brüste darauflegen und einrollen. Im vorgeheizten Backofen bei 200 °C etwa 15 bis 18 Min. garen.

Für die Rosmarinsauce die Perlhuhnkarkassen kleinhacken und im Bräter in heißem Öl anrösten. Zwiebeln, Sellerie und Möhren würfeln, dazugeben und mitrösten. Zwischendurch mehrmals mit Geflügelbrühe den Bratensatz lösen. Porree, Liebstöckel und Gewürze beifügen, mit Sherry ablöschen und mit Geflügelbrühe angießen. Um etwa die Hälfte reduzieren, passieren, bis auf 250 ml einkochen und vor dem Anrichten mit 70 g geklärter Butter aufmixen.

Für das Gemüserösti die Kartoffel grob reiben, die Gemüse in feine Streifen schneiden. Mit Salz und Pfeffer würzen, 8 kleine Rösti formen und in der Butter ausbraten. Sauce auf Teller verteilen, Perlhuhnbrüste schräg aufschneiden und auf der Sauce mit den Rösti und dem Gemüse nach Wahl anrichten.

Gefüllte westfälische Täubchen auf Spitzkohl und Wirsingstrudel

Bild Seite 160

Oliver Heß
D'r Fiester-Hannes
Burbach-Holzhausen

8 Taubenbrüste, je 1 Zweig Majoran, Thymian, Rosmarin und Salbei, Öl zum Anbraten, 300 g Schweinenetz, Salz, Pfeffer.

Füllung:
140 g Poulardenbrust, 0,2 l süße Sahne, 1 cl Noilly Prat, 1 cl Armagnac, 2 EL geschlagene Sahne, Salz, Pfeffer.

Spitzkohlgemüse:
200 g Spitzkohl, ¼ l Rinderkraftbrühe, 1 EL Kümmel, 1 EL Kalbsjus, Butter zum Anbraten, Salz, Zucker, Muskat.

Wirsingstrudel:
1 Wirsingkopf, 250 ml süße Sahne, 1 EL feingeschnittener Speck, Salz, Pfeffer, Zucker, 1 Eigelb.

Strudelteig:
275 g Mehl, 1 Prise Salz, 1 EL Öl, 1 EL flüssige Butter.

Füllung:
Poulardenbrust in grobe Würfel schneiden und im vorgekühlten Mixer mit der flüssigen Sahne, Noilly Prat und dem Armagnac fein pürieren. Jetzt die geschlagene Sahne und die Gewürze unterheben und gut verrühren. Die ganze Masse durch ein feines Sieb streichen und zurück in das Kühlfach legen. Jetzt das Schweinenetz in 10 × 10 cm große Stücke schneiden. Dann das Netz mit der Farce ½ cm dick bestreichen und darauf jeweils 2 gewürzte Taubenbrüste legen. Danach das Ganze mit der Farce so bedecken, daß man von den Taubenbrüsten nichts mehr sieht. Jetzt mit dem Netz zudecken und in Alufolie wickeln, anbraten und bei 200 °C 8 Min. garen lassen.

Spitzkohlgemüse:
Den Spitzkohl in grobe Würfel schneiden, in Butter anbraten, danach mit Brühe auffüllen und mit der Kalbsjus und Kümmel reduzieren lassen. Würzen und gar ziehen lassen.

Wirsingstrudel:
Von dem Wirsingkopf die äußeren grünen Blätter abschneiden und das gelbe Innere in feine Streifen schneiden. Dann die Streifen in Salzwasser blanchieren und, wenn sie gar sind, in Eiswasser abschrecken. Jetzt den Speck anbraten und mit der süßen Sahne schön kochen lassen. Die Strudelteigzutaten mit Hilfe einer Küchenmaschine verkneten und zu einer Kugel formen. Danach den Teig 2 Std. ruhen lassen und hauchdünn ausrollen. Nun in 10 × 10 cm große Platten schneiden und den Wirsing daraufgeben. Zuklappen und mit Eigelb bestreichen. Den Strudel 10 Min. bei

200 °C goldgelb herausbacken. Die Taubenbrüste aus der Folie nehmen und einmal durchschneiden. Den Spitzkohl in die Mitte der Teller geben und die Taubenbrüste daraufsetzen. Den Wirsingstrudel ebenfalls einmal durchschneiden und anrichten.

Taube mit Trüffeln und speckgefülltem Krautknödel

Theodor Lammers
Restaurant Heidehof
Gronau-Epe

2 bratfertige Tauben, China-Gewürz (Five Spices), erhältlich im Asienladen, Butter zum Braten, 1 dl weißer Portwein, 1 dl Taubenfond (notfalls Geflügelfond), 2 EL Trüffelsaft, Zitronensaft, 1 EL eiskalte Butter, 1 schwarze Trüffel und Meersalz.

Knödel:
4 blanchierte große Weißkrautblätter, 100 g blanchiertes Weißkraut, in Streifen geschnitten, 50 g Speck, 1 Schalotte, Butter zum Anbraten, Salz und Pfeffer.

Die bratfertigen Tauben innen und außen mit dem China-Gewürz gut einreiben, in Butter rundum anbraten und im 240 °C heißen Ofen 8 Min. fertigbraten. Herausnehmen und warm gestellt ruhen lassen.
Das Bratfett der Tauben abschütten, den Bratfond mit dem Portwein ablöschen und mit Taubenfond auffüllen. Einkochen und in einen kleinen Topf sieben. Den Trüffelsaft zugeben und mit einem Spritzer Zitrone würzen. Mit der kalten Butter aufmontieren und abschmecken.
Die Trüffel in Scheiben oder Streifen schneiden, erwärmen und mit etwas Meersalz würzen.

Für die Knödel die feingehackte Schalotte mit dem gewürfelten Speck in Butter anbraten, die Krautstreifen dazugeben und einige Minuten dünsten. Mit Salz und Pfeffer abschmecken. Die Mischung in die vorbereiteten Krautblätter einwickeln und vor dem Anrichten im Dampf erwärmen.
Die gebratenen Tauben aufschneiden, mit Trüffelscheiben oder -streifen, Sauce und Krautknödeln anrichten.

Münsterländer Wildtaube, im schwarzen Walnußsud geschmort

Gerd Reber
Landhaus Leick
Sprockhövel

4 Wildtauben (ausgenommen und gebunden), Salz, Pfeffer, 20 g Butterschmalz, 10 g Butter, 1 Schalotte in Scheiben, 1 Lorbeerblatt und 2 zerdrückte Pfefferkörner, 1 EL Essig, 4 dl Tauben- oder Geflügelsauce, 10 eingelegte schwarze Walnüsse, 1 dl Walnußsirup.

Die Wildtauben innen und außen würzen und in dem Butterschmalz von allen Seiten anbraten, herausnehmen. Die Schalotte in der frischen Butter mit den Gewürzen glasig dünsten. Mit Essig und Walnußsirup ablöschen, die Taubensauce aufgießen und zum Kochen bringen. Die Tauben einsetzen und zugedeckt 10 Min. im Ofen bei 220 °C schmoren. Die Tauben herausnehmen und warm stellen. Sauce passieren und zur leichten Bindung reduzieren. Die schwarzen Walnüsse halbieren und in der Sauce warm legen.

Anrichten:
Die Sauce auf den Teller spiegeln und die Wildtaube in der Mitte anrichten. Walnußhälften sternförmig außen herumlegen, dazwischen Kaiserschoten plazieren. Als Sättigungsbeilage Graupenrisotto separat reichen.

Anmerkung:
Schwarze Walnüsse sind eine in Vergessenheit geratene Spezialität, die schon von Henriette Davidis zubereitet wurde. Erhältlich im Feinkostgeschäft.

Münsterländer Wildtaube unter der Blätterteighaube

Rolf Schmidt
La Terrazza
Düsseldorf

4 junge Wildtauben, 2 Schalotten sowie 1 Tomate, ½ l Geflügelfond, 50 g Butter, 0,2 l Rotwein, 0,1 l roter Portwein, 0,1 l Madeira, 1 Zweig Thymian, Bratfett, Salz, Pfeffer, 4 Souffléförmchen und tiefgekühlter Blätterteig, Eigelb.

Tauben in Bratfett von allen Seiten gut anbraten, das Fleisch soll „bleu" sein. Die Brüstchen und Keulchen ablösen und die Haut abziehen. In dieselbe Pfanne gewürfelte Schalotten, Tomate, Thymian und die kleingehackten Taubenknochen mit dem Geflügelfond geben und einkochen. Rotwein, Portwein und Madeira ebenfalls um die Hälfte reduzieren und dazugeben und alles zusammen etwa 15 Min. köcheln lassen. Die Sauce durchsieben, das Taubenfleisch in 1 cm dicke Scheiben schneiden, in die Förmchen legen und die abgeschmeckte Sauce einfüllen, so daß das Taubenfleisch bedeckt ist.
Blätterteig dünn ausrollen und so groß ausstechen, daß der Teig über den Förmchenrand geht. Diesen mit Eigelb bestreichen,

den Teig andrücken und die Förmchen 12 Min. bei 220 °C in den Ofen schieben.
Als Vorspeise oder Zwischengericht servieren.

Taubenbrust in einer Sauce von Liebstöckel mit Pfifferlingen

Roger Heidermann
Restaurant Alte Schmiede
Steinhagen

4 Taubenbrüste, 3 bis 4 Schalotten, 1 Rosmarinzweig, ½ EL Butter, Salz, Pfeffer.

Die Taubenbrüste mit Salz und Pfeffer würzen und in der Butter von beiden Seiten anbraten. Die Schalotten vierteln, mit einem kleinen Rosmarinzweig in die Pfanne geben und kurz mit anziehen lassen. Das Ganze für etwa 5 Min. bei 200 °C in den Backofen geben. Anschließend bis zum Anrichten bei 50 °C bis 60 °C ruhen lassen.

Sauce:
Bratensatz der Tauben, ⅛ l Weißwein, ⅛ l Geflügelfond, ¼ l Sahne, 1 bis 2 Liebstöckelzweige, Salz, Pfeffer, Cayennepfeffer.

Den Weißwein zu dem Bratensatz der Tauben geben und reduzieren. Dann den Geflügelfond hinzufügen und leicht köcheln lassen. Schließlich die Sahne unterziehen und die Sauce bis zur passenden Konsistenz einkochen.
Nun die Sauce abschmecken und durch ein Sieb passieren. Den Liebstöckel zupfen und in feine Streifchen schneiden und ein wenig geschlagene Sahne unterziehen. Zuletzt die Sauce aufwallen lassen und beim Anrichten unter

die aufgeschnittenen Taubenbrüste geben.

Pfifferlinge:
500 g Pfifferlinge, 2 Schalotten, 2 Streifen durchwachsener Speck, Salz und Pfeffer.

Den Speck und die Schalotten in feine Würfel schneiden. Den Speck in der Pfanne auslassen. Die Pfifferlinge und die Schalotten hinzugeben und anbraten. Mit Salz und Pfeffer abschmecken.

Anrichten:
Von der Liebstöckelsauce einen Spiegel angießen, die Taubenbrüste einsetzen und mit den Pfifferlingen umlegen.

Bresse-Täubchen auf Waldpilzfrikassee

Klaus-Theo Friedrichs
La Provence
Duisburg

3 Bresse-Tauben (zu jeweils 380 g), Wurzelgemüse und Gewürze, 60 g Gänsestopfleber in Würfeln, Majoran, Balsamico-Essig, 400 g Waldpilze (Pfifferlinge, Steinpilze, Maronen usw.), ¼ l Sahne, 1 Limone, Salz, Pfeffer aus der Mühle, ½ Schalotte, 40 g Butter.

Von den Tauben mit einem scharfen Messer das Brustfleisch sorgfältig ablösen und die Keulen abtrennen. Taubenherzen und -lebern herausnehmen, parieren und in kleine Würfel schneiden. Aus den Knochen und Abschnitten mit Wurzelgemüse und Gewürzen eine braune Geflügeljus kochen, auf etwa ¼ l reduzieren und abschmecken.
Die Taubenbrüste mit Salz und Pfeffer würzen, kurz in der Pfanne braten und etwa 10 Min. ruhen lassen.

Die geputzten Waldpilze mit Schalotten und der Butter im Topf anschwitzen, mit der Sahne aufgießen und einkochen, bis die Sahne bindet. Abschmecken mit Salz, Pfeffer und Limonensaft.
Taubeninnereien und Gänseleberwürfel in der heißen Pfanne braten, mit Balsamico-Essig ablöschen, Majoranblättchen zugeben, würzen und auf einem Sieb abtropfen lassen.
Das Pilzfrikassee auf die Teller verteilen und die quer tranchierten Brüste darauf anrichten. Die Innereien anlegen und mit etwas Geflügeljus angießen.
Als Beilage eignen sich Brokkoli, tournierte Möhrchen und Kartoffelplätzchen oder Spätzle.

Soufflierte Taubenbrust auf Rotkohl und Sauerkrautbutter

Richard Sutorius
Gasthaus Sutorius
Königswinter-Stieldorf

2 Tauben 50 g Magerspeck, 1 Möhre, ¼ Sellerieknolle, ½ Zwiebel, ⅛ l Portwein, ⅛ l Wasser, ½ TL Salz, 1 Prise Pfefferpulver, ½ TL Glutamat, 1 Msp. Koriander, 1 Msp. Salbei, 1 Lorbeerblatt, 1 Brötchen, 1 Prise Pfeffer, 1 Prise Koriander, 1 Msp. Rosmarin, 1 Lorbeerblatt, 1 Msp. Salbei, ⅛ l Sahne, 1 Eigelb, 1 Eiweiß, 10 g Salz, 40 g Sauerkraut, 40 g Rotkohl, 100 g Butter.

Keulen von den Tauben abtrennen, Brust und das Fleisch der Keulen auslösen. Knochen zerkleinern, mit Speck, Möhren, Sellerie, Zwiebel, Portwein, Wasser, Salz, Pfeffer, Glutamat, Koriander, Salbei und Lorbeerblatt etwa 1 Std. kochen lassen.

Rezept Seite 158: Gefüllte westfälische Täubchen auf Spitzkohl und Wirsingstrudel, Oliver Heß, D'r Fiester-Hannes, Burbach-Holzhausen

162

Keulenfleisch, eingeweichtes Brötchen, Pfeffer, Koriander, Rosmarin, Salbei, Sahne, Ei im Kutter zerkleinern. Zum Schluß Salz einstreuen. Masse durch feines Sieb streichen. Eiweiß steif schlagen und unterheben. Taubenbrüste kurz anbraten, mit Soufflémasse bestreichen und kalt stellen. Brühe absieben, auf 2 Töpfe verteilen, je 1 mit Sauerkraut, 1 mit Rotkohl füllen und gar kochen lassen. Beide Krautsorten pürieren und mit kalter Butter binden. Taubenbrüste im Ofen etwa 10 Min. bei 200 °C braten. Rotkohl- und Sauerkrautbutter auf vorgewärmten Tellern angießen und soufflierte Taubenbrüste daraufsetzen.

Als Beilage eignen sich Kartoffelcrêpes.

Taubenbrust mit Gänseleber in Balsamico-Jus

Franz Hütter
Restaurant Zur Tant
Köln 90

2 Tauben zu 450 g, 60 g Kalbfleisch, 4 Scheiben Gänsestopfleber zu 30 g, 0,1 l Sahne, 1 Schweinenetz (gut gewässert), Salz, Pfeffer, 25 g Butterschmalz, 25 g gehackte Schalotten, 2 cl alten Balsamico-Essig, 0,25 l Taubenjus.

Von den Tauben die Brüste auslösen. Die Keulen abtrennen und entbeinen. Das Keulenfleisch mit dem Kalbfleisch in der Küchenmaschine zerkleinern, mit Salz und Pfeffer würzen, die Sahne nach und nach beigeben und zu einer glatten Farce verarbeiten, kühl stellen. Die Taubenbrüste salzen und pfeffern, mit einer Scheibe Gänsestopfleber belegen, mit der Farce bedecken und in das Schweinenetz einschlagen.

Die Taubenbrüste mit der Hautseite nach unten in der Pfanne anbraten und bei 200 °C im Ofen garen, herausnehmen, mit Alufolie abdecken und 5 Min. ruhen lassen. Bratfett abgießen, die Schalotten in der Pfanne kurz anschwenken und sofort mit Balsamico-Essig ablöschen, mit der Taubenjus auffüllen, bis zur Hälfte einkochen lassen.

Als Beilage eignen sich Kartoffelcrêpes.

Wildtaubenbrust auf Brombeerrotkohl

Hans Bertels
Le Crocodile
Krefeld

8 küchenfertige Wildtauben, 0,25 l Burgunderrotwein, 0,25 l Bratenfond, Salz, Pfeffer, Speckreste, Schnittlauchröllchen.

Rotkohl:
1 kleiner Rotkohl, 200 g Brombeeren, 0,25 l Rotwein, Salz, Pfeffer, Zimt, 100 g geriebene rohe Kartoffeln, 100 g Zwiebelwürfel sowie Gänseschmalz.

Rotkohl:
Zwiebeln in Gänseschmalz hell dünsten, den geputzten, in Streifen geschnittenen Rotkohl und die restlichen Zutaten zugeben, mit Salz, Pfeffer und Zimt würzen, bei schwacher Hitze gar kochen und evtl. nachwürzen.

Wildtauben:
Die Tauben würzen und auf der Brust anbraten, dann umdrehen und im Backofen bei 200 °C in etwa 6 bis 8 Min. fertigbraten. Die Brüste aus den Tauben schneiden und warm stellen. Den Rest der Tauben zerkleinern und mit Rotwein, Bratenfond und den Speck-

resten zu einer sämigen Sauce einkochen. Die Sauce durch ein Sieb oder Tuch passieren.
Den Rotkohl auf vorgewärmten Tellern anrichten. Die Taubenbrüste daranlegen, mit der Sauce umgießen und mit einigen zurückbehaltenen Brombeeren sowie etwas Schnittlauch garnieren. Als Beilage eignen sich Semmelknödel ganz hervorragend.

Rezept Seite 157: Perlhuhnbrust im Spitzkohlblatt auf Rosmarinsauce mit Gemüserösti, Detlev Hufschmidt, Hartwig Kalbers, Restaurant Kurlbaum, Moers

GEMÜSE UND BEILAGEN

Sauerkraut wird häufig mit Fischen, Austern und anderen Fastenspeisen vermischt.
Doch scheint mir, daß es sich mit einem Brei von Kartoffeln, weißen Bohnen
oder gelben Erbsen verbunden und mit einer Beilage von gesalzenem Schweinefleisch
auf gut Deutsch am besten verzehren läßt.

Karl Friedrich von Rumohr, Geist der Kochkunst

Dicke Bohnen, Schnippelbohnen, Stielmus, Grünkohl, Sauerkraut, Möhren, Erbsen und Kartoffeln, vor allem Kartoffeln, dazu Äpfel und Pflaumen, sind das Gemüse am Niederrhein und in Westfalen.

Die Küche einer Landschaft wird immer von ihren Produkten bestimmt. Das mag zwar wie eine Binsenwahrheit klingen, ist aber in unserer Zeit der Supermärkte mit ihren Wassertomaten, den wie mit Spritzpistolen angemalten Äpfeln und dem Überangebot an Treibhausware, die nach nichts schmeckt, keineswegs selbstverständlich.

Gott sei Dank sind die Wochenmärkte hierzulande gut bestückt, und das in den letzten Jahren sensibilisierte Verbraucherbewußtsein für natürliche und gesunde Kost hat nicht zuletzt dazu geführt, daß mehr und mehr Bauern und Gärtner auf Kunstdünger und Pestizide verzichten und das Freilandgemüse wieder aromatischer und wohlschmeckender geworden ist.

Ein für die Landschaft am Niederrhein exemplarisches Gericht von geradezu klassischer Einfachheit ist Himmel und Erde. Der 1945 verstorbene Hans W. Fischer, ein Kenner und Liebhaber der deutschen Regionalküche, hat dieses Gericht ein echtes Erzeugnis des niederrheinischen Bodens genannt, „auf dem keine Reben gedeihen, sondern derbe Äpfel und nahrhafte Kartoffelknollen. Der Apfel – ein Geschenk des Himmels, unter dem er reifte, die Kartoffel – Gabe der dunklen Erde."

Eine andere rheinische Besonderheit, die für immer in der Geschichte der deutschen Küche verankert ist wie der bayerische Leberknödel, die schwäbischen Spätzle oder die Thüringer Klöße, ist der Rievkooke. In Köln ist der Reibekuchen, der am besten schmeckt, wenn er aus der Hand gegessen wird, ein Nationalgericht und gehört zur Stadt wie der Dom und der Karneval.

Nahe Verwandte des Rievkookens sind der Pikkert, den die Ravensberger besonders schätzen, vor allem wenn er als Kastenpickert auf den Tisch kommt, der in der Bielefelder Gegend beliebte Lappenpickert und die Potthucke, eine Leibspeise der

Sauerländer, die gerne mit einem kräftigen Schinkenbrot gegessen wird.

Bemerkenswert ist für den der Landesküche Unkundigen beim Pickert die Verbindung von Kartoffeln mit Zucker, Rosinen und Hefe.

Eines der populärsten und ursprünglichsten westfälischen Gerichte ist das Blindhuhn, das auch Gänsefutter genannt wird. Ein Eintopf aus grünen und weißen Bohnen, Möhren, Speck und Äpfeln.

Nicht weniger populär ist das Stielmus, auch Rübstiel oder Streifrüben genannt, das aus den Blattstielen kleiner Rüben zubereitet wird und Knisterfinken heißt, wenn der anhaftende Sand nicht sorgfältig genug entfernt wurde und zwischen den Zähnen knirscht. Die Rüben werden im Winter gern zu Hammelfleisch gegessen. Das Stielmus wird, wie bei Gemüse am Niederrhein und in Westfalen üblich, mit einer geriebenen gekochten Kartoffel und nicht mit Mehl wie in Süddeutschland gebunden. Was nicht nur gesünder ist, sondern auch besser schmeckt.

Es sind durchweg deftige Gerichte, die in der Gemüseküche Nordrhein-Westfalens zu finden sind. In der feinen Küche hat, angefangen beim Reibekuchen, nicht weniges davon Zugang gefunden. Ausgepalte dicke Bohnen bei Fischgerichten oder auch zu Fleisch oder Geflügel und die einst verpönte Steckrübe, die früher nicht nur im Süden als Viehfutter galt. Auch das Stielmus, ob als Flan oder ganz einfach als Gemüse, und selbstverständlich der zarte Spitzkohl und das schon immer zu den klassischen Begleitern eines Fasans zählende Sauerkraut.

Eines steht fest. Ob Stielmus oder dicke Bohnen, Wurzelgemüse oder Suermoos, wie man im Westfälischen das Sauerkraut nennt, das man hierzulande am liebsten mit Snutken und Örtkens, also Schnäuzchen und Öhrchen ißt, jedes für sich paßt ebenso an eine feine Tafel wie die allgegenwärtigen Allerwelts-Brokkoli, Fingerkarotten, Zucchini und Blumenkohlröschen. Und für einen knusprigen Rievkooke würde wohl auch mancher Gourmet jenseits des Rheins seine „galette des pommes" herschenken, wenn er ihn nur bekäme.

Rezept Seite 173: Pfifferlinge mit Pflaumen, Wolfgang Markloff, Markloffs, Bielefeld

Buntes Spargelgemüse

Olaf Königsmann
Bakenhof
Münster

250 g weißer Spargel, 250 g grüner Spargel, 1/8 l Sahne, 125 ml Spargelfond, 40 g Mehl, 50 g Butter, je 1 Prise Salz und Zucker, 2 EL Tomatenwürfel, 1 Bund Kerbel.

Den weißen Spargel schälen, die holzigen Enden abschneiden. 1½ l Wasser mit Salz, Zucker und Butter abschmecken und zum Kochen bringen. Den weißen Spargel etwa 15 Min. auf kleiner Flamme garen lassen, anschließend abschrecken. Den grünen Spargel nicht schälen, sondern nur die holzigen Enden abschneiden und im gleichen Sud etwa 6 Min. auf kleiner Flamme kochen lassen, ebenfalls abschrecken. 125 ml Spargelfond abnehmen. Die Butter auslassen, das Mehl einrühren, mit dem Spargelfond aufgießen und die Sahne zufügen, aufkochen lassen. Anschließend die Tomatenwürfel und den Kerbel unter die fertige Sauce heben. Den Spargel in etwa 2 cm lange Stücke schneiden und in die Sauce geben.

Bornheimer Spargel

Waldemar Kubis
Trüffel im Burbacher Hof
Hürth

1200 g Bornheimer Spargel, Salz und Zucker.

Spargel schälen, je 300 g als Bund binden und die unteren 3 cm abschneiden. In einem Topf ausreichend viel Wasser mit 1 Prise Salz und Zucker zum Kochen bringen. Die Spargelbunde einlegen und etwa 2 Min. kochen. Die Flamme

ausstellen und den Spargel 10 Min. zugedeckt ziehen lassen. Sternförmig in der Tellermitte anrichten und mit Butter bepinseln. Als Beilage können ein kleines Rinderfilet und Crêpes gereicht werden.

Endiviensalat mit gebratener Blutwurst

Thomas Möllecken
Altes Zollhaus
Mülheim/Ruhr

1 Kopf Endiviensalat, 500 g Kartoffeln, 200 g durchwachsener Speck sowie 400 g Blutwurst.
(Die „Blootwooscht" sollte Buchweizengrütze oder Mehl enthalten, da sie sonst beim Braten zu Brei zerfällt!)

Salatmarinade:
0,1 l Brühe, 50 g Zwiebelwürfel, 5 EL Öl, 4 EL Weinessig, ½ EL Senf, Salz, Pfeffer, 1 Prise Zucker.

Die Kartoffeln waschen und kochen, den Salat putzen, in feine Streifen schneiden, gut waschen und abtropfen lassen. Den kleingewürfelten Speck kräftig anbraten und in die Salatmarinade geben. Die gekochten, noch warmen Kartoffeln schälen, durch eine Presse drücken und kurz vor dem Anrichten unter den fertigen Salat ziehen.
Die Blutwurst halbieren, in Stücke schneiden und nach dem Braten auf dem Salat anrichten.

Chicorée in Bier, überbacken

Josef Schwinning
Restaurant Stammhaus Fiege
Bochum

8 frische Chicoréestauden, 8 Scheiben magerer Speck, 1/8 l Bier, ½ Ge-

müsezwiebel (fein geschnitten), 100 g Butter, 1 TL Zucker, 50 g Parmesan (gerieben), ½ Zitrone.

Die Chicoréestauden putzen und den Wurzelansatz herausschneiden. In kochendem Wasser, welches man mit dem Saft einer halben Zitrone versetzt hat, 3 Min. blanchieren. Herausnehmen und abtropfen lassen.
Eine feuerfeste Form gut ausbuttern und mit der gehackten Zwiebel und dem Zucker ausstreuen. Die noch warmen Chicoréestauden mit dem Speck umwickeln und in die Form geben. Mit dem Bier angießen und mit dem Parmesan bestreuen. Die restlichen Butterflocken noch auf dem Käse verteilen. Das Ganze für etwa 15 Min. in den 220 °C heißen Ofen schieben. Paßt zu gegrilltem Fleisch oder zu Bratenstücken.

Krauser Salat mit Stampfkartoffeln und Pfifferlingen

Françoise Ellrich
Jürgen Scheffran
Alt Nürnberg
Bochum

1 Kopf krauser Salat (krause Endivie oder Friséesalat), 500 g mehlig kochende Kartoffeln, 1/4 l Sahne, 50 g Butter, 500 bis 600 g geputzte Pfifferlinge (ersatzweise Shiitake-Pilze oder Steinpilze oder braune französische Champignons), Vinaigrette, Pfeffer, Salz, einige Blätter glatte Petersilie oder Minze, 1 kleine Schalotte oder Zwiebel.

Vinaigrette:
0,1 l Balsamico-Essig oder Sherry-Essig, 0,2 l kaltgepreßtes Olivenöl, 0,1 l Fleischbrühe, 0,1 l Honigwasser (1 EL guter Honig in 0,1 l war-

mem Wasser aufgelöst), Pfeffer, Salz, etwas Cayennepfeffer, 1 TL Dijonsenf.

Alle Zutaten der Vinaigrette in ein Gefäß füllen und mit einem Schneebesen oder dem Rührstab kräftig durchmischen.
Salat putzen und waschen, Kartoffeln kochen und mit Sahne und Butter zu Püree verarbeiten.
Pfifferlinge putzen und kurz waschen, dann in sehr heißem Olivenöl kurz anbraten, eine kleingehackte Schalotte oder Zwiebel kurz mitbraten. Die Pilze in der Pfanne mit einem Teil der Vinaigrette kurz ablöschen.
Den krausen Salat auf den Tellern anrichten, in die Mitte etwas Kartoffelpüree geben, die warmen Pilze mit der Restflüssigkeit aus der Pfanne über das Kartoffelpüree geben. Die Petersilienblätter dekorativ über dem Püree verteilen, nach Geschmack mit der restlichen Vinaigrette nachwürzen.

Porreegemüse

Walter Stemberg
Restaurant Haus Stemberg
Velbert

1 kg Porree, 30 g Butter, 5 cl Rinderbrühe oder Wasser, Salz, weißer Pfeffer aus der Mühle.

Die grünen Blätter und die Wurzelverdickung vom Porree abschneiden und der Länge nach halbieren. Unter fließend kaltem Wasser waschen, abtropfen lassen und in feine Streifen schneiden. Butter in einem Topf schmelzen lassen, den Porree hineingeben, Rinderbrühe oder Wasser zugeben und etwa 4 Min. dünsten. Der Porree muß seine Farbe behalten und noch bißfest sein. Mit Salz und Pfeffer aus der Mühle etwas würzen.

Als Beilage zu gedünstetem Fisch und zu gebratenem oder gegrilltem Fleisch. Als Vorspeise ganz naturell.

Rahmmelde

Heinrich Toennies-Fischer
Zum Deelenkrug
Hagen-Garenfeld

500 g Melde und 80 g gewürfelter Schinken, 30 g Mehlbutter (halb Butter, halb Mehl, verknetet), 0,1 l Sahne, Salz, Muskat.

Von der Melde die Stiele entfernen und die Blätter waschen. In kochendem Salzwasser sehr kurz blanchieren, anschließend in Eiswasser abschrecken. Kleine Schinkenwürfel anrösten, mit Sahne auffüllen, mit Mehlbutter binden und etwas köcheln lassen. Die Melde dazugeben, mit Salz und Muskat würzen und dann sofort anrichten.

Anmerkung:
Die Melde ist ein spinatähnliches Gemüse. Es gibt rote, gelbe und grüne Meldesorten und die überall vorkommende wilde Melde, die immer noch als Unkraut angesehen wird, jedoch vorzüglich schmeckt.

Rahmlauch

Waldemar Kubis
Trüffel im Burbacher Hof
Hürth

4 mittelgroße Lauchstangen, 100 g Butter, 1 Schalotte, ¼ l Sahne, 4 Eigelb, ½ gehackte Knoblauchzehe, Salz, Pfeffer, Muskat.

Das dunkelgrüne Ende vom Lauch entfernen. Dann den Lauch

waschen und in dünne Streifen schneiden. Die Streifen ganz kurz in kochendes Wasser geben, sofort wieder herausholen und im kalten Wasser abschrecken.
Gehackte Schalotte und Knoblauch in Butter erhitzen, bis sie glasig sind, den Lauch dazugeben, mit Salz, Pfeffer und Muskat würzen.
Die Sahne und die Eigelbe gut verrühren und dem Lauch zufügen, nicht mehr kochen lassen.

Auberginentörtchen

Oliver Heß
D'r Fiester-Hannes
Burbach-Holzhausen

1 große Aubergine, 1 EL Olivenöl, 1 EL Parmesankäse, 1 Knoblauchzehe, Salz, Muskat, Pfeffer, Butter.

Die Aubergine am dünneren Anfang in feine Scheiben schneiden. Pro Person 3 Scheiben. Die restliche Aubergine in feine Würfel schneiden und anschließend in Olivenöl anbraten.
Das Ganze abwürzen und mit Parmesan abbinden, dann die Auberginenscheiben in Butter braten und die Scheiben mit den gebratenen Auberginenwürfeln belegen und übereinandersetzen.
Sehr gut als Beilage zu Lammgerichten geeignet.

Geschmorte Auberginen

Walter Stemberg
Restaurant Haus Stemberg
Velbert

2 Auberginen und 2 Fleischtomaten, je 1 rote und grüne Paprikaschote, 2 mittelgroße Zwiebeln,

Petersilie, Knoblauchöl, Salz, weißer Pfeffer aus der Mühle.

Auberginen und Tomaten in 1 cm dicke Scheiben, Paprikaschoten, gewaschen und entkernt, in Streifen und Zwiebeln in kleine Würfel schneiden, Petersilie fein hakken. Knoblauchöl in der Pfanne erhitzen, Zwiebeln zugeben und leicht anschwitzen, Gemüse beifügen und mit Salz und Pfeffer würzen, dann bei mittlerer Hitze garen. Das Gemüse muß noch Biß haben. Auf einem großen Teller anrichten, mit Petersilie abstreuen. Die Auberginen sind kalt und warm ein Genuß.

Zucchinipralinen

Holger Tamm
Graugans, Hyatt Regency
Köln

2 Zucchini, 2 mittelgroße Karotten, 1 Kohlrabi sowie 50 g Blattspinat, 1 Bund Schnittlauch, Salz, Pfeffer, Butter.

Die Zucchini längs in etwa 0,5 cm dicke Scheiben schneiden. Die Karotten schälen und in Stifte mit etwa 1 cm Kantenlänge schneiden. Das gleiche geschieht mit dem Kohlrabi. Den Blattspinat putzen und waschen. Die Zucchini, Karotten und Kohlrabi nun einzeln in Salzwasser bißfest blanchieren und in Eiswasser abschrecken. Den Schnittlauch ebenfalls ganz kurz blanchieren und abschrekken.
Die Zucchinischeiben über Kreuz auf einen Teller legen. Je 2 Karotten- und Kohlrabistifte schachbrettartig zu einem Quader zusammensetzen und mit einem Spinatblatt umwickeln. Der Quader wird entsprechend der Breite der Zucchinischeiben in Würfel geschnitten. Die Würfel werden auf das Kreuz der Zucchinischeiben gelegt und mit diesen eingeschlagen. Mit dem Schnittlauch zubinden, damit sich die Praline nicht lösen kann. Die Pralinen würzen und mit der Butter im heißen Wasserdampf erhitzen, abtropfen lassen und servieren.

Brokkoli mit brauner Butter und Semmelbröseln

Walter Stemberg
Restaurant Haus Stemberg
Velbert

1 kg Brokkoli, Salz, 20 g Butter, 40 g Semmelbrösel.

Brokkoli waschen, putzen und in Röschen teilen. Die Brokkolistiele schälen und in Scheiben schneiden. Zuerst die Brokkolistiele in kochendem Salzwasser 6 Min. garen, danach die Brokkoliröschen hinzufügen und weitere 6 Min. garen. Brokkoli zum Abtropfen auf ein Sieb geben. Butter in einer Stielkasserolle schmelzen lassen, die Semmelbrösel dazugeben und auf kleiner Stufe leicht anrösten. Den Brokkoli beifügen und vorsichtig unterheben.
Dieses Brokkoligericht eignet sich als Beilage zu gedünstetem Fisch, gebratenem oder auch gegrilltem Fleisch oder als Vorspeise.

Stielmus

Thomas Möllecken
Altes Zollhaus
Mülheim/Ruhr

2 kg Rübstiel, 750 g Kartoffeln, 150 g durchwachsener, geräucherter Speck sowie 150 g Zwiebelwürfel, Schmalz, ¼ l Brühe, Salz, Pfeffer.

Die Kartoffeln waschen, schälen und mit etwas Salz kochen. Vom Rübstiel die Blätter abstreifen, in etwa 5 cm lange Stifte schneiden, diese waschen und in wallendem Wasser blanchieren.
In einem Topf zuerst den kleingeschnittenen Speck, danach die Zwiebelwürfel anschwitzen, das Gemüse hinzugeben und mit der Brühe auffüllen. Die gekochten Kartoffeln durchpressen und mit dem Gemüse vermengen. Mit Salz und Pfeffer abschmecken.
Rübstiel oder Stielmus ist im Frühjahr eine beliebte Beilage zu Panhas oder zu preiswerter Blutwurst.

Stielmusflan

Bernhard Stromberg
Richard Abrolat
Gourmet-Restaurant
Goldschieding
Castrop-Rauxel

280 g geputzter Stielmus, 100 g mehlig kochende Kartoffeln, 100 g Speckschwarte, 1,8 l Rinderkraftbrühe, 1 Vollei, 1 Eigelb, Salz, Pfeffer aus der Mühle, Muskat von der Reibe.

Vom Stielmus Blätter entfernen und Stiele in 0,5 cm lange Stücke schneiden, waschen.
Kartoffeln in kleine Würfel schneiden. Die Brühe mit der Speckschwarte aufkochen, Speckschwarte herausnehmen, Stielmus und Kartoffeln in der Brühe sehr weich kochen. Das Gemüse durch ein feines Sieb streichen und erkalten lassen.
Unter die kalte Masse 1 Vollei und 1 Eigelb ziehen, mit Salz, Pfeffer und Muskat abschmecken. Die Masse in 4 Förmchen füllen und etwa 1 Stunde im 150 °C vorgeheizten Backofen im Wasserbad pochieren.

Westfälisches Blindhuhn

Wolfgang Markloff
Markloffs
Bielefeld

200 g weiße Bohnen, 500 g durchwachsener Speck, 300 g grüne Bohnen, 300 g Möhren, 300 g Kartoffeln, 200 g saure Äpfel, 200 g Birnen, 2 Zwiebeln, 30 g Butter, Salz, Pfeffer, gehackte Petersilie.

Die weißen Bohnen in 2 l kaltem Wasser am Abend vorher einweichen. Am nächsten Tag im Einweichwasser mit dem Speck etwa 60 bis 70 Min. kochen lassen. Dann die grünen Bohnen, die in Scheiben geschnittenen Möhren und Kartoffeln zugeben und weitere 30 Min. garen. Erst dann die geschälten und in Scheiben geschnittenen Äpfel und Birnen in den Topf geben und nach weiteren 30 Min. vom Herd nehmen. Die Zwiebeln kleinschneiden, in der Butter anrösten und dem Eintopf beifügen. Abschließend mit Salz und Pfeffer würzen und mit der Petersilie bestreuen.

Iserlohner Gänsefutter

Carsten Kindermann
Silence-Waldhotel Horn
Iserlohn

250 g weiße Bohnen, 20 g Sellerie, 1 Petersilienwurzel, 1 kleine Zwiebel, 20 g Porree und 1 Zweig Thymian, 100 g durchwachsener Bauchspeck, 250 g Karotten, 50 g Butter, Mineralwasser, 1 Bund Petersilie.

Die weißen Bohnen über Nacht in kaltem Wasser einweichen. In Salzwasser mit dem Gemüsebund aus Sellerie, Petersilienwurzel, Zwiebel, Porree und Thymian sowie Speck garen, so daß wenig Flüssigkeit übrigbleibt.
Geschälte und in etwa 1 cm große Würfel geschnittene Karotten in 20 g Butter anschwitzen, mit etwas Mineralwasser ablöschen und garen.
Die weichgekochten Bohnen ohne Flüssigkeit hinzugeben und die gehackte Petersilie sowie 30 g kalte Butter unterheben und nochmals abschmecken.

Gratin von dicken Bohnen

Herbert Weber
Restaurant Zum Pulverturm
Wachtendonk

400 g frische, enthäutete dicke Bohnen (ausgelöste Bohnenkerne ohne Haut), je 1 Sträußchen Bohnenkraut und Thymian, ½ l Sahne, Salz, Pfeffer, 100 g magerer Speck, 100 g Pumpernickel (fein gehackt), 50 g frisch geriebener Parmesan, 1 Zehe Knoblauch, 2 Frühlingszwiebeln mit Grün (fein gehackt) und 50 g Butter.

Dicke Bohnen 5 Min. in Salzwasser blanchieren, sofort in Eiswasser abschrecken und abtropfen lassen. Die Butter in einer Kasserolle aufschäumen lassen, den Speck fein gewürfelt hinzufügen und etwas anbräunen. Zerdrückte Knoblauchzehe und Frühlingszwiebeln beigeben und glasig werden lassen. Mit ¼ l Sahne ablöschen, Bohnenkraut und Thymian beifügen und bis zur Hälfte einkochen. Dann Bohnenkraut und Thymian herausnehmen, die Sauce erkalten lassen und den Rest der Sahne geschlagen unterheben. Dicke Bohnen in gebutterte Auflaufform geben, salzen und pfeffern, mit Sahnemasse überziehen, mit Pumpernickel und Parmesan bestreuen und 10 Min. im Backofen gratinieren.

Dicke Bohnen mit Zwiebelpfeifen

Richard Sutorius
Gasthaus Sutorius
Königswinter-Stieldorf

400 g dicke Bohnen, 5 g Salz, 1 Msp. Bohnenkraut, 50 g Butter, 50 g Magerspeck, 50 g Mehl, 200 g feingeschnittener Zwiebellauch, 1 EL Sauerrahm.

Bohnen in wenig Wasser mit Salz und Bohnenkraut kochen. Aus Butter und Mehl eine Schwitze bereiten. Mit der Bohnenbrühe aufgießen. Bohnen und Zwiebellauch zugeben und vor dem Servieren Sauerrahm unterrühren. Den Magerspeck würfeln, in Butter etwas anbraten und die Butter-Speck-Mischung über die Bohnen geben.

Spitzkohl und dicke Bohnen in Petersilienpesto

Richard Lattrich
Parkhotel Burggraf
Tecklenburg

2 Spitzkohlköpfe, 40 g Zucker, 2 EL Balsamico-Essig, 30 g Schweineschmalz, 300 g dicke Bohnen, 50 g Speckwürfel, 100 g Butter.

Den Spitzkohl in große Rauten schneiden und in Salzwasser blanchieren. Den Zucker schmelzen, mit Essig ablöschen und das Schmalz dazugeben. Den blanchierten Kohl darin garen, dabei, falls erforderlich, etwas Flüssigkeit zugießen.

Die dicken Bohnen ebenfalls im Salzwasser blanchieren und aus der Haut pellen. Die Speckwürfel in der Butter anbraten, die Bohnen dazugeben und garen. Anschließend beide Gemüse mit dem Pesto zusammen anschwenken. Ideale Beilage zum Spanferkel!

Pesto:
1 TL Pinienkerne, 10 g Basilikum, 4 EL Olivenöl, Pfeffer aus der Mühle, 40 g gezupfte Blattpetersilie.

Alle Zutaten im Mixer pürieren.

Wirsingtörtchen

Gerhard Völlm
Parkhotel Gütersloh
Gütersloh

400 g Wirsing in Streifen, 3 gewürfelte Schalotten, 80 g gewürfelter Bauchspeck, 3 Eier, 1/4 l Sahne und 300 g tiefgekühlter Blätterteig, etwas Butterschmalz.

Förmchen mit etwa 6 cm Durchmesser mit dem Blätterteig auslegen und mit einer Gabel den Teig leicht einstechen, dann kühl stellen. Den Speck und die Zwiebeln in Butterschmalz anschwitzen, den Wirsing zugeben, weich dünsten, kalt stellen und danach in die Förmchen füllen. Eier und Sahne verrühren, würzen und über die Wirsingtörtchen gießen. Im Backofen bei 180 °C 10 bis 12 Min. backen.

Wirsingauflauf

Josef Selbach
Sülztaler Hof
Overath-Immekeppel

1 schöner Wirsingkopf, 50 g magerer Schinkenspeck, 100 g Zwiebeln,

1 EL Mehl, 100 g Sahne, 2 Eier, Muskat, Salz, Pfeffer, 50 g Butter.

Den Wirsing vierteln, vom Strunk befreien, kleinschneiden und im Salzwasser abkochen. Speck und Zwiebeln anschwitzen und mit Mehl bestäuben. Die Sahne angießen, den Wirsing unterziehen, würzen und zum Schluß die verquirlten Eier unterrühren. Die Wirsingmasse in 4 ausgebutterte Souffléförmchen geben und im Wasserbad 15 Min. im Backofen bei 150 °C garen.
Stürzen und anrichten. Der Auflauf ist als Beilage zu Lammrücken, Rehkeule oder Roulade vom Entrecote gedacht.

Rheinisches Grünkohlgemüse

Wolfgang Schmalzried
Herrenhaus Buchholz
Alfter

2 kg ungeputzter Grünkohl und 1/4 l Kasseler Fond, 100 g magere geräucherte Speckwürfel, 100 g Zwiebelwürfel, 300 g Kartoffeln, Muskat, Salz und Pfeffer, 1/2 Knoblauchzehe, 100 g Gänsefett.

Den Grünkohl von den Rippen abstreifen, gut waschen und in Salzwasser blanchieren. In Eiswasser abschrecken, ausdrücken und grob hacken.
Speck- und Zwiebelwürfel in einem Schmortopf anbraten, aus dem Topf nehmen und beiseite stellen. Dann Gänsefett darin erhitzen, den gehackten Grünkohl zugeben, anschwitzen, leicht würzen und mit Kasseler Fond auffüllen. Den Grünkohl zugedeckt etwa 1 Std. im Ofen bei 200 °C schmoren. Die Hälfte der Kartoffeln würfeln und mitschmoren. Die andere Hälfte wird gekocht

und etwa nach 20 Min. in den Grünkohl gepreßt. Als letztes werden die schon vorher gerösteten Speck-Zwiebel-Würfel zugegeben.
Im Rheinland ist der Grünkohl ein eigenständiges Gericht, das mit einer Fleischbeilage ergänzt wird. Passende Fleischbeilagen sind: Kasseler Rippenspeer, gekochter geräucherter Speck oder Mettwurst.
Vorsicht beim Würzen! Durch die Speckwürfel und den Kasseler Fond ist der Grünkohl schon ausreichend gewürzt.

Kohlrabistrudel

Heinz Bach
Hotel Résidence
Essen-Kettwig

Teig:
100 g Mehl, 50 g lauwarmes Wasser, 1 EL Öl, 1 Prise Salz und Zucker.

Füllung:
50 g Butter, 2 große Kohlrabi und 1 Bund Schnittlauch, Trüffelöl.

Aus dem Mehl und den anderen Zutaten einen weichen Teig kneten. Den Teig in eine geölte Folie einschlagen und warm stellen. Die Kohlrabi abziehen und in feine Streifen schneiden. Die zarten Herzblätter waschen und kleinhacken.
Die Kohlrabistreifen in Butter anschwitzen, mit Salz und Trüffelöl würzen und kalt stellen. Den in Röllchen geschnittenen Schnittlauch sowie die Kohlrabiblätter unterheben.
Den Strudelteig dünn ausziehen, mit flüssiger Butter bestreichen und mit dem Gemüse füllen.
Den Strudel einrollen, mit Butter abstreichen, auf ein gebuttertes Backblech legen und bei 200 °C etwa 10 Min. goldgelb backen.

Steckrübengemüse

Carsten Kindermann
Silence-Waldhotel Horn
Iserlohn

1 Steckrübe von etwa 1 kg, 200 g Karotten, 2 EL Himbeer-Essig, 30 g Butter, 1 EL brauner Zucker, 2 EL gehackte Petersilie, Salz.

Steckrübe und Karotten schälen, in 1 cm große Würfel schneiden, in Salzwasser sehr knackig kochen, in gesalzenem Eiswasser abschrecken und auf Küchenkrepp abtrocknen.
Butter im Topf zergehen lassen, Zucker und Karotten- und Steckrübenwürfel dazugeben, mit Himbeer-Essig ablöschen und mit Deckel bedeckt 1 Min. garen.
Kurz vor dem Servieren die gehackte Petersilie unterheben.
Paßt gut zu gepökeltem Milchferkel, Lammgerichten oder Rinderschmorbraten.

Steckrübenlasagne

Bernhard Stromberg
Richard Abrolat
Gourmet-Restaurant
Goldschmieding
Castrop-Rauxel

1 kleine Steckrübe, 250 g Kartoffeln, je 20 g feingeschnittene Karotten-, Lauch- und Steckrübenwürfel, 30 g Butter, 1 Eigelb, 1 geschlagenes Eiweiß, Salz, Pfeffer aus der Mühle, Muskat von der Reibe, 10 g geriebener Parmesan.

Die Steckrübe waschen, schälen und mit der Aufschnittmaschine in 24 etwa 3 mm starke Scheiben schneiden. Mit einem Ausstecher von etwa 6 cm Durchmesser runde Scheiben ausstechen und in Salzwasser etwa 2 1/2 Min. kochen lassen. Mit Eiswasser abschrecken, die Scheiben auf einem Tuch trockenlegen.
Die Kartoffeln weich kochen, durch ein Sieb streichen und mit der Butter und dem Eigelb verrühren.
Die Gemüsewürfel in Salzwasser weich kochen und in Eiswasser abschrecken. Das Gemüse abtrocknen und vorsichtig unter die Kartoffelmasse rühren, mit Salz, Pfeffer und Muskat abschmecken, abkühlen lassen und das geschlagene Eiweiß unterheben.
Auf ein gefettetes Backblech 4 Steckrübenscheiben legen, darauf etwas Kartoffelmasse geben, dann weiter mit Steckrübenscheiben und Kartoffelmasse belegen, bis es 3 Schichten sind. Auf die oberste Steckrübenscheibe etwas geriebenen Parmesan streuen und die Lasagne im vorgeheizten Ofen bei 250 °C Oberhitze und 150 °C Unterhitze etwa 15 Min. auf der mittleren Schiene herausbacken.

Steckrübengratin

Gerhard Völlm
Parkhotel Gütersloh
Gütersloh

250 g mehlig kochende Kartoffeln, 2 Schalotten, 1 kleine Steckrübe von 300 bis 400 g, 1/2 l Sahne und 100 g geriebener Emmentaler Käse sowie etwas Butterschmalz, Salz und Muskat.

Die Kartoffeln und die Steckrübe schälen und in gleich große Scheiben schneiden. Die Schalotten schälen, ebenfalls in Scheiben schneiden und in Butterschmalz anschwitzen. Die Kartoffel- und Steckrübenscheiben zugeben, Sahne angießen und etwa 15 Min. kochen lassen, mit Salz und Muskat würzen, danach in eine feuerfeste Form etwa 5 cm hoch einfüllen.

Mit dem Käse bestreuen und bei 200 °C 8 Min. in den Ofen schieben, damit der Käse schön gratiniert. Aus dem Ofen nehmen, kalt stellen und mit einem runden Ausstecher portionsweise ausstechen und im Ofen erwärmen.

Rote-Bete-Gemüse

Wolfgang Stein
Parkhotel Schloß Hohenfeld
Münster-Roxel

500 g frische rote Bete, 100 g Zwiebeln, 100 g Äpfel, 80 g Entenfett, 0,2 l Rotwein, 50 g Preiselbeeren, 50 g Johannisbeergelee, Essig, Salz und Pfeffer, Zucker, Gewürzbeutel (2 Nelken, 6 Pfefferkörner, 8 Wacholderbeeren), 10 g Kartoffelstärke.

Geschälte rote Bete in Julienne schneiden, ebenso die Zwiebeln und Äpfel, alles zusammen nach und nach in Entenfett anschwitzen. Mit Rotwein und etwas Essig ablöschen, Gewürzbeutel, Preiselbeeren, Johannisbeergelee und Gewürze dazugeben und fertiggaren. Das Gemüse soll etwas „Biß" haben. Mit der Kartoffelstärke abziehen.

Wintergemüse

Erich Steuber
Stiebelnhof
Hilchenbach

3 Stangen Porree (600 g), 6 Möhren (500 g), 400 g Rosenkohl, Salz, 50 g Butter oder Margarine, 1/2 Bund glatte Petersilie.

Porree putzen, waschen und in breite Streifen schneiden. Möhren putzen, wenn nötig, der Länge nach halbieren und schräg in Scheiben schneiden. Rosenkohl putzen und vierteln.

In einem breiten Topf die Gemüse in 3 Häufchen nebeneinandersetzen, leicht salzen und mit Butter oder Margarineflöckchen besetzen. Rundherum knapp 1 l Wasser angießen, dann den Topf fest schließen und das Gemüse bei milder Hitze 15 Min. garen. Gemüse mit der Schaumkelle herausnehmen und mit der Petersilie garniert anrichten.

Mariniertes Apfelrotkraut

Wolfgang Schmalzried
Herrenhaus Buchholz
Alfter

1 kg Rotkraut, 2 Äpfel (Boskop) und 1 mittelgroße Zwiebel, 0,15 l Rotwein, 0,05 l Cidre-Essig (5 %), 120 g Johannisbeergelee, 1 EL Zucker, Salz, Pfeffer.

Reduktion:
0,1 l Rotwein, 1 Nelke, 3 Wacholderbeeren, 1 Stück Zimt und ½ kleines Lorbeerblatt sowie 50 g Gänsefett, 1 Speckschwarte, 20 g Weizenpuder.

Garnitur:
1 kleiner Apfel (Golden Delicious), Saft von ½ Zitrone, 4 EL Weißwein, 1 EL Zucker.

Rotkraut, Äpfel und Zwiebel in feine Streifen schneiden. Mit Essig, Johannisbeergelee, Rotwein, Zucker, Pfeffer, Salz und der passierten Reduktion von Gewürzen gut mischen, mit einem Gewicht beschweren und 1 bis 2 Tage marinieren.
Speckschwarte in Gänseschmalz anschwitzen, das marinierte Rotkraut zugeben und bei kleiner Hitze zugedeckt etwa 1¼ Std. gar schmoren. Mit dem Weizenpuder leicht abbinden.

Golden Delicious in Spalten schneiden, in Zitronensaft, Weißwein und Zucker leicht dünsten. Mit den gedünsteten Apfelspalten das Rotkraut garnieren.
Sehr gut eignet sich das Rotkraut wegen seines leicht süß-sauren Geschmacks zu geschmorten Wildgerichten.

Sauerkraut-Kartoffel-Ragout

Richard Sutorius
Gasthaus Sutorius
Königswinter-Stieldorf

200 g feingeschnittene Zwiebeln, 200 g gewürfelter Speck (mager), 500 g gewaschenes Sauerkraut, ½ l Weißwein, ½ l Wasser, 2 Lorbeerblätter, 10 Wacholderbeeren, 500 g geschälte Kartoffeln, 100 g Butter.

Speck und Zwiebeln anbraten, Sauerkraut zufügen, mit Wasser und Wein aufgießen, Lorbeerblätter und Wacholderbeeren zugeben.
Kartoffeln kochen und ins gare Sauerkraut einstampfen. Butter bräunen und unterrühren.

Sauerkrautwickel

(für 10 Personen)

Klaus-Peter Axer
Weinstube Bitzerhof
Köln

300 g geschälte und gewürfelte Kartoffeln, 50 g gewürfelte Wintermöhren, 50 g gewürfelte Sellerie, 300 g Sauerkraut, 1 l Gemüsebrühe, 2 dl Crème fraîche, 1 Lorbeerblatt, 5 g Kräutersalz, 5 g Knoblauch, 5 g gemahlener Kümmel, 5 g Palmzucker (aus dem Bioladen), 1 kg blanchierter Weißkohl.

Den Weißkohlkopf blanchieren und die Blätter einzeln herauslösen. Das Sauerkraut kurz wässern. Kartoffeln, Sellerie und Möhren würfeln.
Sauerkraut, Sellerie, Möhren und Kartoffeln in einem Topf anschwitzen. Die Gemüsebrühe angießen. Gewürze zugeben. Zum Schluß die Crème fraîche beifügen. Das Ganze sämig kochen lassen. Die Sauerkrautmasse in die Weißkohlblätter füllen, wie eine Kohlroulade zusammenschlagen. Die Sauerkrautwickel mit flüssiger Butter bepinseln und zu Fleisch- oder Wildgerichten servieren.

Rheinisches Sauerkraut

Thomas Möllecken
Altes Zollhaus
Mülheim/Ruhr

500 g Sauerkraut, 150 g eingeweichte weiße Bohnen, 150 g geräucherter, fetter Speck, 2 dicke Kartoffeln, 2 Äpfel, 80 g Zwiebelwürfel, 0,5 l Räucherbrühe (z. B. Kaßler Fond), Salz, Pfeffer, 4 Wacholderbeeren, 1 Lorbeerblatt und 10 g Schweineschmalz.

Den feingewürfelten Speck in einem Topf mit etwas Schweineschmalz anschwitzen. Zwiebelwürfel, Sauerkraut und weiße Bohnen beifügen, mit der Brühe auffüllen und die Gewürze hinzugeben.
Nach etwa 40 Min. Garzeit die geschälten und entkernten Äpfel sowie die geschälten Kartoffeln reiben, unter das Sauerkraut heben und dann nochmals 5 Min. köcheln lassen.
Dieses Sauerkraut ist eine beliebte Beilage zu Kaßler, zu Schweinebauch oder Mettwurst mit Kartoffelpüree.

172

Pfifferlinge
mit Pflaumen

Bild Seite 164

Wolfgang Markloff
Markloffs
Bielefeld

320 g frische Pfifferlinge, 50 g durchwachsener Speck, 20 g Zwiebeleminceé oder Perlzwiebeln, 80 g geröstete Weißbrotstreifen, 60 g Butter, gehackte frische Petersilie, 160 g entsteinte frische Pflaumen, etwas Pflaumenlikör.

Die Pfifferlinge zusammen mit dem Speck und den Zwiebelchen sautieren, würzen, mit der Petersilie bestreuen. Anrichten und darüber die in Butter sautierten Pflaumen mit den Weißbrotstreifen geben. Abrunden mit etwas Pflaumenlikör.

Kleines Ragout von
einheimischen Pilzen

Olaf Königsmann
Bakenhof, Münster

100 g Steinpilze, 100 g Braunkappen, 100 g Wiesenchampignons, 100 g Maronen, 20 g Butter, 2 EL feingewürfelte Schalotten, 4 cl trockener Weißwein, 1/2 l Sahne, jeweils 1 TL Kerbel, Estragon und Schnittlauch, Salz und frisch gemahlener Pfeffer, 1 Zweig Majoran.

Die Pilze putzen und mit einem feuchten Tuch abwischen. Die Schalotten in Butter glasig werden lassen, die Pilze beifügen und leicht anbraten. Mit Weißwein ablöschen, die Sahne hinzugeben, einkochen lassen, bis eine leichte Bindung entsteht, dann die Kräuter untermischen. Das Ragout auf kleinen tiefen Tellern verteilen. Danach mit frischem Majoran ausgarnieren.

Wiesenchampignons
in Knoblauchöl

Walter Stemberg
Restaurant Haus Stemberg
Velbert

1/2 l Pflanzenöl, 25 Knoblauchzehen, 800 g Wiesenchampignons, Salz, weißer Pfeffer aus der Mühle.

Die geputzten Knoblauchzehen mit dem Pflanzenöl in ein Einmachglas geben und gut verschließen. Mindestens 4 Tage ziehen lassen, dunkel und kühl lagern. Champignons putzen, waschen und vierteln. 8 EL Knoblauchöl in der Pfanne erhitzen und die Champignons etwa 3 Min. braun braten. Mit Salz und Pfeffer würzen. Die Champignons auf Tellern anrichten und mit einem Salatblatt garnieren.

Steinpilzkuchen
mit Gartenkräutern

Hans-Dietrich Marzi
Hotel Schloß Hugenpoet
Essen-Kettwig

500 g Steinpilze (ersatzweise andere Pilze wie Champignons, Pfifferlinge oder Shiitake-Pilze), 3 Vollei, 3 Tomaten, je 1 Bund Petersilie, Kerbel, Pimpernelle, Zitronenmelisse, Salz, Muskat, Pfeffer, Öl, 2 EL Mehl und 1/8 l Milch.

Aus Milch, Mehl und 1 Ei einen Pfannkuchenteig herstellen und die gehackten Kräuter dazugeben. 3 gleich große Pfannkuchen daraus backen, im Durchmesser einer Backform (etwa 15 cm).
Die Pilze putzen, waschen und in Scheiben schneiden. In etwas Öl andünsten und mit den restlichen Eiern im Mixer noch einmal hakken, jedoch nicht zu fein. Mit

Salz, Pfeffer und Muskat abschmecken.

Tomatenwürfel:
Die Tomaten einschneiden und in kochendes Wasser geben (etwa 20 Sek.), herausnehmen, in Eiswasser legen und abziehen. Vierteln und die Kerne entfernen. Die Tomatenfilets dann in Würfel schneiden.
Eine Backform mit Backfolie auslegen und schichtweise je 1 Pfannkuchen und die Pilzmasse einfüllen. Auf die obere Schicht die Tomatenwürfel verteilen. Im Backofen bei kleiner Hitze etwa 20 Min. backen, stürzen und in Stücke schneiden.

Kartoffelragout
mit Kressesauce

Walter Stemberg
Restaurant Haus Stemberg
Velbert

700 g Kartoffeln, 500 g Kohlrabi, 2 kleine Zwiebeln, 20 g Butter oder Margarine, 1/4 l Gemüsebrühe, 2 Beete Kresse, 100 g saure Sahne, Salz, Pfeffer, Muskat, 2 EL Mehl zum Binden (20 g), 4 gekochte Eier.

Kartoffeln schälen, waschen und in 2 bis 3 cm große Würfel schneiden. Kohlrabi schälen und ebenfalls würfeln. Zwiebeln schälen, in kleine Würfel schneiden und im Fett glasig werden lassen. Kartoffeln und Kohlrabi zugeben und andünsten. Mit der Brühe ablöschen und im geschlossenen Topf etwa 15 Min. bei mittlerer Hitze garen. Die Kresse (ein bißchen zum Garnieren zurückbehalten) in 1 EL Kochflüssigkeit und 100 g saurer Sahne mit dem Pürierstab pürieren. Das Kressepüree unter das Gemüse heben und mit den Gewürzen abschmecken; das

Mehl mit etwas Wasser anrühren, die Sauce damit binden. Die gekochten Eier halbieren, mit Kresse garnieren und zum Ragout reichen.

Kartoffelauflauf mit Frühlingszwiebeln

Walter Stemberg
Restaurant Haus Stemberg
Velbert

750 g Kartoffeln, 200 g Frühlingszwiebeln, 400 g körniger Frischkäse, 20 % Fett i. Tr., 150 g saure Sahne, 2 Knoblauchzehen, 1 TL Salz, etwas Fett, 50 g Parmesankäse, 1 Msp. Paprika.

Kartoffeln als Pellkartoffeln gar kochen, pellen und in kleine Würfel schneiden. Frühlingszwiebeln würfeln und mit Frischkäse, saurer Sahne und gepreßtem Knoblauch verrühren. Die Masse mit den Kartoffelwürfeln mischen. Mit Salz abschmecken und in eine gefettete Auflaufform geben, den Parmesankäse und Paprikapulver darüberstreuen. Auf der unteren Schiene bei 170 °C (Gas Stufe 2 bis 3) etwa 40 Min. backen.

Kartoffelschnee mit Steckrüben

Erich Steuber
Stiebelnhof
Hilchenbach

500 g Steckrüben, 1 Zwiebel, 50 g Butter oder Margarine, Salz, 500 g Kartoffeln (mehlig).

Steckrüben schälen, waschen und in feine Würfel schneiden. Zwiebel schälen und fein würfeln. Beides in Butter oder Margarine an-

dünsten, salzen und bei milder Hitze im geschlossenen Topf 20 Min. garen.
Kartoffeln schälen, waschen und in kochendem Wasser 15 Min. garen. Kartoffeln durch die Kartoffelpresse drücken und locker vorsichtig mit den Steckrübenwürfeln vermischen. Mit einem Löffel Portionen abstechen und zu Braten reichen.

Bergische Rösti

Josef Selbach
Sülztaler Hof
Overath-Immekeppel

400 g nicht zu weich gekochte Kartoffeln, 1 Ei, 40 g feingehackte Schalotten, 1 EL gehackter Schnittlauch, 80 g geklärte Butter.

Kartoffeln in feine Streifen reiben, geschlagenes Ei und Schalotten unterrühren und mit Muskat, Pfeffer und Salz abschmecken.
Masse zu kleinen runden Plätzchen formen und in geklärter Butter kroß braten. Mit Schnittlauch garnieren.
Als Beilage zu frischen Pfifferlingen mit Kalbsfilet reichen oder als Vorspeise z. B. mit Lachs- oder Matjestatar anbieten.

Bleinfeesches (Bratkartoffeln)

Thomas Möllecken
Altes Zollhaus
Mülheim/Ruhr

1,5 kg festkochende Kartoffeln, 1 große Zwiebel, 150 g durchwachsener Speck, Schweineschmalz, Salz, Pfeffer.

Die Kartoffeln waschen, schälen, in dünne Scheiben schneiden.

Den Speck würfeln und mit den Kartoffelscheiben in Schweineschmalz braten. Die Zwiebel ebenfalls in Scheiben schneiden und etwas später mitbraten. Mit Salz und Pfeffer würzen.
Echte „Mölmsche" (Mülheimer) essen dazu gebratenen Panhas, Schwarzbrot und Rübenkraut.

Anmerkung:
Rübenkraut ist nicht das Kraut, sondern der Sirup der Zuckerrübe. Zuckerrüben wurden im Rheinland schon im 12. Jahrhundert angebaut.

Bochumer Bratkartoffeln

Josef Schwinning
Restaurant Stammhaus Fiege
Bochum

600 g Kartoffeln, 50 g Zwiebeln, 100 g Bauchspeck (mager), 100 g Pökelzunge (gekocht), 100 g Gewürzgurke, 100 g Butterfett, 1 EL gehackte Petersilie, Salz und Pfeffer.

Die Kartoffeln waschen, kochen und schälen. Gut auskühlen lassen. Dann in Scheiben schneiden. Bauchspeck, Zwiebeln, Pökelzunge und Gewürzgurke in ½ cm große Würfel schneiden. In heißer, großer Pfanne Bauchspeck, Zwiebeln und Kartoffelscheiben anbraten. Des öfteren wenden. Zum Schluß die Gurken- sowie Zungenwürfel zugeben, mit Salz und Pfeffer würzen.
In einer Schüssel anrichten und mit gehackter Petersilie bestreuen. Mit einem Spiegelei als kleines Essen oder als Imbiß zum Bier servieren.

Anmerkung:
Dieses Rezept könnte schuld sein, wenn ein „Bratkartoffelverhältnis" besonders lange hält!

Kartoffel-knusperspitzen

Wolfgang Schmalzried
Herrenhaus Buchholz
Alfter

800 g mehlige Kartoffeln, 30 g Butter, 20 g Kartoffelstärke, 2 Eigelb, Salz, Muskat, etwas Kartoffelstärke zum Formen, 2 Vollei, je 30 g Mohn, Leinsamen und Sesam, 200 g Butterfett.

Kartoffeln in Salzwasser kochen, abgießen und auf dem Ofen ausdämpfen lassen. Kartoffeln durchpressen, mit Butter, Kartoffelstärke, Eigelben und Muskat verkneten. Aus dieser Masse mit Hilfe von Kartoffelstärke fingerlange, an den Enden zugespitzte Röllchen formen und erkalten lassen. Die Kartoffelspitzen mit dem Vollei und der Mischung aus Mohn, Leinsamen und Sesam panieren. Im heißen Butterfett schwimmend goldbraun und knusprig backen.

Kartoffel-pfannkuchen mit Apfelkraut und Dörrobst an Altbiersabayon

Herbert Weber
Restaurant Zum Pulverturm
Wachtendonk

400 g Kartoffeln, 1 EL Mehl, 3 Eigelb, 1/4 l Milch, 1 Prise Salz, 40 g zerlassene Butter, 1 EL Zucker, 1 Apfel, 2 EL Apfelkraut.

Dörrobst:
200 g gemischtes Dörrobst sowie 1/8 l Wein, 2 cl Grappa, 8 Nelken, 1/2 Zitronenschale (gerieben), 1 Prise Nelkenpulver, 1 Zimtstange.

Altbiersabayon:
3 Eigelb, 6 cl Altbier, 1 Prise Nelkenpulver, 1 EL Zucker, Saft von 1/2 Orange.

Dörrobst mit den übrigen Zutaten 2 Std. einweichen und anschließend im Backofen bei 180 °C 30 Min. im abgedeckten Topf schmoren.
Die Kartoffeln und den Apfel schälen, fein reiben, in einem Tuch kurz ausdrücken, mit den restlichen Zutaten (außer Apfelkraut) zu einem Teig verrühren und in mittelgroßer Pfanne mit Butter 4 dünne Pfannkuchen goldgelb ausbacken. Je eine Seite mit Apfelkraut bestreichen. Die Hälfte Dörrobst darauf verteilen, zusammenrollen und warm stellen.
Zutaten für Sabayon über Dampf cremig aufschlagen. Auf vorgewärmten Tellern verteilen. Das restliche Dörrobst und die Pfannkuchen anlegen und mit Puderzucker bestreuen.

Kartoffelpuffer, Petersilienschmant und westfälischer Knochenschinken

Carsten Kindermann
Silence-Waldhotel Horn
Iserlohn

Kartoffelpuffer:
600 g geschälte Kartoffeln, 1 kleine Zwiebel, 1 Ei, 0,15 l Pflanzenöl.

Petersilienschmant:
1 Bund Petersilie und 200 g Crème fraîche oder Schmant

Schinkenstreifen:
250 g rohe Schinkenstreifen, Salz, Pfeffer, Muskat.

Kartoffeln und Zwiebel in eine Schüssel reiben. Ei hinzugeben und mit Salz, Pfeffer und Muskat abschmecken. Die Masse abseihen, die Flüssigkeit kurz stehen lassen, damit sich die Stärke absetzt. Stärke und Kartoffel-Ei-Masse mischen und in heißem Öl 4 gleich große Puffer kroß und goldbraun ausbacken. Hierbei mehrmals wenden.
Steifgeschlagene Crème fraîche oder den dicken Rahm mit der gehackten Petersilie mischen.
Die Kartoffelpuffer auf Tellern anrichten, den Schmant und die Schinkenstreifen daraufgeben. Mit kleinen Petersiliensträußchen garnieren.

Gemüse-Kartoffelpuffer

Walter Stemberg
Restaurant Haus Stemberg
Velbert

200 g Kartoffeln, 200 g feine Würfel von Porree, Möhren, Sellerie, 1 kleingehackte Zwiebel, Butter, 2 Eigelb, Mehl, Salz, Muskat.

Die Kartoffeln kochen und gut abdämpfen, Gemüsewürfel in der Pfanne in wenig Butter mit der Zwiebel kurz anschwitzen.
Kartoffeln wie für ein Püree warm durchpressen. Das Gemüse zugeben und mit den Eigelben gut unterarbeiten. Mit Salz und Muskat würzen.
Auf einem mit Mehl bestäubten Küchenblech die Gemüse-Kartoffel-Masse zu einer Rolle mit 3 cm Durchmesser formen und kalt stellen. Im kalten Zustand aus der Rolle gleichmäßige, etwa 2 cm dicke Stücke schneiden und in der Pfanne in Butter leicht anbräunen lassen.

Niederrheinische Kartoffeln mit roten Beten und Möhrenmus im Lauchmantel

Herbert Weber
Restaurant Zum Pulverturm
Wachtendonk

4 gleiche mittelgroße Kartoffeln (festkochend), 1 Stange Lauch, 1 rote Bete, 2 Möhren, 1 Bund Schnittlauch, 1 Schalotte, 1 TL Balsamico-Essig, Salz, Zucker, Pfeffer, Kümmel, 4 cl Sauerrahm, 1 TL Rübensirup, 1 EL Butter.

Kartoffeln kochen, schälen und erkalten lassen. Oben und unten glattschneiden. Dann in 3 Scheiben teilen.

Rote Bete mit etwas Kümmel, Salz, Zucker und Essig weich kochen und schälen.

Die Möhren schälen und in Salz-Zucker-Wasser weich kochen. Beides getrennt mit dem Mixstab pürieren.

Den Lauch putzen, waschen und blanchieren, abtropfen lassen und in etwa 20 cm lange, 5 cm breite Streifen schneiden. Rote-Bete-Mus auf 1 Kartoffelscheibe geben und mit der zweiten abdecken. Dann Möhrenmus darauf verteilen und mit der dritten Kartoffelscheibe abdecken. Mit Lauch ummanteln und mit Zahnstocher festigen.

Kartoffeln in feuerfeste Form geben, mit Salz, Pfeffer bestreuen, mit zerlassener Butter beträufeln und im Ofenrohr warm stellen.

Schalotte fein hacken und in heißer Pfanne mit etwas Butter leicht anbräunen, Rübensirup beigeben und mit Essig ablöschen.

Zum Schluß Sauerrahm zufügen, gut verrühren und über die Kartoffeln geben.

„Lippischer Pickert"

Wolfgang Musik
Kasino
der Westdeutschen Landesbank
Münster

1 kg Kartoffeln, 3 Eier, Zucker nach Geschmack, 200 g Rosinen, 3 gutgehäufte EL Mehl, 1½ TL Vanillezucker, 1 Prise Salz, 35 g Hefe, 5 bis 6 EL warme Milch und Butter zum Braten.

Die Kartoffeln waschen, schälen und fein reiben. Die entstandene Flüssigkeit abschütten. Eier, Zucker, Mehl und die Rosinen unterrühren.

Die Hefe mit dem Zucker in der warmen Milch etwa 15 bis 20 Min. gehen lassen. Anschließend unter die Kartoffelmasse rühren. Die Masse nochmals 1½ Std. gehen lassen.

Danach Butter in der Pfanne erhitzen und darin den Kartoffelteig fingerdick einfüllen. Auf mittlerer Hitze goldgelb von beiden Seiten abbacken.

Potthucke

Georg Groß
Haus Waldsee
Brilon-Gudenhagen

100 g geräucherter durchwachsener Speck, 300 g gekochte mehlige Kartoffeln, 600 g rohe mehlige Kartoffeln, 200 ml Sahne, 4 Eier, Salz, Pfeffer und Muskat, Butter für die Form.

Gekochte Kartoffeln durch eine Kartoffelpresse drücken. Rohe Kartoffeln reiben und in einem Küchentuch auspressen. Kartoffelmasse mit Sahne, Eiern, angebratenem Speck und Gewürzen zu einem Teig verarbeiten. Den Teig in eine gut ausgebutterte Ka-

stenform füllen und im vorgeheizten Backofen bei 180 °C etwa 1¼ Std. backen und danach gut abkühlen lassen. Die Potthucke wird dann in Scheiben geschnitten und in Butter angebraten.

Düsseldorfer Pillekuchen

(für 1 Person)

Laurentia Busse
Brauerei Schumacher Stammhaus
Düsseldorf

2 dicke Kartoffeln, 1 kleine Zwiebel, 1 Ei, 1 EL Mehl, Pfeffer, Salz, 1 EL Apfelkraut (oder Pflaumenmus).

Kartoffeln und Zwiebel grob raspeln, ausdrücken. Ei, Salz, Pfeffer und Mehl zu einer Masse verrühren. Die Masse in eine heiße Pfanne geben, von beiden Seiten goldbraun braten und auf den fertigen Pillekuchen 1 Löffel Apfelkraut (oder Pflaumenmus) geben.

Pillekuchen

Joachim Lülf
Waldhaus Ohlenbach
Schwallenberg

1 EL gewürfelter Schinkenspeck, 1 EL gewürfelte Zwiebeln, 1 TL Butterschmalz, 1 große Kartoffel, 30 g Mehl, 1 Ei, 1/10 l Milch, je 1 Prise Salz und Muskat, je 1 EL Petersilie und Schnittlauch.

Schinkenspeck- und Zwiebelwürfel in Butterschmalz in einer kleinen Pfanne anschwitzen, die in feine Stifte geschnittenen Kartoffeln dazugeben und alles zusammen 5 Min. bei mittlerer Hitze dünsten lassen.

Mehl mit Ei, Milch, Kräutern, Salz und Muskat zu einem Teig verarbeiten. Diese Masse über die Kartoffeln geben, verrühren und goldbraun backen. Vom Feuer nehmen und unter dem Grill von oben braun werden lassen. Mit Salat servieren.

Westfälischer Schnibbelkuchen

Wolfgang Musik
Kasino
der Westdeutschen Landesbank
Münster

1 kg Kartoffeln, 5 Eier, 5 bis 6 EL Mehl, 1 TL Salz, Schweineschmalz zum Backen, 250 g durchwachsener Speck.

Die Kartoffeln schälen und in dünne, nicht zu große Scheiben schneiden. Aus Eiern, Salz und etwas Wasser den Teig herstellen. Kartoffelstücke unter den Teig geben und in Schweineschmalz nicht zu dicke Pfannkuchen auf beiden Seiten goldgelb backen.
Nach Belieben Speckwürfel anbraten und zuletzt über die Schnibbelkuchen streuen.
Als Beilage Kopfsalat in saurer Sahne servieren.

Rheinischer Kesselsknall

Richard Sutorius
Gasthaus Sutorius
Königswinter-Stieldorf

1 kleine Kuchenspringform, Öl zum Ausstreichen, 600 g geschälte Kartoffeln, 200 g Mehl, 6 Eier, 3 Zwiebeln (fein geraspelt), 20 g Salz, 1 Msp. Pfeffer, 10 g Öl, 4 Mettwürste, 500 g Magerspeck.

Kartoffeln raspeln, mit Mehl, Eiern, Salz und Pfeffer verrühren. Zwiebeln raspeln und einrühren. Die Hälfte der Masse in eine geölte Springform geben. Mettwürste und Speck im Kreis einlegen, die Restmasse darübergießen. Im Ofen etwa 2 Std. bei 180 °C backen. Dazu paßt am besten ein grüner Salat.

Gefüllte Kartoffelpfannkuchen

Roland Schöpgens
Restaurant Soufflé
Köln

100 g Mehl, 2 Eier, 100 g gekochte Kartoffeln, Milch, Petersilie, Salz, Pfeffer, Muskat, 1 kg Blattspinat, 50 g Butter, 1 Zehe Knoblauch.

Aus Mehl, Eiern, Kartoffeln und Milch einen Teig zubereiten. Kleingehackte Petersilie hinzufügen, Spinat in Salzwasser blanchieren, ausdrücken, würzen und in etwas Butter andämpfen.
Aus dem Teig dünne Pfannkuchen backen und mit dem Spinat füllen.

Kartoffelroulade

Olaf Königsmann
Bakenhof
Münster

10 große Spinatblätter, 500 g Kartoffeln (mehlig kochend), 2 EL Knödelpulver, 2 Eigelb, Salz, Muskat.

Den Spinat blanchieren und abschrecken. Jedes einzelne Spinatblatt auf ein trockenes Tuch legen. Die Kartoffeln kochen, abdämpfen und passieren, Knödelpulver, Eigelb und Gewürze hinzugeben und zu einer glatten Masse verar-

beiten. Auf gebutterte Klarsichtfolie ½ cm dick mit einer Teigrolle längs ausrollen. Die Kartoffelmasse mit etwas Eiweiß einstreichen, die Spinatblätter auflegen und zusammenrollen. Die Kartoffelroulade in Alufolie einwickeln und verschließen. In einem Topf mit heißem Wasser 20 Min. pochieren. Erkalten lassen und in gleichmäßige Stücke schneiden. Diese dann in heißer Butter goldgelb braten.

Kartoffel-Kräuter-Waffeln

Richard Lattrich
Parkhotel Burggraf
Tecklenburg

350 g mehlige Kartoffeln, 1 Ei, 1 Eigelb, ½ TL Speisestärke, Salz, Muskat, 10 g Butter sowie 1 EL Crème fraîche, 1 TL gehackte Petersilie, ½ TL gehackter Majoran, 1 TL feingeschnittener Schnittlauch.

Die Kartoffeln in wenig Salzwasser garen. Abgießen und ausdämpfen. Durch eine Kartoffelpresse drücken. Ei, Eigelb und Speisestärke untermischen. Mit Salz, Muskat und der zerlassenen Butter, Crème fraîche und den Kräutern abschmecken. Im Waffeleisen (teflonbeschichtet) ausbacken.
Die Waffeln passen gut zu kurz gebratenem Fleisch und Ragouts.

Kartoffel-Zucchini-Torte

Hans-Dietrich Marzi
Hotel Schloß Hugenpoet
Essen-Kettwig

100 g geschälte Kartoffeln, 150 g gelbe Zucchini, 150 g grüne Zucchini,

1 Pfefferschote, wenig Knoblauch, Salz, Pfeffer, Thymian, Muskat, Olivenöl, 0,2 l Royalmasse (je 0,1 l Sahne und Vollei, verschlagen, mit Salz und Muskat abgeschmeckt), 150 g Blätterteig (gefroren).

Die Kartoffeln und Zucchini in gleich große Würfel schneiden (etwa ½ cm). Die Kartoffelwürfel in Salzwasser fast gar kochen und abschütten. Die Zucchiniwürfel in Olivenöl mit der Pfefferschote und den Gewürzen angehen lassen und die Kartoffelwürfel dazugeben.

Eine kleine Backform (etwa 15 cm Durchmesser) mit Blätterteig auslegen, auch den Rand (2 cm). Die Kartoffel-Zucchini-Würfel daraufgeben und mit der Royalmasse auffüllen. Bei mäßiger Hitze etwa 20 Min. backen.

Vorsichtig aus der Form stürzen und in Stücke schneiden.

Gratin von Kartoffeln und Steckrübe

Rosemarie Hestermann
Hotel Schloß Petershagen
Petershagen

500 g geschälte Kartoffeln, 500 g geschälte Steckrüben, 400 g Schlagsahne, 3 feingehackte Knoblauchzehen, Salz, Pfeffer, 50 g Crème fraîche, 50 g geriebener Parmesan, 20 g Fett für die Form.

Kartoffeln und Steckrüben in Scheiben schneiden. Die Scheiben abwechselnd schichtweise in eine gefettete Form geben. Die Schlagsahne, die Knoblauchzehen, Salz, Pfeffer und Crème fraîche miteinander verrühren und gleichmäßig über die Kartoffel- und Steckrübenscheiben geben.

Den Parmesankäse darüberstreuen und im Backofen bei 175 °C 50 bis 60 Min. goldgelb backen.

Zweierlei Crêpes von Kartoffeln und Mais

Oliver Heß
D'r Fiester-Hannes
Burbach-Holzhausen

Maiscrêpes:
285 g Mais, 60 g Mehl, 2 Eier, Salz, Muskat, 50 g Butter.

Kartoffelcrêpes:
350 g mehlig kochende Kartoffeln, 1 Vollei, 1 Eigelb, 40 g Mehl, 1 EL Crème fraîche, Salz, Muskat und 50 g Butter.

Maiscrêpes:
Den Mais fein mahlen, Mehl und die Eigelbe zugeben. Das Eiweiß steif schlagen, vorsichtig unter die Masse heben und diese würzen. Anschließend portionsweise in Butter goldgelb backen.

Kartoffelcrêpes:
Die Kartoffeln abkochen, in noch heißem Zustand schälen, abkühlen lassen und mit der Gabel zerdrücken. Jetzt das Vollei, das Eigelb und die Créme fraîche dazugeben. Zum Schluß das Mehl und die Gewürze beifügen. Von der Masse kleine Crêpes formen und in Butter goldgelb anbraten.

Maisrösti

Walter Stemberg
Restaurant Haus Stemberg
Velbert

200 g Kartoffeln, 1 Zwiebel sowie 50 g Maiskörner, etwas Speisefett, Salz, Pfeffer aus der Mühle.

Die Kartoffeln leicht vorkochen und dann im kalten Zustand auf der Reibe grob hobeln. Zwiebel in feine Würfel schneiden und in der Pfanne mit wenig Fett leicht anrösten. Unter die Kartoffeln die vorgekochten Maiskörner geben, mit Salz und Pfeffer würzen und in die Pfanne zu den Zwiebeln geben. Das Maisrösti von beiden Seiten goldbraun braten.

Roggenbiernudeln

Josef Schwinning
Stammhaus Fiege
Bochum

Für die Nudeln:
250 g feines Roggenmehl, 50 g feines Weizenmehl, 50 g Hartweizengrieß, 2 Eigelb, 1 Vollei, 1 EL Öl, 1 dl Bier, 4 cl kalter Kaffee, 2 TL Salz, Butter, Muskat.

Kochwasser für die Nudeln:
4 l Wasser, ¼ l Bier, 4 TL Salz, 2 EL Öl.

Alle Zutaten für die Nudeln in die Küchenmaschine geben oder mit der Hand zu einem glatten Teig verarbeiten. Sollte der Teig noch zu feucht sein, noch etwas Roggenmehl zugeben. Aus dem Teig eine Kugel formen, in Klarsichtfolie 30 Min. ruhen lassen. Den Teig auf eine mit Roggenmehl bestreute Tischfläche in 4 bis 5 dicke Stücke schneiden und noch mal mit Roggenmehl bestreuen. Etwas flach drücken und durch die Nudelmaschine zu handbreiten dünnen Teigplatten auswalzen. Das Kochwasser mit den angegebenen Zutaten zum Sieden bringen. Nun die Nudelwalze von etwa 1 cm Breite einlegen und die Nudeln möglichst direkt in den Topf gleiten lassen.

Die Nudeln einmal aufkochen, dann auf ein Sieb schütten und

kurz kalt abschrecken. Wenn die Nudeln gut abgetropft sind, werden sie in Butter geschwenkt und mit Salz und Muskat gewürzt.
Wenn keine Nudelmaschine vorhanden ist, kann man den Nudelteig auch mit dem Rollholz dünn ausrollen, ihn etwas trocknen lassen und dann mit dem Messer in dünne Streifen schneiden.

Roggennudeln

Olaf Königsmann
Bakenhof
Münster

100 g Weizenmehl, 50 g Roggenmehl, 50 g Vollkornmehl, 2 Eier, 2 Eigelb, 1 EL Öl, 1 EL Wasser, 1 Prise Salz, 1 Msp. Muskat.

Das Mehl in eine Schüssel sieben, eine Mulde bilden, Eier, Wasser, Gewürze und Öl hinzugeben und daraus einen festen Teig kneten. Den Teig mit dem Handballen 3 bis 4 Min. durchwalken, bis er glatt und seidig ist. In Klarsichtfolie wickeln und an einem kalten Ort etwa 1 Std. ruhen lassen.
Den Teig in 4 gleich große Stücke teilen und auf eine bemehlte Fläche legen. Die Stücke durch die Nudelmaschine zu dünnen Platten durchdrehen. Anschließend die Nudelplatten zu Bandnudeln durchdrehen. Die Nudeln bißfest kochen, abschrecken, abtropfen lassen und in Butter schwenken.

Eierkuchen mit Spargel

Franz L. Lauter
Restaurant Schloß Schwansbell
Lünen

3 EL Mehl, 3 bis 5 EL Milch, 3 Eier, 1 Prise Salz, Pfeffer aus der Mühle, 2 EL zerlassene Butter oder Öl, 1 kg Spargel, 1 l Wasser, 1 TL Zucker, 1 TL Butter.

Mehl mit Milch vermengen, die Masse darf nicht zu dick sein. Eigelbe von Eiweißen trennen. Die Eigelbe mit der Masse so lange verrühren, bis sie glatt wird. Eiweiß sehr steif schlagen, unter die Masse heben und mit Salz und Pfeffer würzen. Öl in einer Pfanne erhitzen, etwas Eierkuchenmasse in die Pfanne geben und zugedeckt 1 bis 2 Min. stocken lassen. Nach dem Umdrehen wieder mit dem Deckel zudecken und goldbraun braten lassen.
Spargel schälen und mit den angegebenen Zutaten kochen lassen. Spargel darf nicht zerkocht werden. Spargel mit Biß eignet sich am besten. Abgetropften Spargel auf die Eierkuchen legen und für 5 bis 7 Min. im vorgeheizten Backofen bei 170 °C backen. Dazu paßt hervorragend eine Sauce hollandaise oder Ableitungen dieser Sauce.

Preiselbeerbuchteln

Oliver Heß
D'r Fiester-Hannes
Burbach-Holzhausen

260 g Mehl, 20 g Hefe, 50 g Butter, 30 g Zucker, 10 cl Milch, 2 Eier, Salz, Abgeriebenes von 1 ungespritzten Zitrone, 350 g eingelegte Preiselbeeren.

Die Hefe mit der Milch auf Fingertemperatur kommen lassen und in die Mitte vom Mehl geben. Die Butter zerlaufen lassen und dann mit den Eiern, dem Abrieb der Zitronenschale, dem Zucker und dem Salz zu einer dicken Masse verrühren.
Das Ganze jetzt zu dem Mehl geben und gut vermengen. Zugedeckt an einem warmen Platz 1 Std. gehen lassen.
Den Teig anschließend dünn ausrollen und mit den Preiselbeeren

bestreichen, zusammenrollen, in 2 cm große Stücke schneiden und in eine gutgebutterte Form setzen und bei 200 °C etwa 20 Min. backen.
Die Beilage schmeckt gut zu Wildgerichten.

Brotpuffer

Bernhard Stromberg
Richard Abrolat
Gourmet-Restaurant
Goldschmieding
Castrop-Rauxel

150 ml Milch, 12 g Hefe, 1 Prise Zucker, 150 g Kasseler Brot (ohne Rinde, in 0,5 cm große Würfel geschnitten), 100 g Mehl, Typ 550, 1 Ei, 1 EL Speckwürfel, 1 EL Schalottenwürfel, 1 EL feingehackte Petersilie, Salz, Muskat von der Reibe, Pfeffer aus der Mühle.

Die Milch leicht erwärmen, Hefe und Zucker darin auflösen und über das Brot gießen, durchziehen lassen, Mehl und Ei zugeben. Speck anschwitzen, Schalotten hinzufügen und glasig dünsten, mit der Petersilie zum Brot geben, alles vermengen und mit Salz, Pfeffer und Muskat abschmecken. Mit einem Tuch die Masse abdekken und 10 Min. gehen lassen.
Mit nassen Händen 12 Plätzchen formen, nochmals 5 Min. gehen lassen. In einer Pfanne mit wenig heißem Öl anbraten, wenden und 4 Min. in den auf 150 °C vorgeheizten Backofen geben.
Kurz vor dem Servieren auf einem sauberen Tuch abtrocknen.

Dinkelpuffer

Wolfgang Markloff
Markloffs
Bielefeld

60 g Dinkelmehl, 210 g Milch, 210 g Eier, Salz, 10 g Butter, Fett zum Ausbacken.

Das gesiebte Dinkelmehl mit der Milch glattrühren. Die Eier und Salz hinzufügen. Durch ein feines Haarsieb streichen. Den Teig einige Zeit ruhen lassen. Vom Teig 12 kleine Puffer backen.

Laugenknödel

Hans Bertels
Le Crocodile
Krefeld

8 altbackene Laugenbrötchen, 0,25 l Milch, 2 Eier, 50 g kleingewürfelter magerer Speck, 50 g Zwiebelwürfel, 25 g gehackte Petersilie, etwas Zitronenschale, Muskat, Salz, Pfeffer, evtl. etwas Mehl.

Die Brötchen aufschneiden, mit der warmen Milch einweichen und die verquirlten Eier zugeben. Speck und Zwiebeln in etwas Öl anschwitzen und mit der gehackten Petersilie der Teigmasse beifügen. Mit Salz, Pfeffer, Muskat und abgeriebener Zitronenschale abschmecken und zu Knödeln formen.
Die Knödel in reichlich kochendem Salzwasser garen, evtl. eine Probe machen, ob sie halten, wenn nicht, dann mit etwas Mehl die Masse nachbinden.
Laugenknödel eignen sich hervorragend als Beilage zu Pilzen in Sahne.

Schwarzbrotknödel

Richard Lattrich
Parkhotel Burggraf
Tecklenburg

300 g dunkles Brot ohne Rinde, 1 feingeschnittene Schalotte und 10 g Butter, 60 g magere Speckwürfel, je 20 g gezupfte oder feingeschnittene Petersilie und Kerbel,

8 cl Sahne, 50 g Pumpernickelwürfel, 2 Eier, 1 Eigelb, Salz und Pfeffer, Muskat.

Das Brot in 2 cm dicke Würfel schneiden. Die Schalotte und die Speckwürfel glasig andünsten, die Kräuter dazugeben und die Mischung zu den Brotwürfeln geben. Mit lauwarmer Sahne übergießen, die Eier und das Eigelb unterziehen. Mit Salz, Pfeffer und Muskat würzen. Zuletzt die Pumpernickelwürfel dazugeben. Dann die Klöße abdrehen, eine Probe machen und in Salzwasser pochieren.

Strudel mit Mangoldgemüse

Roland Schöpgens
Restaurant Soufflé
Köln

Strudelteig:
150 g Mehl, 1 EL Öl, 1 Ei, etwas Wasser.

Mangoldgemüse:
100 g Mangoldblätter, je 50 g feingeschnittene Karotten-, Zucchini- und Paprikawürfel sowie 30 g Zwiebel, 50 g Butter, Semmelbrösel, Salz, Pfeffer, Muskat.

Aus den Teigzutaten wie üblich einen Strudelteig herstellen, mit Öl einpinseln und etwa 2 Std. ruhen lassen.
Die Mangoldblätter kurz abkochen und abtrocknen. Die Gemüsewürfel ebenfalls in Salzwasser kurz garen.
Den Strudelteig dünn ausrollen, ausziehen, mit zerlassener Butter bestreichen und mit Semmelbrösel und Mangoldblättern auslegen. Das abgeschmeckte Gemüse dazugeben und einrollen. Mit zerlassener Butter bepinseln und bei 250 °C im Rohr in 10 bis 12 Min. herausbacken.

Kann als Beilage oder Zwischengericht mit einer Kräutersauce serviert werden.

Grünkernrisotto mit Steinpilzen

Wolfgang Schmalzried
Herrenhaus Buchholz, Alfter

200 g Grünkern, 0,4 l Hühnerbrühe, 80 g Schalotten, 40 g Frühlingszwiebeln, 40 g Butter, 3 EL Sojasauce, 200 g Sahne, 50 g Gorgonzola, 200 g Steinpilze, Salz, Pfeffer, Mazisblüte.

Grünkern mit 40 g feingeschnittenen Schalotten in 20 g Butter anschwitzen, mit Hühnerbrühe auffüllen, mit Salz, Pfeffer und Mazisblüte würzen. Zugedeckt im Ofen bei 150 °C etwa 1¼ Std. garen.
In einem zweiten Topf 40 g feingeschnittene Schalotten mit 20 g Butter anschwitzen, blättrig geschnittene Steinpilze zugeben und mit Sahne auffüllen.
Den Gorgonzola in die Steinpilzsahne bröckeln und so lange köcheln, bis der Käse aufgelöst ist. Dann mit dem Grünkernrisotto mischen und noch etwa 15 Min. im Ofen fertiggaren.
Vor dem Servieren die in Röllchen geschnittenen Frühlingszwiebeln und die Sojasauce zugeben.
Der Grünkernrisotto eignet sich besonders gut als Vollwertgericht, aber auch als Vorspeise oder als Beilage zu Milchzicklein, Lamm oder Kaninchen.

Gemüseperlenreis

Walter Stemberg
Restaurant Haus Stemberg
Velbert

100 g festkochender Reis, Salz, 2 mittelgroße Möhren, 1 Zucchino, 1 EL Butter.

1 Teil Reis mit 2 Teilen Wasser und wenig Salz im Topf mit Deckel auf dem Herd zum Kochen bringen. Nach 15 Min. aus den Möhren und dem Zucchino ausgestochene Gemüseperlen zum Reisansatz geben, mit geschlossenem Deckel noch 5 Min. weiterkochen lassen, Butter zugeben und kräftig mit Holzlöffel durchrühren. Eventuell noch nachschmecken.

Schneiders Courage

(für 6 Personen)

Frank Küster
Mausefalle
Mülheim/Ruhr

140 g weiße Bohnen, 400 g Bauchfleisch, 300 g Möhren, 300 g Kartoffeln, 2 mittelgroße Zwiebeln, 2 süßsaure Äpfel, 1 Stange Porree, 135 g Backpflaumen, 2 TL gekörnte Brühe, 3 TL Salz, ½ TL weißer Pfeffer, 1 TL Bohnenkraut, 2 TL süßer Senf.

Über Nacht die weißen Bohnen in ½ l Wasser weichen lassen. Am nächsten Tag das in Würfel geschnittene Bauchfleisch mit den abgeschütteten Bohnen mit 1½ l kaltem Wasser aufsetzen. Gekörnte Brühe, Salz und Pfeffer hinzugeben und das Ganze für etwa 1 Std. kochen lassen. Entstehenden Schaum mit Schaumlöffel abschöpfen. Kartoffeln, Zwiebeln, Möhren und Äpfel schälen und alles in kleine Scheiben schneiden. Den Porree der Länge nach halbieren, waschen und in kleine Ringe schneiden. Alle vorbereiteten Zutaten (außer dem Porree) nun mit den Backpflaumen zu den Bohnen geben und bei mäßiger Hitze für etwa 40 Min. weiter köcheln lassen. 5 Min. vor Ende der Garzeit schließlich den Porree und etwas Bohnenkraut hinzufügen und das Ganze mit etwas Senf abschmecken und servieren.

Mülheimer Buchweizenofflet

Frank Küster
Mausefalle
Mülheim/Ruhr

250 g Buchweizenmehl (im Reformhaus erhältlich), 1 EL Malzkaffee, 60 g Rosinen, 1 gehäufter TL Backpulver, 2 Eier, 100 g Zucker, 4 Mettwürstchen, Öl oder Schmalz zum Braten.

Den Malzkaffee mit ¼ l heißem Wasser aufbrühen und durch einen Filter passieren. Das Mehl mit dem Backpulver sorgfältig vermengen und den Kaffee nach und nach hinzugeben. Letztendlich die Eier, den Zucker und die Rosinen hinzufügen und alles zu einem dickflüssigen Teig vermengen. Nun die Mettwürstchen in dünne Scheiben schneiden und diese in einer Pfanne anbraten. Würstchenscheiben wieder entnehmen, abtropfen lassen und dann in die Teigmasse geben. In einer kleinen Omelettpfanne nun die Masse nacheinander zu knusprigen Pfannkuchen ausbacken und sofort servieren.

Maronenmandel-bällchen

Richard Lattrich
Parkhotel Burggraf
Tecklenburg

350 g mehlig kochende Kartoffeln, 2 Eigelb, 1 EL flüssige Butter, Salz, Muskat, 150 g Maronen, 100 g gehobelte Mandeln, 2 Eier.

Die Maronen auf der gewölbten Seite mit einem Messer über Kreuz einritzen. Auf einem Backblech in den 220 °C heißen Ofen geben. Sie sind weich und gar, wenn die Schale weit aufgeplatzt ist. Die Maronenschalen mit einem kleinen Messer ablösen und die Reste der braunen Haut mit einem trockenen Tuch abreiben. Die Kartoffeln weich kochen, abgießen und ausdämpfen. Durch eine Kartoffelpresse drücken und mit den Eigelben und der flüssigen Butter verrühren. Mit Salz und Muskat würzen. Die Maronen grob hacken und unter die Kartoffelmasse arbeiten. Kleine Bällchen abdrehen, erkalten lassen und in Ei und Mandeln wenden.

DESSERTS

Ein Dessert ohne Käse
ist wie eine schöne Frau, der ein Auge fehlt.
Brillat-Savarin

In der bäuerlichen Küche Westfalens wie auch des Niederrheins hat es nie besonders aufwendige Süßspeisen gegeben.

Die bäuerliche Küche, die überall in Deutschland die Grundlage auch der bürgerlichen Küche bildet, kennt ohnehin so gut wie keine Desserts. Süßspeisen waren immer Fastenspeisen oder selbständige Gerichte, die anstelle von Fleisch oder Gemüse gegessen wurden. Wobei es auch hier ein Nord-Süd-Gefälle gibt. Der norddeutschen Fleisch- und Gemüseküche steht die süddeutsche Milch- und Mehlkost gegenüber, weshalb es im Süddeutschen eine weitaus größere Zahl von Mehlspeisen, sprich Süßspeisen, gibt als in Norddeutschland.

Die neue deutsche Küche tut sich deshalb mit Abwandlungen und Verfeinerungen regionaler Süßspeisen im Süden um einiges leichter.

Vielfach sind Süßspeisen wie der Rheinische Brotpudding oder der Bettelmann – der Name kommt nicht von ungefähr – ursprünglich ohnehin eher eine Resteverwertung von übriggebliebenem Brot oder Hefegebäck gewesen. Mit Eiern, Rosinen und Gewürzen vermengt, fand es, im Wasserbad als Pudding gegart oder als Soufflé, auf dem Umweg über die Küche wieder zurück zur Tafel.

Desserts der nordrhein-westfälischen bürgerlichen Küche wie die Charlottes oder Cremes sind zumeist der französischen Küche entlehnt und die Torten und Kuchen mit denen anderer deutscher Regionen identisch.

Daß in der bäuerlichen und der bürgerlichen Küche bis zum 19. Jahrhundert Süßspeisen kaum zu finden sind, ist nicht weiter verwunderlich. War doch dazu Zucker notwendig, der für Bürger wie Bauern zu teuer war. Statt dessen wurde mit Honig oder mit Rübensirup gesüßt. Die Zuckerrübe wurde im Rheinland schon im 12. Jahrhundert angebaut. Die Aachener Printen, rheinischen Lebkuchen und sonstigen Pfefferkuchen, die überall in Deutschland der Küche des Mittelalters entsprangen, sind ein Indiz dafür.

„Zuckermaker" waren eher in Brabant oder Burgund als am Rhein zu finden. Bis zu Beginn des 19. Jahrhunderts war der Zucker weitgehend den Küchen der Königs- und Fürstenhäuser, des Adels und der hohen Geistlichkeit vorbehalten.

Zucker, Marzipan und Tragant – ein mit Wasser aufgeweichter und mit Zucker versetzter Pflanzengummi, der früher vor allem für Tafelaufsätze verwendet wurde – waren so teuer, daß sie noch im 19. Jahrhundert in Apotheken gehandelt wurden.

Auch das Wort „Konfekt" kommt aus der Apothekersprache. Im 15. Jahrhundert wurden eingekochte und eingezuckerte Früchte, die man auch als Heilmittel verkaufte, als Konfekt bezeichnet.

Die Entwicklung der Zuckerbäckerei und damit der Dessertküche hing nicht nur eng mit der Verbreitung des Zuckers und des Marzipans, sondern auch der Schokolade zusammen.

Kam das Zuckerrohr aus Indien, von wo es durch die Araber nach Rhodos, Sizilien und Portugal und von dort im 15. Jahrhundert nach Haiti und Kuba gelangte, so brachten die Spanier die Schokolade aus der Neuen Welt mit.

Die Damen in den spanischen Kolonien sollen eine solche Vorliebe für Schokolade gehabt haben, daß sie sich diese selbst in die Kirche bringen ließen.

Hat man sich in der Nachkriegsküche auch in der gehobenen Gastronomie relativ einfallslos mit Standarddesserts wie Omelette surprise, Schattenmorellen mit Vanilleeis oder flambierten Crêpes Suzette und in den sechziger Jahren mit roter Grütze, Mousse au chocolat und Crème caramel beschieden, so ist die neue deutsche Küche der achtziger und neunziger Jahre um einiges innovativer geworden. Vor allem hat sie sich Anregungen aus der regionalen Küche geholt und sie aufs subtilste in die Bereiche der Haute Cuisine umgesetzt. Gerhard Gartners Aachener Printenauflauf mit Zimtsabayon und der Apfel-Zwieback-Auflauf von Dieter Müller sind richtungweisende Beispiele hierfür.

Rezept Seite 184: Rheinischer Schwarzbrotpudding auf Altbierschaum,
Georg Groß, Haus Waldsee, Brilon-Gudenhagen

Pumpernickel-Pudding mit Vanillesauce und Pflaumen

Erich Steuber
Stiebelnhof
Hilchenbach

½ l Milch, 150 g Zucker, 1 Vanilleschote, 1½ gestrichene EL Speisestärke, 6 Eigelb, ½ Glas Pflaumenkompott (340 g Einwaage mit Flüssigkeit), 4 EL Zuckerrübensirup, 150 g dunkles Vollkornbrot, 100 g Pumpernickel, 100 g Schlagsahne, 120 g Butter oder Margarine, 50 g Mehl, 4 Eiweiß, Fett und Zucker für die Förmchen, 2 EL Puderzucker.

Für die Vanillesauce die Milch mit 3½ EL Zucker zum Kochen bringen. Vanilleschote aufschlitzen, das Mark herauskratzen und beides in die Milch geben. Einige Minuten mitziehen lassen. Dann die Schote herausnehmen. Speisestärke mit wenig Wasser glattrühren, in die Milch rühren und aufkochen lassen. Sauce vom Herd nehmen, etwas abkühlen lassen und dann 2 Eigelbe einrühren. Kalt stellen.
Für das Kompott die Pflaumen in ⅛ l Flüssigkeit und 2 EL Sirup aufkochen, beiseite stellen.
Vollkornbrot und Pumpernickel mit einem großen Messer fein hacken. Mit der Schlagsahne und dem restlichen Sirup aufkochen und einige Minuten einkochen lassen.
Inzwischen die Butter oder Margarine und den restlichen Zucker schaumig rühren. Das Mehl hineinsieben und die restlichen 4 Eigelbe unterrühren. Dann die etwas abgekühlte Schwarzbrotmasse unterziehen.
Eiweiß sehr steif schlagen und unter die Masse heben. 8 kleine Förmchen (⅛ l Inhalt) mit Fett auspinseln, mit Zucker ausstreuen und die Masse hineinfüllen. Im vorgeheizten Backofen auf der 2. Einschubleiste von unten bei 175 °C (Gas Stufe 2) 30 bis 35 Min. backen. Umluftbacköfen benötigen 25 Min. bei 175 °C.
Die Vanillesauce nochmals durchrühren und auf Teller verteilen. Die Puddinge mit einem scharfen Messer vom Rand lösen und auf die Vanillesauce setzen. Pflaumen um die Puddinge legen. Einen feinen Streifen Pflaumensud auf die Sauce gießen und mit einem Holzstäbchen ein Zickzackmuster in der Sauce ziehen. Puddinge mit Puderzucker bestäuben und servieren.

Rheinischer Pudding

(für 6 Personen)

Klaus-Peter Axer
Weinstuben Bitzerhof
Köln

20 g gestiftelte Mandeln, 20 g Walnußkerne, 15 g Orangeat, 20 g getrocknete Feigen, 25 g Rosinen, 2 cl 54%iger Rum, 75 g weiche Butter, 100 g Zucker, je 1 Msp. gemahlener Zimt, Kardamom und Kakao. (1 Msp. = 2 g), 5 Eier, 30 g Mehl Type 405, 15 g Mondamin, 20 g Butter und Mehl für die Puddingformen, 10 g Puderzucker zum Bestäuben, 15 g gehobelte und geröstete Mandeln zum Garnieren, 3 Eiweiß, Mehl zum Bestäuben der Puddingformen.

Mandeln, Nüsse, Orangeat, Feigen und Rosinen fein zerhacken und in Rum einweichen. Gehobelte Mandeln rösten sowie die Eier trennen.
Butter mit 50 g Zucker schaumig schlagen, Kardamom, Zimt und Kakaopulver dazugeben. Die Eigelbe von 5 Eiern nach und nach der Masse zugeben und die Rummischung unterziehen. Eiweiße von 8 Eiern mit dem restlichen Zucker steif schlagen, auf die braune Masse geben, Mehl und Mondamin darübersieben und vorsichtig mit einem Holzlöffel vermengen. Puddingformen mit reichlich Butter ausstreichen und mit dem Mehl bestäuben.
Teig zu ⅔ in die sehr gut ausgebutterten Formen füllen und mit Bröseln oder Mehl bestäuben. Formen mit gefetteter Alufolie verschließen und im Steamer oder Wasserbad etwa 75 Min. bei etwa 120 °C fertigen. Folie abnehmen, mit dem Messer den Rand lösen und stürzen. Auf Tellern anrichten, mit Puderzucker bestäuben und mit gerösteten Mandeln verzieren.

Anmerkung:
Richtiger Pudding wird warm serviert, dazu paßt sehr gut eine Weinschaumsauce.

Rheinischer Schwarzbrotpudding auf Altbierschaum

Bild Seite 182

Georg Groß
Haus Waldsee
Brilon-Gudenhagen

85 g Butter, 85 g Zucker 4 Eier, 60 g Korinthen, 120 g altes Schwarzbrot (gerieben und durchgesiebt), Zimt, gemahlene Nelken, Kardamom, geriebene Zitronenschale, 4 cl Rum.

Butter und Eigelbe mit den Gewürzen schaumig rühren, Korinthen und Schwarzbrot zufügen. Das Eiklar mit dem Zucker zu einem festen Schaum schlagen und unter die Masse rühren. Zum Schluß den Rum zugeben und in gut gebutterte, mit Zucker ausgestreute Formen geben. 20 bis 25 Min. im Wasserbad im Backofen bei 200 °C garen.

Altbierschaum:
4 Eigelb, 50 g Zucker, 1/16 l Weiß-
wein, 1/8 l Altbier.

Eigelbe mit Zucker und Weißwein im Wasserbad schaumig
schlagen, Altbier hinzufügen und
so lange aufschlagen, bis es abgebunden hat. Altbierschaum auf
den Tellern verteilen und den aus
der Form gestürzten warmen
Pudding darauf anrichten. Mit
Beeren und kleingewürfelten Pistazien garnieren.

Warmer Schwarzbrotpudding mit Rotweinsabayon

Franz Hütter
Restaurant Zur Tant
Köln 90

75 g Brösel von getrocknetem
Schwarzbrot, 6 cl Rotwein, 75 g
Butter, 80 g Zucker, 2 Eier (ge-
trennt), 25 g geriebene Haselnüsse,
1 Msp. Zimt und 1/2 Vanilleschote,
Orangenschale (ungespritzt), Butter
für die Formen.

Rotweinsabayon:
6 cl Rotwein, 1 gehäufter EL Zuk-
ker, 2 Eigelb.

Schwarzbrotbrösel in Rotwein
einweichen. Butter mit Eigelb, der
Hälfte des Zuckers und dem Vanillemark schaumig rühren. Zimt
und etwas abgeriebene Orangenschale beigeben. Das Eiklar mit
dem restlichen Zucker steif schlagen. Die Schwarzbrotbrösel und
die Haselnüsse in die Buttermasse
mengen. Den Eischnee vorsichtig
darunterheben und in die gut
ausgebutterten Portions-Auflauf-
förmchen füllen. Die Förmchen
in ein Wasserbad mit 2 cm hoch
kochendem Wasser stellen und im
200 °C heißen Ofen 25 Min. pochieren.

Rotweinsabayon:
Rotwein, Zucker und Eigelb zusammen in einer Schüssel über
dem heißen Wasserbad schaumig
schlagen, bis die Masse cremig geworden ist.

Anrichten:
Die Schwarzbrotpuddings auf Teller stürzen und mit Rotweinsabayon umgießen.

Baumkuchenpudding

(für 6 Portionen)

Wilhelm Biermann
Biermann's Restaurant
Soest

Teig:
6 Darioleförmchen, 125 g Butter
und 30 g Marzipanrohmasse, 1 Zi-
trone mit unbehandelter Schale,
1 Vanilleschote, 3 Eier (Gewichts-
klasse 4), 90 g Zucker sowie 1 EL
brauner Rum, Salz, 30 g Mehl, 50 g
Speisestärke.

Zum Begießen:
1/4 l Weißwein und 45 g Zucker,
1 Orange mit unbehandelter Schale,
2 Eier (Gewichtsklasse 2), 1 Eigelb,
etwas Limetten- oder Zitronensaft,
1/2 Vanilleschote.

Die Butter leicht erwärmen, Marzipanrohmasse und abgeriebene
Zitronenschale dazugeben, die Vanilleschote der Länge nach aufschlitzen, das Mark herauskratzen
und ebenfalls zur Butter geben,
schaumig rühren.
Die Eier trennen, die Eigelbe mit
der Hälfte des Zuckers schaumig
rühren, Rum und 1 Prise Salz gut
damit verrühren. Die Eiweiße
steif schlagen, dabei den restlichen
Zucker nach und nach einrieseln
lassen.
Die Eigelbmasse zur Buttermasse
geben, gut miteinander verrühren,
den Eischnee daraufgeben, Mehl
und Speisestärke mischen und darübersieben, alles mit einem Spatel
vorsichtig, aber gründlich unterheben.
Ein Backblech buttern und mit
Backtrennpapier auslegen, das
Blech im vorgeheizten Ofen heiß
werden lassen.
Einen Teil der Masse dünn aufstreichen und unter dem Grill
goldbraun werden lassen. Die
zweite Schicht daraufstreichen,
wieder goldbraun werden lassen,
aufstreichen und backen, bis der
ganze Teig verbraucht ist. Es sollen aber mindestens 5 Schichten
werden.
Die fertige Kuchenplatte auf die
Arbeitsfläche stürzen und das
Backtrennpapier abziehen. Die
Platte abkühlen lassen, dann in
dünne Streifen schneiden. Ein
paar der Streifen aneinanderlegen
und Böden in der Größe der
Förmchen ausstechen, die Förmchen damit auslegen. Die restlichen Teigstreifen in sehr kleine
Würfel schneiden, in die Förmchen füllen und leicht andrücken.
Weißwein, Zucker, abgeriebene
Orangenschale, Eier, Eigelb, Li-
metten- oder Zitronensaft und das
ausgekratzte Vanillemark gut miteinander verrühren und über die
Würfelchen in den Formen gießen. Förmchen ins Wasserbad
stellen, mit Alufolie abdecken,
zum Dampfabzug Löcher in die
Folie schneiden. Puddinge im
Backofen bei 175 bis 200 °C (Gas
Stufe 2 bis 3) etwa 20 Min. garen.
Erkalten lassen, dann mit Schlagsahne, die man mit Kakaopulver
bestäuben kann, und Schokola-
denraspel garnieren.
Weinschaumsauce dazu servieren.

Weinschaumsauce:
4 Eigelb, 80 g Zucker, 1 Vollei, 1/8 l
Weißwein, Saft von 1 Zitrone.

Im Wasserbad aufschlagen, bis
eine zartschaumige Sauce entsteht.

Glumsepudding

Franz L. Lauter
Restaurant Schloß Schwansbell
Lünen

250 g Schichtkäse, 125 g Zucker, 4 EL Sahne, 1 Prise Salz, 5 Eier, 2 EL Rosinen, 1 cl Rum, 2 EL Butter, 2 EL Mehl, 4 Scheiben Pumpernickel, 100 g Himbeerkonfitüre.

Quark abtropfen lassen. Die Eigelbe von den Eiweißen trennen. Rosinen in Rum einweichen. Pumpernickel sehr fein zerkleinern. Springform einfetten und mit Mehl ausstreuen.
Eigelbe, Quark, Zucker, Sahne und 1 Prise Salz mit dem Schneebesen schlagen, bis die Masse cremig wird. Rosinen dazugeben. Eiweiß steif schlagen und vorsichtig unter die Quarkmasse rühren. Backofen auf 170 °C vorheizen. In der Zwischenzeit die Masse vorsichtig mit dem Löffel in die Form einfüllen. Nach jeder Lage Quark die Pumpernickelbrösel einstreuen. 45 Min. bei 180 °C backen, bis die Masse aufgeht und in der Mitte fest wird.

Süße Ruhrkohle

Frank Küster
Mausefalle
Mülheim/Ruhr

1/4 l Milch, 10 g Kakaopulver, 90 g Zartbitterschokolade, 25 g Butter, 1 TL Vanillemark, 80 g Mehl, 4 nach Eigelb und Eiklar getrennte Eier, 65 g Zucker.

Die Milch mit Kakao, Schokolade, Butter, Vanillemark und einer Prise Salz bei mäßiger Hitze aufkochen, das Mehl hinzugeben und kräftig mit der Milch verrühren. Den Teig abkühlen lassen. Die Eigelbe mit dem Zucker zu einer schaumigen Creme aufschlagen. Den Schokoladenteig löffelweise zu dem Eigelb geben und gut verrühren. Die Eiweiße anschließend mit einer Prise Salz steif aufschlagen und behutsam unter den Schokoladenteig heben. Den Teig in eine eingefettete Puddingform geben, diese dann abgedeckt in ein heißes Wasserbad (80 bis 90 °C) setzen und für etwa 90 Min. pochieren. Bitte darauf achten, daß verdampftes Wasser wieder ersetzt wird. Nach Ablauf der Zeit den Pudding dann herausnehmen und auf eine Platte stürzen. Abkühlen lassen und mit einer Vanillesauce servieren.

Aachener Printenauflauf mit Apfel-Zimt-Sabayon

(für 10 Personen)

Gerhard Gartner
Gala
Aachen

100 g Butter, 6 Eigelb, 50 g Puderzucker, 50 g Bitterschokolade, 6 Eiweiß, 50 g Kristallzucker, 100 g feinstgemahlene Mandeln, 5 g Printengewürz (oder Elisenlebkuchengewürz), 50 g zerlassene Butter, 8 Eigelb, Zimtpulver nach Belieben, 1/2 l süßer Apfelsaft.

Dieser Auflauf schmeckt nicht nur zur Weihnachtszeit. Vielmehr ist er eine Geschmacksexplosion zu einer Rheingauer oder Moselaner Beerenauslese und auch leicht herzustellen.
Der Reihenfolge nach werden Butter, Eigelb und Zucker schaumig gerührt. Die geschmolzene, nicht zu heiße Schokolade dazugeben und gut vermengen.
Das Eiklar mit dem Zucker sehr steif schlagen und mit einem Schneebesen vorsichtig unter die Masse mengen. Zum Schluß die Mandeln und das Printengewürz unterheben. Diese Menge ergibt 10 Förmchen mit dem Inhalt einer Mokkatasse. Diese sollen gut ausgebuttert sein und randvoll gefüllt 15 Min. bei 220 °C im vorgewärmten Wasserbad bei gleichmäßiger Ober- und Unterhitze gebacken werden.

Sabayon:
Apfelsaft und Eigelbe werden mit Zimt in einem Schneekessel über einem Wasserbad schaumig geschlagen. Dieses Dessert ist absichtlich nicht sehr süß, deshalb wird noch halb geschlagene Sahne extra dazu gereicht.

Printensavarin an Waldhonigsabayon und Mandelparfait

Holger Tamm
Graugans Hyatt Regency
Köln

Savarin:
125 g Mehl, 75 g feingeriebene Printen, 8 g frische Hefe, 8 cl warme Milch, 20 g Zucker, 1 Ei, 75 g zerlassene Butter und 1 Msp. Lebkuchengewürz, 15 cl Läuterzucker.

Sabayon:
3 Eigelb, 1 cl Weißwein, 50 g Waldhonig.

Parfait:
2 Eier, 2 Eigelb, 80 g Zucker, 100 g feingeriebene Mandeln, 15 cl Milch, 4 cl Amaretto, 0,25 l Sahne.

Die feingeriebenen Mandeln mit der Milch kurz aufkochen und etwa 1/2 Std. ziehen lassen. Eier, Eigelbe und Zucker zuerst warm, dann kalt schlagen. Die Masse mit der Milch und dem Amaretto vermischen. Die geschlagene Sahne unterheben, die Parfaitmasse in eine Terrinenform füllen und etwa 6 Std. im Tiefkühlfach frieren.

Rezept Seite 188: Charlotte von Mango und Joghurt auf Brombeersauce,
Peter Nöthel, Peter Liesenfeld, Hummerstübchen im Hotel Fischerhaus, Düsseldorf-Lörick

Savarin:

Das Mehl in eine Schüssel sieben, mit den geriebenen Printen vermischen und in die Mitte eine Mulde drücken. Die lauwarme Milch mit der Hefe verrühren und in die Mulde geben. Etwa 20 Min. abgedeckt an einem warmen Platz gehen lassen, anschließend zu einem Teig verarbeiten. Diesen Teig in einen Spritzbeutel füllen und in die ausgebutterten und gemehlten Savarinformen spritzen und nochmals kurz gehen lassen. Im 180 °C heißen Ofen etwa 20 Min. backen. Heiß stürzen und auskühlen lassen.

Sabayon:

Alle Zutaten in eine Schüssel geben und im warmen Wasserbad aufschlagen.
Das Mandelparfait stürzen und in Scheiben schneiden, mit den Savarins auf vorgewärmte Teller setzen und mit dem Waldhonigsabayon umgießen. Nach Geschmack ausgarnieren.

Parfait von Aachener Printen

Gisela Kreus
St. Benedikt
Aachen-Kornelimünster

2 Eigelb, 1 ganzes Ei, 80 g Zucker, 1 TL Vanillezucker, 1 Prise Salz, 100 g Aachener Kräuterprinten, 200 g süße Sahne.

Eigelbe, Zucker, Vanillezucker und Salz im Wasserbad aufschlagen, bis die Masse dicklich wird. Anschließend kalt schlagen. Dann die in einer Küchenmaschine zerbröckelten Printen dazugeben. Die geschlagene Sahne unterheben. Diese Masse in eine große Form oder kleine Portionsformen (Mokkatassen) füllen. Mindestens 6 Std. durchkühlen lassen.

Charlotte von Mango und Joghurt auf Brombeersauce

Bild Seite 186

P. Nöthel, P. Liesenfeld
Hummerstübchen
im Hotel Fischerhaus
Düsseldorf-Lörick

Baumkuchen:
260 g Butter, 110 g Zucker, etwas Rum, 10 Eigelb, 230 g Stärke, 10 Eiweiß, 220 g Zucker.

Die Butter schaumig rühren, Zucker und Rum zugeben und anschließend Eigelbe und Stärke abwechselnd langsam zugeben. Die Eiweiße schlagen, Zucker langsam hinzufügen und der obigen Masse beimischen.
Eine Schicht von etwa ½ cm im Ofen backen, danach ganz dünn die nächste Schicht auftragen und unter dem Grill bräunen, diesen Vorgang wiederholen, bis die Masse verbraucht ist. Den Baumkuchen abkühlen lassen.

Brombeersauce:
250 g Brombeeren, 60 g Zucker.

Aufkochen, mixen und passieren.

Joghurtmousse:
250 g Joghurt, 500 g Rahm, Saft von 1 Zitrone, 100 g Puderzucker, 4 bis 5 Blatt Gelatine, 2 Eiweiß, 40 g Zucker.

Joghurt, die Hälfte des Rahms (250 g), Zitronensaft und Puderzucker miteinander verrühren. Den restlichen Rahm schlagen, bis er steif ist. Die Gelatine einweichen, schmelzen, unter den geschlagenen Rahm ziehen, dann unter die Joghurtmasse heben. Die Eiweiße mit Zucker zu einem steifen Schnee schlagen und ebenfalls vorsichtig unter die Masse heben. Anschließend die Masse 6 Std. abkühlen lassen.

Belag für die Charlotte:
2 Mangos, einige Himbeeen und Pistazien, etwas Puderzucker, Sahne sowie Minze.

Charlotte:
Den Baumkuchen in 5 mm dicke Scheiben aufschneiden. 4 gleich große Ringe auf die Tellermitte setzen, die Ringe mit Baumkuchenstreifen auslegen und mit der Joghurtmousse füllen, danach die Ringe vorsichtig wegheben. 2 schöne Mangos schälen und entsteinen. Diese in gleichmäßige Scheiben schneiden und rosenartig auf die Joghurtmousse legen.

Garnitur:
Die Brombeersauce um die Charlotte gießen und mit halbgeschlagener Sahne Muster in die Sauce ziehen. Mit frischen Himbeeren, Pistazien, Minze und Puderzucker garnieren.

Warmer Gewürzkranz mit Quittensauce

Wolfgang Markloff
Markloffs, Bielefeld

110 g Butter, 190 g Zucker, 4 Eigelb, 10 g Zimt, 10 g Lebkuchengewürz, 1 Prise Salz, Mark von 1 Vanilleschote, 110 g Kuvertüre, 4 Eiweiß, 100 g Mehl, 8 cl Rum, 100 g gehobelte Mandeln, Puderzucker, 2 Quitten, ¼ l Weißwein sowie 2 EL Zucker und 1 EL Apfelgelee.

Die Butter mit der Hälfte des Zuckers schaumig rühren. Die Eigelbe nacheinander einrühren und die Gewürze zufügen. Die Kuvertüre zerkleinern, im Wasserbad schmelzen und mit einem Holzlöffel in die Masse einrühren. Die Eiweiße mit dem restlichen Zucker nicht zu steif schlagen. Das Mehl sieben, dann abwechselnd etwas Mehl und etwas Eischnee unter die Masse ziehen. Die Savarinförmchen mit flüssiger Butter ausstreichen, mit Mehl bestäuben und mit der Masse füllen. Im vorgeheizten Ofen bei 180 °C etwa 20 Min. backen. Anschließend aus den Förmchen lösen und erkalten lassen.

Die Quitten in Weißwein pochieren, pürieren, leicht mit Apfelgelee binden.

Kurz vor dem Servieren die Gewürzkränze in ein Schälchen mit Rum tauchen und auf einem Blech im Ofen erwärmen. Mit gehobelten Mandeln und etwas Puderzucker bestreuen.

Die Quittensauce auf die Teller spiegeln, den Gewürzkranz daraufsetzen und servieren.

Stippmilchsavarin auf Erdbeer-Rhabarber-Kompott

Bild Seite 190

Gerhard Völlm
Parkhotel Gütersloh
Gütersloh

Stippmilchsavarin:
200 g Dickmilch und 1½ EL Streusüße, Saft einer Limette, 4 Blatt Gelatine, 150 g geschlagene Sahne.

Erdbeer-Rhabarber-Kompott:
250 g halbierte Erdbeeren und 250 g Rhabarber, in 2 cm langen Stücken, 70 g Zucker, ¼ l Apfelsaft, geröstete Mandeln und Pinien, 1 Bund Minze.

Für den Savarin die Dickmilch, die Streusüße und den Limettensaft verrühren. Die Gelatine in kaltem Wasser einweichen, danach ausdrücken, schmelzen und unter die Dickmilch rühren. Die Schlagsahne vorsichtig unterheben und sofort in Savarinförmchen füllen, 2 Std. kalt stellen.

Für das Erdbeer-Rhabarber-Kompott den Zucker hell karamelisieren, mit dem Apfelsaft ablöschen und auf die Hälfte einkochen. Den Rhabarber hinzugeben, kurz umrühren und kalt stellen.

Das Kompott auf Teller geben, den Savarin stürzen und anlegen. Mit den gerösteten Mandeln und Pinien bestreuen und mit einem Minzsträußchen garnieren.

Quarktimbale auf roter Grütze mit Zwiebackbrösel

Carsten Kindermann
Silence-Waldhotel Horn
Iserlohn

Rote Grütze:
300 g gemischte Beeren (Erdbeeren, Himbeeren, rote und schwarze Johannisbeeren) und 0,1 l Rotwein, 1 Orange, 1 Zitrone, 1 Msp. Zimt, 150 bis 200 g Zucker, 1 Prise Salz, 20 g Maisstärke.

Quarktimbale:
300 g Quark, ½ Vanilleschote, 80 g Zucker, 1 Eigelb, 2 Blatt Gelatine, 100 g Sahne, 1 Prise Salz, etwas Zitronen- und Orangensaft, 2 Scheiben Zwieback, 4 Minzblätter, Puderzucker.

Beeren waschen und in eine Schüssel geben. Rotwein, Orangen- und Zitronensaft mit Zimt und Zucker aufkochen und mit angerührter Stärke binden. Diese Flüssigkeit über die Beeren geben und kalt stellen.
Quark mit Vanillemark, Eigelb und Zucker vermengen. Eingeweichte, aufgelöste Gelatine unterrühren, die geschlagene Sahne und den Saft beifügen und abschmecken. In Timbaleformen mindestens 2 Std. kalt stellen.

Anrichten:
Die Grütze auf flache Teller verteilen, Quarktimbale daraufstürzen, mit Minze und Puderzucker garnieren. Die Zwiebackbrösel leicht angewärmt auf die Grütze streuen und servieren.

Holunder-Zwetschgen-Terrine auf Buttermilchschaum

Mario Kalweit
Haus Hiesfeld
Hiesfeld

280 g Holunderbeeren sowie 200 g Zwetschgen, 100 ml Rotwein und 100 ml Weißwein, 2 cl Zwetschgenwasser, 100 g Zucker, 6 Blatt Gelatine, 200 ml Sahne, 200 ml Buttermilch, 1 Vanilleschote, Blaubeeren, Himbeeren, Johannisbeeren.

Holunderbeeren und Zwetschgen separat in Rot- und Weißwein kochen. Jeweils mit Zucker und Zwetschgenwasser abschmecken, durch ein Sieb passieren und die aufgelöste Gelatine darunterziehen. Die Sahne schlagen und dann jeweils unter die beiden Massen heben.

Zügig die beiden Massen schichtweise in eine Terrinenform einstreichen. 2 Std. kühlen lassen.

Die Vanilleschote aufschneiden, auskratzen und mit dem Vanillemark die Buttermilch aromatisieren. Vor dem Anrichten die Buttermilch mit einem Pürierstab aufschäumen.

Anrichten:
Mit Buttermilchschaum die Teller ausgießen. Eine Terrinenscheibe anlegen und nach Belieben mit den in Form gebrachten Früchten garnieren.

Westfälische Quarkterrine

Theodor Lammers
Restaurant Heidehof
Gronau-Epe

*150 g weiche Butter, 120 g Puder-
zucker, 6 Eigelb, 1 Prise Salz und
20 g Vanillezucker, Abgeriebenes
von 1 Zitrone, 2 EL Cointreau,
250 g geschlagene Sahne, 500 g passierter Magerquark und 6 Blatt Gelatine, Beeren je nach Saison und
Fruchtmarksaucen.*

Die Butter mit dem Puderzucker
und den Eigelben schaumig schlagen, Salz, Vanillezucker, Abgeriebenes von 1 Zitrone und Cointreau sowie die geschlagene Sahne
und den passierten Magerquark
dazugeben und zum Schluß die
aufgeweichte und aufgelöste Gelatine unterziehen. Nach dem Stok-
ken die Terrine in Scheiben
schneiden und mit beliebigen Beerenfrüchten und Fruchtmarksaucen umkränzen.
Während der Beerenzeit bietet
sich dieses erfrischende Dessert
besonders an, außerhalb der Beerenzeit kann es auch mit unterschiedlichen Kompottfrüchten angeboten werden. Es ist darauf zu
achten, daß das Dessert nicht mit
zu süßen Früchten angeboten
wird und damit seine dezente Säure behält.

Rhabarber-Erdbeer-Grütze mit Aprikosen-Quarkeis

Thomas Möllecken
Altes Zollhaus
Mülheim/Ruhr

Grütze:
*300 g Rhabarber, 500 g Erdbeeren,
100 g Zucker, 1/2 Vanilleschote, 10 g
Vanillezucker, 0,25 l Rotwein, 0,1 l
Portwein, 25 g Kartoffelmehl.*

Aprikosen-Quarkeis:
*200 g Aprikosen, 0,2 l Weißwein,
2 cl Aprikosenlikör, 4 Eigelb, 50 g
Zucker, 1 Prise Vanillezucker, 0,2 l
Milch, 0,1 l Sahne, 100 g Quark.*

Rhabarber schälen, in kleine Stükke schneiden, Erdbeeren waschen,
putzen, halbieren. Portwein, Rotwein, Zucker, Vanilleschote und
Vanillezucker aufkochen, mit
dem aufgelösten Kartoffelmehl
abbinden, den Rhabarber und 1/3
der Erdbeeren hinzugeben, kurz
aufkochen und vom Herd nehmen. Die Grütze abkühlen lassen
und die restlichen Erdbeeren unterheben.
Aprikosen waschen, halbieren,
entsteinen, mit Weißwein und
Zucker weich kochen. Die Früchte im Mixer pürieren und durch
ein Haarsieb streichen. Milch,
Sahne und Vanillezucker aufkochen, die Eigelbe mit dem Zucker
verquirlen und unter ständigem
Rühren der heißen Milch zufügen. Anschließend etwas abkühlen lassen, den Quark und das
Aprikosenmark hinzugeben, passieren und gefrieren.

Vanillekipfelterrine mit Karameläpfeln

Rosemarie Hestermann
Hotel Schloß Petershagen
Petershagen

*100 g grob zerkleinerte Vanillekip-
feln, 3 cl Calvados, 3 Eigelb, 60 g
Zucker, 1/4 l Milch, 1 Vanillestange,
3 1/2 Blatt Gelatine, 1/4 l geschlagene
Sahne, 1 0,75-l-Form.*

Eigelbe mit Zucker cremig rüh-
ren. Die Vanilleschote mit der
Milch aufkochen und unter die
Eigelbmasse geben. Das Ganze im
Wasserbad bis zur Rose abziehen.
Die Gelatine 5 Min. im kalten
Wasser einweichen, gut ausdrük-
ken und im Wasserbad auflösen.
Die Gelatine unter die Masse rüh-
ren und auf Eis abkühlen lassen.
Wenn die Creme dickflüssig zu
werden beginnt, die Sahne unter-
ziehen. Die Vanillekipfeln mit
Calvados beträufeln.
Die Form mit einem Drittel der
Creme füllen, die Vanillekipfeln
unter die restliche Creme geben
und in die Form füllen. Im Kühl-
schrank etwa 2 1/2 Stunden erstarren lassen.

Karameläpfel:
*50 g Zucker, 30 g Butter, 2 geschäl-
te, entkernte und geachtelte Äpfel,
0,1 l Apfelsaft, 0,2 cl Calvados.*

Den Zucker in eine Flambierpfanne geben und goldgelb karamelisieren lassen. Dann die Butter hinzugeben und diese aufschäumen
lassen.
Mit dem Apfelsaft ablöschen und
den Calvados hinzufügen. Von
der Kochstelle nehmen und die
Apfelspalten etwa 1 Min. in der
Sauce marinieren. Die Terrine
stürzen und portionieren. Auf
kalte Teller verteilen und die karamelisierten Apfelspalten mit etwas Sauce dazugeben.

Passionsfrucht-timbale mit Erdbeersalat auf Zitronenmelisse-schaum

Richard Lattrich
Parkhotel Burggraf
Tecklenburg

Passionsfruchttimbale:
*1/2 l Passionsfruchtsaft, 4 Blatt Gela-
tine, 4 Sträußchen Zitronenmelisse.*

*Rezept Seite 189: Stippmilchsavarin auf Erdbeer-Rhabarber-Kompott,
Gerhard Völlm, Parkhotel Gütersloh, Gütersloh*

Erdbeersalat:
400 g Erdbeeren, 50 g Puderzucker, 6 cl Grand Marnier.

Zitronenmelisseschaum:
3 Eigelb, 30 g Zucker, ½ l Champagner, Saft von 1 Zitrone, 2 Bund Zitronenmelisse und 6 EL geschlagene Sahne, 4 Blatt Gelatine.

Den Passionsfruchtsaft mit Zukker und Wasser so abschmecken, daß er nicht zu sauer ist. Einmal aufkochen lassen und die Blattgelatine einrühren. Abkühlen, in 4 Timbalen füllen und mindestens 2 Std. kalt stellen.
Die Eigelbe mit dem Zucker weiß schlagen, dann den Champagner und den Zitronensaft zugeben und im Wasserbad bis zur Rose aufschlagen. Gelatine einrühren und kalt schlagen. Zum Schluß die geschlagene Sahne und die feingeschnittene Zitronenmelisse unterziehen.
Erdbeeren putzen, schneiden und mit dem Grand Marnier und dem Puderzucker marinieren. Den entstehenden Saft etwas andicken und zum Dekorieren des Tellers nutzen.

Anrichten:
Den Zitronenmelisseschaum auf den Tellern verteilen und mit dem Erdbeersaft Ornamente malen. In der Mitte die Passionsfruchttimbale mit dem Zitronenmelissesträußchen plazieren, den Erdbeersalat kreisförmig dekorativ anrichten.

Westfälisches Himmelreich

Franz L. Lauter
Restaurant Schloß Schwansbell
Lünen

*200 g Backobst, 250 ml abgekochtes Wasser, 250 ml Pflaumenwein, 1 cl Pflümliwasser, 200 g Obst (Himbee-*ren, Erdbeeren, Brombeeren; im *Winter Tiefkühlobst), 1 unbehandelte Zitrone, 1 Stange Zimt, 1 EL Speisestärke, 50 ml Eierlikör.*

Das Backobst waschen und über Nacht in Wasser und Wein einweichen. Mit dem Einweichwasser, der Zimtstange, dem Zucker und der dünn abgeschälten Zitronenschale zum Kochen bringen. Anschließend Zimtstange und Zitronenschale herausnehmen. Die Speisestärke mit 2 bis 3 EL Wasser anrühren und zum Backobst und den anderen Beeren geben. Alles nochmals aufkochen und zum Schluß mit Zucker, Pflümliwasser und Zitronensaft abschmecken. In die Schalen geben. Nach dem Abkühlen soll die Konsistenz ähnlich der von roter Grütze sein.

Anrichten:
Mit Vanilleeis servieren und mit Eierlikör leicht übergießen.

Westfälische Götterspeise

Rolf Schmidt
La Terrazza
Düsseldorf

2 Äpfel, ½ l Schlagsahne, 30 g Puderzucker, 100 g geriebener Pumpernickel, 75 g geriebene Haselnüsse, 100 g Makronenbrösel, 250 bis 300 g entsteinte frische Kirschen.

Die Äpfel schälen, vierteln, entkernen. Äpfel in dünne Scheiben schneiden, in wenig Wasser mit Zucker dünsten, daß die Apfelscheiben ganz bleiben.
Sahne mit Puderzucker steif schlagen. Pumpernickel, Nüsse und Makronenbrösel unterheben.
In Förmchen oder Gläser einfüllen, mit Apfelspalten und Kirschen garnieren.

Pumpernickelmousse auf Karamelsauce mit Rotweinbirne

Bild nebenstehend

Thomas Möllecken
Altes Zollhaus
Mülheim/Ruhr

Mousse:
200 g weiße Kuvertüre, 2 Eigelb, 1 Vollei, 150 g geriebener Pumpernickel, 4 cl Kirschwasser, 2 Blatt Gelatine, 250 g geschlagene Sahne.

Sauce:
80 g Zucker, 0,5 l Milch, 5 Eigelb.

Rotweinbirne:
4 kleine reife Birnen, ¾ l Rotwein, 100 g Zucker, 3 cl Williamsgeist, etwas Zimt.

Pumpernickelbrösel in Kirschwasser tränken, die Schokolade schmelzen. Die Eier zuerst warm, dann kalt schlagen, mit der Schokolade und der aufgelösten Gelatine vermengen, dann die gesamte Masse unter die geschlagene Sahne heben. Zum Schluß die Pumpernickelbrösel unterheben und kalt stellen.
Für die Sauce den Zucker karamelisieren, mit etwas Wasser ablöschen, die Milch hinzugeben und kurz aufkochen lassen. Die Eigelbe mit etwas Milch verquirlen und unter ständigem Rühren der heißen Milch zufügen.
Das Ganze bei mäßiger Hitze zur Rose abziehen, passieren und kalt stellen. Rotwein und Zucker zur Hälfte reduzieren, die Birnen schälen, halbieren und das Kerngehäuse entfernen. Den reduzierten Wein vom Herd nehmen, Birnen einlegen, Zimt und Williamsgeist hinzugeben und etwa 1 Std. ziehen lassen.
Zum Anrichten einen Saucenspiegel auf den Teller gießen, darauf die Mousse geben und die Rotweinbirne gefällig plazieren.

Rezept siehe oben: Pumpernickelmousse auf Karamelsauce mit Rotweinbirne, Thomas Möllecken, Altes Zollhaus, Mülheim/Ruhr

Pumpernickel-Kaffee-Mousse

Manfred Salzmann
Petersilie
Lüdenscheid

200 g Pumpernickel, 5 cl Kaffee, 100 g Puderzucker, 4 Eigelb, 2½ EL Instant-Kaffeepulver, 2 EL Kaffeelikör, 2½ Blatt Gelatine, 2 Eiweiß, 100 g Crème double.

Pumpernickel und Kaffee zu einer feinen Masse pürieren. Gelatine einweichen, in etwas Kaffee auflösen und zur Masse geben.
Eigelb und Puderzucker im Wasserbad warm rühren. Kaffeepulver darin auflösen, Kaffeelikör ebenfalls dazugeben. Diese Masse unter das Pumpernickelpüree rühren. Kalt stellen. Wenn die Masse zu stocken beginnt, Crème double und Eiweiß steif schlagen. Vorsichtig miteinander vermischen und unter die Pumpernickelmasse heben. 6 bis 8 Std. kalt stellen.
Zum Servieren mit einem heißen Löffel Nocken abstechen und Vanilleeis, Beerenfrüchte oder eine Fruchtmarksauce dazu reichen.

Pumpernickelmousse in Marzipancrêpes

Richard Sutorius
Gasthaus Sutorius
Königswinter-Stieldorf

Pumpernickelmousse:
350 g weiße Schokolade, ⅛ l Milch, 2 Scheiben Pumpernickel, 1½ Blatt Gelatine, 2 Eier, 2 Eigelb, 1 cl Cognac, 50 g Zucker, 700 g Sahne.

Schokolade in der warmen Milch auflösen und den feingeriebenen Pumpernickel sowie die eingeweichte Gelatine zufügen. Eier,

Eigelbe, Cognac, Zucker im Heißwasserbad schaumig schlagen. Beide Massen zusammenrühren, erkalten lassen und zum Schluß geschlagene Sahne unterziehen.

Marzipancrêpes:
1 Ei, 50 g Mehl, ⅛ l Milch, 50 g Rohmarzipan (vom Bäcker), Salz, Zucker, Backfett.

Ei, Mehl, Milch, Marzipan, Salz und Zucker zu einem Teig verrühren. Dünne Crêpes backen. Jede Crêpe in 4 Teile schneiden, zu Tüten rollen und mit der Pumpernickelmousse füllen.

Pumpernickelmousse auf Blutorangenragout

Bernhard Stromberg
Richard Abrolat
Gourmet-Restaurant
Goldschmieding
Castrop-Rauxel

Pumpernickelmousse:
3 Eigelb, 1 Vollei, 50 g Zucker, 100 ml Milch, 100 g feingehackte Zartbitter-Kuvertüre, 100 g feingehackter frischer Pumpernickel, 4 cl Rum, 2½ Blatt Gelatine, 500 ml Sahne.

Blutorangenragout:
4 Blutorangen, ¼ l Blutorangensaft, 30 g Zucker, 10 g Maisstärkepulver, 20 g Butter, 2 cl Cointreau, einige Minzeblätter.

Pumpernickelmus:
Eigelbe, Vollei und Zucker schaumig schlagen, Milch aufkochen, hinzugeben und über dem Wasserdampf aufschlagen, bis eine cremige Konsistenz erreicht ist. Die Masse durch ein feines Sieb streichen. Gelatine in kaltem Wasser einweichen, ausdrücken und der warmen Masse beifügen, danach

kalt schlagen. Den Rum unter die cremige Masse rühren und dann die Kuvertüre und den Pumpernickel unterziehen. Zum Schluß die geschlagene Sahne unterheben, in eine flache Schüssel geben und abgedeckt etwa 4 Std. kalt stellen.

Blutorangenragout:
Für die Sauce den Zucker in einen Topf geben und bei mittlerer Hitze unter ständigem Rühren karamelisieren, mit dem Orangensaft ablöschen (etwas Orangensaft zurückbehalten). Den restlichen Orangensaft und das Maisstärkepulver glattrühren und in die kochende Flüssigkeit einrühren, wenige Minuten durchkochen lassen, die kalte Butter montieren und Cointreau zugeben.
Die Orangen filieren, die Filets hinzugeben und kalt stellen.

Anrichten:
Das Blutorangenragout in kalte tiefe Teller geben. Die Pumpernickelmousse mit einem kalten, nassen Eßlöffel zu Nocken ausstechen, auf das Ragout setzen und mit Minze garnieren.

Schwarzbrotparfait mit Whiskysabayon

Udo Lucas
Waldhaus
Winterberg

Parfait:
3 ganze Eier, 1 Eigelb und 2 Eiweiß, 150 g Zucker, 4 cl Kaffeelikör, 300 g geschlagene Sahne, 200 g geröstete Schwarzbrotbrösel (Vollkorn).

Sabayon:
3 ganze Eier, 1 Eigelb, 50 g Zucker, 6 cl Whisky.

Garnitur:
Früchte je nach Saison.

3 ganze Eier und 1 Eigelb mit dem
K ff lhär und 100 g Zucker sehr

und Rotweineis

Oliver Heß
D'r Fiester Hannes
Burbach-Holzhausen

Mohnmousse:
1 Vollei, 1 Eigelb, 200 g weiße Schokolade, 50 g Mohn, 0,1 cl Rotwein, 3 Blatt Gelatine, 500 g süße Sahne.

Rotweineis:
0,6 l Rotwein, 250 g Zucker, 300 g Butter, 6 Eigelbe, 1 Vanilleschote.

Armagnacpflaumen:
300 g Trockenpflaumen, 100 g Zucker, 0,5 ml Armagnac, 0,2 l Rotwein, 1 Zimtstange.

Mohnmousse:
Vollei und Eigelb im Wasserbad aufschlagen, bis sich eine schöne feste Masse gebildet hat. Inzwischen die Schokolade in einem Wasserbad bei 36 °C auflösen und zu den aufgeschlagenen Eiern geben. Den Mohn mit dem Rotwein so verkochen, daß keine Flüssigkeit mehr übrig ist.

3 Blatt Gelatine in kaltem Wasser einweichen und bei niedriger 1. Gelatine se geben und süße Sahne sichtig unter Anschließend a 4 Std. kalt

hote sowie d bis zu einer °C aufschla und die Eigel ze Masse auf und dann so men und so bis die Masse kühlt ist. Die einen entspre geben und ins

in Rotwein, Zucker und agnac kochen, bis die Pflaumen weich sind. Die Pflaumen abkühlen lassen und mit dem Saft servieren.

Anrichten:
2 Nocken Mohnmousse in die Mitte des Tellers legen, dazu 3 Armagnacpflaumen kreisförmig setzen und zwischen die Pflaumen 3 kleine Bällchen Rotweineis legen.

Biersabayon mit Anis

Josef Schwinning
Restaurant Stammhaus Fiege
Bochum

8 Eigelb, 1 dl Bier, 1 dl Malzbier, 125 g Zucker, 1 TL Aniskörner, 1 EL Pernod, 4 Löffelbiskuits, etwas Minze.

Eigelbe, Bier, Aniskörner, Zucker und Pernod in einen geeigneten

Topf geben. Bei mäßiger Hitze auf dem Herd oder im Wasserbad zu einer dicken, cremigen Masse aufschlagen. Es erfordert etwas Zeit und Ausdauer. Wenn die Masse abgebunden hat, vom Herd nehmen und noch ein wenig kalt schlagen. Dann in 4 große Sekt- oder Dessertschalen füllen, mit ein paar Aniskörnern bestreuen, mit etwas Minze garnieren und die Löffelbiskuits anlegen. Sofort servieren.

Altbierparfait mit Walnußsauce

Josef Schwinning
Restaurant Stammhaus Fiege
Bochum

1 dl Altbier, 125 g Zucker, 6 Eigelb, 1 EL Rum und 1 TL Vanillezucker, 200 g Sahne sowie 50 g Puderzucker, 4 kleine Minzezweige.

Für die Walnußsauce:
100 g Zucker, 50 g gehackte Walnüsse, 2 dl flüssige Sahne, 2 cl Nußlikör.

Für das Parfait 125 g Zucker in einer Kasserolle goldgelb schmelzen und mit dem Altbier ablöschen. So lange auf dem Feuer lassen, bis sich der Zucker aufgelöst hat. Die Kasserolle vom Herd nehmen und etwas abkühlen lassen. Nun die Eigelbe, den Rum und den Vanillezucker zufügen und die Masse warm aufschlagen, bis sie cremig wird. Anschließend in die Rührmaschine geben und 10 Min. bei mittlerer Geschwindigkeit kalt laufen lassen. 200 g Sahne schlagen und mit dem Puderzucker süßen. Die gesüßte Sahne unter die Altbiermasse heben. Eine Form von 3/4 l Inhalt mit Klarsichtfolie auslegen und die

Masse einfüllen. Über Nacht im Gefrierfach lassen.

Walnußsauce:
100 g Zucker in einer Kasserolle schmelzen, bis er goldgelb ist. Mit Sahne ablöschen und langsam kochen lassen, bis sich der Zucker aufgelöst hat. Vom Feuer nehmen, die gehackten Walnüsse sowie den Nußlikör zugeben und abkühlen lassen.

Anrichten:
Auf 4 kalte Teller je 2 EL Walnußsauce verteilen und je 2 Scheiben vom Altbierparfait daraufsetzen. Mit einem Minzezweig garnieren und mit etwas Puderzucker bestäuben.

Pumpernickelcreme mit Altbierschaum

Ernst-Heiner Hüser
Historisches Gasthaus
Buschkamp
Bielefeld

Pumpernickelcreme:
½ Vanilleschote, 150 ml Milch, 2 Eigelb, 150 g Zucker, 1 Prise Salz, 3 Blatt Gelatine, 15 g gehackte Mandeln, 1 EL pürierte Rum-Rosinen, 75 g Pumpernickel, 1 cl Rum, 150 ml Sahne.

Altbierschaum:
4 Eigelb, 50 g Zucker, 1 Prise Salz, 200 ml Altbier, Saft von 1 Zitrone.

Vanilleschote aufschlitzen und Mark herauskratzen. Die Milch mit dem Vanillemark sowie der Schote in einem Topf zum Kochen bringen.
Eigelbe mit Zucker und Salz dickschaumig aufschlagen, langsam die heiße Milch auf die Eigelbmasse gießen und zur Rose abziehen.

Die eingeweichte Gelatine in der heißen Masse auflösen und alles durch ein Sieb passieren.
Die gehackten und gerösteten Mandeln mit pürierten Rum-Rosinen, feingewürfeltem Pumpernickel und Rum unter die Creme heben. Die Creme leicht anstocken lassen, die steifgeschlagene Sahne unterziehen und in Portionsschalen oder eine Schüssel füllen.
Für den Altbierschaum alle Zutaten verrühren und dann im heißen Wasserbad aufschlagen. Sofort servieren.
Pumpernickelcreme stürzen, Altbierschaum angießen und nach Wunsch mit gerösteten Mandeln garnieren.

Pumpernickelcreme auf Erdbeersauce

Roger Heidermann
Restaurant Alte Schmiede
Steinhagen

2 Scheiben Pumpernickel, 2 cl Eierlikör, 1 EL Honig, 4 Blatt Gelatine, 150 g Zucker, 100 cl Wasser sowie ½ l Sahne, 400 g Erdbeeren, 100 g Zucker, ⅛ l Weißwein, 20 ml Grand Marnier.

Einen Karamel aus Zucker und Wasser kochen und mit 1 EL Honig ablöschen. Im warmen Zustand noch 4 Blatt eingeweichte Gelatine unterziehen und die beiden feingehackten Scheiben Pumpernickel hinzugeben. Sobald die Masse anzieht, die geschlagene Sahne unterziehen. Die Creme kalt stellen und später mit einem großen Löffel abstechen.

Erdbeersauce:
Die Erdbeeren bis auf wenige, die zur Garnitur benötigt werden, mit Weißwein und Zucker im Mi-

xer pürieren. Die so entstandene Sauce mit dem Grand Marnier abschmecken.

Westfälische Pumpernickelcreme

Hans-Dietrich Marzi
Hotel Schloß Hugenpoet
Essen-Kettwig

4 Eigelb, 40 g Zucker, 0,2 l Milch, 0,2 l Sahne und 3 Blatt Gelatine, 3 Scheiben Pumpernickel sowie 0,05 l Steinhäger.

Den Pumpernickel fein verreiben, leicht antrocknen lassen und mit dem Steinhäger vermischen.
Die Eigelbe mit dem Zucker verrühren und heiße Milch auf die Masse geben. Im Wasserbad so lange rühren, bis die Masse leicht sämig wird. Die Gelatine dazugeben und durch ein feines Sieb schütten. Wenn die Masse kalt und fast fest geworden ist, den Pumpernickel und die geschlagene Sahne dazugeben und vorsichtig unterrühren.
In Gläser oder Schüssel abfüllen und kalt stellen. Mit Sahnetupfen, Schokoladeblättern oder Früchten garnieren. Hierzu eignen sich auch verschiedene Fruchtmarksaucen.

Beerensalat auf Armagnac-Pfeffer-Creme

Klaus-Theo Friedrichs
La Provence
Duisburg

500 g reife Beerenfrüchte je nach Marktangebot, 2 Limonen, Puderzucker, Pfefferminze und Himbeer-

mark, 6 EL Crème fraîche, 1/4 l Sahne, 100 g Zucker, 5 cl Armagnac, Salz und schwarzer Pfeffer aus der Mühle.

Die Beerenfrüchte sorgfältig putzen, mit dem Saft von einer Limone und Puderzucker etwa 10 Min. marinieren.

Crème fraîche, Zucker und 1 Prise Salz so lange verrühren, bis sich der Zucker aufgelöst hat. Den Armagnac und die Sahne zugeben und aufschlagen. Mit Pfeffer aus der Mühle aromatisieren (darf nicht scharf werden). Auf den Tellern einen Saucenspiegel angießen und mit Himbeermark Ornamente in den Spiegel ziehen. Die Beeren in der Mitte anrichten, Minzgarnitur anlegen und mit Puderzucker bestäuben.

Erdbeeren
mit Pistaziencreme

Walter Stemberg
Restaurant Haus Stemberg
Velbert

750 g Erdbeeren, 3 EL Orangenlikör oder Orangensaft, 50 g geschälte Pistazienkerne und 1/2 Vanilleschote, 1/4 l Milch, 2 Blatt weiße Gelatine, 2 Eier, 30 g Puderzucker, 1 Prise Salz, 2 bis 3 Tropfen Bittermandelöl, 1/8 l süße Sahne.

Die Erdbeeren waschen, gut abtropfen lassen, dann die Kelche abzupfen. Erdbeeren halbieren, mit dem Likör bzw. Saft beträufeln und zugedeckt kühl stellen. Zwischendurch vorsichtig umrühren. Für die Creme die Pistazienkerne (einige für die Dekoration aufbewahren) durch die Mandelmühle drehen. Die Vanilleschote längs aufschneiden und das Mark herauskratzen, die Milch mit Vanillemark, der Schote und 2 EL

gemahlenen Pistazien langsam zum Kochen bringen. Die Gelatine in kaltem Wasser einweichen. Die Eier trennen, das Eigelb mit Puderzucker und Salz sehr schaumig rühren. Die Vanilleschote aus der Milch nehmen, die heiße Milch nach und nach unter die Eimasse rühren und bei milder Hitze schaumig-cremig aufschlagen (nicht kochen lassen!). Die restlichen gemahlenen Pistazien dazugeben. Die eingeweichte Gelatine leicht ausdrücken, schmelzen und in der Creme auflösen. Die Creme mit dem Bittermandelöl abschmecken, den Topf in kaltes Wasser stellen, die Creme so lange weiterrühren, bis sie zu stocken beginnt. Die Sahne steif schlagen und unterheben, die Creme zudecken und etwa 1 Std. in den Kühlschrank stellen. Die Früchte anrichten, die Creme darübergeben und mit den restlichen Pistazien verzieren.

Creme von der
Holunderblüte

Ernst-Heiner Hüser
Historisches Gasthaus
Buschkamp
Bielefeld

4 Eigelb, 35 g Zucker, 1/4 l Milch, etwa 20 Holunderblüten, 1/4 l trockener Weißwein, 4 Blatt eingeweichte Gelatine, 1/4 l geschlagene Sahne.

Die Holunderblüten im Weißwein einen Tag ziehen lassen. Eigelbe und Zucker verrühren, die Milch hinzugeben und alles zur Rose abziehen, den aromatisierten Weißwein und die Gelatine hinzugeben und im kalten Wasserbad wieder kalt schlagen, dann die geschlagene Sahne unterheben.
In kleine Förmchen abfüllen, erkalten lassen, stürzen und mit Erdbeermark servieren.

Orangencrêpes mit
Marc-de-Champagne-
Eis

Waldemar Kubis
Trüffel im Burbacher Hof
Hürth

250 g Mehl, 1/2 l Milch, 2 Eier, 100 g Zucker, 1 Prise Salz, 250 g Vanilleeis, 4 cl Marc de Champagne, 1 EL Krokant, 2 EL Orangenmarmelade, Streifen von einer unbehandelten Orangenschale, 8 cl Grand Marnier, 20 g Butter, 50 g Zucker, 1/4 l Gewürztraminer, 4 Minzeblätter und 1 TL gehackte Pistazien zur Garnitur.

Mehl, Milch, Eier, Zucker und 1 Prise Salz zu einem glatten Teig verrühren, durchsieben und 12 dünne Crêpes ausbacken. 4 Std. vorher Eis, Marc de Champagne und Krokant gut durchrühren und einfrieren.
Butter schmelzen und den Zucker darin karamelisieren lassen, mit Wein ablöschen, aufkochen lassen, so daß keine Klümpchen entstehen.
Marmelade und Orangenstreifen dazugeben, mit Grand Marnier abschmecken und sternförmig in der Tellermitte anrichten. Das Eis in die Mitte setzen und mit den Minzeblättern und den gehackten Pistazien garnieren.

Topfencrêpe mit
Zwetschgenragout
und Zimteis

Josef Selbach
Sülztaler Hof
Overath-Immekeppel

Zimteis:
4 Eigelb, 1/4 l Milch, 200 g Zucker, 1 Stange Zimt und 1 TL gemahlener Zimt, 2 cl Rum.

Zwetschgenragout:
400 g Zwetschgen, 1 Stange Zimt, 100 g Zucker, 20 g Butter, 4 cl Rotwein, 2 cl Zwetschgenwasser.

Topfencrêpe:
2 Eier, 150 g Mehl und 0,2 l Milch, 125 g 40%iger Quark, 20 g Zucker, 1 Prise Salz, 1 Schuß Öl.

Zimteis:
Eier, Milch und Zucker zur Rose kochen, Aromastoffe zugeben, abkühlen und dann in der Sorbetiere frieren.

Zwetschgenragout:
Butter und Zucker karamelisieren, mit Rotwein und Zwetschgenwasser ablöschen, Zwetschgen zugeben und alles kurz aufkochen lassen.

Crêpeteig:
Zutaten außer Quark verquirlen, Quark zum Schluß unterziehen. Crêpes dünn goldgelb ausbacken.

Anrichten:
Crêpes auf vorgewärmte Teller geben, mit Zwetschgenragout füllen und falten. Vom Eis mit einem Löffel Nocken abstechen, anlegen und dann das Ganze mit etwas Minze und rohen Zwetschgenscheiben garnieren.

Millefeuille von Himbeeren

Hans Bertels
Le Crocodile
Krefeld

1 kg frische Himbeeren, 0,5 l Schlagsahne, 50 g Zucker, Himbeergeist und Grand Marnier, 8 Scheiben tiefgekühlter Blätterteig, Kakaopuder, Puderzucker, Himbeer- oder Minzeblätter.

Den Blätterteig in 16 Quadrate schneiden, bei 180 °C backen, er-kalten lassen und je 4 Scheiben mit Himbeeren belegen und mit dem Alkohol beträufeln. Anschließend mit der geschlagenen Sahne bestreichen und mit Kakao bestäuben. Diesen Vorgang so oft wiederholen, bis 4 Türme entstanden sind und ein Blätterteigdeckel obenauf liegt. Mit Puderzucker gut einstäuben.
4 weiße Teller mit Kakaopuder einstäuben und je einen Himbeer-Blätterteig-Turm in der Mitte anrichten. Mit einigen Himbeer- oder Minzeblättern dekorieren.

Zimtapfelauflauf mit Vanilleeis

Françoise Ellrich
Jürgen Scheffran
Alt Nürnberg
Bochum

2 große Äpfel (Boskop), 1 TL Zimtpulver, 5 EL Zucker, 250 ml Vanilleeis, 500 g geschlagene Sahne.

Konditorcreme:
2 Orangen, 1 Zitrone, 30 g Zucker, 0,1 l Weißwein, 3 Eigelb und 150 g Zucker, 1 Vanilleschote, 1 gehäufter EL Mehl, 3/8 l Milch.

Orangen und Zitrone auspressen, Saft mit Weißwein und 30 g Zucker zu dickem Sirup einkochen.
Eigelbe, Zucker und Mehl vermischen, Vanilleschote auskratzen, das Mark und die Milch dazugeben und bei kleiner Hitze unter ständigem Rühren aufkochen lassen, durch ein Sieb streichen und den Orangensirup unterrühren.
Äpfel schälen (Kerngehäuse entfernen) und in dünne Schnitzel schneiden. Den Boden einer feuerfesten Form damit bedecken, den Zimtzucker darübergeben, das Ganze im Mikrowellenherd kurz garen, die geschlagene Sahne unter die Konditorcreme heben, die Äpfel damit bedecken und unter dem Grill kurz überbacken. Das Vanilleeis extra dazu reichen.

Apfel-Zwieback-Auflauf mit Vanillesauce

Dieter Müller
Dieter Müller's Restaurant
Schloßhotel Lerbach
Bergisch Gladbach

Auflauf:
225 g Zwieback, 1/4 l Vollmilch, 800 g säuerliche Äpfel, 1 Zitrone (Saft), 125 g Zucker, 2 TL Zimt, 250 g Sauerrahm (oder je 125 g Crème fraîche und Sauerrahm), 3 Eier, 1 EL brauner Rum, Butter für die Form, 2 EL Paniermehl (feine Semmelbrösel), 40 g Butterflöckchen.

Vanillesauce:
1 Vanilleschote, 1/4 l Vollmilch, 4 Eigelb, 100 g Zucker, 2 EL geschlagene Sahne (30% Fett).

Garnitur:
4 EL Fruchtmark (Brombeer, Erdbeer, Himbeer oder schwarze Johannisbeere), frische Beerenfrüchte.

Auflauf:
Den Zwieback mit der Milch begießen und ziehen lassen. Die Äpfel dünn schälen, das Kerngehäuse ausstechen und die Äpfel auf einer Rohkostreibe grob raffeln. Mit etwas Zitronensaft beträufeln, damit sie sich nicht verfärben. Den Zucker mit Zimt mischen. Die Hälfte davon unter die Äpfel geben. Den Sauerrahm mit Eiern und Rum verquirlen und mit dem restlichen Zimtzucker würzen. Eine feuerfeste Auflaufform leicht ausfetten, die Hälfte von dem Zwieback einfüllen, die Apfelmasse darauf verteilen und mit dem restlichen Zwieback bedecken.

Rezept Seite 208: Soufflé von süßem Ziegenkäse, Gerhard Völlm, Parkhotel Gütersloh, Gütersloh

Mit dem Sahnegemisch überziehen, mit dem Paniermehl bestreuen und mit Butterflöckchen belegen. In den vorgeheizten Backofen schieben und bei 190 °C 40 Min. goldbraun backen.

Vanillesauce:
Die Vanilleschote der Länge nach aufschlitzen, das Mark herauskratzen und in die Milch geben. Einmal aufkochen lassen. Die Eigelbe mit dem Zucker schaumig rühren und die heiße Milch zügig unterschlagen. Auf den Herd stellen und unter ständigem Rühren bis zur Bindung erhitzen. Die Masse darf aber nicht kochen, sonst gerinnt das Eigelb. Die Sauce durch ein Sieb passieren und kühl stellen. Kurz vor dem Servieren die Schlagsahne unterziehen.

Anrichten:
Die Vanillesauce auf gekühlte Teller verteilen. Jeweils etwas Fruchtmark an den Saucenrand geben und mit einem Holzstäbchen (Zahnstocher) zarte Muster ziehen. Den portionierten Auflauf in die Mitte setzen und mit frischen Beerenfrüchten garnieren.

Apfelauflauf

Rolf Schmidt
La Terrazza
Düsseldorf

1/8 l Milch, 65 g Butter, 1 Prise Salz, 65 g Mehl, 3 Eier, getrennt, 65 g Zucker, fein abgeriebene Zitronenschale, Vanillezucker, 1 kg Äpfel (Cox Orange), Fett für die Form.

Milch mit Butter und Salz aufkochen, das Mehl auf einmal hineingeben und verrühren, bis die Masse sich vom Topfboden löst. Den abgebrannten Teig abkühlen lassen. Eigelb mit Zucker und Zitronenschale zu weißem Schaum

schlagen, den abgekühlten Teig löffelweise zufügen und gut verrühren. Die Äpfel schälen, vierteln, entkernen und in Scheiben schneiden, Eiweiß mit Vanillezucker zu Schnee schlagen, behutsam unter den Brandteig ziehen.
Die Äpfel in eine leicht gefettete Form geben und mit Vanillezucker bestreuen. Den Teig darübergeben, glattstreichen und im Ofen 45 Min. bei 175 °C backen. Dazu Vanillesauce reichen.

Auflauf von Aprikosen auf Champagner-Aprikosen-Sauce

Peter Nöthel
Peter Liesenfeld
Hummerstübchen
im Hotel Fischerhaus
Düsseldorf-Lörick

Crêpeteig:
60 g Mehl, 3 Eier, 3 TL Zucker, 1 dl Sahne, 1 dl Milch, 1 Prise Salz, 1 TL feingehackte Orangenzesten.

Alles zu einem Teig verrühren und dünne Crêpes backen.

Auflaufmasse:
4 EL Butter, 2 EL Mehl, 1/2 Vanilleschote, 1,2 dl Milch, 6 Eigelb, 6 Eiweiß, 6 EL Zucker.

Butter schmelzen, Mehl und Vanillemark zugeben und verrühren. Die Milch hinzufügen und dann alles aufkochen, bis sich Blasen bilden.
Eigelbe und Zucker einzeln unter die Masse rühren, Eiweiß zu Schnee schlagen und unter die Masse ziehen.

Aprikosensauce:
12 Aprikosen, 1 dl Weißwein sowie 1 dl Wasser und 60 g Zucker.

Die Aprikosen im kochenden Wasser kurz blanchieren, in Eiswasser abschrecken, die Haut abziehen und entkernen. Im Mixer mit Wein, Wasser und Zucker pürieren und durch ein feines Sieb streichen.

Champagnersauce:
120 g Crème fraîche, 8 cl Champagner, 65 g Puderzucker, 3 cl Pêche Mignon, 80 g geschlagene Sahne.

Die Crème fraîche mit Puderzucker und Champagner verrühren, mit Pêche Mignon aromatisieren und zum Schluß die geschlagene Sahne unterziehen.

Füllung:
12 Aprikosen, 4 cl Pêche Mignon, 40 g Zucker.

Die Aprikosen blanchieren und die Haut abziehen, entkernen. Die Aprikosenhälften in Scheiben schneiden und mit Pêche Mignon und Zucker marinieren.

Auflauf:
Die Crêpes in gebutterte Förmchen legen, die Aprikosenscheiben darauf verteilen. Die Auflaufmasse darübergießen und im vorgeheizten Ofen bei etwa 220 °C rund 12 bis 15 Min. backen.

Garnitur:
Puderzucker, Pistazien, Minze sowie Himbeeren und Brombeeren.

Zum Anrichten auf große Teller Saucenringe aus Champagner-Aprikosen-Sauce gießen. Diese miteinander zu einem Muster verziehen. Einige Himbeeren und Brombeeren in den Saucenspiegel setzen. Den fertigen Auflauf aus den Förmchen nehmen und dann in die Tellermitte setzen. Den mit Puderzucker und Pistazien bestreuten Teller mit etwas Minze garnieren.

Zwetschgenauflauf mit Mohn-Vanille-Schaum

Detlev Hufschmidt
Hartwig Kalbers
Restaurant Kurlbaum
Moers

Mohn-Vanille-Schaum:
150 ml Sahne, 150 ml Milch, 20 g Mohn, 1/2 Vanilleschote, 4 Eigelb, 40 g vanillierter Zucker.

Zwetschgenauflauf:
400 g Zwetschgen, 1 EL Honig, 15 g Walnüsse, 1/2 TL gemahlener Zimt, 20 g Vollwertgrieß, 3 Eigelb sowie 40 g Zucker, 1/2 Vanilleschote, 1 EL Zwetschgenwasser, 40 g Löffelbiskuit, 2 Eiweiß, Butter für die Förmchen.

Für den Mohn-Vanille-Schaum Sahne und Milch in einen Topf geben, den Mohn mahlen oder im Mörser zerstoßen, das Mark aus der Vanilleschote kratzen, beides in die Sahne-Milch-Mischung geben und diese aufkochen. Die Eigelbe mit dem Zucker schaumig schlagen, die heiße Sahne-Milch-Mischung dazugießen und über siedendem Wasser zur Bindung aufschlagen. Anschließend in Eiswasser kalt schlagen.
Für den Auflauf Zwetschgen entsteinen und vierteln. Honig in einem Topf erhitzen, aufschäumen lassen und die Zwetschgen dazugeben. Walnüsse fein hacken, zusammen mit dem Zimt zu den Zwetschgen geben und bei mäßiger Hitze zu Mus (180 bis 200 g) eindampfen. Den Vollwertgrieß untermengen, quellen lassen und die Masse mit dem Mixstab pürieren. Eigelbe mit der Hälfte des Zuckers und dem Vanillemark schaumig schlagen. Zwetschgenwasser, Masse und den zuvor geriebenen Biskuit unterrühren. Eiweiß mit restlichem Zucker steif schlagen und unter die abgekühlte Masse heben.
Förmchen mit Butter ausstreichen, die Masse bis 1 cm unter den Rand einfüllen. Im vorgeheizten Backofen bei 200 °C auf der untersten Schiene im Wasserbad 25 bis 30 Min. backen (nach 15 Min. mit Backpapier abdecken).
Den fertigen Auflauf aus den Förmchen stürzen, mit dem Mohn-Vanille-Schaum und gedünsteten Zwetschgen oder frischen Früchten servieren.

Anmerkung:
Der Mohn-Vanille-Schaum kann auch tags zuvor zubereitet werden. Man gibt dann 1/2 Blatt Gelatine unter den warmen Schaum, schlägt diesen ebenfalls kalt und hebt vor dem Anrichten etwas geschlagene Sahne unter.
Vanillierten Zucker erhält man, wenn die ausgekratzten Vanilleschoten über Nacht oder über längere Zeit mit Zucker in einem verschlossenen Behältnis aufbewahrt werden.

Zuckerrübensoufflé mit Portweineis

Richard Sutorius
Gasthaus Sutorius
Königswinter-Stieldorf

Portweineis:
1/8 l Milch, 50 g Zucker, Mark von 1/2 Vanilleschote, 1/8 l Portwein, 1 cl Pernod, 2 cl Cognac, 1/8 l Sahne.

Zuckerrübensoufflé:
40 g Butter, 50 g Mehl, 20 g Kartoffelstärkemehl, 1/8 l Milch, 1 Prise Salz, Mark von 1/2 Vanilleschote, 80 g Zuckerrübensirup, 5 Eigelb, 5 Eiweiß, 40 g Zucker, 20 g Kartoffelmehl, 20 g Butter zum Ausfetten, Zucker zum Ausstreuen.

Portweineis:
Milch, Zucker und Vanillemark aufkochen, vom Feuer nehmen. Zucker und Eigelb verrühren, unter die Milch-Zucker-Masse mengen, wieder auf dem Feuer abrühren, bis eine leichte Bindung entsteht. Nicht kochen lassen! Portwein, Pernod, Cognac untermischen und erkalten lassen. Sahne schlagen und unterheben.
Nun die Masse in Förmchen geben und im Eisfach frieren.

Zuckerrübensoufflé:
Aus Butter, Mehl und Kartoffelmehl eine Mehlschwitze herstellen. Milch, Salz, Vanillemark und Zuckerrübensirup aufkochen, der Mehlschwitze beifügen und glattrühren, am Schluß die Eigelbe unterrühren.
Eiweiß mit Zucker zu Schnee schlagen, Kartoffelmehl unterheben. Beide Massen zusammenrühren. Souffléförmchen ausfetten, mit Zucker ausstreuen. Förmchen nur 2/3 hoch mit Masse füllen. Im Ofen im Wasserbad 10 Min. bei 200 °C backen.
Zum Servieren Himbeercoulis oder sonstiges mit Puderzucker abgeschmecktes Fruchtmark auf Tellern angießen, Zuckerrübensoufflé und Portweineis einsetzen, mit Puderzucker bestreuen und mit Beeren und Minzeblatt ausgarnieren.

Kartoffeln à la Grand Marnier

Bild Seite 202

Hans-Georg von Korff
Hotel von Korff
Meschede

2 große Kartoffeln, Saft von je 2 Orangen und Zitronen, 50 g Butter, 4 EL Zucker, 4 Erdbeeren, 100 g Mascarpone, 50 g Sahne, 10 g Pistazien.

Kartoffeln in gleich große, hauchdünne Scheiben schneiden. Zitrusfrüchte auspressen, Erdbeeren reiben. Mascarpone mit Sahne oder Crème fraîche montieren.
Zucker in der Flambierpfanne leicht bräunen, mit Orangen- und Zitronensaft ablöschen, Kartoffelscheiben etwa 2 Min. darin garen. Geriebene Erdbeeren zugeben (wegen leicht rötlicher Färbung) und danach mit Grand Marnier flambieren.

Anrichten:
Kartoffelscheiben auf einem neutralen weißen Dekorteller wie ein Carpaccio anrichten und mit verbleibender Grand-Marnier-Sauce abglänzen. Mittig 1 EL Mascarponecreme setzen und mit gehackten Pistazien bestreuen.

Frische Pfirsiche, mit Grand-Marnier-Schaum überbacken

Olaf Königsmann
Bakenhof
Münster

4 reife Pfirsiche, 5 Eigelb, 80 g Zukker, Saft von 1 Orange, 1/8 l trockener Weißwein, 100 ml Grand Marnier, 1 Prise Salz.

Die Pfirsiche einige Sekunden in kochendes Wasser geben, abschrecken und die Haut abziehen. In Spalten schneiden und auf eine gezuckerte Platte legen. Die Eigelbe mit dem Zucker schaumig schlagen, den Weißwein, Grand Marnier und den Orangensaft hinzugeben und alles verrühren. Im warmen Wasserbad auf kleiner Flamme mit dem Schneebesen schaumig schlagen. Die Pfirsichspalten auf flachen Tellern kreisförmig anrichten, den Grand-Marnier-Schaum darauf verteilen und im vorgeheizten Backofen bei et-

wa 220 °C goldgelb überbacken. Eventuell in die Mitte eine Kugel Eis geben und mit Zitronenmelisse ausgarnieren.

Bratapfel, mit Stopfleber gefüllt, auf Himbeercoulis

Ralf Beermann
Landgasthaus Huxel
Hattingen

4 Äpfel (Boskop), 150 g Stopfleber von der Gans oder Ente, 250 g Himbeeren, Pfefferminze, Puderzucker.

Marinade:
1/4 l Tokajer, Salz, Pfeffer, Muskat (etwa 2 Std. marinieren).

Die Äpfel aushöhlen, die Schale leicht einschneiden. Mit Puderzucker bestäuben und im Rohr garen. Danach mit der sauber parierten, marinierten Stopfleber füllen. Kurz im Rohr erwärmen und auf die pürierten Himbeeren setzen. Mit Himbeeren und Pfefferminze garniert servieren.

Warmer Apfelstreusel mit geeister Sanddorn-Vanille-Sauce

Bild Seite 206

Herbert Weber
Restaurant Zum Pulverturm
Wachtendonk

4 Äpfel (Cox Orange), 50 g Rosinen, Saft von 1/2 Zitrone, 2 cl Calvados, Mark von 1 Vanilleschote, 1 EL Zucker.

Streusel:
120 g Mehl, 100 g Butter, 80 g Puderzucker, 1 Eigelb, 1 Prise Salz.

Sanddorn-Vanillesauce:
1/8 l Milch, 1/8 l Sahne, 4 cl Sanddornsaft, 4 Eigelb, 100 g Zucker, 2 Vanilleschoten.

Die Äpfel schälen und entkernen, dann in dünne Spalten schneiden. Rosinen, Zitronensaft, Calvados, Vanillemark und Zucker vorsichtig vermischen und etwa 2 Std. ziehen lassen.
Zutaten für die Streusel in einer Schüssel verkneten und zwischen den Händen zu Streuseln reiben. Für die Sanddorn-Vanille-Sauce Milch, Zucker, Eigelb und die der Länge nach aufgeschnittenen Vanilleschoten in einen Topf geben und langsam unter ständigem Rühren erhitzen, bis das Ganze sämig wird. Auf keinen Fall kochen lassen! Passieren und erkalten lassen. Jetzt die geschlagene Sahne und den Sanddornsaft unterrühren. Die Sauce ins Tiefkühlfach stellen und etwa 2 Std. anfrieren lassen. Eine flache Backform mit Butter bestreichen. Die Apfelmischung darin anordnen und Streusel darüber verteilen. Im Ofen bei 220 °C etwa 10 bis 15 Min. braun werden lassen. Mit Puderzucker bestäuben und die geeiste Sanddorn-Vanille-Sauce dazu servieren.

Gebackene Kiwi im Kokosmantel auf Orangensabayon

Walter Stemberg
Restaurant Haus Stemberg
Velbert

5 Kiwis, 100 g Mehl, 50 g Kokosraspel, 2 Eier, 1/8 l trockener Weißwein, 1 EL Öl, 50 g Zucker, 1 Prise Salz, Fritierfett, 4 Orangen, 2 cl Orangenlikör, 40 g Zucker, 3 Eigelb, Puderzucker zum Bestäuben, 12 Minzeblätter.

Rezept Seite 201: Kartoffeln à la Grand Marnier, Hans-Georg von Korff, Hotel von Korff, Meschede

4 Kiwis schälen und der Länge nach vierteln. Eier trennen, Eiweiß zu Schnee schlagen. Mehl, Kokosraspel, Eigelb, Weißwein, Öl, Zucker und Salz zu einem dickflüssigen Ausbackteig verrühren. Den Eischnee unterheben.

Das Fritierfett auf 180 °C erhitzen und die Kiwiviertel in den Teig tauchen und im Fett goldbraun backen. Auf Küchenkrepp abtropfen lassen.

Für das Orangensabayon Eigelbe und Zucker im warmen Wasserbad schaumig rühren. Orangensaft und Orangenlikör zugeben und weiter im Wasserbad warm aufschlagen, bis das Sabayon cremig ist.

Das Sabayon in der Mitte von 4 Tellern anrichten. Minzeblätter zwischen den Kiwispalten anlegen. In die Mitte des Sabayons eine leicht angewärmte und in Kokosraspel gewendete Kiwischeibe legen.

Zimtknödel mit warmen Kirschen und Marzipaneis

Françoise Ellrich
Jürgen Scheffran
Alt Nürnberg
Bochum

Knödel:
1/4 l Milch, 1 Nelke, Zimt, 1 Prise Salz, 100 g Grieß, 1 Ei, 1 l Milch, Zucker.

Die Milch mit der Nelke, etwas Zimt und Salz aufkochen. Den Grieß dazugeben und unter ständigem Rühren etwa 15 Min. kochen. Die Masse abkühlen lassen und dann das Ei unterrühren. Aus dem Teig 12 kleine Knödel formen und diese in 1 l Milch etwa 5 Min. ziehen, nicht kochen las-

sen. Die Knödel sind gar, wenn sie an die Oberfläche steigen.
Den Zucker mit dem Zimt mischen und die fertigen Knödel darin wälzen.

Kirschkompott:
1 kg Kirschen, 100 g Zucker, 50 ml Cassis (Johannisbeerlikör), 100 ml Kirschwasser, 500 ml Rotwein, Saft von 1 Zitrone, 1 Stange Zimt.

Die Kirschen von den Stielen befreien, waschen und entsteinen.
Den Zucker in einem Topf karamelisieren lassen, mit Cassis, Kirschwasser und Rotwein sowie Zitronensaft ablöschen. Kirschen und Zimtstange beifügen und nochmals aufkochen lassen, dann wieder aus dem Topf nehmen.
Den Fond auf großer Flamme auf die Hälfte reduzieren und wieder zu den Kirschen geben.

Marzipaneis:
500 ml Vanilleeis, 100 g Marzipanrohmasse, 5 cl Maraschino.

Marzipanrohmasse mit einer Gabel zerdrücken, Maraschino dazugeben, das Ganze mit dem leicht angetauten Vanilleeis mischen.
Auf jeden Teller 3 Ködel geben, mit dem Kirschkompott und dem Eis anrichten.

Pflaumen in Gewürzwein mit Mohneis

Clemens Averbeck
Restaurant Giebelhof
Senden 2

400 g Dörrpflaumen, 0,75 l Rotwein, 150 g Marzipan (vom Bäcker), Saft von 2 Orangen und 1 Zitrone, 150 g Zucker, 1 Lorbeerblatt, 2 Nelken, 1/2 Stange Zimt, 2 Sternanis, 1 Msp. Kardamom.

Rotwein mit Orangen- und Zitronensaft, Gewürzen und Zucker aufkochen lassen. Die Pflaumen entsteinen und die Kerne durch kleine Marzipankugeln ersetzen. Die Pflaumen in den kochenden Gewürzwein geben, einmal aufkochen lassen und sofort beiseite stellen. 2 Tage im Kühlschrank durchziehen lassen.

Mohneis:
1/4 l Milch, 1/4 l Sahne, 100 g Zucker sowie 8 Eigelb, 2 Vanilleschoten, 5 cl Rum, 100 g fertige Mohnmasse (vom Bäcker).

Milch und Sahne mit der Hälfte des Zuckers aufkochen. Eigelbe und restlichen Zucker schaumig schlagen, in die kochende Flüssigkeit gießen und zur Rose abziehen (Gerinnungsgefahr). Rum zugeben, passieren und die Mohnmasse zufügen, abkühlen lassen und in der Eismaschine oder Sorbetière frieren.
Pflaumen mit etwas Rotwein in tiefen Tellern anrichten, mit überbrühter und feingehackter Orangenschale bestreuen. Das Mohneis mit einem Löffel abstechen und gefällig arrangieren.

Krokanteisgugelhupf mit Haselnußmousse

Uwe Lemke
Restaurant Haus Pötters
Kamp-Lintfort

Haselnußmousse:
200 g Nugat, 100 g Butter, 2 Eigelb, 1 EL Amaretto, 2 Blatt Gelatine, 210 g Eiweiß, 250 g Schlagsahne.

Sahne schlagen, den Nugat zusammen mit der Butter im Wasserbad schmelzen (er sollte Körpertemperatur haben), dann die Eigelbe einrühren, Gelatine in etwas Wasser einweichen, ausdrücken, mit dem Amaretto auflösen und in die Nugatmasse einrühren, währenddessen das Eiweiß steif schlagen und nach und nach in die Nugatmasse einarbeiten. Anschließend die geschlagene Sahne unterheben, die Mousse in eine Schüssel füllen und kühl stellen.

Krokant:
200 g Zucker und 100 g gehackte Mandeln.

Etwas Zucker im Topf erhitzen, wenn er flüssig wird, nach und nach den restlichen Zucker einstreuen. Sobald die Masse anfängt zu bräunen, die Mandeln unterrühren und alles auf einer geölten Fläche abkühlen lassen. Anschließend dann mit dem Rollholz oder auch in der Küchenmaschine fein hacken.

Parfait:
5 Eigelb, 1 ganzes Ei, 80 g Zucker, 0,5 l Sahne, 2 EL Kirschwasser.

Für das Parfait die Eigelbe, das Ei und den Zucker im Wasserbad warm aufschlagen, bis die Masse weiß und schaumig ist und Stand hat. Das Kirschwasser, den Krokant und die geschlagene Sahne unterheben, in Gugelhupfform füllen und gefrieren lassen.
Am nächsten Tag stürzen, eine Scheibe Gugelhupf mit 1 Nocke Mousse anrichten und mit Minze und Himbeeren dekorieren.

Waldbeeren mit Steinobst und Tannenwipfeleis

Gerd Reber
Landhaus Leick
Sprockhövel

¼ l Milch, ⅛ l Sahne, ⅛ l Tannenwipfelsirup, 1 Ei und 2 Eigelb, 80 g
Zucker, 120 g Wasser, ½ Schote Vanille, 500 g Steinobstfrüchte (wie Aprikosen, Kirschen, Zwetschgen), 100 Waldbeeren, Zitronenmelisseblättchen.

Milch, Sahne und Tannenwipfelsirup aufkochen und auf das verrührte Ei und die Eigelbe gießen. In den Topf zurückgeben und unter Rühren zur Rose abziehen. Passieren, abkühlen und in der Eismaschine oder im Tiefkühlfach unter häufigem Rühren gefrieren. Den Zucker und die aufgeschnittene, ausgekratzte Vanilleschote in Wasser aufkochen, die gewaschenen, entkernten und in Spalten geschnittenen Steinobstfrüchte beifügen, erneut aufkochen und erkalten lassen.

Anrichten:
Die Steinobstfrüchte in 4 tiefe Teller verteilen und je 2 Kugeln Tannenwipfeleis auflegen. Mit den Waldbeeren und Zitronenmelisseblättchen garnieren.

Anmerkung:
Den Tannenwipfelsirup stellt das Landhaus Leick im Frühjahr selbst her; er ist nicht im Handel erhältlich. Ersatzweise Waldhonig verwenden.

Geeistes Soufflé von Rumtopf mit Rumtopffrüchten in Strudelteigblättern

Richard Lattrich
Parkhotel Burggraf
Tecklenburg

Rumtopfsoufflé:
2 Eigelb, 2 Vollei, ½ Tasse passierter Rumtopfsaft, ¼ l geschlagene Sahne, 50 g Zucker.

Die 4 Eigelbe mit dem Zucker weiß schlagen und 2 Eiweiß zu
Schnee schlagen. 3 EL weiße Eiermasse vorsichtig mit dem Eischnee mischen. Den Rumtopfsaft und die restliche Eiermasse unterheben, zum Schluß die geschlagene Sahne zugeben. In Förmchen füllen und eine Nacht im Gefrierschrank frieren lassen.

Strudelteig:
200 g Mehl, 1 EL Öl, 100 ml lauwarmes Wasser.

Das Mehl sieben, mit dem lauwarmen Wasser vermengen und mit dem Öl verkneten. Dann 1 Std. ruhen lassen.
Anschließend den Strudelteig auf einem Tuch ausziehen und mit einem Ausstecher (8 cm ∅) pro Person 3 Kreise ausstechen. Diese werden im heißen Öl goldgelb gebacken und auf einem Tuch zum Trocknen gelegt.

Garnitur:
200 g Rumtopffrüchte, ½ l geschlagene Sahne, Puderzucker, Minze.

Die gutabgetropften Rumtopffrüchte mit der geschlagenen Sahne vermischen und mit einem Spritzbeutel zwischen die gebackenen Strudelteigblätter geben. Das oberste Blatt mit Puderzucker bestreuen. Jeweils auf 1 Teller 1 Rumtopfstrudel und 1 Soufflé plazieren, mit Minze dekorieren.

Gelierte Waldmeisterbowle mit Erdbeersorbet

Heinz Bach
Hotel Résidence
Essen-Kettwig

0,4 l trockener Weißwein (am besten Riesling), 1 Bund getrockneter Waldmeister, 0,1 l Champagner, etwas Läuterzucker sowie Limonensaft, 3 Blatt weiße Gelatine.

Erdbeersorbet:

500 g Erdbeeren, möglichst reif und süß, 60 bis 100 g Läuterzucker (je nach Süße der Beeren), 1 Limone, 2 cl Grand Marnier, 1 Schale Walderdbeeren, 4 Minzeblätter.

Das Erdbeerpüree mit dem Läuterzucker vermischen, mit Limonensaft und Grand Marnier abschmecken und in der Eismaschine frieren.

Den Wein etwas erwärmen und den Waldmeister 20 Min. darin ziehen lassen. Den Fond durchsieben, mit Läuterzucker und Limonensaft abschmecken.

Die Gelatine in etwas kaltem Wasser einweichen, ausdrücken und in wenig warmem Fond auflösen. Die Mischung zu der restlichen Bowle geben und im Kühlschrank gelieren lassen.

Die gelierte Bowle mit einem Schneebesen kurz durchrühren und den eiskalten Champagner vorsichtig unterrühren.

In gekühlte tiefe Teller geben, das Erdbeersorbet und die Walderdbeeren hineinlegen und mit einem Minzeblättchen garnieren.

Erdbeeren in Calvadosgelee auf Amarettosauce

Waldemar Kubis
Trüffel im Burbacher Hof
Hürth

200 g Erdbeeren, 400 ml Apfelsaft, 8 cl Calvados, 8 Blatt Gelatine, 100 g Zucker, 4 schöne Erdbeeren mit Grün zur Garnitur, 200 g Mascarpone, 10 cl Amaretto, 2 doppelte Espressi, 50 g Puderzucker, gesiebt.

Erdbeeren waschen, vierteln, auf Küchenkrepp gut trocknen und in 4 Auflaufförmchen füllen.

200 ml Apfelsaft erhitzen, die eingeweichte Gelatine zugeben und den Zucker darin auflösen. Den restlichen Apfelsaft und den Calvados dazugeben, gut rühren, etwas abkühlen lassen und noch flüssig über die Erdbeeren in die Formen geben. Etwa 2 Std. erkalten lassen.

Mascarpone, Amaretto, Espresso, Puderzucker gut verrühren und 3 EL in die Tellermitte geben. Die Förmchen in warmes Wasser stellen, die Erdbeeren aus den Förmchen stürzen und auf der Sauce anrichten. Mit einer schönen Erdbeere garnieren.

Holunderblütenkaltschale mit Erdbeerkrapfen

Carsten Kindermann
Silence-Waldhotel Horn
Iserlohn

Holunderblütenkaltschale:
0,5 l trockener Riesling, 180 g Zucker, ¼ Orange, ¼ Zitrone, 1 Prise Salz, ¼ Vanilleschote, 3 Blatt Gelatine, 0,2 kg Holunderblüten ohne dicke Stiele und 0,2 l Crème double. 16 mittelgroße Erdbeeren sowie 4 Minzblätter als Garnitur.

Ausbackteig:
100 g Mehl, 3 Eier, 20 g Zucker und 1 Prise Salz.

Holunderblüten, Riesling, Orangen- und Zitronenscheiben, Zucker in einem Weckglas abgedeckt 2 Tage kalt stellen. Die Flüssigkeit über einen Kaffeefilter gießen und mit eingeweichter Gelatine binden, kalt stellen. Die geschlagene Crème double und das Vanillemark unter die eisgekühlte Holunderblütenflüssigkeit heben und in vorgekühlte Teller geben.

Die Zutaten für den Ausbackteig schaumig miteinander verrühren, Erdbeeren eintauchen und in Fett ausbacken, in Zucker wälzen und in die Kaltschale legen. Mit Erdbeerscheiben und Minzblättern garnieren und sofort servieren.

Marzipanhalbgefrorenes auf Preiselbeersahne

Hermann Frintrop
Restaurant Frintrop
Oberhausen

100 g Marzipanrohmasse, 50 ml Amaretto, 20 g Butter, 50 g gehobelte Mandeln, 3 Eigelb, 60 g Zucker, 200 ml Sahne, 100 g Preiselbeerkompott (möglichst kalt gerührt), 200 g Schlagsahne.

Marzipanrohmasse mit dem Amaretto glattrühren. Die Mandeln in der Butter anrösten und zur Marzipanmasse geben. Eigelb und Butter warm schaumig schlagen und mit der Masse vermischen. Die Sahne schlagen und vorsichtig unterheben. In eine Form geben und gefrieren.

Sahne und Preiselbeerkompott so vermischen, daß es marmoriert aussieht, und auf die Teller geben. Das Halbgefrorene auf die Preiselbeersahne setzen und mit einigen gehackten Pistazien garnieren.

Lebkucheneis auf Preiselbeerschaum

Hans Bertels
Le Crocodile
Krefeld

Eis:
100 g Lebkuchen, 0,5 l Milch, 4 Eigelb, 50 g Zucker.

Rezept Seite 203: Warmer Apfelstreusel mit geeister Sanddorn-Vanille-Sauce, Herbert Weber, Restaurant Zum Pulverturm, Wachtendonk

Preiselbeerschaum:
100 g Preiselbeeren, 5 EL Rotwein, 150 g Zucker, 0,25 l Schlagsahne.

Lebkuchen und Milch aufkochen und verquirlen, die Eigelbe mit Zucker 2 Min. schaumig rühren. Die beiden Massen zusammenschütten und vorsichtig aufkochen, abkühlen und in eine Eismaschine geben.
Preiselbeeren, Rotwein und Zucker zu Kompott kochen, abkühlen lassen und mit der geschlagenen Sahne vermengen.
Preiselbeerschaum auf Teller verteilen, das Eis mit heißem Löffel in Eierform auf den Schaum anrichten.

Soufflé von süßem Ziegenkäse mit Zimtbirnen und Bitterschokoladeneis

Bild Seite 198
Das Bild zeigt das Soufflé ohne Rotweinbirne und Schokoladeneis.

Gerhard Völlm
Parkhotel Gütersloh
Gütersloh

Soufflé:
4 Eigelb, 6 Eiweiß, 120 g Zucker, 80 g Bruch von Ziegenkäse (Quark) oder ganz junge Crottins (Ziegenkäse).

Zimtbirnen:
2 Birnen, 2 EL Zucker, 1 dl Weißwein, 1 Stange Zimt, 1 TL Zimtpuder.

Schokoladeneis:
¼ l Milch, 250 g Sahne, 2 Eigelb, 1 Ei, 100 g Zucker, 100 g Bitterschokolade ohne Zucker, 20 g Kakao, 20 g Rum, 30 g Orangenlikör.

Für das Soufflé die Eigelbe und die Hälfte des Zuckers schaumig, das Eiweiß mit dem restlichen Zucker steif schlagen. Alles mit dem Ziegenkäse mischen und im vorgeheizten Wasserbad bei 200 °C in den Ofen schieben. Nach 5 Min. bei Unterhitze weiterbacken. Gesamtgarzeit etwa 25 Min. Für die Zimtbirnen die Birnen in Sechstel schneiden und zurechttournieren. Den Zucker karamelisieren, mit dem Weißwein ablösen und loskochen. Feine Streifen von der Zimtstange zugeben und etwas kochen. Dann die Birnenschnitze zugeben und darin pochieren, so daß sie noch etwas Biß haben. Anschließend herausnehmen und mit dem Zimtpuder bestäuben.
Für das Schokoladeneis Milch und Sahne aufkochen, in die verrührte Eier-Zucker-Masse gießen und auf etwa 85 °C erhitzen. Nun die aufgelöste Schokolade unterrühren. Wenn die Masse etwas abgekühlt ist, den Alkohol dazugeben und in der Maschine frieren.
Zum Anrichten mit einem heißen Löffel Nocken vom Schokoladeneis abstechen, die Zimtbirnen anlegen und kurz vor dem Servieren das Soufflé einsetzen.

Gehobelter Ziegenhartkäse mit eingemachten Birnen

Gerd Reber
Landhaus Leick, Sprockhövel

160 g Schwelmer Ziegenhartkäse (mindestens 3 Monate alt), 1 Birne, 20 g Honig, 1 EL Apfelessig sowie 1 dl Wasser, Pimpinelleblättchen.

Den Ziegenhartkäse mit einem Käsehobel dünn „aufhobeln" und auf große Teller verteilen.
Die Birne waschen, schälen und entkernen. Die Reste mit Honig leicht karamelisieren, mit Essig ablöschen und mit Wasser aufkochen. Kochend über die in feine Würfel geschnittene Birne gießen und 1 Tag einmachen, d. h. ziehen lassen.

Anrichten:
Je 1 Löffel eingemachte Birnen in die Tellermitte setzen und mit Pimpinelleblättchen bestreuen.

Anmerkung:
Den gehobelten Hartkäse mit Haselnußdressing zu marinieren, ist eine interessante Variante und paßt sehr gut zu dem würzigen Schwelmer Ziegenhartkäse.

Mousse von weißem Käse auf Früchte-Aquarell

Walter Stemberg
Restaurant Haus Stemberg
Velbert

3 Eigelb, 240 g Zucker, 500 g Magerquark, ⅛ l süße Sahne, 3 Blatt weiße Gelatine, 2 Mangos, 3 Kiwis, 250 g Erdbeeren, 250 g Blaubeeren.

Für die Mousse das Eigelb mit dem Zucker im Wasserbad warm aufschlagen, bis die Masse cremig ist. Den Quark und die geschlagene Sahne unter die abgekühlte Ei-Zucker-Masse rühren, mit 1 Prise Salz würzen. Die eingeweichte und ohne Wasser warm aufgelöste Gelatine schnell unterrühren und die Masse kalt stellen. Für das Früchte-Aquarell die frischen, vollreifen Früchte waschen, putzen und entkernen. Die Früchte sortenweise im Mixer pürieren. Die Früchtepürees abwechselnd mit einem Löffel auf 4 weißen Tellern vorsichtig in Viertel- oder Sechstelfeldern anrichten. Danach mit einem Holzlöffelstiel vom Mittelpunkt zum Tellerrand eine Spirale ziehen, bis das gewünschte Fruchtbild entstanden ist. Die erkaltete Käsemasse mit einem Löffel oder mit dem Spritzbeutel auf dem Früchte-Aquarell anrichten.

DAS NORDRHEIN-WESTFÄLISCHE BIER

Das nordrhein-westfälische Bier

Für den echten Genießer wird ein Mahl erst mit dem dazu passenden Getränk zum vollendeten Genuß. Besonders die Eigenheiten der regionalen Küche, abgestimmt auf die Erwartungen der Feinschmecker nach leichten Gerichten, die typisch sind für das Land und seine Eßkultur, werden nicht nur durch Wein, sondern auch durch Bier abgerundet. Mit der Vielfalt seiner Sorten und deren unterschiedlichem Geschmack ist das Bier eine wirklich harmonische Ergänzung eines kultivierten Mahles.

Bier ist ein erfrischender Aperitif, es schmeckt zu allen Speisen und paßt sogar gelegentlich zum Dessert. Bier ist salonfähig geworden. Mehr noch: Der Kenner ordert Bier als Aperitif zum Dinner im Gourmet-Restaurant, er bestellt sich ein Bier zum leichten Mittagessen mit Geschäftsfreunden, und er genießt Bier als Dämmerschoppen zum Abschalten von der Tageshektik am Tresen seines Stammlokals.

Bier wird aber auch gezischt zur „Frikadelle mit Mostrich aus der Hand" vom Kumpel nach der Schicht in der Eckpinte von Wanne-Eickel, gepflegte Damenhände führen angesichts delikater Krustentiere elegante Bierpokale zu den roten Lippen, und kreative Unternehmensberater tauchen zwischen dem Bissen vom Angus-Rind ihren Schnauzbart in die sahnesteifen Schaumhauben eines frisch gezapften Bieres. Und das überall in Deutschland; besonders gerne und oft in Nordrhein-Westfalen, dem bevölkerungsreichsten Bundesland, wo mit etwa 30 Millionen Hektoliter noch etwas mehr Bier gebraut wird als in Bayern, das dem eingehopften Biertrinker gemeinhin als Dorado gilt.

In Nordrhein-Westfalen aber können sich die knapp 17,5 Millionen Einwohner, von denen fast 14 Millionen im „trinkfähigen" Alter von mehr als 20 Jahren sind, pro anno immerhin an 15 Milliarden Gläsern Bier laben, wenn sie bei dem in dieser Region allgemein gebräuchlichen Glasinhalt von 0,2 Litern bleiben. Diesen Genuß gönnen sich die Bierfreunde im Bindestrichland ebenso wie in der gesamten Republik in Kneipen und Restaurants, Hotelbars und Landgasthöfen, zu Hause und bei Freunden sowie alleine und auch in froher Runde.

Dem Bier der mehr als 70 Brauereien von Nordrhein-Westfalen wollen aber auch die Genießer anderer Länder nicht entsagen; weder in der Bundesrepublik noch in der Welt. So verkaufen vor allem die ganz großen Pils-Brauereien von NRW, deren Ausstoß mit jeweils etlichen Millionen Hektolitern in der Bundesrepublik deutlich an der Spitze liegt, ihre Biere weit über die Grenzen Deutschlands.

Aber auch die besonderen Spezialitäten aus dem Rheinland und aus Westfalen haben ihre Freunde in Heimat und Ferne. Alt vom Niederrhein oder aus Düsseldorf, Kölsch aus der Domstadt und das historische Export aus Dortmund laufen aus Bierhähnen im ganzen Erdenrund. Händler verkaufen diese Biere in Flaschen oder Dosen abgefüllt in Fernost und Amerika, in Skandinavien ebenso wie in Afrika. Doch am besten schmecken sie noch immer dort, wo sie gebraut werden, denn Bier braucht Heimat. Und im Land zwischen Rhein und Weser sind die ungefilterten Zwickelbiere ebenso zu Hause wie die Latzenbiere und Stiekebiere, obergärige Biere, die zu besonderen Anlässen mit streng gehüteten Rezepturen sowie einem höheren Stammwürzegehalt eingebraut werden.

Aus Nordrhein-Westfalen kommen jedoch ebenso die meisten führenden Marken des spritzigen Pils, der Biersorte, die von mehr als zwei Dritteln der deutschen Biertrinker bevorzugt wird.

Vielfältig wie die Landschaft von Nordrhein-Westfalen, die von der weiten Fläche des Niederrheines bis zum Weserbergland und zu den üppig bewaldeten Hügeln im Sauerland variiert, ist das Angebot der unverwechselbaren Biere dieser Region, die Braukonzerne, mittelständische Privatunternehmen, aber auch kleine Gasthausbrauereien herstellen, wo der interessierte Besucher vom Schankraum aus dem Brauer beim Biersieden zuschauen kann.

Nirgendwo sonst gibt es eine vergleichbare Fülle der Biersorten, die in Nordrhein-Westfalen vom Pils über die hellen Lagerbiere, das klassische Export und die rheinischen Spezialitäten Alt sowie Kölsch bis zu einzigartigen Bieren für individuelle Gelegenheiten reicht. Bundesweit bekannte Diätbiere für Diabetiker werden im Land zwischen der niederländischen Grenze und den rheinischen Mittelgebirgen ebenso gebraut wie Starkbiere und eine Vielzahl schmackhafter Biere ohne Alkohol sowie kalorienarme, leichte Biere mit vermindertem Alkoholgehalt. Die beliebten Marken dieses jungen Biersegmentes lassen die Herkunft von ihren klassischen Vollbieren aus den nordrhein-westfälischen Brauereien schmecken und finden in der Ägide kalorienreduzierter

Ernährung vor allem bei den fitneßorientierten und schlankheitsbewußten Genießern großen Anklang. Alle Biere, die in der Bundesrepublik gebraut werden, und es dürften um die 5000 verschiedene Marken sein, haben trotz ihrer Vielfalt eine Gemeinsamkeit im Deutschen Reinheitsgebot von 1516. Diese älteste, in der Bundesrepublik noch heute gültige lebensmittelrechtliche Verordnung besagt, daß zur Herstellung von Bier lediglich die natürlichen Rohstoffe Hopfen, Malz, Wasser sowie Hefe verwendet werden dürfen. Andere Ingredienzen, wie beispielsweise billiger Reis oder Mais sowie chemische Zusätze, sind nach dieser Verfügung, die für deutsche Brauer nach wie vor verbindlich ist, zur Herstellung von Bier keinesfalls erlaubt.

Dennoch ist Bier nicht gleich Bier. So gliedern sich die deutschen Biere als Biergattungen aufgrund der Stammwürze, die nach dem 1. Januar 1993 auf jedem Bieretikett in Grad Plato als „p…" angegeben ist, in alkoholschwache und starke, aber auch, je nach Verwendung der Hefe, in untergärige sowie obergärige Arten auf. Für den Genießer sind jedoch sicherlich am wichtigsten die Verschiedenheiten der einzelnen untergärigen Sorten, wie Pils, Hell und Export, aber auch dunkles Bier, und die obergärigen Sorten Kölsch, Alt sowie Malz, zu denen im Süden der Bundesrepublik noch die Weizenbiere zählen.

Diese Biersorten mit ihren zahlreichen Spezialitäten, die regionalen Eigenheiten, die individuellen Braugeheimnisse und das verwendete Brauwasser geben den etwa 300 Biermarken aus Nordrhein-Westfalen eine Fülle von typischen Besonderheiten, zur Freude aller, die Bier gerne mögen. Und das sind allein in Nordrhein-Westfalen immerhin um die 10 Millionen Bürger. Von ihnen trinken drei Viertel aller Männer zumindest einmal wöchentlich ihr Bier, und auch die meist schöneren Hälften greifen immer öfter zum Bierglas, ein Viertel der Damenwelt zumindest einmal in der Woche. Zu ihnen gesellen sich noch die Bierfreunde in allen anderen deutschen Landen sowie jenseits der Grenzen unserer Republik, die besonders gerne Bier, vor allem spritziges Pils aus Nordrhein-Westfalen trinken.

Pils ist der Deutschen liebstes Bier. Mit ihrer hellen, goldgelben Farbe und dem hopfenherben Geschmack liegen die spritzigen Biere Pilsener Brauart bei den Konsumenten besonders in Nordrhein-Westfalen im aktuellen Trend nach prickelndem Genuß der leichten Art.

Hell, klar, spritzig, hopfenherb. So lieben die Genießer heute ihr Pils, das ursprünglich in der böhmischen Stadt Pilsen, dem heutigen Plzeň in der ČSFR, eingewanderte bayrische Braumeister zum ersten Mal im Jahr 1842 als „Urquell" brauten.

Pilsener wird in Nordrhein-Westfalen vor allem in den waldigen Regionen des sanft hügeligen Sauerlandes mit seinem reinen Quellwasser gebraut. Aber auch aus dem Ruhrgebiet mit dem klaren Tiefenwasser kommen vorzügliche Pilsener Biere, die meist eine Stammwürze von knapp 12 % haben, aus denen ein Alkoholgehalt von gut 5 Vol.-% resultiert, wie auf dem Etikett jeder Bierflasche dieser, aber selbstverständlich auch aller anderen Sorten vermerkt ist.

Als Heimat der hellen Lagerbiere ist Dortmund weltbekannt. Die Großbrauereien der westfälischen Metropole haben sich jedoch dem aktuellen Konsumententrend angepaßt und brauen jetzt auch Pils neben ihrem klassischen Exportbier. Export, ehedem so genannt, weil sich das mit einer Stammwürze von 12,5 % bis 14 % etwas stärker eingebraute Bier mit einem Alkoholgehalt um die 5,5 Vol.-% über längere Zeit besser transportieren ließ, ohne Schaden zu nehmen, ist hell sowie vollmundig und heute bei den Damen besonders beliebt.

Lagerbier, das meist hell ist – von dem es aber auch die einstigen und jetzt wieder als urig geschätzten Dunklen gibt –, enthält etwa 5 % Alkohol, die aus einer Stammwürze von 11 bis 12,5 % resultieren, und schmeckt meist leicht malzaromatisch. Diese Geschmacksrichtung ist bei den Konsumenten in weiten Teilen der Bundesrepublik jedoch offensichtlich gleichbedeutend mit einem etwas mastigen Bier und entspricht somit nicht dem Trend zum leichten Genuß, dem das herbere Pils entgegenkommt, obwohl der Kaloriengehalt dieser beiden Biersorten mit rund 440 kcal pro Liter annähernd gleich niedrig ist und etwa dem von Apfelsaft entspricht.

Starkbiere, die viele Brauereien in NRW vor allem als Festbier zu besonderen Anlässen einbrauen, haben mit mehr als 600 kcal pro Liter natürlich einen weit höheren Brennwert als die üblichen Vollbiere. Die Kalorien der vollmundigen Bockbiere, die meist den Namen eines Heiligen tragen oder mit der Silbe -ator enden, resultieren vor allem aus dem höheren Alkoholgehalt der Starkbiere, der im Durchschnitt der einzelnen Marken bei 6,25 Vol.-% liegt, bei weitem aber nicht die Alkoholwerte von Wein erreicht, der 10 Vol.-% meist übersteigt.

Werden Pils sowie die hellen Biere nahezu in allen Regionen der Bundesrepublik hergestellt, sind Alt sowie Kölsch ganz typische rheinische Bierspezialitäten, die nur dort gebraut und vornehmlich auch in dieser Gegend getrunken werden.

Alt, das keineswegs ein besonders altes Bier ist, im Gegenteil sogar möglichst jung getrunken werden soll, verdankt seine Bezeichnung der alten, obergärigen Brauart. Diese wurde angewandt, da die obergärige Hefe nur bei Temperaturen zwischen 15 und 20 Grad Celsius optimal arbeitet. Untergärige Hefe hingegen benötigt zur Gärung eine Temperatur von 4 bis höchstens 9 Grad Celsius, so daß ehemals diese länger haltbaren

Biere lediglich im Winter gebraut werden konnten, bevor Carl von Linde 1873 die Kältemaschine erfand.

In unserer Zeit wird Alt vornehmlich am Niederrhein sowie in Düsseldorf gebraut. Es ist ein dunkelbernsteinfarbenes Bier mit einem leicht herben Geschmack. In vielen Gaststätten der Landeshauptstadt und deren Umgebung wird Alt aus einem Faß direkt auf der Theke gezapft und läuft ohne zusätzlichen Kohlensäuredruck in die meist becherartigen Gläser, die einen Inhalt von 0,2 Litern haben.

Vor allem in Düsseldorf gibt es etliche Hausbrauereien, die ihr Alt hauptsächlich in den eigenen Brauereigaststätten ausschenken und nur wenige Flaschen sowie kleine Fäßchen ihrer Spezialitäten, die bei den Kennern besonders beliebt sind, auch für den Konsumenten zu Hause abfüllen.

Im Gegensatz zum Alt ist das obergärige Kölsch hell bis goldgelb. Lediglich 24 in der Kölsch-Konvention zusammengeschlossene Brauereien innerhalb der Stadt Köln sowie deren unmittelbarer Umgebung haben das dokumentierte Recht, Kölsch zu brauen. Kölsch ist das Bier der Kölner, aber auch der Imis, der zugezogenen, nun heimischen Neubürger. Wer in einer Kölner Gaststätte, von denen es an jeder Straßenkreuzung bestimmt vier gibt, ein Bier bestellt, dem wird Kölsch serviert.

Viele der zahlreichen Gasthäuser in der Domstadt gehören Kölsch-Brauern. Vor allem dort wird dem Gast vom Köbes, dem Kellner in blauem Strickwams, wadenlanger blauer Wickelschürze und der schwarzledernen Geldkatze vor dem meist ansehnlichen Schmerbauch, sein Kölsch in den typischen Stangen, hohen, schlanken Gläsern mit einem Inhalt von 0,2 Litern, serviert aus dem

Kranz, einem hochbordigen, runden Tablett mit einem Tragegriff in der Mitte. Und das immer wieder, so lange, bis der Gast den Bierdeckel auf sein Glas legt und damit das Zeichen zum Bezahlen der Zeche gibt.

Kölsch ist ein Bier, das vornehmlich im Gasthaus, in der Weetschaft, an Tisch und Tresen getrunken wird. Etwa 70 % vom gesamten Kölsch-Ausstoß laufen in der Gastronomie, während es von den anderen Biersorten in der Bundesrepublik im Durchschnitt höchstens 25 % sind. Kölsch wird jedoch auch in Flaschen verkauft. Für den Heimkonsum aber ist es für einen richtigen Kölner, der seine Verwandten oder gar die Freunde gut bewirten will, nachgerade selbstverständlich, zu Hause ein Pittermännsche anzustechen, eines jener kleinen Fäßchen mit einem Inhalt von 10 oder höchstens 20 Litern Kölsch, das nicht nur im normalen Getränkehandel, sondern auch in separaten Verkaufsstellen dieser 24 Kölsch-Brauereien gut gekühlt stets vorrätig ist.

Die in diesem Beitrag aufgeführten Biere aus Nordrhein-Westfalen können nur einen kleinen Teil der Sortenvielfalt und der unterschiedlichen Spezialitäten zusammenfassen. Aber einige Anregungen machen vielleicht Appetit, zu den Gerichten aus den Meisterküchen des Landes im Nordwesten der Bundesrepublik auch die Biere aus den Brauereien dieser Region zu probieren. Und für den Genuß von Bier gibt es keinen Zwang, der bestimmte Sorten oder Arten einzelnen Speisen zuordnet. Bier schmeckt zu jedem Essen, zu allen Gängen. Aus dem vielfältigen Angebot frischer Biere, die gute Speisehäuser ausschenken, braucht der Genießer nur zu wählen, je nach Lust und Laune. Und Laune macht Bier allemal.

Was bedeuten die Prozente?

Nach den Richtlinien des Gemeinsamen Marktes müssen Biere in Kleingebinden mit der Angabe des Alkoholgehaltes in Volumenprozent sowie voraussichtlich künftig auch mit ihrer Stammwürze in Grad Plato versehen sein. Bei Flaschen und Dosen werden diese Informationen auf die Etiketten bzw. die Dosenkörper gedruckt.

Viele Verbraucher verwechseln die Stammwürze mit dem Alkoholgehalt.

Stammwürze und Alkoholgehalt hängen eng zusammen. Beide werden mit der Angabe in Prozenten ausgedrückt. Das kann der Grund sein für die Verwirrung.

Der Stammwürzegehalt bedeutet die Menge der aus dem Malz gelösten natürlichen Stoffe. Er soll evtl. angegeben werden in Grad Plato „p..." als Höhe des Stammwürzegehaltes.

Demnach bedeutet „p 12" einen Stammwürzegehalt von 12 %, den die durchschnittlich in Deutschland am meisten getrunkenen Biere haben, und bedeutet, daß in 1000 g Bierwürze – das ist etwa 1 l – vor dem Gären 120 g Extrakt enthalten waren, der hauptsächlich aus den natürlichen Stoffen wie Malzzucker, Eiweiß, Mineralien und Vitaminen besteht.

Alkohol entsteht beim Brauvorgang des Bieres. Bei der Vergärung verwandelt sich vom Bierextrakt etwa ein Drittel in Alkohol, ein Drittel in Kohlensäure, welche dem Bier u. a. die Frische verleiht, und der Rest bleibt als unvergorener Extrakt im Bier.

Der Alkoholgehalt müßte demnach bei den meisten Vollbieren, also dem klassischen deutschen Bier, etwa ein Drittel von 12 % Stammwürzegehalt, somit 4 % sein. Heute wird jedoch der Alkoholgehalt nicht mehr wie früher in Gewichtsprozenten angegeben, sondern nach der Vorschrift des Gemeinsamen Marktes in Volumenprozent. Und das sind – wegen des anderen spezifischen Gewichtes von Bier – etwa ein Viertel mehr. Ein Pils, beispielsweise, hat also einen Alkoholgehalt, der im Durchschnitt aller Marken bei 5 Vol.-% liegt.

RESTAURANTS UND KASINOS DER KÖCHE

5100 Aachen
Gala
Gerhard Gartner
Monheimsallee 44, Tel. (02 41) 15 30 13
Küchenchef: Gerhard Gartner
               Maurice de Boer
Plätze: 35/45/80/400
Ruhetage: —
Ferien: —
Geöffnet: Gala 19.00–24.00;
               Bistro 17.00–01.00
Warme Küche: Gala 19.00–22.00;
               Bistro 17.00–01.00

5100 Aachen
Le Canard
Bernd Gach
Bendelstr. 8, Tel. (02 41) 3 86 63
Küchenchef: Udo Wienen
Plätze: 10/33; Terrasse 33
Ruhetage: Sonntag, Montag,
               außer an Feiertagen
Ferien: 1 Woche im Karneval,
               1 Woche zu Pfingsten
Geöffnet: 12.00–14.00; 19.00–24.00
Warme Küche: 12.00–14.00; 19.00–22.00

5100 Aachen
St. Benedikt
Hans-Joachim Kreus
Benediktusplatz 12, Tel. (0 24 08) 28 88
Küchenchef: Gisela Kreus
Plätze: 18
Ruhetage: Sonntag und Montag
Ferien: 3 Wo. Sommerferien
Geöffnet: 19.00–24.00
Warme Küche: 19.00–21.00

5305 Alfter
Herrenhaus Buchholz
Christian Dreesen
Buchholzweg 1, Tel. (0 22 22) 6 00 05
Küchenchef: Wolfgang Schmalzried
Plätze: 24/30/32
Ruhetage: —
Ferien: —
Geöffnet: 11.30–24.00
Warme Küche: 11.30–14.30; 18.00–22.00

5060 Bergisch Gladbach 2
Restaurant Dieter Müller
im Schloßhotel Lerbach
Dieter Müller, Thomas H. Althoff
Lerbacher Weg, Tel. (0 22 02) 20 40
Küchenchef: Dieter Müller
Plätze: 20/40
Ruhetage: Sonntag und Montag
Ferien: 3 Wo. Sommerferien
Geöffnet: 12.00–14.00; 19.00–24.00
Warme Küche: 12.00–14.00; 19.00–22.00

4800 Bielefeld
Auberge Le Concarneau
Ernst-Heiner Hüser
Buschkampstr. 75, Tel. (05 21) 49 37 17
Küchenchef: Ernst-Heiner Hüser
Plätze: 40
Ruhetage: So., Mo. und feiertags
Ferien: Je 2 Wo. Ost./Som./Herbst
               während der Schulferien
Geöffnet: 19.00–24.00
Warme Küche: 19.00–22.00

4800 Bielefeld
Buschkamp
Ernst-Heiner Hüser
Buschkampstr. 75, Tel. (05 21) 49 28 00
Küchenchef: Ernst-Heiner Hüser
Plätze: 90
Ruhetage: —
Ferien: —
Geöffnet: 11.00–24.00
Warme Küche: 12.00–14.30; 18.00–22.30

4800 Bielefeld
Markloffs
Wolfgang Markloff, Rolf Halsmann
Niedernstr. 18, Tel. (05 21) 55 54 55
Küchenchef: Wolfgang Markloff
Plätze: 50
Ruhetage: Sonntag und Montag
Ferien: 3 Wo. Sommerferien
Geöffnet: 09.00–24.00
Warme Küche: 12.00–14.00; 18.00–22.00

4630 Bochum
Alt Nürnberg
Jürgen Scheffran
Königsallee 16, Tel. (02 34) 31 16 98
Küchenchef: Françoise Ellrich
Plätze: 28/40
Ruhetage: Montag
Ferien: —
Geöffnet: 18.00–02.00
Warme Küche: 18.00–24.00

4630 Bochum
Restaurant Stammhaus Fiege
Marianne Schwinning
Bongardstr. 23, Tel. (02 34) 1 26 43
Küchenchef: Josef Schwinning
Plätze: 30/50
Ruhetage: Do. und Sonntagabend
Ferien: 4 Wo. Sommerferien
Geöffnet: 11.00–15.00; 17.00–23.00
Warme Küche: 12.00–14.30; 17.30–22.00

5300 Bonn-Bad Godesberg
Halbedel's Gasthaus
Rainer-Maria u. Irmgard Halbedel
Rheinallee 47, Tel. (02 28) 35 42 53
Küchenchef: Rainer-Maria Halbedel
Plätze: ca. 28
Ruhetage: Montag
Ferien: 3 Wo. Sommerferien
Geöffnet: tägl., außer Mo., 18–24.00
Warme Küche: 18.00–22.30

5790 Brilon-Gudenhagen
Haus Waldsee
Georg Groß
Am Waldfreibad 1, Tel. (0 29 61) 33 18
Küchenchef: Georg Groß
Plätze: 30 bis 40
Ruhetage: Montag
Ferien: variabel
Geöffnet: 12.00–14.00; 18.00–23.00
Warme Küche: 12.00–14.00; 18.00–22.00

5909 Burbach-Holzhausen
D'r Fiester Hannes
Dieter Heß
Flammersbacher Str. 7, Tel. (0 27 36) 39 33
Küchenchef: Oliver Heß
Plätze: 50
Ruhetage: Montagabend, Dienstag
Ferien: Im Januar 1 Woche
Geöffnet: 11.30–14.30; 18.00–24.00
Warme Küche: 12.00–14.00; 18.00–22.00

4620 Castrop-Rauxel
Gourmet-Restaurant Goldschmieding
Bernhard Stromberg
Ringstr. 97, Tel. (0 23 05) 3 29 31
Küchenchef: Richard Abrolat
Plätze: 30/70/80
Ruhetage: Montag, Samstagmittag
Ferien: —
Geöffnet: 11.00–01.00
Warme Küche: 12.00–14.30; 18.00–22.30

4220 Dinslaken-Hiesfeld
Restaurant-Café Haus Hiesfeld
Thomas Heyne
Kirchstr. 125, Tel. (0 20 64) 9 40 00
Küchenchef: Mario Kalweit
Plätze: 16/40
Ruhetage: Sonntag und Montag
Ferien: 2 Wochen Karneval,
               2 Wochen Sommerferien
Geöffnet: Di.–Fr.: 12.00–14.00;
               Di.–Sa.: 19.00–24.00
Warme Küche: 12.00–14.00; 19.00–21.30

4600 Dortmund
Romantik Hotel Lennhof
Willi Assheuer, Karl-Josef Jacob
Menglinghauser Str. 20, Tel. (02 31) 7 57 26
Küchenchef: Detlef Bieder
Plätze: 35/98
Ruhetage: —
Ferien: —
Geöffnet: 12.00–01.00
Warme Küche: 12.00–14.30; 18.00–23.30

4000 Düsseldorf-Lörick
Hummerstübchen im Hotel Fischerhaus
Sybille und Peter Nöthel
Bonifatiusstr. 35, Tel. (02 11) 59 44 02
Küchenchef: Peter Nöthel
Plätze: 40
Ruhetage: Sonntag und Montag
Ferien: 3 Wochen im Sommer,
                2 Wochen im Januar
Geöffnet: 18.00–24.00
Warme Küche: 18.00–22.00

4000 Düsseldorf
Brauerei Schumacher Stammhaus
Gertrud Schnitzler-Ungermann
Oststr. 123, Tel. (02 11) 32 60 04
Küchenchef: Laurentia Busse
Plätze: 350
Ruhetage: —
Ferien: 1. Weihnachtstag, 1. Jan.
Geöffnet: 10.00–24.00
Warme Küche: 12.00–23.00

4000 Düsseldorf
La Terrazza
Klaus Schulze
Königsallee 30, Tel. (02 11) 32 75 40
Küchenchef: Rolf Schmidt
Plätze: ca. 100
Ruhetage: Sonn- und Feiertage; bei
                Messen jeden Tag geöffnet
Ferien: —
Geöffnet: 12.00–14.30; 18.30–22.30
Warme Küche: 12.00–14.30; 18.30–22.00

4000 Düsseldorf
Victorian
Günter Scherrer
Königstr. 3a, Tel. (02 11) 32 02 22
Küchenchef: Günter Scherrer
Plätze: 45 Restaurant, 90 Lounge
                12/50 Nebenräume
Ruhetage: Lounge keine, Restaurant
                sonn- und feiertags
Ferien: —
Geöffnet: Restaurant:
                12.00–15.00; 19.00–24.00
                Lounge: 11.00–01.00
Warme Küche: Restaurant:
                12.00–14.50; 19.00–22.30
                Lounge: 11.00–24.00

4000 Düsseldorf-Kaiserswerth
Schiffchen/Aalschokker
Jean Claude Burgueil
Kaiserswerther Markt 9,
Tel. (02 11) 4 40 39 48
Küchenchef: Jean Claude Burgueil
Plätze: 45
Ruhetage: Sonntag, Montag
Ferien: —
Geöffnet: 19.00–24.00
Warme Küche: 19.00–21.30

4100 Duisburg
La Provence
Heidi u. Theo Friederichs
Hohestr. 29, Tel. (02 03) 2 44 53
Küchenchef: Theo Friederichs
Plätze: 30
Ruhetage: Samstagmittag,
                sonn- u. feiertags
Ferien: 3 Wo. Sommerferien
                und 22. Dez. bis 7. Jan.
Geöffnet: 12.00–15.00; 18.30–00.00
Warme Küche: 12.00–14.00; 18.30–22.00

4300 Essen 18
Hotel Schloß Hugenpoet
Jürgen Neumann
August-Thyssen-Str. 51, Tel. (0 20 54) 1 20 40
Küchenchef: Hans-Dietrich Marzi
Plätze: 20 Roter Salon
                30 Grüner Salon
                50 Kaminzimmer
                80 Blauer Saal, 90 Restaur.
Ruhetage: —
Ferien: 4. Jan. bis 16. Jan. 93
Geöffnet: ganzjährig
Warme Küche: 12.00–14.30; 18.30–24.00

4300 Essen-Kettwig
Ange d'Or Junior
Claude Huppertz
Ruhrtalstr. 36, Tel. (0 20 54) 23 07
Küchenchef: Frank Bertram
Plätze: 40/35/65
Ruhetage: Montag und Dienstag
Ferien: 20. Dez. bis 20. Jan.
Geöffnet: 18.00–01.00
Warme Küche: 18.00–22.30

4300 Essen-Kettwig
Benedikt und Résidence
im Hotel Résidence
Berthold und Uta Bühler
Auf der Forst 1, Tel. (0 20 54) 89 11
Küchenchef: Heinz Bach
Plätze: 20 (Benedikt); 45 (Résidence)
Ruhetage: Sonntag und Montag
Ferien: 3 Wo. Sommerferien,
                1. Woche im Januar
Geöffnet: 18.30–24.00
Warme Küche: 18.30–20.30

4040 Grevenbroich
Zur Traube
Dieter und Elvira Kaufmann
Bahnstr. 47, Tel. (0 21 81) 6 87 67
Küchenchef: Dieter Kaufmann
Plätze: 20/60
Ruhetage: Sonntag und Montag
Ferien: 20. Dez. bis 20. Jan.
                die letzten 14 Tage im Juli
Geöffnet: 12.00–14.30; 19.00–24.00
Warme Küche: 12.00–13.30; 19.00–21.30

4432 Gronau-Epe
Restaurant Heidehof
Theodor Lammers
Amtsvenn 1, Telefon (0 25 65) 13 30
Küchenchef: Theodor Lammers
Plätze: 15/30/50/60
Ruhetage: Montags, Samstagnachmittag
Ferien: 15. 2. bis 2. 3. 93
                15.10. 93 bis 30. 10. 93
Geöffnet: ab 11.00 durchgehend
Warme Küche: 12.00–14.00; 18.00–22.00

4830 Gütersloh
Parkrestaurant
Reinhard Mohn
geschäftsf. Direktor: Arwed Sparber
Kirchstr. 27, Tel. (0 52 41) 8 77-0
Küchenchef: Gerhard Völlm
Plätze: 60
Ruhetage: —
Ferien: —
Geöffnet: 12.00–14.30; 18.30–22.30
Warme Küche: 12.00–14.00; 18.30–22.30

4830 Gütersloh
Schiffchen
Heiner Finke
Eickhoffstr. 1, Tel. (0 52 41) 1 50 25
Küchenchef: Johannes Meyer
Plätze: 50
Ruhetage: Sonntag
Ferien: 14 Tage in den großen Ferien
Geöffnet: 18.00–23.00
Warme Küche: 18.00–22.30

5800 Hagen-Garenfeld
Zum Deelenkrug
Heinrich Toennis-Fischer
Im Flasspoth 1, Tel. (0 23 04) 6 70 66
Küchenchef: Heinrich Toennis-Fischer
Plätze: 70
Ruhetage: Sonntag
Ferien: 3 Wochen im Sommer
Geöffnet: ab 18.00 Uhr
Warme Küche: 18.00–22.00

4834 Harsewinkel
Restaurant Poppenborg
Heinrich Poppenborg
Brockhäger Str. 9
Telefon (0 52 47) 22 41, Fax 17 21
Küchenchef: Heinrich Poppenborg
Plätze: 40
Ruhetage: Mittwoch
Ferien: 1 Wo. Januar, 1 Wo. Ostern
1 Wo. Herbstferien
Geöffnet: 12.00–14.00; 18.00–24.00
Warme Küche: 12.00–13.15; 19.00–21.15

4320 Hattingen
Landgasthof Huxel
Werner Westphal
Felderbachstr. 9, Tel. (0 20 52) 64 15
Küchenchef: Werner Westphal,
Ralf Beermann
Plätze: 45
Ruhetage: Montag und Dienstag
Ferien: Januar
Geöffnet: 11.30–24.00
Warme Küche: 11.30–14.00; 18.30–22.00

5912 Hilchenbach
Siebelnhof
Erich W. Steuber
Siebelnhofstr. 47, Tel. (0 27 33) 70 07
Küchenchef: Erich W. Steuber
Plätze: 70
Ruhetage: Samstagmittag
Ferien: 14 Tage Sommerferien
Geöffnet: 12.00–14.30; 18.00–23.30
Warme Küche: 12.00–14.30; 18.00–23.30

5030 Hürth-Burbach
Trüffel im Burbacher Hof
Waldemar Kubis
Zur Gotteshülfe 47, Tel. (0 22 33) 3 47 33
Küchenchef: Waldemar Kubis
Plätze: 20
Ruhetage: Sonntag
Ferien: —
Geöffnet: 12.00–14.00; 18.30–23.00
Samstag 18.30–23.30
Warme Küche: 12.00–13.30; 18.30–21.30

5860 Iserlohn
Silence-Waldhotel Horn
Familie Kraney
Seilerwaldstr. 10, Tel. (0 23 71) 48 71
Küchenchef: Carsten Kindermann
Plätze: 20/30/60
Ruhetage: —
Ferien: 2 Wochen im Dez./Jan.
Geöffnet: 12.00–14.30; 18.00–24.00
Warme Küche: 12.30–14.30; 18.30–22.00

4132 Kamp-Lintfort
Restaurant „Haus Pötters"
Susanne u. Uwe Lemke
Weseler Str. 362 (B 58), Tel. (0 28 02) 40 29
Küchenchef: Uwe Lemke
Plätze: 40/25
Ruhetage: Montag
Ferien: 1. Jan. bis 8. Jan. und 4 Wo.
in den Sommerferien
Geöffnet: Di. bis So. ab 17.30 Uhr
Warme Küche: 17.30–22.30

5000 Köln
Gaststätte Brauhaus Sion
Fritz Betz
Unter Taschenmacher 5-7
Küchenchef: Siegfried Hoffmann
Plätze: 500
Ruhetage: —
Ferien: —
Geöffnet: 10.00–00.30
Warme Küche: 11.30–23.30

5000 Köln 1
Restaurant Soufflé
Walter Manhardt u. Roland Schöpgens
Hohenstaufenring 53, Tel. (02 21) 21 20 22
Küchenchef: Roland Schöpgens
Plätze: 45
Ruhetage: Samstagmittag und Sonntag
Ferien: variabel
Geöffnet: Montag bis Samstag
Warme Küche: 12.00–14.30; 18.30–23.00

5000 Köln 90 (Porz-Langel)
Restaurant „Zur Tant"
Franz Hütter
Rheinbergstr. 49, Tel. (0 22 03) 8 18 83
Küchenchef: Franz Hütter
Plätze: 60 bis 90
Ruhetage: Donnerstag
Ferien: 14 Tage zur Karnevalszeit
Geöffnet: 12.00–15.00; 18.00–01.00
Warme Küche: 12.00–14.30; 18.00–21.30

5000 Köln 90 (Porz-Langel)
Hütter's Piccolo
Franz Hütter
Rheinbergstr. 49, Tel. (0 22 03) 8 18 83
Küchenchef: Franz Hütter
Plätze: 37
Ruhetage: Donnerstag
Ferien: 14 Tage zur Karnevalszeit
Geöffnet: 12.00–15.00; 18.00–01.00
Warme Küche: 12.00–15.00; 18.00–22.00

5000 Köln 50 (Immendorf)
Weinstuben Bitzerhof
Hubert Stockhammer
Immendorfer Hauptstr. 21
Küchenchef: Klaus-Peter Axer
Plätze: 40/60
Ruhetage: Weihnachten
Ferien: —
Geöffnet: 12.00–15.00; 18.00–24.00
Warme Küche: 12.00–14.00; 18.00–22.00

5000 Köln 21
Graugans
Reda Habib (Restaurantleiter)
Kennedy-Ufer 2a, Tel. (02 21) 82 81-7 75
Küchenchef: Holger Tamm
Plätze: 55
Ruhetage: —
Ferien: —
Geöffnet: Mo.–Fr. 12.–14.30; 18.30–23.30
Sa. u. So. 18.30–23.30
Warme Küche: 12.00–14.30; 18.30–22.30

5330 Königswinter-Stieldorf
Gasthaus Sutorius
Richard Sutorius, Brigitte Sutorius
Delinghovener Str. 7
Tel. (0 22 44) 47 49
Küchenchef: Richard Sutorius
Plätze: 35 Restaurant
10–80 Gesellschaftsräume
Ruhetage: Montag u. Dienstagmittag
Ferien: 15.–30. Jan., Sommerferien
Geöffnet: 12.00–14.00; 18.00–24.00
Warme Küche: 12.00–14.00; 18.00–22.00

4150 Krefeld
Le Crocodile
Hannelore u. Hans Bertels
Uerdinger Str. 336, Tel. (0 21 51) 50 01 10
Küchenchef: Hans Bertels
Plätze: 60 (Terrasse 40)
Ruhetage: Sonntagmittag und Montag
Ferien: 14 Tage Sept./Okt.
Geöffnet: 12.00–15.00; 18.00–23.00
Warme Küche: 18.00–23.00

5880 Lüdenscheid
Petersilie
Manfred Salzmann
Loherstr. 19, Tel. (0 23 51) 8 32 31
Küchenchef: Manfred Salzmann
Plätze: 20/20
Ruhetage: —
Ferien: 1.–10. Januar
Geöffnet: 12.00–14.00; 18.00–24.00
Warme Küche: 18.00–21.00

4670 Lünen
Schloß Schwansbell
Franz L. Lauter
Schwansbeller Weg 32
Telefon (0 23 06) 28 10, Fax 2 34 54
Küchenchef: Franz L. Lauter
Plätze: 20/30
Ruhetage: Montag
Ferien: —
Geöffnet: 12.00–15.00; 18.00–24.00
               Sonntags durchgehend
Warme Küche: 12.00–14.00; 18.00–22.00

5778 Meschede
Hotel von Korff
Hans-Georg von Korff
Le-Puy-Str. 19, Tel. (02 91) 9 91 40
Küchenchef: Hans Georg von Korff
Plätze: 15/45/20/25/35
Ruhetage: —
Ferien: —
Geöffnet: 10.00–23.30
Warme Küche: 12.00–14.00; 18.00–22.00
               im Bistro durchgehend

4130 Moers 1
Restaurant Kurlbaum
Michael Kurlbaum
Burgstr. 7, Tel. (0 28 41) 2 / 2 00
Küchenchef: Hufschmidt/Kalbers
Plätze: 40
Ruhetage: Dienstag
Ferien: 1. Januar-Woche
Geöffnet: 12.00–14.00; ab 18.00,
               Sa. und So. ab 18.00
Warme Küche: 12.00–14.00; 18.00–22.00

4330 Mülheim/Ruhr
Altes Zollhaus
Familie Möllecken
Duisburger Str. 228, Tel. (02 08) 5 03 49
Küchenchef: Thomas Möllecken
Plätze: 15/20
Ruhetage: Montag, Samstagmittag
Ferien: 14 Tage im Januar und
               14 Tage im August
Geöffnet: 12.00–15.30; 18.00–24.00
Warme Küche: 12.00–14.00; 18.00–21.30

4330 Mülheim / Ruhr
Mausefalle
TOP-GAST
Bogenstr. 8, Tel. (02 08) 38 44 32
Küchenchef: Frank Küster
Plätze: 60
Ruhetage: Dienstag
Ferien: —
Geöffnet: Mo.–Sa. 17.30–01.00;
               So. u. Feiertg. 11.00–01.00
Warme Küche: Mo.–Sa. 17.30–01.00;
               So. u. Feiertg. 11.00–01.00

4400 Münster
Bakenhof
J. und G. Twent
Roxeler Str. 376, Tel. (02 51) 86 15 06
Küchenchef: Olaf Königsmann
Plätze: 15/30/60
Ruhetage: Donnerstag
Ferien: Feb. 14 Tg., Sommerf. 3 Wo.
Geöffnet: 11.00–15.00; 18.00–24.00
Warme Küche: 12.00–14.00; 18.00–22.00

4400 Münster-Roxel
Parkhotel Schloß Hohenfeld
Heinz Müller, Dir. Bernd Rothenberger
Dingbängerweg 400, Tel. (0 25 34) 80 80
Küchenchef: Wolfgang Stein
Plätze: 35/40/60/60
Ruhetage: —
Ferien: 8 Tage über Weihnachten
Geöffnet: 12.00–14.00; 18.00–24.00
               (Börneken-Kneipe
               17.00–23.00)
Warme Küche: 12.00–14.00; 18.00–22.00

4200 Oberhausen
Frintrop
Hermann u. Dorothee Frintrop
Mühlenstr. 116, Tel. (02 08) 87 09 75
Küchenchef: Hermann Frintrop
Plätze: 16/20
Ruhetage: Sonn- u. Feiertage
Ferien: Erste 3 Wo. Sommerferien
               Weihnachten bis Neujahr
Geöffnet: 12.00–14.00
               außer Sa. 18.00–23.00
Warme Küche: 12.00–14.00; 18.00–23.00

5063 Overath-Immekeppel
Sülztaler Hof
Josef Selbach
Lindlarer Str. 83, Tel. (0 22 04) 77 46
Fax (0 22 04) 7 45 20
Küchenchef: Josef Selbach
Plätze: 12/18/35
Ruhetage: Dienstag, Mittwochmittag
Ferien: 3 Wochen Sommerferien
Geöffnet: 11.30–15.00; ab 18.00
Warme Küche: 12.00–14.00; 18.00–22.00

4953 Petershagen 1
Hotel Schloß Petershagen
Klaus u. Rosemarie Hestermann
Telefon (0 57 07) 3 46
Küchenchef: Peter Uhlemann
Plätze: 60 Orangerie, 25 Kurfürs-
               ten-Zimmer, 25 Cabinet
Ruhetage: —
Ferien: 2. Januar bis 31. Januar 93
Geöffnet: 12.00–14.00; 18.00–22.00
Warme Küche: 12.00–14.00; 18.00–22.00

5372 Schleiden
Alte Rentei
Familie Hermann Kettner
Am Markt 39, Tel. (0 24 45) 6 99
Küchenchef: Hermann Kettner
Plätze: 30
Ruhetage: Montag und Dienstag
Ferien: —
Geöffnet: 12.00–14.00; 18.30–24.00
Warme Küche: 12.00–13.30; 18.30–21.30

5949 Schwallenberg/Ohlenbach
Waldhaus Ohlenbach
Josef Schneider
Telefon (0 29 75) 8 40
Küchenchef: Joachim Lülf
Plätze: 25
Ruhetage: —
Ferien: Mitte Nov. bis Mitte Dez.
Geöffnet: 12.00–14.00; 18.00–24.00
Warme Küche: 12.00–14.00; 18.00–22.00

4403 Senden-Ottmarsbocholt
Averbeck's Giebelhof Restaurant
Familie Averbeck
Kirchstr. 12, Tel. (0 25 98) 3 93, Fax 7 79
Küchenchef: Clemens Averbeck
Plätze: 40/40
Ruhetage: Dienstag
Ferien: —
Geöffnet: Mo.–Fr. ab 18.00
               Sa., So. u. feiertags ab 12.00
Warme Küche: 18.00–22.00; Sa., So.,
               feiertags auch 12.00–14.00

4770 Soest
Biermanns Restaurant
Wilhelm Biermann
Thomästr. 47, Tel. (0 29 21) 1 33 10
Küchenchef: Wilhelm Biermann
Plätze: 37/20
Ruhetage: Montag
Ferien: —
Geöffnet: 12.00–14.15; 18.00–24.00
Warme Küche: 12.00–14.15; 18.00–22.00

4322 Sprockhövel
Landhaus Leick
Edith Leick
Bochumer Str. 67, Tel. (0 23 24) 76 15
Küchenchef: Gerd Reber
Plätze: 16/24/26
Ruhetage: Montag und Samstagmittag
Ferien: 1. Jan. bis 20. Jan., 2 Wochen
               in den Sommerferien
Geöffnet: 12.00–14.30; 18.00–23.00
Warme Küche: 12.00–14.30; 18.00–23.00

4803 Steinhagen
Alte Schmiede
Peter Gehrmann, Rainer Tillhorn
Kirchplatz 22, Tel. (0 52 04) 70 01
Küchenchef: Roger Heidermann
Plätze: 45
Ruhetage: Heiligabend
Ferien: —
Geöffnet: 12.00–14.30; 18.00–24.00
Warme Küche: 12.00–14.00; 18.00–22.00

4542 Tecklenburg
Galerie
Familie Genzow-Schumacher
Meesenhof 5–7, Tel. (0 54 82) 4 25
Küchenchef: Richard Lattrich
Plätze: 15/35/40/45/50/100/160
Ruhetage: —
Ferien: —
Geöffnet: 12.00–15.00; 18.00–22.00
Warme Küche: 12.00–22.00

5620 Velbert/Neviges
Restaurant Haus Stemberg anno 1864
Walter Stemberg
Kuhlendahler Straße 295, Tel. (0 20 53) 56 49
Küchenchef: Walter Stemberg
Plätze: 14/26/34
Ruhetage: Donnerstag und Freitag
Ferien: 14 Tage vor Ostern,
                 2. Hälfte Sommerferien
Geöffnet: 11.30–15.00; 17.30–23.00
Warme Küche: 11.30–14.00; 17.30–21.45

4175 Wachtendonk
Zum Pulverturm
Hans A. Sapper
Am Pulverturm 12, Tel. (0 28 36) 77 11
Küchenchef: Herbert Weber
Plätze: 20/38
Ruhetage: Montag und Dienstag
Ferien: 17. Aug. bis 15. Sept.
Geöffnet: 18.00–23.00
Warme Küche: 18.00–21.30 (nur auf Bestell.)

5788 Winterberg
Waldhaus
Udo Lucas
Kiefernweg 12, Tel. (0 29 81) 20 42
Küchenchef: Udo Lucas
Plätze: 87
Ruhetage: Montag
Ferien: Anfang Dez. bis 20. Dez.
Geöffnet: 12.00–15.00; 18.00–24.00
Warme Küche: 12.00–15.00; 18.00–22.00

Köche in Kasinos

Holger Wegmann
Westdeutsche Landesbank
Münster

Wolfgang Musik
Westdeutsche Landesbank
Münster

Vom selben Autor sind im
Hugo Matthaes Verlag erschienen:

Die baden-württembergische
Meisterküche

407 Rezepte von 120 badischen und
schwäbischen Küchenmeistern, mit
44 Farbaufnahmen von Edith Gerlach
Format 21,5 × 27,5 cm
216 Seiten

Ausgezeichnet mit der
Silbermedaille der
Gastronomischen Akademie
Deutschlands

Die bayerische
Meisterküche

457 Rezepte von 100 der besten
Köche Bayerns, mit 45 Farbaufnahmen
von Edith Gerlach
Format 21,5 × 27,5 cm
224 Seiten

Ausgezeichnet mit der
Silbermedaille der
Gastronomischen Akademie
Deutschlands

Vincent Klink
Schwäbisch Gmünd

Ein Kochbuch und Küchenportrait
mit Landschaftsbeschreibung.
109 Farbbilder, 123 Rezepte
Format 24 × 30 cm
234 Seiten

Ausgezeichnet mit der
Silbermedaille der
Gastronomischen Akademie
Deutschlands

Schwäbisches Vesperbrevier

285 Rezepte in 8 Kapiteln, mit Radierungen von Simon Dittrich
Format 10,5 × 23 cm, 311 Seiten

Ausgezeichnet mit der Silbermedaille der Gastronomischen Akademie
Deutschlands

REGISTER

Q

R

S